KB136748

우리가 몰랐던 중국 이야기

우리가 몰랐던 중국 이야기

친중과 혐중을 넘어, '진짜 중국' 제대로 알기

초판 1쇄 발행 2021년 9월 15일

지은이 | 소준섭
펴낸곳 | (주)태학사
등록 | 제406-2020-000008호
주소 | 경기도 파주시 광인사길 217
전화 | 031-955-7580
전송 | 031-955-0910
전자우편 | thspub@daum.net
홈페이지 | www.thaehaksa.com

편집 | 조윤형 여미숙 김선정
디자인 | 한지아 이보아
마케팅 | 김일신
경영지원 | 정충만

값 19,500원
ISBN 979-11-6810-010-7 03900

표지디자인 한지아
본문디자인 최형필

우리가 몰랐던 중국 이야기

친중과 혐중을 넘어, '진짜 중국' 제대로 알기

소준섭 지음

태학사

머리말

어느덧 '중국'이라는 말은 세계적 차원에서 정치적으로든 경제적으로든 혹은 문화적으로든 모든 측면에서 우리 시대의 핵심 키워드로 자리잡았다. 오늘의 일을 논의하고 내일을 모색하는 그 어떤 문제에서건 '중국'을 언급하지 않고서는 결국 공허할 수밖에 없게 되었다.

사실 중국은 하나의 국가라기보다는 차라리 하나의 '세계'라고 할 수 있다. 따라서 이 거대한 중국을 한눈에 파악해내고 일의적(一義的)으로 규정한다는 것은 대단히 어려운 과제가 아닐 수 없다. 더구나 중국이라는 존재에 대하여 우리가 알고 있는 대부분의 평가와 예측들이 서구적 시각에 기초하고 의존하여 진행되어온 측면을 부인하기 어렵다.

어릴 적부터 품었던 중국에 대한 관심

내가 초등학교 6학년이던 무렵, 초등학교 선생님이셨던 부친의 동료

교사들이 박봉인 교사직을 그만두고 외판업을 많이 하셨다. 그래서 부친이 '강매'로 사들인 책이 많았다. 어려서부터 책을 좋아했던 나로서는 복이라면 복이었다. 함석헌, 이희승 등 열두 분이 쓴 『나의 인생관』을 비롯해 강매한 그 책들을 모조리 읽었다. 그중에서도 특히 임어당(林語堂)의 『생활의 발견』 책을 탐독하면서 어렸지만 나름대로의 삶의 방향을 잡아갔고, 아울러 '중국'이라는 존재에 큰 관심을 가지게 되었다. 어렸지만 이 무렵부터 혼자 『논어』나 『도덕경』과 도연명(陶淵明)의 시를 즐겨 읽었다. 중학교와 고등학교에 다닐 때도 나의 이런 생각과 독서는 계속 이어졌다.

당시 중국이라 하면 아직 6.25 전쟁의 상흔이 채 씻겨지지 않은 시대적 상황에서 "무찌르자 오랑캐!"의 대상이고 '빨갱이 나라'일 뿐이었다. 그러나 나는 두 나라가 역사적으로나 문화적으로나 너무나 가까운 나라이기 때문에 조만간 반드시 수교를 할 수밖에 없고 그때 내가 역할을 해야겠다고 '야무지게' 생각하였다.

그래서 대학입학도 당시 아무도 거들떠보지 않는 중문과를 선택했다. 하지만 뜻하지 않은 변수가 생겼다. 대학에 들어가자마자 군사독재에 커다란 반감을 가지게 되어 곧바로 데모에 나서게 된 것이었다. 제적과 복학을 몇 번 거듭한 끝에 대학은 19년 만에 졸업했다. 1990년대 중반 민주화운동은 쇠락할 무렵, 나를 분노하게 만들어 운동권으로 만들었던 독재정권은 무너져 소기의 목적도 이룬 셈이었다. 그리고 어릴 적부터 원래의 생각이었던 '중국 연구'의 길로 '원대 복귀'했다.

중국을 정확히 읽기 위하여

국경을 맞대고 있는 국가 간에 좋은 관계도 있지만 좋지 않은 상황이 더욱 많이 존재하게 되는 것이 일반적이다. 본래 인근 국가 간 관계란 상호 충돌과 갈등의 과정일 수밖에 없다. 그러나 장기적인 시각에서 보자면 역시 충돌과 갈등의 측면보다는 교류의 측면이 더욱 지배적이고 또 강조될 수밖에 없다. 역사적인 측면에서나 지정학적 측면에서 운명처럼 연결되어 있는 우리나라와 중국의 양국 관계에서 먼저 상대방에 대해 역지사지(易地思之)하는 관점이 필요하다. 그러한 토대 위에 상대방을 인정하고 상호 공존하며 서로 이익을 창출할 수 있는 적절한 정책이 운용되어야 할 것이다.

역지사지의 관점을 위해서는 무엇보다도 중국을 올바로 읽는 '눈'과 '인식'이 필수적일 터이다. 하지만 중국에 대한 우리의 이미지에는 근거 없는 무시나 선입견 혹은 막연한 두려움 등이 복합적으로 착종되어 있다. 더구나 가히 범지구적 차원에서 진행되는 작금의 '반중국' 열풍은 합리적 이해에 기초한 공존(共存)의 모색을 근본적으로 가로막는 요인으로 작동되고 있다.

때때로 우리에게 '불편한' 상대이지만, 그러나 함께 '공존'해 나가야 할 중국에 대한 올바른 인식이 필요하다. 그런데 중국에 대한 올바른 인식은 먼저 중국이 오늘에 이르기까지의 그 역사와 전통의 토대 위에서 분석되어야 하며, 이러한 인식의 틀에서 중국의 내일을 전망하려는 노력이 필요할 것으로 생각한다. 왜냐하면 오늘 중국이 보여주고 있는 모습 그리고 그 미래란 중국이 걸어온 오랜 역사적 과정이라는 켜켜이 축적되어

온 토대와 결코 분리될 수 없기 때문이다. 그리하여 이 책은 오늘의 '중국'을 조형(造形)해낸 중국의 역사 과정과 역사 인물을 추적하며, 또한 장구한 역사 속에서 면면히 이어온 중국인들의 역동적인 상업 정신에 대하여 기술한다. 그리고 이러한 토대 위에 현대 중국이 걷고 있는 길과 지향하는 방향을 우리 시대의 중요한 화두 중의 하나인 '민주주의' 문제에 대한 근본적인 성찰과 함께 다루고 있다.

모쪼록 독자 제위께 우리의 가까운 이웃나라 중국에 대한 이해의 폭을 넓히는 데 조금이라도 보탬이 될 수 있다면 필자로서는 더할 나위 없는 보람이다.

2021년 8월

소준섭

차례

2부 ★

부(富)의 기원

3부 ★

중국사 산책

4부 ★

'민주주의'와 중국의 길

프롤로그

상하이 거리를 걸으며 '중국'과 '정치'를 생각하다

프롤로그

상하이 거리를 걸으며 '중국'과 '정치'를 생각하다*

1. '역사'와 '현재'가 함께 어울려 만들어지는 나라, 중국

현대적 빌딩과 고색창연한 누항(陋巷)이 뒤섞여 이어진 상하이의 쥐루루(巨鹿路) 거리를 걸으며 '중국'에 대해 그리고 '정치'에 대해 생각해 본다.

길가 허름한 식당에 손님들로 북적인다. 모두 가볍게 한 끼를 때우려는 사람들이다. 자리가 모자라 도로까지 나간 자리도 모두 만석이다. 조금 더 걸으면 고급스럽게 장식한 카페와 대형 식당이 이어진다.

중국인들은 어려서부터 공자, 항우, 유방, 유비 등의 인물들과 그 역사를 잘 이해하며 성장한다. 그런데 우리나라의 경우에는 이와 매우 다르다. 오늘날 90%가 넘는 우리나라인들이 존경하는 역사 인물은 조선시대 세종대왕과 이순신 장군이다. 그러나 솔직히 말해 정작 우리 우리나라인들은 세종대왕이나 이순신 장군에 대하여 한글 창제나 노량해전, 백의종

* 필자가 몇 년 전 상하이 체류 중 썼던 글을 다시 수정, 보완하였다.

군 등 몇 가지 대표적인 사실 이외에는 거의 아는 것이 없다.

왜냐하면 그들에 대한 기록이 거의 존재하지 않고 또 그나마 있는 기록조차도 널리 소개되지도 않았기 때문이다. 이에 비하여 중국은 2천 년 전 역사 시기의 인물인 맹상군(孟嘗君)이나 한신(韓信)의 삶에 대하여 그들이 관련되었던 사건만이 아니라 나아가 그들의 내면적인 심리와 갈등 관계, 그들의 좌절과 염량세태의 세상사도 잘 알고 있다. 예를 들어, 사마천(司馬遷)의 『사기(史記)』에서 그들 인물들이 마치 눈앞에 살아있는 듯한 묘사로써 사실적으로 기록되어 있기 때문이다. 이러한 상황은 민족의 운명에 매우 중요한 차별점을 낳게 만든다.

즉, 어려서부터 역사 인물의 이야기를 보고 들으면서 성장하는 중국인들은 어려서부터 곧 인간의 본질과 한계 그리고 그러한 인간들로 구성되는 사회의 속성을 현실적으로 이해하게 된다. 따라서 인간사회와 역사에 대하여 이미 상당히 인지(認知)한 상태에서의 삶을 영위하게 되는 것이다. 이는 마치 여행지에 대하여 각종 정보를 숙지하고 떠나는 사람과 거의 알지 못한 채 떠나는 사람의 차이와 같이 그 출발선이 이미 서로 상이하게 되는 셈이다.

일례로 중국인들이 타협과 조정에 뛰어난 것은 이러한 역사적 전통 위에서 비롯된 것이라고 필자는 추정한다. 이러한 역사적 전통의 토대 위에서 인본주의, 문화적 일체감, 개인에 대한 공동체(전체)의 우위 등의 중국 사회의 성격이 구축되었다고 할 수 있다. 이러한 특성 때문에 14억이 넘는 그 많은 중국인들이 기적처럼 하나로 결집되어 단일 국가를 만들어가고 있는 것이다.** 동시에 이것은 대중들의 사고방식이나 생활방식에서 일종의 큰 틀을 결정하는 것이고 이에 따른 규격화가 강제됨으로써 숙명론과 권위(권력)에 대한 복종이라는 현상을 보편화시킬 수 있다는 부정적인 성격도 띠게 된다.[***] 이는 외부인들이 쉽게 이해하기 어려운 중국 사회의 특성이다.

중국의 이러한 특성은 비단 대중들의 삶의 과정에서만 발휘되는 것이 아니라 사회와 국가와의 관계에 있어서도 동일하게 관철되기 때문에 중국 사회와 중국 체제를 이해하는 데 있어 대단히 중요한 판단 기준이 될 수 있다.

2. '민주주의'란 과연 무엇인가?

중국 정치지도부 시스템은 집단지도 체제로 규정된다. 덩샤오핑의 집권 직후인 1980년 11기 5중전회(五中全會)는 마오쩌둥 시대의 개인 전횡을 반성하면서 "당내 정치생활에 관한 준칙"을 통과시키고 집단지도 및 개인 전횡 반대를 명문화하였다. 이어 1987년 중앙정치국은 중앙정치국, 정치국 상위, 중앙서기처 등 세 곳 '당 중앙'의 "공작규칙"을 각각 통과시

** 다른 측면에서 보자면, 중국은 통일과 분열이 거듭된 오랜 역사과정을 거치면서 분열 시기에서의 끊임없는 전란과 그로 인한 엄청난 참화를 지속적으로 경험해왔으며, 이는 모두 민중에게 철저히 전가되었다. 이러한 역사적 요인에 의하여 중국인들에게는 통일적 지도력 및 구심력 형성에 자발적으로 동의하고 그것을 수용하는 심리적 경향이 뿌리 깊게 존재한다고 볼 수 있다.

*** 몇 년 전 중국에서 열차 여행을 하는데, 열차 안에서 어찌나 담배를 피워대는지 '앞으로 이것을 어떻게 참아내며 열차를 타야 하나!' 탄식을 했던 기억이 난다. 그런데 불과 그 몇 년 뒤 열차 내에서 흡연을 금지한다는 정부 방침이 내려지자 열차 내 흡연은 거짓말처럼 사라졌다. 참으로 상명하달이 철저하고 정부의 시책이 대단히 잘 수용되는 국가이다.

킴으로써 중앙 집단지도 체제와 민주적 정책결정이 제도화, 규범화되었다.

한편 2002년 16대 당대회에서 정기적인 중앙정치국 집체학습 제도가 만들어져 지금까지 총 73회의 집체학습이 이뤄졌다. 이 집체학습은 지도부의 공동인식을 이끌어내는 중요한 역할 외에 중국 최고지도부 집단지도 제도의 정착에 있어 관건적인 역할을 수행했다고 평가된다. 또한 2007년 17대는 지방 당위(黨委)의 중요 문제의 토론 결정과 중요 간부 임용 시 표결제를 시행하는 동시에 중앙 및 지방 각급 당위 상무위원회는 전체위원회에 대하여 책임을 지며 업무를 보고하도록 명문화하고 반드시 그 감독을 받도록 규정하였다.

그리고 "장쩌민을 핵심으로 한 중앙 영도집체"라는 공식적 용어는 "후진타오를 총서기로 한 당 중앙"으로 바뀌었다. 인류 역사를 일별해 볼 때 명군으로 꼽히는 어떤 제왕도 제위 기간이 20년을 넘지 않은 경우가 없다. 사실 통치의 효율성과 정책의 일관성 측면만 보자면 단기간의 치세만으로 뛰어난 업적을 내기란 불가능에 가깝다.

이를테면 세종대왕이 전답에 대한 조세 정책 하나를 만드는데 무려 20년이 소요되었다. 관료들의 비리 및 무능과 야합, 농민들의 몰이해 등 모든 문제를 설득하고 수차례의 시행착오를 거쳤으며 일종의 '주민투표'까지 시행하면서 여론을 만들어내는 데 엄청난 시간이 필요했기 때문이었다.

어쩌면 정권이 단기간에 계속 교대될 수밖에 없는 현재의 정치 제도야말로 관료집단에 가장 유리한 시스템이다. 사실 선거에 의하여 선출되는 대통령이나 지방자치 단체장이 실제로 행사하는 권력은 관료들이 일상적으로 관료들의 손에 의하여 행사되는 권력에 비하여 훨씬, 아니 압도적으로 미약할 뿐이다(필자는 우리나라 '선출직'의 경우 겉만 번지르르하고 소리만

요란할 뿐, 결국 국가 전체 권력 중 최소한 90%를 관료 집단이 행사한다고 추정한다). 대통령을 '청와대 하숙생'이라고 하거나 국회의원을 (재계약율이 지극히 낮은) '계약직 공무원'이라고 하는 말은 근거 없이 나온 비아냥만은 아니다. 그들의 힘은 의외로 약소하다. 더구나 단임 대통령은 짧은 임기 내에 역사에 길이 남을 업적을 남기고자 과도한 국가 대사업을 강행하기 일쑤이고, 국회의원과 지방자치단체장들은 여야 불문하고 오로지 재선을 위하여 전시 행정과 토목 사업에만 몰두하는 현상은 국가의 장기적 방책도 아니며, 더구나 국민을 위한 근본적인 이익 실현과 너무나 거리가 멀다.

인간의 탐욕에 추종하는 선거제도에 기반한 현대 국가, 기후위기를 넘어설 수 있을까?

과연 어떤 정치 제도가 가장 좋은가의 문제는 인류의 영원한 숙제에 속한다. 서구식 대의 제도는 이제까지 가장 최선의 정치 제도로 받아들여지고 있다. 하지만 그것이 금과옥조로 내세우는 선거제도는 오늘날 많은 나라에서 이미지 조작이나 상대방 흠집 내기 등의 정치공학만 특별하게 돌출되어 발달하고 있다. 특히 우리나라의 국회의원 선거에서 '뉴타운 건설'과 같은 인기 영합적인 탐욕적 구호가 무조건 '먹혔던' 사실과 미국에서 빈발하는 '묻지마 총기 난사 사건'에도 불구하고 결국 선거로 인하여 총기 보유를 금지시키지 못하는 현실은 선거가 결코 만병통치약이 될 수 없고, 오히려 적지 않은 경우 국가의 발전에 큰 장애물이 될 수 있다는 점을 알려주고 있다. 서구식 대의제는 대자본 등 압력단체의 로비에 취약성을 드러내고, 동시에 단기적인 개인 이익에 민감한 선거민의 압력에도 취약할 수밖에 없다. 이와 달리 중국은 굳이 인기영합적인 뉴타운과 같은 정책을 시행할 필요가 없다. 장기적인 국가전략의 차원에서 정책결정을 할 수 있기 때문이다.

때는 바야흐로 절체절명, 기후위기의 시대다. 그야말로 인류 생존이 바람 앞의 촛불처럼 위태로운 상황이다. 기후위기는 인류의 욕망과 탐욕 그리고 소비만능에 의해 배태되고 확대재생산되어왔다. 따라서 기후위기의 해결을 위해서는 기본적으로 욕망과 소비의 절제가 반드시 필요하다. 그런데 비극적인 사실은 막상 선거가 진행되면 그 상황에서 어느 누구도 욕망을 절제하라고 주장하기란 사실상 불가능하게 된다는 점이다. 그런 후보, 그런 정당이 인기가 있을 리 없고, 결국 패배할 가능성이 너무 높기 때문이다. 그렇듯 모든 선거는 오히려 탐욕을 부추기고 동시에 욕망에 추종하게 된다. 이는 선거제도에 기반한 현대 국가가 기후위기를 해결하기 어려운 중요한 요인이다.

'미국식' 민주주의 방식은 심각한 위기의 조짐이 보인다. 트럼프 시대를 거치면서 그러한 위기는 더욱 현현(顯現)되는 듯하다. 이는 마치 왕권이 무력화되면서 중앙 귀족의 심각한 부패와 탐욕 그리고 각 지방 토호들의 발호로 인하여 국가가 분열되고 마침내 붕괴의 위기에 내몰렸던 과거 왕조 체제의 후기 모습을 연상시키기도 한다는 점에서 예사롭지 않다.

물론 중국의 정치체제는 '권위주의적'이다. 하지만 최소한 이제까지는 수많은 인민을 비극적인 기근으로부터 구원해야만 했던 시대적 상황을 극복하고 '기적에 가까운' 성장과 발전을 성취해냈다는 점에서 긍정적 평가를 받을 수 있었다.

문제는 정작 지금부터라고 할 수 있다. 만약 중국 최고위층의 부패가 심화된다면, 그것은 필연적으로 권력 정당성의 심각한 위기로 이어지게 되고 동시에 공익(公益)과 사익(私益)의 경계를 불분명하게 만들어 중국 경제를 혼돈의 늪으로 빠뜨릴 게 분명하다.

여기에서 자연스럽게 중국 왕조의 흥망 공식인 이른바 '주기율' 문제에 생각이 미치게 된다. 중국의 고대 왕조 하나라가 세워지고 난 뒤부터 1911년 청나라의 멸망에 이르기까지 중국 역사상 총 61개의 왕조가 존재했다. 어느 한 왕조도 건국 초기에 활력이 가득 차지 않은 적이 없었다. 전란을 거치면서 아직 생산력은 완전히 회복되지 못했지만 조정의 군신(君臣) 모두가 단결하여 활력이 넘치고 흥성했다. 이렇게 하여 왕조 초기에는 모든 시스템이 활성화되고 매우 효율적으로 운용된다. 가장 걸출한 군신이 왕조의 초기에 존재하게 되는 것은 필연성과 보편성을 지닌다. 따라서 많은 개국(開國) 황제는 군신과 민중의 처리 문제에 대한 인식 및 통치와 피통치 관계에 있어서 높은 수준을 보일 뿐만 아니라 동시에 본인이 몸소 힘써 실천함으로써 부지런함과 근검절약의 본보기가 되었다. 하지만 그 뒤의 후계자들은 사치스럽고 음모에 가득 찬 궁정에서 성장했기 때문에 유약한 인물이 될 수밖에 없었다. 시대가 흘러감에 따라 황실의 능력도 저하되는 것은 모든 왕조에서 흔히 볼 수 있는 현상이었다.

만약 마오쩌둥 시대를 혁명 정권의 탄생이라는 현대 중국의 제1기라고 할 수 있다면, 덩샤오핑 시대부터 후진타오 시대까지를 제국의 부흥이라는 제2기 과도기로 평가할 수 있을 것이다. 그러한 논리에서 이제 중국을 안정적인 대국으로 관리해 나가는 안정기로 진입하는 제3기로 볼 수 있다. 하지만 이 3기는 자칫 잠재화되었던 복합적 위험요소들이 폭발하여 급속한 균열 및 혼돈으로 이어질 수도 있는 위험한 시기이기도 하다.

과연 이제 중국 지도부가 이러한 중국의 전통적인 '주기율'을 극복해낼 수 있을 것인가? 관건은 최고위층의 권력남용과 부패를 집단지도체제가 어떻게 방지할 수 있는가 그리고 대중적 역동성과 이익을 어떻게 충실히 반영해나갈 수 있는가의 여부에 달려 있다고 할 것이다.

이와 동시에 중국이 서방 국가와는 다른 모습으로 세계적인 경제 침체를 극복하고 지속적인 경제성장을 성취해나감으로써 세계 경제의 엔진 역할을 계속해 나갈 수 있을 것인가라는, 중국 정부의 '실력'도 세계인의 지대한 관심을 모으고 있다. 금융과 산업을 국가가 관리하는 중국식 자본주의는 과연 금융공학의 수익률 올리기에 매몰된 미국식의 이른바 '카지노 자본주의'를 대체할 수 있을 것인가?

만약 중국이 향후 이 두 가지 과제를 수행해낼 수 있다면 그야말로 이른바 '중국 모델'은 정치적으로뿐만 아니라 경제적 측면에서도 유효한 모델의 하나로서 평가받을 수 있게 될 것이다.

명신(名臣)이 존재하지 않는 '대의 민주제'

송나라 재상 여몽정은 언뜻 보기에 그다지 평가가 높은 편이 못 되는 재상이었다. 그런데 그는 항상 주머니 속에 수첩을 넣고 다녔다. 그러고는 사람을 만난 때마다 그와 대화를 하고 그 사람이 간 뒤에는 수첩에 그 사람에 대한 기록을 빠짐없이 해두었다. 또 사람들이 누군가를 칭찬하면 그 사실도 기록하였다.

그래서 조정에서 인재가 필요할 때가 되면 주머니 속에서 수첩을 꺼내 적재적소의 인재를 선발할 수 있었다. 여몽정은 "내게도 한 가지 내세울 장점이 있다. 그것은 바로 인재 등용의 능력이다"라고 말했다. 조선시대의 명군 세종을 보좌한 명재상 황희 정승도 특히 인재 추천에 능했다. 조선의 예제(禮制)를 정비한 허조와 여진족 정벌의 공을 세운 최윤덕 그리고 장영실을 추천한 사람은 바로 황희 정승이었다.

오늘날의 정치는 대부분 대통령만을 주목한다. 그러나 정치의 중요함은 단지 대통령과 같은 최고 지도자에게만 존재하는 것은 아니다. 이를테면 우리나라의 황희 정승이나 유성룡, 중국 주나라의 주공(周公), 춘추전국시대 제나라의 관중, 당 태종 시기의 위징, 칭기즈 칸 때의 야율초재 그리고 서양에서는 독일의 비스마르크나 오스트리아의 메테르니히 등 명재상(名宰相)과 현신(賢臣)이 존재하였다. 세종은 훌륭한 임금이었지만, 세종과 함께 황희, 맹사성, 허조, 정인지, 김종서 등과 같은 명재상이 있었기에 비로소 명군으로서의 세종의 치세가 그토록 빛날 수 있었던 것이다.

자고로 명군(名君)이 있을 수 있었던 이유는 바로 명신(名臣)이 있었기 때문이었다. 하지만 오늘날의 정치체제에서는 역설적으로 '계속되는 정권 교체'로 인하여 '명신(名臣)'이라는 개념이 근본적으로 존재할 수 없게 되었다. 그리고 실제로는 우리나라의 경우에서 볼 수 있는 것처럼 모든 장차관이 겨우 1년 남짓의 임기로 바뀌기 때문에 능신(能臣)이 될 가능성은 아예 처음부터 제로에 가깝다.

이렇게 명재상과 현신(賢臣)이 근본적으로 존재할 수 없다는 사실은 오늘날의 (대의 민주주의) 정치체제가 지니고 있는 중요한 약점이 아닐 수 없다. 이를테면 중국의 주룽지와 원자바오 총리와 같은 '명재상'이 근본적으로 출현할 수 없다는 점은 아무리 생각해도 두고두고 아쉬운 대목이다.

3. 정당의 '실력'이 민주주의의 수준을 결정한다

'공산주의'라는 용어는 일본이 'communism'을 번역한 용어이다. 그러나 'communism'의 정확한 해석은 'communism'의 어원인 'community'가 단체, 군락, 공중(公衆), 공동체라는 의미를 지니고 있으므로 '공동주의' 혹은 '공동체주의'라고 해야 정확하다. 사실 마르크스나 엥겔스도 공산주의 사회를 '연합체(聯合體)'라고 지칭하였다. 과거 중국은 인민공사(人民公社)라는 집단농장을 조직하여 대약진운동을 전개하였다. 그러한 '인민공사'나 '대약진운동'은 'communism'을 '공동체주의'가 아니라 '모두 함께 생산한다', 즉 '공동생산'이라는 의미의 '공산주의'로 이해한 데서 비롯된 것으로 볼 수도 있다.

현재 서방 국가는 중국이 공산주의 이념을 포기한 것이라고 비판한다. 만약 'communism'을 '공동체주의'로 다시 정의할 수 있다면, 오늘의 중국은 그 '공동체주의'를 포기하지 않았다고 해석할 수도 있으리라.

중국 정치 시스템에 대한 높은 평가는 의외로 서방측에서 나온 바 있다. 즉, 현재 세계에서 중국 정치지도자군(群)이 가장 경쟁력이 높으며, 정치 안정에 토대를 둔 '예측 가능한' 정책 신뢰성으로 장기적인 투자의 측면에서 어느 나라와도 비교될 수 없는 높은 강점을 지닐 수 있다는 것이다. 그렇다면 과연 중국 정치지도자군(群)의 경쟁력이 높은 평가를 받을 수 있는 것일까? 중국에서 지도자 등용 및 발탁에 있어 가장 중요한 통로는 역시 중국공산당이라고 볼 수 있다. 지난 세기 90년대 후반부터 공무원시험을 통한 국가공무원 선발제도가 시작되기는 했지만, 이는 국가의 기층(基層) 기구를 구성하는 단위일 뿐으로서 여전히 중국공산당에 의

한, 특히 중국공산당 조직부(組織部)에 의한 간부 등용 및 발탁이 중요한 통로이다.

중국공산당은 지도부를 선발할 때 70여 개의 임용규칙을 준용한다.* 예를 들어, 성급 단위의 성장(省長)이나 시장은 반드시 등급평가를 받아야 하며, 수량화된 업적 평가지표가 활용된다. 여기에서 경제성장률, 투자 상황, 대기오염과 수질량(水質量), 공공질서 등의 평가기준은 보안사항이며 기타 학력, 정치업적, 환경보호지표, 기관평가점수 등 다양한 평가가 다원적으로 진행된다. 중앙과 지방의 순환근무 경험도 중요한 평가기준이다. 현대 대의 민주주의의 위기는 기본적으로 정당정치의 위기에서 비롯되며, 결국 대의 민주주의의 발전의 수준은 정당 그 자체의 '실력'을 정확하게 반영하는 것이다. 사실 오늘날 대의 민주주의의 체면이 그나마 지켜지고 있는 것은 독일이나 프랑스 등 유럽국가의 사회당의 존재 때문이라 할 수 있으며, 이는 그들 정당이 일정하게 노조를 중심으로 하여 대중적 토대를 지녔고 정책 능력과 헌신성에서 강점을 가지고 있기 때문이다. 이 점에서 본다면, 정당의 구조와 그 실력이야말로 한 국가의 정치와 민주주의의 발전 수준을 좌우하게 될 수밖에 없다는 사실이 명백해진다.

그렇다면 과연 중국공산당은 어떠한 수준인 것인가?

2021년 6월 현재 중국공산당의 당원 수는 9,514만 명이고 당의 기층조

---

* 이와 관련된 대표적 임용규칙으로는 당정지도간부선발임용공작조례(黨政領導幹部選拔任用工作條例)가 있고, 이밖에도 당정지도간부선발임용공작감독감사판법, 당정지도간부선발임용공작관련사항보고판법, 간부선발임용공작 4항 감독제도, 간부인사제도개혁심화요강, 당내감독조례 등이 존재한다. 또한 이들 규칙은 중국공산당장정(章程), 중국공산당기율처분조례 등이 뒷받침하고 있다.

직은 총 486만 개이다.

일반적으로 중국 각 사회 단위(단체 혹은 조직)에서 유능한 사람은 거의 공산당에 '선발'된다. 필자가 수학했던 상하이 푸단(復旦)대학에서도 석박사생은 모두 공산당원에 입당했고, 학부생 중에서도 유능하다는 평가를 받는 학생은 대부분 공산당에 '선택'되어 입당하였다. 일반 직장 역시 마찬가지 상황이다. 이 많은 '유능한' 당원 중에서도 단계별로 더욱 '우수한' 당원이 선발되고, 이렇게 선발된 수많은 우수 당원 중에서 또다시 치열한 경쟁구조를 거쳐서 지도급 간부들이 배출된다. 매년 200만 명이 넘는 새로운 당원들이 벽지 행정조직의 말단조직이나 기업의 생산현장(이곳이 이른바 기층 단위이다)에 배치되고, 이들은 그곳에서 수년 동안 근무하면서 공산당 조직부의 시스템 속에서 단계별로 상급자와 동료들로부터 평가를 받는 과정을 거치게 된다. 그리하여 상당 기간의 경력과 훈련 그리고 평가 과정의 치열한 경쟁과 엄격한 검증 과정을 거쳐 비로소 고위직으로 갈 수 있는 길이 주어지게 된다.

후진타오는 베이징의 명문대인 칭화대학(清華大學)에서 수리공정(水理工程)학을 전공하고 간쑤(甘肅)성 건설위원회에 배치되어 그곳에서 약 10년 동안 지방 업무에 종사하면서 두각을 나타내 발탁된 케이스이다. 특히 그의 발탁에는 당시 간쑤성 서기였던 쑹핑(宋平)의 추천이 힘을 발휘하였다. 광둥성 서기 왕양(汪洋)은 주룽지 총리의 추천을 받아 당 중앙에 진입하였고, 중앙정치국 위원 왕후닝(王滬寧)은 당시 상하이시 서기였던 우방궈의 추천으로 당 중앙에 진입하였다. 오늘날 중국의 지도간부는 모두 이러한 과정을 거쳤다고 볼 수 있다. 이처럼 중국에서는 현장 경험을 풍부하게 경험한 사람이 많은 평가와 검증을 받아 지도부의 자리에 오르게 된다.

중국공산당의 지도간부 양성에서 보이는 이러한 '추천'의 방식은 일종의 멘토(Mentor)제로 평가된다.

중국공산당은 시험을 통해 우수 인재를 발굴하지만, 지도자로 육성하는 과정에서 그러한 멘토제 방식을 운영하고 있는 것이다. 즉, 기층 당원 중에서 우수한 인재가 발굴되면 '고위급' 멘토가 고위급 회의 또는 휴게소 등에 대동하여 안목을 길러줌으로써 국가의 기간 간부가 적극적으로 젊은 당원의 경력을 관리한다. 공산당 중앙조사부*가 인재의 인사 파일을 철저히 관리하고 승진자를 추천할 수 있지만, 승진자의 결정은 각 레벨의 당 지도층 팀원들이 한다. 다만 일단 시험에 의해 공무원으로 채용되면 그 이후는 일의 성과에 의해 평가를 하고 다시 시험에 의해 평가를 하지 않는다.[1] 공산당에 의하여 수천 년의 역사를 지니고 있는 중국의 '과거제도'가 현장 경험을 통한 21세기 인재 양성 형태로 발전하고 있는 셈이다.

"덩샤오핑은 당 지도층의 팀 제도는 도입하지 않았지만, 이 제도를 안정화시켰고 팀들이 하는 일을 전문화시켰으며, 관료에 대한 판단 기준을 과거의 정치 활동에 대한 기여에서 경제성장에 대한 기여로 핵심적인 평가 기준을 바꿨다. 그의 후계자들도 이러한 기본적 구조를 유지하고 있다."[2]

실사구시를 지향하는 학습 조직, 중국공산당

한편 중국 정치지도부 교육제도는 국내외적으로 좋은 평가를 받는 지

* 1983년 이후 국가안전부로 조직이 통합되었다.

점이다.

중국공산당 당교(黨校, 이하 중앙당교)는 대표적인 사례이다. 1933년에 세워진 중앙당교는 현재 베이징 본교를 위시하여 중국 전역의 성과 시, 향 단위의 지방 당교 등 2천여 곳에 이르고 있다. 그리하여 중앙당교는 8천만 명이 넘는 중국공산당 당원의 유대와 결속을 다지는 장소로서 당에 대한 소속감과 정체성을 배양하고 집체 의식과 집체 행동을 고취한다. 특히 중앙당교는 매년 춘절(春節) 직후 성급(省級) 간부층에 대한 집체 학습을 정례적으로 진행한다. 130만여 권에 이르는 장서를 구비하고 있으며, 700여 명에 이르는 교수 중 석박사 지도교수는 258명이다.

이렇게 하여 중앙당교는 이념의 진지(陣地)이자 용광로로서의 역할을 수행한다. 즉, 공산당이 그 지배적 위상을 유지해나가고 재생산하는 지적 모태로서의 기능을 충실히 수행하고 있는 것이다. 여기에서 국내외 정치경제 정세와 군사 문제, 현대 세계의 법률과 중국 법률 등 모든 분야의 국내외 동향을 연구, 분석하며 결론적으로 중국은 어떻게 대응할 것인가라는 구체적인 방법론에 대하여 집단적으로 학습한다. 정기적으로 외부 특강도 개최되어 각 분야 전문가들을 초빙하여 정세와 정책에 대한 강연을 청취한다. 이러한 과정에서 중앙당교의 교육은 이념적이고 추상적 색채보다 실용적이고 실무적이며 실천적인 내용이 강조된다. 어디까지나 실사구시가 그 기본이 되는 것이다. 거대한 학습조직으로서의 중국공산당의 모습이 약여하다.

또한 중국공산당의 우수한 청년 간부 양성은 중국 사회주의 혁명의 성지로서 중국공산당 '장정(長征)'의 상징인 옌안(延安)과 마오쩌둥 유격투쟁의 본거지였던 징강산(井崗山) 그리고 중국 개혁개방의 상징인 상하이 푸둥(浦東)에 자리잡은 간부학원(幹部學院)과 중앙당교(中央黨校)의 네 곳에서 이뤄지며, 약 20년 정도의 이러한 장기적 프로그램에 의하여 지도자 배출이 이뤄진다.

2005년부터 가동된 이들 간부학원의 이념은 "실사구시, 여시구진(與時俱進: 상황에 맞춰 같이 나아간다), 간고분투(艱苦奮鬪), 집정위민(執政爲民: 인민을 위하여 정치를 시행한다)"이며, 당 간부만이 아니라 기업 관리자와 전문기술인 그리고 군인 간부를 대상으로 공산당 당사(黨史), 당 창건 이념, 혁명전통 교육 그리고 기본 국정(國情) 교육을 진행하고 있다.

대중적 역동성의 반영

중국은 사회주의 혁명 과정을 거치면서 독특한 사회동원 체제를 구축하였다. 러시아 혁명이 레닌의 볼셰비키에 의한 이른바 '혁명 전위'의 하향식 혁명이었던 데 반하여 중국은 농민 대중과 결합한 장기적 항쟁 과정에서 사회주의 혁명을 성취하였다. 이러한 측면에서 러시아가 '명령식 동원' 체제인 데 반하여 중국은 '참여식 동원' 체제의 혁명 전통을 지니고 있었다고 할 수 있다.[3] 결과적으로 실패했지만, 문화대혁명과 대약진운동조차도 이러한 맥락에서 해석될 수 있다.

사실 중국의 경제개혁은 대부분 상층의 엘리트에 의해서가 아니라 대중의 주도로 이루어졌다. 개혁 초기 성장의 주요 원천은 농촌개혁, 즉 인민공사의 가족농으로의 전환이었다. 그리하여 개혁 시기에 농민이 중국을 바꾸었는데 그것은 국가에 대항하는 시민사회를 통한 집단적 정치적 행동에 의해서가 아니라, 당이 사후에 승인한 개별적인 경제적 발의에 의해서였다.[4] 즉, 샤오강춘(小崗村)이라는 안후이성의 조그만 농촌마을에서 전개된 농민들의 목숨을 건 '생산책임제' 운동을 덩샤오핑이 이끄는 중국공산당이 수용하여 전국적 차원의 경제체제 개혁으로 발전시켰던 것이다. 이렇게 하여 결국 중국의 개혁은 처음부터 이전 시기의 인민공사로부터 해방된 농민들을 혁명 과정에서처럼 강력한 지지 세력으로 확보할 수 있었고, 이는 개혁 성공의 커다란 토대로 기능하였다.*

필자가 아는 한 현역 군인 후배가 중국 뤄양(洛陽)에서 연수를 한 기회가 있었는데, 그곳에서 놀랍게 생각한 것은 그곳 부대 최고 간부와 그 운전병이 함께 앉아서 격의 없이 도시락을 먹고 있는 장면이었다고 한다. 또 부대원들이 토론을 할 때면 계급 구분 없이 모두 진지하고 격렬하게 제기하였는데, 토론의 끝 무렵에는 한 명의 대표를 선출하여 상위 단계의 회의에 파견하였고, 다시 순차적으로 상위 단위의 회의에 대표를 파견하는 방식이었다. 우리나라의 군대에서는 쉽게 볼 수 없는 광경이었다고 설명한다.

중국, 과연 향후 어떠한 길을 걷게 될 것인가?

계속 발전하여 세계 강국의 위용을 구가할 것인가? 아니면 국내외 모순을 극복하지 못한 채 결국 쇠락할 것인가? 이 문제의 향방은 전적으로 중국공산당이 대중의 이익을 존립의 핵심으로 인식하면서 대중적 역동

---

* 중국을 보는 시각에서 한 가지 지적해야 할 문제가 있다. 즉, 장제스(蔣介石)가 중국 역사상 3대 중요 인물에 포함될 만하고 심지어 "그래서 중국인들이 천안문 광장에 장제스 사진을 함께 넣어달라고 요구한다"고 주장을 하며, 위안스카이(袁世凱) 역시 모든 판도를 바꾼 '주역'으로서 대단한 업적을 남긴 인물인데 이에 비하면 쑨원(孫文)은 구체적으로 이뤄놓은 일이 없다는 일부 시각은 사실과 전혀 부합되지도 않고 동시에 중국에 대한 관점을 완전히 오도하는 사고방식이다.

성을 수용하고 그들과 밀접하게 결합해 나가는가의 여부에 달려있다.

수다를 즐기는 상하이 사람들의 왁자지껄한 소리와 함께 또 하루가 밝아온다.

1부

'중국'을 읽다

1. 서구와 달리 귀족계급이 부재했던 중국

미국의 유명한 정치가이자 외교가인 헨리 키신저(Henry Alfred Kissinger)는 그의 저서 『On China』에서 "황제(黃帝)는 한족의 시조로 추앙된다. 그러나 그는 제국을 중건(重建)했을 뿐 창건(創建)하지 않았다. 중국은 이미 존재하고 있었다. 중국의 역사의식에서 국가란 오직 복원(Restoration)이 필요했을 뿐 창건(Creation)은 필요하지 않았다."[1]라고 역설하였다.

러시아를 제외한 유럽 대륙의 면적은 490여 만㎢로서 960만㎢에 달하는 중국 국토면적의 절반에도 미치지 못한다. 인구의 측면에서도 유럽 인구가 4억 9,800만 명으로서 14억 명의 중국에 훨씬 미치지 못한다. 그런데도 유럽 대륙에는 모두 36개의 국가가 존재하고 있다. 유럽이 민족 및 종교 등 모든 다양성의 차이로 인하여 원심력이 최대한도로 작동되고 있는 곳이라면, 중국은 그 모든 다양성을 통제하는 구심력, 즉 통합력이 전일적으로 작동되어온 곳으로 볼 수 있을 것이다.

중국에서는 서양처럼 귀족계급이 강력하게 성장할 수 없었다. 대신 중국에서는 장기적으로 안정된 중앙집권적 시스템을 유지하였다. 중앙정부가 직접 백성들을 징집하고 세금을 징수했으며 민원을 접수하고 형사사건을 처리했다. 그리하여 왕실의 운명과 소농 백성들의 생존은 긴밀하게 상호 결합되었다.

7세기부터 약 300년 동안 국제적으로 그토록 위용을 자랑했던 당나라가 일거에 붕괴되어버리게 된 것은 바로 절도사라 불리는 지방 호족들의 발호 때문이었다. 그러므로 왕실로서는 자신들과 백성들 사이의 중간에 어떠한 세력이 발흥하는 것을 가장 경계하였다. 황제의 정치 운용에서 가장 중요한 목표는 정치적 경쟁자의 제거였다. 이에 따라 중앙이든 지방이든 권문세가 집단의 출현은 반드시 방지되어져야 했고, 이들 세력을 제거하고 궤멸시키기 위해서는 어떠한 수단과 조치도 불사하였다. 이렇게 하여 후한 시대 이래의 대문벌들도 당나라 말기에 이르러 완전히 몰락하였다. 이렇게 중국에서 귀족계급은 영원히 폐지되었고, 또 당연히 세습될 수도 없었다. 사실 이렇듯 중국 사회가 역사적으로 귀족계급이라는 차별적인 신분제도가 없었다는 점은 세습적 귀족제도가 존재했던 서구 사회에 비해 상당한 장점이었다.

한편 다른 각도에서 살펴볼 때 중국의 모든 행정제도의 설치와 운용은 관리(官吏) 개인의 능력 발휘 제한을 그 목표로 삼고 있었다는 주장[2]도 상당한 설득력을 지닌다. 즉, 관료 선발 제도로서의 과거시험이 철저하게 실천과 유리된 채 오로지 협소한 경전과 사서의 암송에만 집중됨으로써 개인 능력 발휘를 억제하여 능력을 저하시키는 대신 황제에 대한 무제한적 충성을 요구했으며, 지식의 측면에서도 극히 단편적이고 비창의적인 지식만을 요구했던 것이다.

이와 관련하여 송나라 시대에 살았던 대문호 소동파(蘇東坡)는 다음과 같이 자신의 뼈아픈 소회를 시로 읊었다.

> 사람들은 자식이 총명하기를 바라고 바란다.
> 하지만 나는 도리어 총명으로 일생을 망쳤구나.
> 바라건대 나의 자손들은 우둔하고 무능해서
> 아무 탈도 재앙도 없이 무사히 공경(公卿)에 이르기를.

결국 이러한 과정에서 중국 관료 사회는 필연적으로 "어떤 일을 하나 더 만드는 것보다 어떤 일을 하나 없애는 것이 낫다"는 무사안일주의와 복지부동 그리고 보신주의가 성행하게 되었다.

한편 중국 역대 왕조에서 시행했던 과거제도 역시 귀족계급의 결여를 구조화시킨 주요 요인이었다. 왜냐하면 과거제도를 통하여 평민들 중에서 정치관원을 선발함으로써 문관제도를 구축했고, 또 이러한 인사제도로 인하여 관료들의 출신 배경은 갈수록 더욱 평민화되었기 때문이었다. 여기에서 주목해야 할 점은 과거제도로부터 선발된 관료들이 평민 출신이라고 하여 그들이 평민들의 이익을 대변한 것은 결코 아니라는 사실이다. 거꾸로 그 선발 기준이 오로지 황제에게 주어져 있었으므로 황제의 권한, 즉 중앙집권 현상은 더욱 강화되었다. 이렇게 하여 중간의 귀족집단이 부재한 채 황제가 직접 백성들을 통제하는 구조가 정착되었다.*

---

* 중국의 황권(皇權), 즉 황제의 권한과 우리의 조선시대 왕권은 그 수준에 있어 상당한 차이가 있었다. 중국 역대 황제의 권한은 절대적인 것이었다. 황제 앞에서 거행되는 조회는 언제나 "우리황제 만세!"를 삼창하고 '삼고구배(三叩九拜)'의 엄숙한 예식을 행한 다음 일어서라는 황

명나라 홍무제 때인 1377년부터 과거제가 폐지된 1904년 청나라 광서제 시기까지 과거에 합격하여 진사가 된 사람 중 42%가 하류사회 출신이었다. 이러한 일종의 수용 시스템은 사회 조직의 탄력성을 증대시켰고 동시에 사회에 대한 조정의 관리와 통합에 유리하게 기능하였다. 이러한 과거제도는 임용 제도만이 아니라 권력 분배 시스템을 변화시켜 더 이상 재부(財富)나 군공(軍功) 혹은 출신 배경을 기준으로 하지 않고, 독서와 덕행을 기준으로 설정함으로써 최고 집정자와 지식인의 동맹을 촉진하였으며, 지방 문벌과 호족의 중앙에 대한 위협을 억제하였다. 이렇게 하여 과거제의 임용과 통합 기능은 서로 표리로 결합되어 효과적인 정치적 일체감을 형성하였고 중앙집권을 강화하였다.[3]

중국의 중앙집권적 왕조체제가 강성하게 유지된 또 다른 중요한 요인으로 황하의 대범람에 의한 치수(治水) 사업의 필요성이 지적될 수 있다. 잘 알려진 바와 같이, 중국 문명의 발상지는 황하 유역이다. 그런데 황토지대(loess land)를 통과하는 황하는 세계에서 진흙의 함유량이 가장 높은 하천이다. 매년 그 거대한 진흙 모래가 하류로 밀려 내려오게 되면 범람

제의 명에 따라 비로소 일어나 두 손을 맞잡고 공손하게 서 있어야 했다. 이에 비해 조선의 왕권은 상상 이상으로 크지 않았다. 예를 들어, 숙종 때 김만중을 잡아들여 문초하기 위하여 승정원에게 전지를 쓰라고 명하였으나 승정원은 이를 거부하였고, 승지에게 재차 명하자 승지는 붓이 없어서 쓸 수 없다고 버텼다. 이에 숙종이 사관에게 붓을 주라고 명하였으나 사관까지 사필을 줄 수 없다며 거부했을 정도였다. 조선에서는 왕과 사림층(士林層)이 권력을 공유한다는 사고방식이 깔려 있었고, 종합적으로 살펴볼 때 신권(臣權)이 결코 왕권의 하위에 있지 않았다고 할 수 있다. 조선의 왕이 공부하던 책도 중국 황제와는 상이했다. 조선 중기 이후 제왕학의 교과서였던 『성학집요』는 왕을 사대부의 일원으로 위치지어 사대부 논리의 실현자로서 설정하였다. 어디까지나 제왕 중심의 관점이 아니라, 군주와 사대부가 권력을 공유한다는 시각이 그 배경으로 작동하고 있었던 것이었다.

하여 제방이 붕괴되고 대규모 인명 및 가축 살상과 전답 소실 그리고 농작물의 엄청난 피해를 입을 수밖에 없었다.

예를 들어, 맹자가 저술한『맹자』는 치수 문제를 총 11곳에서 언급하고 있다. 이러한 엄청난 피해를 초래하는 천재지변은 개개인이나 부락 그리고 일부 지역 차원의 '국부적인' 힘으로 도저히 방지할 수 없는 범주였고, 오로지 대제국의 힘에 의해서만 비로소 해결할 수 있었다. 이러한 치수 사업 외에도 수시로 발생했던 수해를 비롯하여 대가뭄 그리고 중국 역사상 자주 발생했던 대규모 메뚜기 떼에 의한 농작물 피해 등등도 반드시 중앙집권적 대제국 차원의 해결을 필요로 하였다.

다른 각도에서 살펴보면, 서양 역사에서 중앙집권 시스템 대신 지방분권의 귀족제도가 발전한 반면 중국에서는 중앙집권적 왕조 시스템이 확고하게 유지된 데에는 역사상 중국과 서양 간에 나타났던 경제력의 현격한 격차가 그 중요한 요인이었을 것으로 추론될 수 있다. 당시 서양은 중국에 비하여 생산력, 즉 경제력이 오늘날 도저히 상상할 수 없을 정도의 형편없는 정도로 훨씬 뒤떨어진 수준에 지나지 않았고, 따라서 광범한 지역을 관리하고 통제할 수 있을 만큼의 중앙 정부를 유지할 수 있는 경제력이 뒷받침되지 못했다.

이에 비하여 이미 경제적 수준이 높은 수준으로 발전해있던 중국에서는 중앙정부를 구성할 충분한 힘을 보유하고 있었던 것이다. 오늘날 아랍 민족이 서구 제국의 우세한 문명을 마음으로 쉽게 받아들이지 못하고 인정하지 못하는 이유 중의 하나는 그들이 알고 있던 서구 세력이란 최소한 그들의 눈에는 과거 무려 1천여 년 동안 단지 미개하고 야만적인 존재로서 오히려 자신들의 장기적인 지배하에 있었다는 것이다. 실제 서구가 오늘날처럼 압도적인 우위를 점한 시기는 최근세사의 2~3백 년에 불과한 것이다.

당연히 세계의 역사가 서방만의 역사일 수는 없다. 단지 지금 그들이 앞에서 걷고 있을 뿐이다.

2. 주기율의 법칙, 왕조 순환의 역사

사마천이 『사기』에 '하본기(夏本紀)'를 저술한 이래, 하나라는 중국 역사상 최초의 왕조로 인식되었다. 하나라가 세워지고 난 뒤부터 1911년 청나라의 멸망에 이르기까지 중국 역사상 총 61개의 왕조가 존재했는데, 어느 한 왕조도 건국 초기에 활력이 가득 차지 않은 적이 없었다. 전란을 거치면서 아직 생산력은 완전히 회복되지 못했지만 조정의 군신(君臣) 모두가 단결하여 활력이 넘치고 흥성했다.

왕조 교체기에는 하나의 짧은 분열 혹은 다원적 대항시기로서 수많은 경쟁자가 참여하는 엄중한 권력이며 무력 역량의 강약이 곧 성패의 관건이 된다. 그리하여 가장 걸출한 군신이 왕조의 초기에 존재하게 되는 것은 필연성과 보편성을 지닌다. 따라서 많은 개국(開國) 황제는 군신과 민중의 처리 문제에 대한 인식 및 통치와 피통치 관계에 있어서 높은 수준을 보일 뿐만 아니라 동시에 본인이 몸소 힘써 실천함으로써 부지런함과 근검절약의 본보기가 되어야 했다.[4]

주나라를 건국한 주 문왕을 비롯하여 한나라를 세운 한고조 유방, 송나라 태조 조광윤 등의 모습에서 이를 분명히 확인할 수 있다. 왕조의 제2

대, 제3대 군주의 대부분도 마찬가지의 모습을 보여준다. 이 역시 주 무왕이나 당 태종 그리고 명나라의 영락제의 사례에서 확인할 수 있다. 중국의 황제 제도는 때로는 강력한 지도력을 발휘할 수 있었고, 그것이 사실은 초기 중국의 빼어난 성취에 상당히 기여했다. …… 황제제도의 활력은 중국 사회의 통합과 통일의 정도를 거칠게나마 보여주는 지표라고 할 수 있다.[5]

이렇게 하여 왕조 초기에는 모든 시스템이 활성화되고 매우 효율적으로 운용되었다. 왕조 수립 초기[이를 말 위에서 천하를 얻었다는 뜻으로 이른바 마상체제(馬上體制)*라고 부른다]에 몇 대에 걸쳐 걸출한 군신(君臣)이 힘을 다하여 나라를 다스리기 때문에 왕조에 대한 위협 요인은 기본적으로 제거되며, 경제발전과 문화 번영 역시 최고조로 상승하는 태평성세를 이루면서 왕조의 토대가 다져졌다.

이렇듯 왕조의 창건자가 위대한 능력과 힘을 가진 사람이었어야 함은 당연한 일이었다. 하지만 그 뒤의 후계자들은 사치스럽고 음모에 가득 찬 궁정에서 성장했기 때문에 유약한 인물이 될 수밖에 없었다. 일반적

---

* 한 고조 유방이 천하를 통일 한 뒤 신하 육가(陸賈)가 한 고조 앞에서 늘 『시경』과 『서경』을 인용하면서 말하자 고조가 육가에게 욕을 하였다. "이 몸의 천하는 전마(戰馬) 위에서 얻어 낸 것이다. 무슨 『시경』이나 『서경』 따위가 필요하겠는가!" 그러자 육가는 이렇게 대답하였다. "전마 위에서 천하를 얻으셨지만 전마 위에서 천하를 다스릴 수 있겠습니까? 즉, 은나라 탕왕과 주나라 무왕은 반란을 일으켜서 천하를 얻었지만 도리어 민심에 순응한 회유 정책으로써 천하를 지켰습니다. 문무를 병용하여 백성을 다스리는 것이 국가를 장기적으로 안정시키는 방법입니다. 반면에 오왕 부차와 지백(智伯)은 모두 극단적으로 무력만을 믿다가 결국 멸망하였습니다. 진나라는 줄곧 형법으로써 나라를 다스려 마침내 멸망하고 말았습니다. 만약 진나라가 천하를 통일한 뒤 옛 성인과 선왕을 본받고 인의(仁義)를 시행할 수 있었다면 반드시 오래토록 평안했을 것이고, 어찌 폐하께서 천하를 얻을 기회가 있었겠습니까?"

으로 각 왕조의 중반에 한나라 무제나 당나라 현종처럼 강력한 인물이 출현하여 통치체제에 새로운 힘을 불어 넣어 주거나 제2의 출발과 같은 것을 가능하게 하기도 했지만 시대가 흘러감에 따라 황실의 능력도 저하되는 것은 모든 왕조에서 흔히 볼 수 있는 현상이었다.[6]

1902년 청나라 말기의 역사가 하증우(夏曾佑)는 중국 최초의 새로운 형식의 『중국고대사』를 기술하였다. 이 책에서 그는 중국 왕조 흥망이라는 '공식'을 제기하였다.

"중국 역사에는 하나의 공식이 존재한다. 대개 태평세대는 개국한지 4, 50년 지나서 있게 되는데, 이로부터 융성기는 약 100년에 이어진다. 100년이 지나게 되면 수십 년에 걸쳐 난맥상이 나타나고 이윽고 대란이 발생하며 다시 혁명 국면이 만들어진다. 한나라, 당나라, 송나라, 명나라 그리고 다른 나라 모두 마찬가지였다."

그리고 1945년 7월 중국공산당이 항일전쟁 승리를 목전에 두었던 무렵, 황옌페이(黃炎培)는 옌안에서 마오쩌둥과의 대담에서 중국 역대왕조 흥망성쇠의 주기율(週期律) 문제를 언급하였다.

"진실로 이른바 '흥하는 것이 생동하고', '망하는 것이 순식간'*이란 한 사람, 한 가족, 한 단체, 한 지방 내지 한 국가 모두 이 주기율의 지배력을 벗어날 수 없다."

---

* "左傳"의 "禹, 湯罪己, 其興也浡焉; 桀, 紂罪人, 其亡也忽焉"에서 비롯된 말이다. 하나라 우왕과 상나라 탕왕은 정치의 잘못이 있을 때 자신을 책망하였고 그러므로 국가는 매우 힘차게 흥성하였지만, 하나라 걸왕과 상나라 주왕은 잘못이 있을 때 다른 사람을 책망하여 국가는 이로 인하여 순식간에 멸망했다는 의미이다.

(1) 인구(人口)수와 왕조 순환의 관계

중국 역대 왕조는 중후반기에 이르게 되면 대규모 농민반란이 잇달아 발생하였다. 진나라 때 진승과 오광의 난을 비롯하여 서한 말기 녹림당과 적미의 난, 당나라 말기 황소의 난, 명나라 이자성의 난, 청나라 태평천국의 난 등의 역사는 이를 여실히 증명하고 있다. 이 농민반란의 주력은 거의 유민(流民)이었다. 유민은 기본적인 생존 조건이 불가능해질 때 형성되었다.

역사적으로 어느 한 왕조가 성세를 이루어 인구가 극성에 이르게 되면 경지가 부족해지고 식량도 부족해졌다. 여기에 관료들의 부패와 토지 겸병이 만연되어 기본적인 생존 조건이 충족되지 않게 되면서 대규모 유민이 발생하였다.

전한(前漢) 시대 평제(平帝; BC 9년~AD 6년) 시기에 전국 인구는 전한 시대 최고치인 6천만 명에 이르렀는데, 이 직후에 왕망의 찬탈과 녹림 적미의 난이 발생하였다. 당 현종 시기에 전국 인구는 8천 만 명에 이르렀고 그 직후 안사의 난(안록산과 사사명의 난)이 발생하였다. 17세기 명나라 후기 인구는 중국 역사상 처음으로 2억 명에 이르렀고, 곧바로 이자성의 난이 일어났다. 청나라 선종 도광(道光) 30년(1850년) 전국 인구는 4억 3천만 명에 달했는데 그 직후에 태평천국의 난이 발생하였다. 이른바 '성세(盛世)'의 인구는 당시 왕조가 감당할 수 있는 한계를 넘어서게 되고, 이는 정변이나 자연재해, 외환 등과 결합되면서 대규모 민란으로 연결되었다.

더구나 왕조 말기가 되면 정부는 대부분 부패하고 무능해져 있기 때문에 반란을 제대로 평정하지 못했다. 오히려 이 동란의 과정에서 생산력이 급속히 침체되었고 유민은 더욱 대규모로 증가하는 악순환을 겪게 되었다. 그리고 이는 결국 왕조의 와해로 연결되었다.

예를 들어, 당나라 말기 안록산의 난으로 인하여 전국이 전란에 휩싸이면서 당 현종 때인 755년에 비하여 불과 5년 뒤인 숙종 3년(760년)에 무려 3천 5백여만 명의 인구가 감소하였다. 하남성의 인구는 원래 3천 호였지만 동란을 겪은 뒤 겨우 1천호만 남았다. 더구나 당시 장강 이남의 강남 지역에서 가뭄이 계속되어 열 명 중 7, 8명이 죽는 등 백성들은 모두 죽음에 몰리는 상황이었다. 그리고 마침내 황소(黃巢)가 이끄는 농민봉기가 발생하였다. 이 전란을 거치면서 중국의 심장지대인 중원은 거의 불모지 폐허로 변해버렸다. 얼마 지나지 않아 당 왕조는 붕괴되었다.

왕조가 전복된 뒤 군웅(群雄) 중 어느 한쪽이 승리를 거두게 되고 인구는 크게 감소하여 토지가 인구에 비해 상대적으로 풍부해지는 상황으로 변화되었다. 이때 새 왕조가 민심을 무마하면서 정국은 급속도로 안정되어 가고 개간되는 토지 역시 많아지게 되었다. 이렇게 하여 토지와 인구의 양성(良性) 순환이 이뤄지고 왕조의 성세에 이르게 되었다. 그러나 그 직후 다시 인구가 극성기에 달하게 되고, 부패와 토지 겸병이 합쳐지면서 다시 대규모 유민의 발생과 반란이 이어지는 악순환이 시작되었다.

대체로 어느 한 왕조가 수립된 뒤 기존 체제의 세력에 대한 숙청이 철저하면 철저할수록 그 왕조의 수명 역시 길었다. 당나라와 명나라 그리고 청나라가 그러한 경우에 속한다. 다만 일반적으로 왕조 중반에 추진했던 개혁은 대부분 실패하였다. 끝내 실패로 귀결되었던 명나라 장거정의 개혁이나 송나라 왕안석의 개혁 등에서 이러한 특성은 잘 드러났다. 그 원인은 바로 개혁이 호족세력이나 대지주 세력 등 기득권의 이익을 침해하게 되어 기득권의 강력한 반발에 부딪혔기 때문이었다. 호족에 대한 억제는 오로지 개국 후 얼마 지나지 않았을 기간에 강력한 제왕의 치세 아래서만 비로소 성공을 거둘 뿐이었다.

(2) 태평성세는 어떻게 만들어지는가?

이른바 '태평성세(太平盛世)'의 주요한 특징은 인구의 증가, 경지의 증대, 경제 번영, 문화 번성, 사회 안정 그리고 국력 강성 등으로 표현된다.

그러나 이러한 태평성세는 20~30년 지속되었던 것이 고작이었다.

한나라의 태평성대, 혹은 융성기는 한 무제 시기로서 26년 정도 지속된 것으로 평가되고 있다.

당나라의 성세(盛世)는 당 현종 시기 약 30년간 계속되었으며 '개원지치(開元之治)'라 지칭된다. 명나라 말기 사상가 왕부지(王夫之)는 개원(開元) 시기의 성세를 가리켜 한나라와 송나라도 도저히 미치지 못한 정도라고 평하였다.

이에 비하여 청나라 시기의 성세는 가장 오랜 기간 유지되었는데, 강희(康熙), 옹정(雍正), 건륭(乾隆)의 3대에 이어져 약 110년 지속되었다. 학자들은 청나라 성세가 장기적으로 지속될 수 있었던 요인에 대하여 강희, 옹정, 건륭의 세 황제가 전제주의 중앙집권 정치체제를 정밀하고 세심하게 정비함으로써 통치의 효율성이 유례없이 높아졌으며, 동시에 강희, 옹정, 건륭 황제가 모든 힘을 다하여 나라를 다스렸기 때문이라고 지적하고 있다.

반면에 안락만을 탐하고 정치에 게으르며 간언을 받아들이지 않는 것은 왕조가 쇠락하는 시기의 군주가 갖는 공통적 특징으로서 이러한 군주 통치 기간에 관리들은 부패하게 되고 조정은 문란하게 되며 가렴주구가 성행하여 백성들이 도탄에 빠지게 되었다.

(3) '작은 정부'를 지향한 경요박부(輕徭薄賦)

중국 역대 왕조는 백성의 요역을 경감하고 세금을 적게 징수하는 이른바 '경요박부(輕徭薄賦)' 정책을 훌륭한 정치의 표본으로 인식하였다.

'경요박부(輕徭薄賦)' 사상은 본래 춘추시대 패업을 이룬 진 문공(晋文公)이 내세웠던 '박부렴(薄賦斂)'으로부터 비롯되었다. 공자 역시 중과세에 반대하였고, 맹자 역시 이 '박부렴(薄賦斂)'을 왕정의 중요한 내용으로 파악하였다. 이후 경요박부 사상은 유가에서 나라를 다스리고 국가를 안정시키는 '치국안방(治國安邦)'의 중요 원칙 중 하나로 받들어졌다. 다만 이 경요박부는 왕조 초기에 시행되다가 왕조 중엽을 지나 재정수입이 증가하고 통치자들의 탐욕과 부패가 극심해지면서 오히려 백성에 대한 수탈과 가렴주구가 일반화되었다.

당 태종은 "물은 배를 띄울 수 있지만 동시에 배를 뒤집을 수도 있다(水能載舟, 亦能覆舟)"고 말했다. 백성들이 존재함으로써 왕조도 존재할 수 있는 것이며, 때에 따라서는 백성들이 왕조를 갈아엎을 수도 있다는 말이다. '작은 정부(小政府)'를 지향했던 당 태종 당시 정부 조세수입은 백성 총수익의 1/40에 지나지 않았다. 더구나 당시 세금을 면제받는 사람 또한 매우 많았다. 9품 이상의 관리를 비롯하여 귀족, 관학생(官學生), 홀아비, 과부, 고아, 노비들은 세금을 내지 않도록 하였다. 중국 역사상 성세로 기록되는 당 태종 시기의 '정관지치(貞觀之治)'는 이러한 토대 위에서 비로소 가능했던 것이다.

그러나 당 현종 시기에 이르러 이미 부패가 심해져, 전체 인구 5,291만 명 중 세금을 내지 않는 사람 수가 무려 4,470여 만 명이었다. 이렇게 하여 국가 재정은 기울고 사회의 재부(財富)는 대지주와 대귀족들에게 독점되는 한편 농민들의 부담은 오히려 갈수록 무거워졌다. 토지 겸병은 극심해지고 농민은 파산하여 민생은 도탄에 빠지고 반란은 속출하였으며, 결국 당나라도 멸망하고 말았다. 심지어 진시황 시기에 진나라는 백성에 대한 세금징수가 무려 50%에 이르렀다. 진나라가 천하 통일 후 고작 15년 만에 멸망하고 만 것도 바로 이 까닭 때문이라 할 것이다.

반면에 청 왕조는 명나라가 백성들에 대한 가렴주구 때문에 멸망했다는 점에 비추어 강희제와 옹정제가 땅을 갖지 않은 사람에게는 평생 세금을 내지 않도록 함으로써 쇠락했던 경제가 다시 소생하였고 그리하여 '강건성세(康乾盛世: 강희건륭 시기의 성세)'가 열릴 수 있었던 것이었다.

그러나 건륭제 중반을 넘기면서 세금 부과는 갈수록 증대되어 건륭 36년(1771년)에 국가의 조세 수입은 4,350여 만 냥(兩)에 이르렀는데, 이는 순치제 말년 조세수입에 비해 무려 1,790여 만 냥이 증가한 수치였다. 물론 당시 부패상도 극심해져 건륭제의 총신이자 청 왕조 최대의 탐관이었던 화신(和珅)은 건륭제 사후 조사를 받았는데, 그의 집에서 무려 백은 8억 냥이 나왔다. 이는 자그마치 당시 청나라 10년 재정수입에 해당하는 것이었다.[7]

강희제의 재위 기간은 61년이었고, 건륭제의 재위 기간 역시 60년으로 두 황제가 무려 120년이 넘게 통치하였다. 흥미로운 점은 중국 역사에서 일반적으로 황제의 재위 기간이 길수록 강력한 제국의 위세를 떨치고 태평성세를 구가한 경우가 많았다는 사실이다. 한 무제의 치세 기간은 54년이었고, 진시황은 37년, 당 태종은 24년이었다. 우리나라의 경우도 고구려 장수왕의 경우 무려 79년을 통치하면서 전성시대를 구가하였고, 조선의 영조는 52년 통치하면서 부흥기를 이뤄냈다. 세종 역시 32년이라는 비교적 장기간에 걸쳐 통치하였고, 정조의 경우에는 24년이었다.

10년을 채우지 못한 재위 기간으로 명군(明君)이 되는 경우는 기본적으로 존재하지 않았다. 4, 5년의 임기로 권력이 교체되는 현대 대의 민주주의로서는 근본적으로 불가능한 시스템이다.

3. “황제와 아전이 천하를 함께 공치(共治)하다” - 중국 역대 정치, 그 이면의 특징

(1) 중국의 관료주의

흔히 고대 중국의 제도를 봉건제도라고 칭한다.

그러나 이는 그다지 타당하지 못한 시각이다. 봉건제도란 지방 분권 방식의 제도이다. 반면 중국 전통의 중앙집권적 왕조 체제는 황제가 각 지방으로 관리를 파견하여 지극히 낮은 세율로 전국적으로 균일하게 세금을 징수하는 것으로서 이는 봉건주의가 아니라 전형적인 관료주의이다.[8]

중국에 ‘학이우즉사(學而優則仕)’라는 유명한 말이 있다. 즉, “학문을 익혀 우수하면 곧 벼슬을 한다."는 말이다. 이 말처럼 중국에서 관리가 되는 유일한 길은 바로 과거(科擧)에 합격하는 데 있었다. 따라서 학문을 익힌 총명한 독서인(讀書人)들은 모두 관리가 되고자 하였다. 아무리 고관대작이라도 세습은 금지되었다. 당나라 말기 호족들이 몰락한 뒤 송나라 시대부터 중국은 일종의 평등한 사회가 되었다. 호족이 폐지된 가운데 관직은 세습될 수 없었고, 과거에 합격한 사람은 누구든지 관리가 될 수 있었다.

이 점에서 서양은 상이했다. 서양에서는 각지에 봉건 귀족이 군림하고 있어 일반인은 근본적으로 관리가 될 길이 봉쇄되었다. 그리하여 능력이 뛰어나고 총명한 사람들은 오히려 상공업 분야에 종사하게 됨으로써 자본주의가 꽃을 피우게 되었다.

그런데 중국에서 이를테면 3대에 걸쳐 계속 벼슬을 한다는 것은 매우 어려운 일이었다. 가령 먼저 한 사람이 근면하게 농사를 지으며 힘겹게 고학을 해서 고관대작의 높은 벼슬에 이르게 되면 그 다음 대(代)에 대단히 빠르게 귀족의 자제로 변할 수 있었다. 이러한 방식으로 다른 집안에서도 주경야독한 인물이 다시 몸을 일으켰다. 송나라와 명나라 두 왕조의 재상을 살펴보면 그들 대부분이 가난한 가문 출신으로서 맨몸으로 일어선 사람들이다. 그들은 바로 10년 전에 가난한 시골에서 공부를 하던 사람들이었다.

반면 황제는 이미 7, 8대에 걸쳐 세습을 해온 인물들이었다. 이러한 상황에서 황제의 지위와 존엄은 필연적으로 갈수록 높아졌다. 그리하여 황실의 권력은 항상 증대되었고, 반면 신하들로 구성된 정부의 권력은 항상 하락하였다.[9]

(2) 아전 독재와 문서 정치

중국의 전통 정치에는 관(官)-관리와 리(吏)-과 아전의 구분이 있었다.

원래 중국의 관리 제도에는 이 양자가 구분되지 않았으나 한족을 차별한 몽골의 원나라 시대에 정부 고위직은 모두 몽골인이 담당할 때 중국인을 서리(胥吏)로 뽑아 보좌하도록 한 뒤로 명나라 시대부터 관리와 아전의 구분은 보편화되었다.

잘 알다시피 아전 혹은 서리는 관리로 승진할 수 없었다. 이들은 정부 기구의 가장 하위의 계급으로서 사실 관부(官府)의 정식 관원으로도 인정받지 못했지만 동시에 반드시 관부의 허가를 얻어야만 했다. 그리고 사회적 지위가 낮아 일반적으로 멸시를 받는 존재들이었다. 하지만 이들 아전들이 정치에 미치는 영향은 대단히 큰 것이었다. 이들은 인명을 살릴 수도 죽일 수도 있었고, 세금을 더 걷을 수도 덜 걷을 수도 있었으며, 어떤 공사든지 중단시킬 수도 있었고 아니면 더 크게 짓도록 할 수도 있었다. 반면 과거를 급제하여 중앙에서 파견된 고위관리들은 오직 상층 관리들을 다스리기 위한 직위였고, 모든 사무는 이들 아전에게 넘겼다.

이러한 현상은 지방정부에서 특히 극심했다. 아전들은 지방의 실제 정황에 매우 정통했고 관아의 하부 행정 역시 오직 아전들만이 이해하고 처리해낼 수 있었으므로 지방으로 파견되는 관리들은 이들에게 의존할 수밖에 없었다. 중앙 정부에서 파견된 '독서인'들은 도무지 이들과 비교될 수 없었다. 시(詩)나 부(賦)와 같은 '탁상공론'만으로 시험을 보는 과거 제도를 합격한 '독서인'들은 대부분 실무적인 행정능력을 갖출 수 없었고, 그러므로 현지 아전들에게 의존할 수밖에 없었다. 이렇게 하여 '관약

이강(官弱吏强)' 현상이 일반화되었다.

각 아문의 각종 조문들도 모두 아전들이 제정하였다. 조례의 제정은 대부분 이들의 의지가 조정(朝廷)의 의지로 전화되었고, 지방 관리의 임명은 대개 이부(吏部) 서리가 결정하였다. 특히 이들은 오랜 기간 특정한 한 곳의 지방에 근무하기 때문에 지방 토착세력과 반근착절, 결탁하여 당우(黨羽)를 조장했다. 오늘날까지 이러한 현상은 어렵지 않게 목격할 수 있지만, 사실상 실제적인 일체의 사무에 있어 이들 아전들이 전문가였고, 따라서 그 처리는 전적으로 이들의 손에 달려 있었다. 명말청초의 대학자인 황종희(黃宗羲)는 이러한 현상을 빗대어 "천하에 아전(吏)의 법만 있고 조정의 법은 없다."고 풍자하였다. 그리하여 사실상 '아전 독재'였다.[10]

그러나 승진도 할 수 없는 이들 하급관리들은 사회적으로 온갖 천대를 받았다. 그리고 이들 스스로도 등급이 낮고 천하다고 자인하면서 체면을 차리지 않고 갖은 부패와 악폐를 저질렀다.

수나라와 당나라 시대 이래 황권(皇權)을 강화시키는 중요한 정책은 우선 중앙에서 각종 방법으로 재상*의 권한을 축소시키고 다음으로 지방에서는 각종 방식으로 지방장관을 권한이 없도록 하는 것이었다. 그중 가장 중요한 방법은 지방장관의 임기를 엄격하게 제한함으로써 그들로 하여금 근본적으로 지방 정무에 숙달하지 못하도록 하는 것이었다. 특히 아전들의 경우, 본래 사회적 지위가 낮고 또 독서인(讀書人)들처럼 대의명

---

* 재상(宰相)의 재(宰)는 본래 요리사라는 뜻이고, 상(相)은 사의상례(司儀相禮)라 하여 제사를 모시는 사람의 뜻으로서 고대 시대 가신(家臣)이나 노복(奴僕)의 신분에서 비롯되었다. 유력자 개인과 국가의 구분이 불분명한 가운데 유력자가 흥기하여 국가를 수립하면서 개인 가신이나 노복이 중추적 신하, 즉 재상으로 전환한 것이다.

분이나 대중에 대한 호소력을 가지고 있지 못하여 영원히 황제와 어깨를 겨누면서 세력화할 수 없는 존재들이었기 때문에 황제는 기꺼이 이들 아전들과 천하를 함께 통치하였다.[11]

흔히 과거 중국에서는 법이 없고 중국인들은 법을 몰랐다고 쉽게 평가하지만, 사실 중국 정치의 전통적인 잘못은 이렇듯 너무 법을 잘 알아서 발생하였고, 무슨 일이든 법조문의 '규정'만에 따라 처리하고 조문조문 글자마다 아래위로 따졌기 때문에 대체로 일의 처리는 늦었다.

중국의 저명한 역사가인 첸무(錢穆, 1895~1990)는 이러한 아전 정치의 측면은 일종의 '문서 정치'라고 지칭하면서, "이는 중국의 전통적인 정치가 문文을 숭상한 폐단이라 할 수 있다. 역설적으로 한나라 시대 정치가 잘된 것은 문이 적었던 데 있었다."라고 강조한다.[12]

중국이 발명한 관료제의 꽃, 과거제도의 명과 암

과거(科擧) 제도는 587년 수나라 문제 때부터 시작되어 1905년 청나라 광서제 때 폐지되기까지 무려 1298년 동안 그 명맥을 유지한 대단히 유서 깊은 인재 등용제도이다.

과거 제도는 중국의 대단히 선진적이고 효과적인 능력 본위의 관료임용제도로서 근대에 이르러 영국 등 서방국가들이 본받고자 한 제도였다. 18세기 영국과 프랑스의 계몽 사상가들은 중국 과거 제도의 공정성과 공평성을 높이 평가하였고, 19세기에 정기적인 공개 시험을 통하여 정부의 문관을 선발한 영국의 제도는 상당 부분 중국의 과거 제도를 모델로 삼은 것이었다. 그리하여 중국의 과거 제도를 종이, 나침반, 화약, 인쇄술의 발명에 이어 중국의 '제5의 발명'이라고 평가하는 학자들도 있다.

과거 제도는 수나라 문제 때 처음으로 시행하였고, 당나라 현종 때에 이르러 제도적으로 완성되었다. 당시 과거제는 매년 치르는 상과(常科)와 황제의 명령에 의하여 임시적으로 치러지는 제과(制科)라는 두 가지 형태로 구분되었다. 과거 시험의 과목으로는 경전에 대한 이해를 시험하는 명경(明經)과 시(詩)와 부(賦)를 짓게 하는 잡문(雜文) 혹은 정치적 견해를 시험하는 시무책(時務策) 등이 있었다. 그러나 당나라 시대에서 인재 등용의 길은 과거제도 외에 중신 등 가문 출신 자제를 등용하는 음서(蔭敍)제도가 병행되었다.

그러다가 송나라 시대에 이르러 비로소 과거 제도가 정착되었다. 과거 시험에 '경의(經義)' 과목이 추가되었는데, 경의란 유학경전 중의 한 구절 혹은 몇 구절을 출제하여 경전의 뜻을 얼마나 이해하고 있는가를 시험하는 방식이었다. 송나라 320년 동안 총 118차례의 과거 시험이 치러졌고, 모두 2만 명 이상의 선비(士)들이 임용되었다. 이렇게 하여 학이우즉사(學而優則仕), 즉 "학문을 익혀 우수하면 곧 벼슬을 한다."는 전통이 굳건하게 세워졌다. 과거 제도를 시행한 이래 국력은 강성해졌다. 빈한한 가정 출신의 자제에게도 입신양명의 길을 열어주었고, 이는 사람들로 하여금 노력하면 이룰 수 있다는 꿈을 심어주었다.

명나라 시대에 이르러 과거 제도는 그 전성기를 구가하였다. 그러나 동시에 폐단도 나타나기 시작하였다.

명나라 시대에 이르러 이미 학문과 학교를 숭상하고 중시했던 송나라 시대와 같은 기풍은 사라지고 오직 과거제도와 시험만 중시되었다. 이제 과거제도는 순전히 사서오경을 암송하는 시험 과목만으로 관리를 등용함으로써 그야말로 백면서생 혹은 실천과 괴리된 '지상담병(紙上談兵)'의 책벌레만을 양산하게 되었다. 더구나 명대 후기에 접어들면서 과거 제도는 더욱 왜곡되어 형식만을 중시한 이른바 팔고(八股: 과거 시험이 엄격하게 요구했던 여덟 가지 형식)*라는 격식이 과거 급제의 관건으로 되기에 이르렀다. 이에 따라 사서오경의 문구文句로써 제목을 선정해야 하고, 격식은 철저히 고정되었으며 문장 구조 역시 정형화되고 자수는 제한되었다.

그리하여 문학적 능력이 뛰어나거나 높은 과학기술 능력을 지닌 인재도 과거라는 제도의 문턱을 넘지 못하고 국가의 직책을 수행할 수 없게 되었다. 오히려 '팔고'의 문장 구성 형식만 줄줄 외우게 되면 과거에 합격하게 되어 내용보다 형식주의로 전락하게 되었다. 이러다 보니 합격자의 답안을 모아 만든 일종의 모범답안을 암기하는 것이 과거시험 합격의 지름길이 되었다.** 명말청초의 학자 고염무(顧炎武)는 팔고문의 폐해가 진시황의 분서焚書와 같으며 인재에 대한 파괴는 오히려 진시황의 갱유坑儒보다 더 심하다고 갈파하였다.

흔히 과거제가 사람들에게 공평하게 기회를 제공한다는 공정성이 평가되지만, 수당 이래 중국 아전정치의 발전은 과거제도가 본래 치국의 인재를 배양하고 선발할 수 없고 도리어 황제 전제정치의 필요에 부응한 제도라는 점을 증명하였다.[13] 그리고 이러한 현상은 결국 명청 시대

---

* 파제(破題), 승제(承題), 기강(起講), 입수(入手), 기고(起股), 중고(中股), 후고(後股), 속고(束股)의 여덟 순서의 형식.

** 마오쩌둥은 1942년 옌안(延安) 간부회의에서 공산당 내부에 팔고문과 같은 완고한 형식주의와 공허한 내용 그리고 용어만 나열하는 이른바 '당팔고(黨八股)' 현상을 신랄하게 비판하였다.

의 과학기술을 세계 수준으로부터 낙후하게 만든 부정적 요인으로 작용하였다.

동아시아의 국제질서, 조공제도

조공제도(朝貢制度, Tributary State System)란 "조배(朝拜)와 진공(進貢)"의 약칭으로서 양국 혹은 두 개 정부 간에 일종의 존비(尊卑) 지위를 인정하는 예절적(禮節的) 관계를 지칭한다. 즉, 조공이라는 방식에 의하여 약소국의 정치적 지위에 대한 강대국의 승인을 교환하는 것을 말한다.***

조공제도가 전형적으로 발전했던 시기는 명나라 시대에 이르러서였다. 1368년 명나라가 건국되고 난 뒤 명 태조 주원장(朱元璋)은 명확하게 안남, 고려, 유구(琉球, 오키나와) 제국 등의 국가를 '정복하지 않은 국가'로 규정함으로써 실제적으로 중국의 실제 통제 범위를 확립하였다. 또한 그는 "후왕박래(厚往薄來: 후하게 주고 적게 받는)"의 조공제도를 정립함으로써 조공체제는 고대 동아시아 세계에서 운용되는 국제관계 체제로 되었다. 그리고 이러한 국제관계 체제에서 중국의 중원 정권은 일원적(一元的) 중심으로 되었고, 각 조공국은 이러한 중국의 중심 지위를 인정하면서 중앙 정권의 외번(外藩)을 구성하였다.

이러한 조공제도는 고대 시기 동아시아에서 약소국이 강대국과의 평화적 공존을 추구하면서 모색되고 실행된 국제관계의 절묘한 타협적 형

*** 이 조공제도는 원래 기복(畿服) 제도에서 출발하여 책봉 제도와 기미(羈縻) 제도라는 여러 형태를 거쳐 확립되었다.

태로 볼 수 있다. 즉, 군사적 점령이나 정복의 형태가 아니라 중국은 명분을 얻고 약소국은 실리를 얻는 일종의 '타협적 공존 관계'였던 것이다.

4. '역사'와 '현재'가 함께 어울려 만들어지는 나라, 중국

(1) 중국의 유일한 종교는 '과거(過去)'이다

중국에서 중앙집권적 구심력 혹은 통합력이 강력하게 작동되는 요인을 사상 문화적 측면에서 해석할 수도 있다.

중국의 유일한 종교는 '과거(過去)'이다. 『논어』와 『대학』으로 대표되는 사서삼경과 제자백가 사상 그리고 『사기』나 『손자병법』의 역사와 병법서 등은 중국, 아니 동양의 생활 방식을 규정하는 결정적인 규범으로 작용해왔다.

헨리 키신저는 중국 정치제도의 특성을 다음과 같이 설파하고 있다.

"중국의 드라마틱한 역사 과정에서 국가의 격변과 교체는 자주 발생하였다. 그러나 그 어떤 새로운 통치자도 전 사회의 가치체계를 뒤집은 적은 없었다. 그들은 '하늘의 뜻'을 자임하면서 고대 사회 가치를 받아들이고 그 준칙에 의하여 통치함으로써 스스로를 합법화하였다. 특히 외부 정복자들의 경우 더욱 두드러졌다. 그들은 다른 국가보다 인구가 많고 부유한 국가를 통치하기 위하여 관료체제를 유지하였다. 이러한 전통은 중국화 과정의 메커니즘이었다. 그리고 중국의 통치이념으로서 유교주의를 확립하였다."[14]

중국의 역대 왕조가 그토록 오랫동안 안정을 유지해올 수 있었던 요인은 13세기까지 중국이 성취해냈던 정치적, 사회적, 지적 요소들 간의 균형 때문이었다. 이 균형은 너무도 견고하게 작동했기 때문에 최근세사의 19~20세기에 중국이 외부 세계로부터 강력한 타격을 받기 전까지 거의 파괴되지 않았다. 특히 하, 은, 주의 3대(三代)부터 시작된 오랜 역사적 전통과 문자화된 기록에 힘입어 세력을 확립한 유학은 일단 정통적인 학설의 지위를 점하면서 안정되고 전통주의적 사회를 창출하는 데 크게 기여하였다. 하지만 그것은 동시에 완고한 지적 방어막으로 작동하면서 중국의 진일보한 지적 발전을 억제하고 중국 사회의 경직성을 증대시켰다.

한편 중국은 하늘과 땅과 인간이 하나라는 천인합일 사상이 주류를 점해왔다. 즉, 하늘의 우주 현상과 지상에서 이뤄지는 자연계 그리고 인간관계를 서로 감응하거나 영향을 주는 관계로 파악했던 것이다. 서양에서는 자연 대 인간, 삶과 죽음 등을 대립적이고 적대적인 것으로 파악했지만, 중국에서는 오히려 하나의 유기체로 인식하였다. 따라서 중국에서는 일찍부터 주역과 천문학이 발전하였다. 그리고 그러한 사고방식은 중국 사회가 황제를 구심점으로 하여 조직되는 데 강력한 사상적 토대로 작동하였다. 즉, 황제는 모든 것의 중심에 존재하고 우주 자연과 황제는 밀접하게 상호 작용한다는 논리로 연결되었다.

중국인들은 어려서부터 공자, 항우, 유방, 유비 등의 인물들과 그 역사를 잘 이해하며 성장한다. 중국은 2천 년 전 역사 시기의 인물인 맹상군(孟嘗君)이나 한신(韓信)의 삶에 대하여 그들이 관련되었던 사건만이 아니라 나아가 그들의 내면적인 심리와 갈등 관계, 나아가 그들이 겪어야 했던 쓰라린 좌절과 달면 삼키고 쓰면 뱉는 염량세태의 냉혹한 세상사도 잘 알고 있다. 예를 들어, 사마천(司馬遷)의 『사기(史記)』에서 그들 인물들이 마치 눈앞에 살아 움직이는 듯한 생생한 묘사로써 사실적으로 기록되어 있기 때문이다.

중국인들이 예를 들어 타협과 조정에 뛰어난 것은 이러한 역사적 전통 위에서 비롯되었다고 추정할 수 있다. 중국은 이러한 역사적 전통의 토대 위에서 인본주의와 문화적 일체감 그리고 개인보다 공동체(전체)를 우위에 두는 중국 사회의 성격이 구축되었다고 볼 수 있다. 또한 중국은 통일과 분열이 거듭된 오랜 역사과정을 거치면서 분열 시기에서의 끊임없는 전란과 그로 인한 엄청난 참화를 지속적으로 경험해왔으며, 이는 모두 민중에게 철저히 전가되었다. 이러한 역사적 요인에 의하여 중국인들에 있어 통일적 지도력 및 구심력 형성에 자발적으로 동의하고 그것을 받아들이는 심리적 경향이 뿌리 깊게 존재하고 있다고 할 수 있다.

중국의 이러한 특성은 비단 대중들의 삶의 과정에서만 발휘되는 것이 아니라 사회와 국가와의 관계에 있어서도 동일하게 관철되기 때문에 중국 사회와 중국 체제를 이해하는 데 있어 대단히 중요한 판단 기준이 될 수 있다.

중국은 고대시기부터 『상서(尙書)』를 비롯하여 『주역』, 『시경』, 『논어』, 『좌전』, 『전국책』 등 많은 고서 기록이 전해져 왔고, 이러한 기록을 토대로 하여 후대의 더욱 정비된 기록들이 창조되었다. 그리고 중국인들은 이렇게 철학적 측면에서, 동시에 문화적 측면에서 깊이 있는 고전의 기록을 통하여 공동의 역사 혹은 문화를 형성해 나갔고, 이것이 중국의 힘(현대적으로 말하면 소프트 파워)의 원천으로 작동해온 것으로 평가할 수 있다.

(2) 20~30년만 태평해도 곧 경제가 번성했던 중국

'상(商)'이란 무엇인가?

'상(商)'이라는 한자는 『설문(說文)』에 "상, 종외지내야(商, 從外知內也)"라 하여 "바깥으로부터 안을 알다"는 뜻이다. 그리하여 '헤아리다', '계산하다'의 의미를 지닌다.

그런데 이 '상(商)'은 동시에 "서로 의논하다", "상의하다"는 뜻을 지니고 있다. 이러한 의미들이 결합하여 '상업'이라는 용어가 만들어지게 되었다.

'상(商)'이라는 말은 두 명 이상의 사람들이 함께 계획하고 토론한다는 의미로 발전되어 함께 힘을 모아 전진해 나가는 상인 국가의 저력을 드러내고 있으며, 중국인들은 이에 기초하여 자연스럽게 타협과 조화를 전통으로 삼게 되었다고 할 수 있다.

역사적으로 중국은 세계 제1의 상업 국가였다.

중국은 지대물박(地大物博), 문자 그대로 영토가 넓고 물건이 풍부한 나라이다. 유럽 전체보다 큰 영토와 인구를 지니고 오랜 역사를 거치면서도 한 국가로 운영되어왔다. 단지 물자만 풍부할 뿐 아니라 양귀비가 좋아했다는 광동지방의 리쯔(荔子)를 비롯하여 신강지방에서 생산되는 건포도와 단맛이 특별히 강한 수박 하미과(哈密瓜), 항주의 비단 그리고 운남지방의 차 등 그 넓은 지역마다 산출되는 특산물과 물자를 교역하고 또 개인들도 각기 부족하고 결핍된 물자와 상품을 교환, 교역하여 필연적으로 자연발생적인 교역이 매우 활발하게 이뤄질 수밖에 없었다.

더구나 그 광활한 영토에 수십 개 국가로 나뉜 유럽과 달리 국경도 존재하지 않는 단일한 문화권은 그 자체로 엄청나게 유리한 객관적 조건을 형성하였다. 특히 인구가 많아 통일된 국가로서의 인류 역사상 항상 세계 최대의 엄청난 규모의 시장이 존재하였다. 이러한 토대 위에 중국인들은 개개인들이 장사를 비롯하여 여러 형태의 상업 활동을 쉽게 할 수 있고 동시에 광범한 범위에서의 상품 교역이 가능하게 되었다.

한편 인구가 대단히 많기 때문에 공급자의 측면에서도 경쟁이 격렬하게 발생할 수밖에 없어 자연히 상술이 발달하게 되었다. 결국 중국은 세계 최고의 상업국가로 발전될 수밖에 없는 조건들이 이미 갖춰져 있는 셈이었다.

이러한 조건을 지닌 중국은 역사적으로 살펴볼 때 만약 20~30년 동안만이라도 전쟁이 없고 혼란 상태가 발생하지 않는 상황이 이어지게 되면, 곧 농업과 상공업 등 모든 경제 부문이 번성하였기 때문에 국가의 경제가 쉽게 융성하고 부강해졌다.

그러나 반대로 국가가 분열하고 전란이 발생하면 상황은 완전히 전변하였다. 경제적 번성은커녕 수많은 백성들이 무참하게 도륙 당해야 했다.

춘망(春望)

나라는 망했지만 산하는 그대로 있고,

성 안에 봄이 와 초목이 우거졌구나.

어지러운 시절을 생각하니 꽃을 보아도 눈물이고,

이별을 한탄하니 새 소리도 안타깝구나.

멀리 봉화는 석 달째 이어지는데,

집에서 오는 편지는 만금만큼 귀하구나.

흰머리를 긁으니 더 짧아져

어떻게 해봐도 비녀 꽂을 곳도 찾을 수 없구나.

國破山河在

城春草木深

感時花濺淚

恨別鳥驚心

烽火連三月

家書抵萬金

白頭搔更短

渾欲不勝簪

당나라 말기, 나라는 기울고 백성은 반란과 전란에 휩쓸리며 모진 고초를 겪는 애환을 절절히 묘사한 두보의 절작(絶作)이다.

중국은 통일과 분열이 교대되는 오랜 역사 과정을 거치면서 분열 시기에서의 끊임없는 전란과 그로 인한 엄청난 참화를 지속적으로 경험해 왔다. 구체적으로, 춘추시대 이후 2021년 현재까지의 중국 역사 2791년 중 통일 기간은 1634년으로 약 59%를 점하고 분열 시기는 1157년으로 약 41%에 해당한다.

특히 중국에서 가장 피비린내 나는 분쟁은 바로 왕조의 중후반기에 이르러 내부 체제가 붕괴, 와해되는 바로 그 과정에서 발생하였다. 더구나 일단 분쟁이 일어나면 유럽에서 발생했던 세계대전에 비견할 만한 수준의 엄청난 규모의 인명 사상을 겪어야 했다. 심지어 인구의 1/3이 몰살당하는 경우도 발생하였다. 상황이 비교적 양호했던 편인 전국시대에서도 "길가에는 굶어 죽은 시체가 널려 있다. …… 흉년이 들어 백성들이 주리는 해가 되면 늙은이와 어린아이의 시체가 도랑에서 뒹굴고 장년들은 사방으로 흩어져 유랑한다(『맹자 · 양혜왕편』)."라고 기록되어 있다.

이러한 역사적 요인에 의하여 중국인들은 통일적 지도력 및 구심력 형성에 자발적으로 동의하고 그것을 수용하는 심리적 경향이 뿌리 깊게 존재한다고 할 수 있다.

(3) 한자, 그 영향력

유학을 비롯하여 한자 그리고 역사로 대표되는 중국의 문화전통은 중국의 엄청난 인구를 동질화시켰다.

특히 한자는 표의문자로서 표음문자에 비하여 개인적 차원에서는 논리적 사고를 강화시켰고, 사회적으로는 구심력을 강화시키는 요인으로 작용하였다. 즉, 한자는 뜻을 연결하고 결합하면서 고도의 사유 및 철학체계를 창출하게 하였으며, 한자 자체의 난해성에 추상성, 애매모호함과 신비로움이 더해져 문자를 해독하고 해석할 능력을 지닌 식자층에게 대단한 권위를 부여하게 되었고, 이는 전체 사회의 통합력을 제고시키는 요인으로 작동하였다.

예를 들어, '총명하다'는 말의 '총명(聰明)'이라는 한자는 단순히 영리하다거나 머리가 좋다는 말에서 그치지 않는다.

"밖으로 남이 하는 비판적인 말을 잘 들을 수 있는 것을 귀가 밝다고 하여" '총(聰)'이라 하고, "안으로 자기 자신을 잘 성찰할 수 있는 것을 눈이 밝다고 하여" '명(明)'이라 한다. 그리하여 '총명'이라는 한자가 형성된 것이다.

한자는 고대 시대 황제(黃帝)의 사관이었던 창힐(倉頡)이라는 사람이 상형(象形)의 문자로 한자를 만들었다는 주장을 비롯하여 팔괘(八卦)로부터 기원하였다는 주장과 결승(結繩) 문자로부터 비롯되었다는 주장까지 다양하다. 현대 학계에서는 도화(圖畫)에서 비롯되었다는 주장이 힘을 얻고 있다.

결국 한자는 어느 한 사람이 만든 것이 아니라 장기간에 걸쳐 무수한 지식인들의 철학과 교양 그리고 지식이 결합되고 종합되어 만들어진 것으로 해석될 수 있다.

중국이 유럽처럼 분열되지 않은 가장 중요한 요인 중의 하나는 바로 한자라는 문자(文字)의 존재이다. 중국은 줄곧 한자라는 단일한 문자를 지니면서 구심력으로 작동한 반면, 유럽은 비록 그 시원을 모두 페니키아 문자에 두고 있지만 라틴문자의 약화와 더불어 영어, 불어, 독어, 스페인어 등 구체적인 문자의 형태와 내용이 모두 상이하게 발전하여 원심력으로 작동하였다. 또한 중국은 한자(漢字)라는 상형(象形) 문자를 가지고 있었기 때문에 종족들이 분산 거주하면서 발음상의 상이함이 나타날 경우에도 뜻을 알 수 있는 상형 문자의 존재에 의하여 서로 의사소통을 하는데 큰 지장이 나타나지 않았다.

더구나 종이(紙)의 존재가 양자의 차이를 더욱 극명하게 드러나게 만들었다. 즉, 중국은 한나라 시기부터 종이가 발명되어 문자를 종이에 기록하여 성문화(成文化)함으로써 문자는 정보활동의 중심적 역할을 수행하였고, 이에 따라 전 국토와 종족의 통일을 기할 수 있었다. 하지만 13세기에 이르기까지 종이가 아직 존재하지 않았던 유럽은 고작 양가죽에 문자를 기록하는 수밖에 없었다. 그러나 양가죽은 너무 무겁고 비쌌으며 또 문자를 대량으로 기록할 수 없었기 때문에 중국과 같은 '문자에 의한 통일' 효과가 나타날 수 없었다.

한자라는 중국의 상형문자는 발음상의 차이를 초월하여 동일한 함의를 표현할 수 있었으며, 이로 인하여 한자는 서로 상이한 언어를 가진 종족 간 교류와 결합의 유대(紐帶)로서 기능했던 것이다. 특히 중앙 왕조는 통일된 문자에 의하여 각 지역과의 안정된 정보 체계를 가질 수 있었으며, 이에 따라 정치, 군사, 경제적인 결합이 보장되었다. 유명한 진시황도 천하 통일을 이뤄낸 후 '서동문자(書同文字)'라 하여 우선적으로 정부 문건의 표준 서체를 소전(小篆)체로 통일시켰다. 그리고 한나라 시기에는 예서(隸書)로 통일하였다. 이처럼 비록 지리적으로 광활하고 교통은 불편했지만, 중국은 한자라는 문자에 토대하여 국토 통일을 유지시킬 수 있었던 것이다.

이와 반대로 유럽의 경우 원래 같은 언어를 사용하였지만, 그 언어는 표음(表音) 문자로서 지리적 거주지마다 발음이 달라졌다. 이에 따라 차츰 문자도 상호 달라지면서 서로 의사소통도 불가능하게 되었고, 결국 유럽의 모든 민족은 최대한도로 분열하게 되었다.

(4) 세계의 '중심 국가(中心 國家)'였던 중국은 왜 쇠퇴했을까?

15세기 세계 최강의 함대는 명나라 영락제 때 정화(鄭和)*가 이끌던 함대였다. 정화의 항해에는 거선 62척을 포함해 총 2백여 척에 총 2만 7800여 명이 승선하고 있었다. 배의 크기는 길이 151.8m, 폭은 61.6m로서 8천 톤에 이르는 세계 최대의 크기였다. 이에 비하여 바스코 다 가마(Vasco da Gama)가 케이프타운을 발견할 때 사용된 배는 고작 120톤이었고, 콜럼버스가 신대륙 탐험 때 88명이 승선했던 배는 250톤에 지나지 않았다.

그러나 이러한 항해는 오로지 다른 국가들과 우호적인 조공관계를 맺는 데 만족했을 뿐, 서구 제국주의처럼 식민지 정복의 방향으로 가지 않았다.

화약도 일찍이 11세기 중국 송나라에서 발명하였지만, 중국은 주로 불꽃놀이 등 연회나 축제용으로 사용했을 뿐 서양에서처럼 본격적인 전쟁무기로 발전시키지 못하였다. 우리는 흔히 몽골군이 말만 타고 유럽을 휩쓴 것으로 알지만, 유럽 각국은 이미 당시에 몽골군이 퍼붓는 화약 무기에 혼비백산해야 했다. 하지만 결국 이 화약을 본격적인 전쟁무기로 발전시킨 것은 서양이었고, 이 화약으로 만든 서양의 대포 앞에서 중국은 무릎을 꿇어야 했다.

저명한 경제사가인 포이어워커(Albert. Feuerwerker)는 이렇게 말했다.

---

* 정화의 본명은 마삼보(馬三保)이며, 그의 선조는 아랍계 이슬람교도로서 칭기스칸의 중앙아시아 원정 때 몽골에 귀순, 쿠빌라이 시기에 운남성에 정착하여 벼슬을 한 집안이다. 마(馬)씨의 '마(馬)'는 예언자 무하마드 후손이라는 의미였고, 조부와 부친 모두 메카를 순례하였다. 부친의 이름인 마합지(馬哈只)는 메카를 순례한 사람에게 '순례자'라는 존칭의 의미로 붙이는 할지에서 비롯되었다. 명 태조의 운남 정벌 때 11살이었던 정화는 포로로 붙잡혀 거세된 뒤 환관이 되었고, 훗날 영락제가 된 연왕에게 헌상되었다. 연왕은 총명하고 영리했던 그의 재능을 알아보고 곁에 두어 심복으로 삼았다. 그는 환관의 최고 벼슬인 태감이 되었고, 영락제는 그가 이슬람교도인 점을 감안하여 그를 대항해의 총지휘자로 임명하였다. 중국에서 그는 삼보태감(三保太監)으로 불리고 있다.

“1000~1500년까지 농업 생산성, 산업 기술, 상업의 복합성, 도시의 부(富) 또는 생활 수준(세련된 관료제나 문화적 수준을 포함하여) 등 모든 측면에서 유럽은 중국보다 뒤떨어졌다.”

그렇다면 왜 그렇듯 앞서갔던 중국이 유럽에게 뒤지게 되었는가?

잘 알려진 바와 같이 세계 근대화를 앞당긴 인쇄술, 화약 그리고 나침반은 모두 중국에서 발명되었다. 그러나 이러한 놀라운 발명들은 발명 그 자체에 머무르면서 생산과 결합한 확대 발전을 가져오지 못하였다.

반면 서구에서는 발명이 곧바로 생산과 연결되어 산업혁명을 일으켰다. 특히 산업혁명 과정과 병행되어 전개되었던 석탄 등 지하자원의 개발과 채굴은 생산력의 폭발적 증가라는 엄청난 결과를 낳았다. 중국은 이 지하자원이라는 존재에 대하여 전혀 눈을 돌리지 못했다.

중국에서 발명과 생산의 결합을 가로막은 가장 큰 요인은 사회 계급의 위계 질서였다. 이러한 질서 하에서 지속적으로 이뤄진 이윤과 무역에 대한 철저한 경시, 통제만을 고집하는 지배층의 고집, 노동을 경시하는 사대부의 자부심, 개인의 투자를 도외시한 법률, 관료들의 관습적인 수탈 등은 중국의 근대화를 가로막은 중요한 요인이었다.

자본주의란 자본 축적과 이윤 추구가 발전의 원동력이다. 그러나 중국에서는 관료들이 대부분의 이윤을 착취함으로써 자본 축적의 기회가 원천적으로 봉쇄되었다.

기후위기와 환경파괴를 자초한 서구문명

한편 동양에서는 중국이라는 존재가 처음부터 우뚝 홀로 선 채 경쟁이 배제된 상태였기 때문에 국가 간의 경쟁에 토대를 둔 발전의 동력이 취약하였다. 중국을 중심으로 하는 동아시아는 태평양, 히말라야 산맥, 티베트고원, 중앙아시아의 광활한 사막으로 둘러싸여 천연적으로 다른 세계와 완벽하게 분리되어 있었다. 또한 중국의 국내 시장은 유럽의 모든 나라를 합한 만큼 그 규모가 거대했고, 물자가 풍부한 나라로서 완벽한 자급자족 체제를 구축하고 있었다. 그리하여 대외적 팽창의 동인(動因)이 매우 약했다. 이러한 조건에서 중국은 강력한 경쟁자가 존재하지 않았고, 오직 조공이나 책봉관계로 이뤄진 '관리' 대상의 하위적인 주변 제국들만 존재하였을 뿐이다.

이에 반해 유럽은 영국, 독일, 프랑스, 스페인, 네덜란드, 포르투갈 등 국가도 많고 민족도 많은 상황에서 상호 간에 치열한 생존 경쟁이 전개되었다. 국내 시장이 협소하고 물질적 자원이 빈약했던 이들은 국가 생존을 위하여 필사적인 경쟁을 벌이고 해외에 진출해야 했던 것이다. 이 과정에서 해외 식민지에 대한 철저한 약탈과 수탈은 다시 서구 제국주의의 성장과 발전을 더욱 가속화시키는 요인으로 작용하였고, 그리하여 최종적으로 서구에 의한 세계 지배가 완성되었다.

그러나 서구문명이 주도한 석탄 및 석유 등 지하자원의 과도한 개발과 자본의 극대이윤 추구 및 인간 욕망의 무제한적 실현에 기반한 자본주의는 결국 이 지구상에 극심한 환경 파괴를 초래하였고 엄청난 이산화탄소를 발생시켰다. 그리고 인류는 지구온난화와 기후위기라는 절체절명의 상황에 직면하게 되었다. 이렇듯 서구 방식의 개발과 문명은 인류를 파멸의 위기로 몰아넣고 말았다.

가장 실용적이었기 때문에 가장 뒤떨어지게 된 중국의 수학

지금으로부터 2천 년 전인 기원전 1세기의 고대 중국에서 만들어진 『구장산술(九章算術)』이라는 수학 책에는 놀랍게도 이미 원의 부채꼴 부분의 면적을 구하는 법칙이 자세하게 소개되어 있다. 뿐만 아니라 중·고등학교 때 우리들의 머리를 싸매게 했던 연립방정식을 비롯하여 제곱근과 세제곱근, 분수의 4칙 계산, 플러스와 마이너스 개념 그리고 복잡한 비례식 등 모두 246개에 이르는 수학 문제가 문제와 해답 그리고 그에 대한 풀이의 순서로 수록되어 있다.

'방정식(方程式)'이니 '기하학(幾何學)' 그리고 '분모(分母)', '평방(平方)', '입방(立方)' 등의 오늘날 일상적으로 사용되고 있는 수학 용어 중에서 상당수가 서양으로부터 전해온 말이 아니라 이미 중국에서 고대 시대부터 사용되던 용어들이라는 사실을 대부분의 사람들은 알지 못하고 있다. 이를테면 '배열하다'는 의미를 지닌 '방(方)'의 식이 곧 '정(程)'이었고, 이들을 비교하여 계산한다는 뜻으로부터 '방정식'이라는 용어가 만들어졌다. 또 "얼마일까?" 혹은 "몇 명이 필요할까?" 등의 질문은 모두 "기하(幾何)"로 표현되어 이로부터 '기하학'이라는 용어가 탄생되었다. 2세기에 중국에서 저술된 천문 수학서 『주비산경(周髀算經)』이라는 책에는 놀랍게도 "직각삼각형의 빗변을 한 변으로 하는 정사각형의 면적은 두 변을 각각 한 변으로 하는 2개의 정사각형 면적의 합과 같다"는 피타고라스 정리의 증명을 다루고 있다.

원주율 π를 구하는 문제만 해도 중국이 서양보다 무려 천 년 이상이나 앞서 있었고, 마이너스(-) 개념에 있어서는 중국이 서양에 무려 1700년이나 앞섰다. 서양인들은 16세기에 이르러서도 여전히 고차방정식에 관심조차 가지고 있지 못했다. 또한 13세기에 살았던 중국 수학자 주세걸(朱世傑)이 지은『사원옥감(四元玉鑑)』에는 이미 14차 방정식의 해법까지 자세하게 소개되고 있었다. 당나라 시기의 대학이었던 국자감에서는 수학을 공식 과목으로 가르치고 있었는데, 당시 가장 어려운 수학책은 바로 조충지라는 수학자가 지은『철술(綴術)』로서 학생들이 이 책을 공부하는 데만도 4년이 꼬박 걸려야 했다.

그렇다면 이토록 고도의 수준을 구가하던 중국의 수학이 현대에 이르러 왜 서양에 형편없이 뒤지게 된 것인가?

그 이유는 한마디로 말해서 중국인들이 지나치게 실용성 위주의 사고방식을 가지고 있었기 때문이다. 사실 1000년 동안에 걸쳐 오랜 기간 중국의 수학계를 지배해왔던『구장산술』에 소개된 높은 수준의 수학 문제도 항상 대규모 치수(治水) 공사와 토목 공사를 담당해야 했던 중국 지배층 관료들의 '지극히 현실적인 당면의 필요'에 의해 만들어진 산물들이었다. 본래 중국의 수학은 이론적 추구라기보다도 실용적 적용을 우선시하는 대수적(代數的)인 특성을 보이면서 발전했다.

여기에서 한 가지 사례를 들어 설명해보도록 하자. 이를테면 중국인들은 고대 시대부터 주판을 발명하여 그 뛰어난 계산능력과 실용주의적 효용성을 마음껏 향유해왔다. 그러나 주판의 그 편리한 실용성이 정작 중국인에게 있어 수학의 발전을 가로막은 요인이 되고 말았다. 왜냐하면 중국인들은 효율성이 뛰어난 주판을 이용하였기 때문에 그러한 편의성에 빠져 오히려 다른 고급 대수학을 연구하고 발전시킬 기회를 갖지 못하게 된 것이었다. 더구나 주판은 십진수의 배열에 국한되어 있어 장기적으로는 도리어 수학의 근본적인 발전을 가로막는 장애물이 되고 말았다.

이렇게 하여 중국의 수학은 오직 "수를 셈 하는", 문자 그대로 '산수(算數)'의 차원에 머물 수밖에 없었다. 결국 중국은 오직 '눈앞의' 실용주의만을 추구하다가 더욱 커다란, 진정한 의미에서의 실용주의를 놓치는 결과를 초래하게 되었던 것이다.

이에 반해 서양에서는 일찍부터 자와 컴퍼스를 이용한 작도(作圖)로써 수학을 연구하였다. 이러한 장기적 과정을 통하여 비록 산술의 분야에 있어서는 동양이 분명하게 앞서게 되었지만 반면에 기하의 분야에서는 서양이 월등하게 발전하게 되었다. 그리스의 유명한 철학자이자 수학자인 플라톤이 건립한 아카데미의 출입문에는 "기하학을 모르는 자는 들어오지 말라"는 유명한 경고문이 붙어있을 정도였다. 이후 서양에서의 수학의 본격적인 발전은 17세기에 데카르트가 x축과 y축의 좌표축 개념을 도입하여 포물선 등의 기하학적 도형을 이끌어낸 데서부터 고급 대수학의 싹을 틔울 수 있었다. 그리고 이러한 해석 기하학을 토대로 하여 비로소 물리학을 비롯한 현대의 과학기술이 비약적으로 발전할 수 있었던 것이다.

데카르트는 "나는 회의(懷疑)한다. 고로 나는 존재한다."는 유명한 말을 남겼다. 과학이란 데카르트나 베이컨 등 서양의 철학자가 깨달았던 것처럼 지속적이고 일관된 '회의'로부터 발전되어왔다. 그러나 중국에서는 오로지 유교의 경전과 사서의 '복습'과 '훈고학'에만 몰두하였고, '회의'나 비판은 철저히 금지되었다.

중국의 황제

청나라 강희 황제 47년(1717년), 황제는 황자들과 백관들을 모아놓은 자리에서 발표했던 '상유(上諭)'에서 이렇게 술회하였다.

"짐은 항상 마음이 절실하여 근면하고 조심스러웠으며 한가롭게 쉬지 않았고 조금도 게으르지 않았다.

수십 년 이래 하루 같이 온 마음과 힘을 다하였다. 이를 어찌 '노고(勞苦)'라는 두 글자로 표현할 수 있겠는가! 옛날 제왕 가운데 혹 수명이 길지 못했던 경우에 대하여 사론(史論)에서 대부분 방탕하고 주색에 빠졌기 때문이라고 하였다.

하지만 이는 모두 서생들이 훌륭한 군주에 대해서도 반드시 흠을 들춰내기를 좋아했기 때문이었다. 짐이 전대(前代) 제왕을 대신하여 말하자면 모두 천하의 일이 너무 번잡하여 힘들고 고달픈 바를 감당하지 못하여 그렇게 된 것이다. 제갈량은 '나라를 위하여 온 힘을 다 바쳐 죽을 때까지 그치지 않다(국궁진췌, 사이후이, 鞠躬盡瘁, 死而後已)'고 하였는데, 남의 신하된 자로서 이러한 사람은 오직 제갈량 밖에 없다. 그러나 제왕의 짐은 너무 무겁고 벗어날 수도 없다. 어찌 신하들과 비교할 수 있겠는가!

군주는 원래 편안히 쉬는 바가 없고 물러가 자취를 감출 수도 없으니 실로 '나라를 위하여 온 힘을 다 바쳐 죽을 때까지 그치지 않다'는 것은 바로 이런 경우를 말하고 있다."

누구나 왕이나 황제를 부러워하고 그들을 동경하고 꿈을 꾼다. 그러나 왕이나 황제라는 자리 역시 매우 고독하고 더 이상 물러날 곳이 없는, 고된 '직업'임에 분명하다.

중국 역사상 진시황부터 청나라의 마지막 황제 부의(溥儀)까지 총 350여 명의 황제가 존재하였다.

그런데 개국(開國) 군주는 어느 한 명 웅재대략(雄才大略)을 지니지 않은 사람이 없었고, 현사(賢士)를 기용하고 유능한 인물을 임용하지 않은 사람이 없었다. 그들은 간언을 능히 받아들였고 부역과 세금을 경감했으며, 백성을 안정시키는 휴양생식(休養生息)의 통치를 실행하였다,

이에 반하여 망국(亡國) 군주는 예외 없이 모두 혼용무능(昏庸無能)하고 황음무치(荒淫無恥)했으며, 방종하여 색에 탐닉하였고 정무를 게을리 하였으며 간신을 가까이하여 아부에만 빠졌다. 그들은 가렴주구를 일삼았고, 그리하여 민심은 들끓었다.

그러므로 영명한 군주와 현명한 제왕은 능히 부유한 백성, 강성한 국가를 만들어내고 번영하는 성세(盛世)를 구가할 수 있었다. 그러나 폭군혼왕(昏王)은 백성을 도탄에 빠지게 하고 피바람과 피비린내 나는 참화에 빠뜨림으로써 결국 몸도 죽고 나라도 멸망하게 만들었던 것이었다.

"시대가 영웅을 만든다."라는 말도 있지만 역으로 "영웅이 시대를 만든다."는 말 역시 진리이다.

영명한 군주는 부민강국(富民强國)을 만들어냈고, 태평세대의 번영을 구가하였다. 반대로 혼왕폭군(昏王暴君)은 백성을 도탄에 빠지게 하고 끝내 자신도 망하고 나라도 멸망하였다.

제왕들의 지혜란 수천 년 역사의 결정체이며, 수많은 인간들의 경험으로부터 비롯된 성과이기도 하다.

중국 역대의 수많은 제왕 중에서도 어떤 인물이 제왕의 전범(典範)인가에 대해서는 논란이 분분하다. 일찍이 마오쩌둥은 중국 역사상 수많은 제왕을 대표하는 제왕으로서 진시황, 한 무제, 당 태종, 송 태조, 칭기즈 칸의 다섯 명을 꼽았다.

흔히 중국에서 회자되는 대표적인 제왕으로는 '인(忍)'으로써 천하를 얻은 월나라 구천, '지(智)'로써 천하를 얻은 한고조 유방, '유(柔)'로써 천하를 얻은 후한 광무제 유수, '모(謀)'로써 천하를 얻은 조조, '인(仁)'으로써 천하를 얻은 유비, '용(勇)'으로써 천하를 얻은 당 태종 이세민, '기(奇)'로써 천하를 얻은 칭기즈 칸, '위(威)'로써 천하를 얻은 명 태조 주원장, '온(穩)'으로써 천하를 얻은 청나라 강희제 등 아홉 명이다.

5. 현대 중국의 인물을 통해 '오늘의 중국'을 읽다

역사란 결국 인간 기록의 집합이다. 역사는 개개인들이 하나의 집합체로서 혹은 하나의 흐름으로써 때로는 주도적으로 때로는 수동적으로 함께 공동으로 만들어 가는 것이다. 그리하여 각 시대를 대표하는 인물들을 선정하여 기술한다는 것은 역사 구성의 한 방법론으로 된다. 또 그 작업은 이미 사라진 역사의 기억을 영화의 생생한 주인공처럼 오늘에 다시 생동감 있게 살려내 눈앞에서 다시 관람하면서 음미할 수 있게 한다.

여기 현대 중국의 인물을 통해 '오늘의 중국'을 읽어보도록 한다.

(1) '진실된 마음'을 문학으로 승화시키다
-중국의 현대작가, 바진(巴金)

2003년 11월 25일, 중국 상하이 시내에 위치한 화동병원의 한 병실에서 오색 종이학 1,025개가 뿌려졌다. 종이학은 이 병실에 입원한 97세 노인의 쾌차를 기원하며 직원들이 밤낮으로 일주일을 꼬박 접은 것. 오색찬란한 종이학은 거리를 울긋불긋 물들이며 날기 시작했고, 시민들은 그 노인이 중국 문학계에 남겨놓은 거대한 족적을 음미하고 있었다. 이날은 바로 중국 당대의 대문호 바진(巴金)의 97회 생일이었다.

바진은 중국에서 5·4 운동 이래 가장 영향력 있는 문인으로 평가받고 있는 소설가 중의 한 명이다. 그는 1904년 쓰촨성 청두에서 태어났고, 본명은 리야오탕(李堯棠)이다. 열아홉 살 되던 해에 고향을 떠나 난징으로 가서 고등학교를 다니며 베이징대학 입학을 준비했으나 병으로 휴학을 하고 상하이에서 휴양을 하였다. 휴양 중 무정부주의조직 '상하이민중사'에 가입하였고, 반(半)월간지인 『민중』이라는 잡지를 발간하면서 작품활동을 시작하였다. 이듬해인 1927년에 프랑스 파리에 유학하여 서방 철학과 문학 작품을 광범하게 독서하였고, 한편으로는 중국에 관심을 가지면서 『멸망』이라는 제목의 소설을 썼다. 2년 만에 파리 유학을 마치고 귀국한 그는 작품 활동을 계속하였고, 서른 살에는 1년여 기간 일본을 여행하였다.

아내의 유골을 침대 옆에 놓고 평생 살다

항일 전쟁이 발발한 1930년대 후반부터는 쿤밍을 비롯하여 충칭, 청두, 구이린 등 각지를 전전하며 항일 문화선전 활동을 전개하였다. 그가 1936년에 발표한 소설 『집(家)』은 큰 반향을 일으켰고, 그는 일약 젊은이들의 우상이 되었다. 이때 한 여고생이 그에게 가장 많은 편지를 보냈고, 그들의 편지 교환은 반년이 넘어갔지만 한 번도 직접 만난 적은 없었다. 어느 날 여고생은 자신의 사진을 동봉하여 "편지로 이렇게 뜻이 서로 잘 맞는데, 만나지 못할 필요가 있는가요?"라고 먼저 만나자는 제안을 해왔다. 13살 차이가 나는 그들은 어느 다방에서 만났다. 그리고 장장 8년에 걸친 연애를 했고, 마침내 그가 마흔 살 되던 1944년 결혼을 했다. 결혼식은 아무런 의식도 테이블 한 석도 없이 아주 소박하게 치러졌다. 1945년에 둘 사이에 딸이 태어났다. 그녀는 바진의 마음을 움직인 최초이자 유일한 여성이었다.

그러나 문화대혁명 기간에 그는 잔혹한 박해를 받아야 했다. 그의 처 역시 비인간적인 대우를 받았고, 1972년 암으로 입원했으나 바진은 강제노동 중 문병이 허락되지 않아 그의 처는 홀로 병마와 투쟁해야 했다. 그러나 입원 15일 후 그녀는 한을 품고 세상을 떠났다. 그 뒤 3년이 지나서야 바진은 비로소 그녀의 유골을 가지고 돌아와 자신의 침대 옆에 놓고 그가 세상을 뜨는 날까지 매일 같이 지냈다(필자도 내 목숨보다 더 귀하고 너무나 사랑했던 아내를 암으로 아깝게 잃어야 했기 때문에 바진의 이러한 심정에 전적으로 공감한다).

그는 1920년대 초기에 처녀작을 쓴 이후 1996년 최후의 작품 『차오위를 그리워하며(懷念曹禺)』를 집필할 때까지 무려 70여 년 동안 열정적인 저술 활동을 계속해왔다. 그의 작품은 영어, 프랑스어, 아랍어를 비롯해 30여 개 언어로 번역되어 세계적으로 널리 알려졌다. 덕분에 그는 미국 과학원아카데미의 외국인 회원이 될 수 있었고 국제펜클럽 제47회 회의에서 세계 10대 문화 명인에 뽑히는 영광을 안았다. 이러한 그의 업적을 기리기 위해 중국 정부는 1995년 중국이 발견한 소행성에 '바진성'이라는 이름을 붙여 국제사회에 공식 보고하기도 했다.

병실서 97세 생일… 쾌유기원 물결

바진의 작품 세계는 시종 '진실된 마음'으로 일관되어 있다는 평가를 받았다.

애정삼부곡(愛情三部曲);『안개(霧)』,『비(雨)』,『전기(電)』와 격류3부곡(激流三部曲);『집(家)』,『봄(春)』,『가을(秋)』은 그의 이러한 작품 경향이 또렷이 드러난 대표작이다. 그는 중국 청년들의 이상과 신앙에 대한 험난한 추구의 과정을 생동감 있게 묘사함으로써 당대 젊은이들의 마음을 사로잡아 왔다. 이들 작품에서 그는 봉건적 가족제도의 잔혹성을 리얼하게 고발했다. 이 때문에 그의 글은 구사회, 구제도, 부조리 세력에 대한 '폭로' 그 자체로 인정받고 있다.

그가 세상을 떠나기 5년 전부터 병원에 입원한 그는 틈만 나면 자기 생애의 마지막 소원이 중국 현대문학관의 완공을 보는 것이라고 말해왔다. 바진은 1981년 중국 현대문학관의 건립을 정부에 제안한 뒤 꾸준히 이를 추진해 결국 병석에서 자신의 소원을 실현시켰다. 그는 문학관 건립을 위해 일찍이 1982년 원고료 15만 위안(元)과 8,000여 권의 소장 책을 기증함으로써 문단에 커다란 반향을 불러일으켰다. 이후 전국 각계각층으로부터 모두 300만 위안의 성금이 답지했고, 문학관은 마침내 문을 열었다. 이날 바진은 병석에서 TV를 지켜보면서 뛸 듯이 기뻐했다.

(2) 크게 몰락했다 다시 크게 일어서다 -84세에 재기에 성공한 현대판 강태공, 추스젠

'연초대왕'과 '중국 오렌지왕', 그에게 '왕(王)' 자가 두 개 붙는다

추스젠(褚時健)은 우리에게는 생소한 이름이지만, 중국에서는 널리 알려져 있는 현대 중국의 입지전적인 인물이다. 그의 이름에는 '왕(王)'이라는 호칭이 하나도 아니고 두 개나 따라다닌다. 바로 '연초(煙草)대왕'과 '중국의 오렌지왕'이라는 두 개의 왕의 칭호가 그에게 붙어있는 것이다.

그는 1928년에 윈난성(雲南省)의 가난한 농민의 집안에서 태어났다. 1949년 스물한 살의 그는 윈난성 유격대로 활동했으며, 1952년 중국공산당에 입당하였다. 그 뒤 그는 잠깐 동안 윈난성의 공무원으로 근무했다. 하지만 그도 전국적으로 휘몰아친 문화대혁명의 사나운 폭풍을 피해갈 수는 없었다. 1959년 그는 우파로 몰려 부인 그리고 외동딸과 함께 노동개조형에 처해져 이른바 하방(下放)으로 시골의 농장으로 보내졌다.

1979년 개혁개방이 되자 그는 윈난성의 위시(玉溪)라는 조그만 도시에 있는 연초공장, 즉 담배생산 공장의 공장장으로 복귀했다. 하지만 그 연초공장은 말이 공장이지 언제 문을 닫을지 모르는 시골의 허름한 영세업체에 지나지 않았다. 그는 모든 힘을 다해 분투노력했다. 18년이 지나 그가 이끄는 연초공장은 중국 연초업계에서 가장 큰 거대기업으로 성장하였다. 아시아에서도 최대 규모의 연초공장이었다. 당시 그가 만들어낸 담배, 즉 홍타산(紅塔山) 담배는 전국적으로도 유명 상표가 되었다.

추스젠은 1990년 전국 우수기업가로 선정되었고, 이어 1994년에는 '전국 10대 개혁풍운(風雲)인물'로 뽑혔다. 그가 일궈낸 '홍타(紅塔) 제국'은 윈난성 지방정부 재정을 떠받치는 주춧돌이었고, 국가로 하여금 무려 991억 위안(元)의 수입을 얻도록 만들었다. 홍타산 담배의 상품가치는 400억 위안에 이르렀다. 세금을 비롯해 그가 국가에 공헌한 이익은 최소한 1,400억 위안으로 평가되었다.

이제 그는 '연초대왕'으로 칭해졌다. 그의 입에서 나온 한 마디 말은 곧 윈난성 연초업계의 법이 되고 명령이 되었다. 홍타산(紅塔山) 그룹의 총자산은 332억 위안이었고, 그는 당시 중국에서 가장 크게 성공을 거둔 국영 기업가였다. 연초 산업에 종사한 그의 18년의 뛰어난 공적으로 그는 연초업계의 대부로 추앙받았다.

죽음보다 더한 고통의 나날들, 감옥에 갇혀 무기징역형을 받다

항룡유회(亢龍有悔), 하지만 솟아오른 용은 후회하는 법이었다.

당시의 경직된 체제적인 요인으로 인하여 기업의 거대한 성공에도 불구하고 개인으로서의 그에게 주어지는 소득은 거의 없었다. 기업은 엄청나게 성공했지만 개인의 손에는 아무 것도 쥐어지지 않는 그 격차는 필연적으로 심리적 갈등을 불러 일으켰다. 더구나 감독 시스템도 완전히 부재 상태였다. 이러한 상황에서 그는 1995년 2월, 자금 은닉과 수뢰죄로 체포되었고, 그의 처와 외동딸 역시 같은 죄로 수감되었다. 그렇게 그는 가장 빛나고 찬란했던 바로 그때, 더 이상 추락할 수 없는 심연의 바닥으로 떨어졌다.

이듬해의 추석날은 그의 일생 중 가장 비극적인 하루였다. 바로 자신보다 더 사랑하고 아끼던 그의 외동딸이 수감되어 있던 뤄양(洛陽) 감옥에서 스스로 목숨을 끊은 것이었다. 그리고 1999년 그는 174만 달러의 자금을 은닉하고 횡령한 죄로 무기징역형과 종신 정치 권리 박탈형을 선고받았다. 일흔한 살의 이 노인에게 죽음보다도 더한 고통의 나날이 이어졌다.

그는 그 뒤 17년 징역으로 감형을 받았지만, 감옥에서 심각한 당뇨병으로 몇 번이나 혼절하였다. 그리고 2002년 설날에 당뇨병 악화로 병보석이 허가되어 석방되었다. 그러나 주거는 집 근처로 제한되었다. 그는 이후 거의 1년 동안을 누워 지내야 했다.

여든 살에 다시 신화를 창조해내다

그러나 그는 결코 절망하지 않았다. 그리고 마음속으로 반드시 다시 일어서리라 다짐하고 또 다짐하였다. 그는 자기가 살고 있던 주변의 황무지를 개간하여 오렌지를 재배하기 시작하였다. 이때 그의 나이 이미 일흔네 살이었다. 그는 자신이 일궈낸 연초업의 성공이 그의 능력과 노력이 아니라 그 대부분은 정부 정책의 도움 때문에 비로소 가능했었다는 주위의 평가가 잘못되었다는 점을 증명해 내기 위해 굳이 연초업 대신 오렌지 재배라는 새로운 도전에 나섰다.

그는 친구들에게 1,000만 위안을 빌려 황무지 산에 일군 밭에 35만 주의 오렌지나무를 심었다. 그러면서 그는 반드시 수입 오렌지보다 좋은 품질의 오렌지를 생산하겠다고 결심했다. 그는 밤낮없이 농사기술 서적을 탐독하고 현대적인 공업 기술을 응용하였으며, 농장 보고문학서적까지 구해 읽으면서 다른 사람들과 자신의 경험을 축적해 발전시켰다. 여기에 과거 연초업 종사 경험을 토대로 하는 경영 방식을 접목시켰다. 자신의 농장 농민들에게 성과급제를 적용하여 임무를 성공하면 반드시 성과금을 지급하고 연말 보너스를 주는 등 도시에 나가 일하는 것보다 훨씬 많은 수입을 얻을 수 있도록 보장했다.

10년여에 걸친 그의 이런 피나는 노력은 마침내 결실을 거뒀다. 2012년 오렌지를 재배한지 10년째 되던 이 해에 '추씨의 오렌지'라는 의미의 '추청(褚橙)'이라는 상표를 붙이고 베이징 시장에 정식으로 진출하게 되었다. 이때 그의 나이는 84세였다. 품질이 우수했던 그의 오렌지는 얼마 지나지 않아 맛이 좋기로 소문이 자자해졌고, 사려고 해도 살 수 없을 만큼 순식간에 동이 나곤 했다. 2014년 매출은 1억 위안에 이르렀고, 순수익만도 7천만 위안이었다. 사람들은 그를 "중국의 오렌지왕"이라 불렀고, 그가 생산한 오렌지는 "분발하여 모든 힘을 쏟아부은 오렌지, 리즈청(勵志橙)"이라고 칭해졌다.

이렇게 추스젠은 여든 살이 넘어 다시 신화를 창조해 냈다.

그는 실로 현대판 강태공(姜太公)이었다. 세상에 나아갈 기회를 얻지 못한 채 강가에 나가 낚시로 소일하면서 가난하게 살다가 80세에 비로소 주나라 문왕(周文王)을 만나 마침내 자신의 뜻을 펼칠 수 있었던 '궁팔십 달팔십(窮八十 達八十)'의 강태공이 현세에 다시 살아난 듯한 인물이라

할 것이다.

그는 2014년 『인민일보』가 주관하는 제9회 인민기업 사회책임상 특별 존경인물상을 수여받았다.

고난을 견뎌야 할 뿐 아니라, 고난을 이겨낼 수 있어야 한다

"나의 삶은 몇 번 크게 일어나 크게 몰락했다. 후회한다든가 후회가 없다든가 그런 말은 하지 않는다. 또 다른 사람에게 굳이 내 삶의 가치를 증명할 필요도 없다. 사람이란 자신에게 책임을 져야 한다. 자기가 스스로 넘어지려고 생각하지만 않는다면, 결코 다른 사람이 나를 넘어뜨릴 수 없다."

특별하게 파란이 많았고 굴곡졌던 자신의 삶에 대한 그의 회고다. 그러면서 그는 "사람이란 단지 고난을 견뎌야 할 뿐 아니라 나아가 고난을 이겨낼 힘을 가져야 한다."라고 힘주어 강조한다.

기자가 그에게 물었다. 과연 묘비명에 어떤 말을 남기고 싶은가 라고. 그러자 그는 천천히, 그러나 분명한 어조로 대답했다.

"추스젠, 소띠(褚時健, 屬牛). 이렇게 다섯 글자면 족하다."

원래 소띠인 자신이 소처럼 평생 쉬지 않고 일을 했으며, 평생 땅과 함께 살고 결코 땅으로부터 멀어진 삶을 살지 않았다는 뜻이다. 자기가 살아온 일생에 대한 요약으로서 자신의 삶에 대한 치열한 자부심이 오롯이 담겨 있다.

(3) 인민대표가 된 어느 '민원왕' 여성

중국에서 촌민위원회(村民委員會)는 지방 행정촌(行政村) 주민들의 선거로 구성되는 이른바 '군중성(群衆性) 자치조직'이다.

일찍이 1980년 광시(廣西)성 이산(宜山)현과 뤄청(羅城)현의 두 곳 현에서 농민들이 자발적으로 조직한 일종의 준정부적 자치 조직에서 비롯되었다. 처음에는 당시 행정관리 체제였던 인민공사 생산대대를 대체하여 주로 치안유지를 목적으로 조직되었고, 이후 허베이성과 쓰촨성 등지의 농촌에서도 유사한 군중성 조직이 출현하면서 점차 경제, 정치, 문화 분야 조직으로 확대 발전하였다.

1982년 중국 헌법은 정식으로 촌민위원회의 법률적 지위를 승인하였고, 1988년 6월 1일 「촌민위원회조직법」이 시행되었다.

이후 약 60%의 행정촌이 촌민자치를 실시하였고, 현재 대부분의 중국 농촌에서 3, 4차례 촌민위원회 선거가 치러졌다. 이 촌민위원회의 시행은 농촌에서의 다바오간(大包干) 시행과 더불어 중국 민중사회의 커다란 변화를 가져온 조치였다.

허베이(河北)성 샹허(香河)현에 사는 왕수룽(王淑榮) 할머니는 2011년 현재 71세가 된 할머니다. 그녀는 이제까지 '고발'을 자주 하고, 관청에 대한 '도전'도 도맡아 했으며, '관리'가 되는 것을 꿈꿔왔다.

2001년 그녀는 논을 경작하기 위하여 소를 키우고자 신청했는데, 그곳 관청에서 뜻밖에도 '복구개간비'를 납부하라고 하였다. 그것이 「허베이성 토지관리조례」의 규정에 근거하고 있다는 소식을 전해 들은 그녀는 「토지관리법」을 탐독하고 해당 조례 규정이 「토지관리법」 규정에 위배된다는 사실을 발견하였다. 그녀는 성(省)의 물가국에 민원을 발송하여 결국 그 돈을 반환받았다. 그 뒤 그녀는 전국인대에 편지를 써서 「허베이성 토지관리조례」 규정에 대한 수정을 건의하였다. 결국 2005년 허베이성 인대(人大)는 해당 조례를 수정하였다.

1996년 국가는 농민들에게 이른바 '공량(公糧)'*을 징수하였다. 다수 농민은 침묵했지만 그녀는 곡물을 내지 않았고 지방 행정기관은 강제로 그녀의 집에서 곡물을 '빼앗아' 갔다. 당시 '백성이 관을 고소하는(民告官)' 행정소송법이 때마침 제정되었는데, 그녀는 곧장 그 지방 행정기관을 법원에 고소하였다. 그러나 관행에 따라 아직 권력의 눈치만 보던 지방법원 측은 그것을 기각시켰고, 중급법원에도 자문을 구했지만 그들의 태도는 언제나 애매하기만 했다. 「형사소송법」의 규정에 "중대한 영향을 지닌 제 1심 안건은 최고법원에서 접수한다"는 내용이 있다는 사실을 알게 된 그녀는 베이징 최고법원에 지방정부를 고소하러 갔다. 그러나 그녀가 베이징에 도착했을 때 이미 공소시효가 넘어섰다.

1998년 국무원은 각지 농촌계획에서 1997년 기준을 준용하라는 통지(通知) 지침을 하달하였다. 1997년 그녀가 살고 있던 진(鎭)에서는 농민 한 사람마다 74위안(元)의 농민세를 징수하였다. 그런데 1998년에는 84위안(元)의 농민세를 지불하라는 통지서가 각 가정에 배달되었다. 그녀는 국무원의 통지를 베껴서 대로변 일곱 곳에 붙여 사람들이 국가 정책을 정확하게 알도록 하였다. 결국 3만 7천 명의 농민들은 과다 지불한 10위안(元)을 돌려받을 수 있었다.

---

* 중국에서 농업생산자 혹은 생산단위가 매년 국가에 농업세로서 납부하는 양곡.

이렇게 하여 국가 기관에 편지를 쓰고 의견을 제기하는 것은 왕 할머니의 '전공'으로 되었다.

언젠가 현 정부에 새로 발령을 받은 젊은 직원이 그녀에게 비꼬는 말투로 "할머니! 나는 당신을 알고 있지요. 당신은 우리 현의 '고발왕'입니다."라고 말했다. 그러자 그녀는 "고발이라니! 고발이란 별도로 인민법원이라는 담당기관이 있다. 나는 공민(公民)으로서 이곳에 와서 문제를 이야기하고 바라는 바의 요구를 제기함으로써 당신들에게 문제를 해결하도록 하는 것이다. 바라건대 그런 엉터리 죄목을 나에게 씌우지 말라!"면서 그를 '교육'시켰다.

인민대표에 도전하다

1987년 그녀가 살고 있던 농촌에도 지방 인민대표를 선출하는 촌민위원회의 선거가 있었다. 이때 평소 법률 연구에 열심이고 정통했던 그녀는 왜 '선거권'만 있지 헌법이 보장하는 '피선거권'은 없는가 라는 의문이 생겼다. 그녀는 투표장에 가서 촌장(村長)에게 그 문제점을 지적하면서 투표용지에 적힌 후보자 이름에 X표를 하고 대신 그 뒤에 자기의 이름을 적어놓았다. 촌장 생활을 이미 50년을 지낸 촌장은 '선거권'이라는 용어도 처음 듣고 할머니의 행동이 약간은 '신선'했는지 "당신이 당신 이름을 써놓아 봤자 헛일이다. 한 표로는 대표가 될 수 없다!"고 말했다. 그때 왕 할머니는 총 10표를 얻었다. 할머니의 다섯 식구가 모두 할머니를 찍었고, 또 옆집 사람 다섯 명이 그녀에게 표를 던졌다.

그러나 왕 할머니의 이러한 '소란'은 사람들에게 자신의 권리를 중시하게 만드는 계기가 되었다. 이어 1990년 선거에서 왕 할머니는 46표를 얻었고, 1993년에는 140여 표를 얻었다. 그리고 1999년에는 421표를 얻었는데, 당시 최다 득표자도 600표를 넘지 못하였다.

2000년 마침내 왕수룽 할머니는 783표를 득표해 촌민위원(村民委員)으로 당선됨으로써 육순의 나이로 '정치무대'에 데뷔하였다. 고을에서 최초의 여성 '촌관(村官)'이 탄생한 것이었다. 그녀는 임기 내에 몇 차례 잘못된 세금징수를 막아냈다. 이를테면, 당시 농촌개조 운동이 진행되고 있었는데, 관계기관은 변압기 비용 등을 농민에게 전가시켰다. 왕 할머니는 관련 규정들을 인용하여 전력(電力)국 및 물가국과 논쟁을 벌여 결국 변압기비용, 전기 보증금, 관리비 등 3만 위안을 돌려받았다.

이어서 2007년 그녀는 꿈에도 그리던 샹허(香河)현의 인민대표로 선출되기에 이르렀다. 가족들은 그녀를 위하여 방 하나를 그녀의 사무실로 쓰도록 내놓았다. 새벽부터 밤중까지 그녀 사무실의 전화는 끊이지 않았고, 언제나 도움을 청하는 사람들이 줄을 섰다.

일찍이 1991년 그녀는 현(縣)의 인대(人大)에게 편지를 발송하여 현의 각종 농업관련 문서를 열람할 수 있게 해달라고 청원했었지만 이뤄지지 않았었다. 그녀는 자신의 임기 내에 이 일도 완성하고자 결심하였다.

사람들은 그녀를 매일 같이 다른 사람과 다툰다며 '다루기 힘든 사람'이라 불렀다. 하지만 그녀는 "모든 사람이 법률을 준수하고 감독을 하게 되면, 모두 법을 아는 '다루기 힘든 사람'으로 되고, 그렇게 되면 사회는 곧 크게 고쳐지게 된다"고 반박한다.

여기에서 한 여성의 자각(自覺)이 역사를 움직이는 결정적인 요소임을 선명하게 보여준다. 역사는 대중이 창조해 나가는 것이다. 특히 '깨어있는' 대중은 역사를 크게 진보시킨다. 동시에 우리가 눈여겨 볼 점은 중국 사회가 그러한 '민의(民意)'를 결국 체제 내에 수용해 내는 시스템과 정신을 일정하게 지니고 있다는 사실이다.

6. 중국의 헌법, 공자의 『논어』 - 세계를 '해석'함으로써 세계의 '변화'를 꾀하다

'학이시습지(學而時習之)'를 "배우고 때로 익히니"라고 옮기는 것은 잘못

『논어(論語)』는 유학에서 가장 중요한 경전으로서 가히 동양 사유체계의 토대를 조형해낸 기본서이자 모태(母胎)였다. 동양 사회의 형성과 그 사유체계는 결코 『논어』와 분리시켜 논하기 어렵다. 그만큼 『논어』의 영향력은 그 연원이 심오하고 뿌리가 깊다.

『논어』는 철학, 정치, 경제, 교육, 법률, 문예 등 모든 분야를 두루 다루고 있다. 비록 전체적으로 문장 구성은 간략하지만 그 의미는 오히려 대단히 풍부하고 그 내용 또한 심오하여 이후 동양 사회의 모든 분야에 근본적이고도 결정적인 영향을 미쳤다.

'학이시습지(學而時習之)'는 『논어』의 첫 문장이다. 대부분 "배우고 때로 익히니"로 해석되고 있다. 그런데 이러한 '전통적' 해석은 이후 유학을 사회적 실천에서 분리시키고 '수신(修身)'의 개인적 차원과 '이론'의 추상성에만 가두는 틀로서 작동되었다. 그리고 이러한 해석은 공자의 사상에서 '수신(修身)'을 과도하게 강조하는 반면 실천과는 분리시킴으로써 결국 유학의 '이론 지상주의'와 생동감을 잃은 '죽은 학문'의 경향성을 강화하는 요인으로 작동해왔다. '습(習)'이라는 한자의 본래 뜻은 '어린 새가 날기를 연습하다'로서 어디까지나 '실천하다'로 해석되어야 한다. 즉, '학이시습지(學而時習之)'의 뜻은 "배우고 때로 실천하니"여야 한다.

공자가 강조한 것은 어디까지나 '학이치용(學以致用)'이고 '실천'이었다. 실제 공자의 일생 자체가 시종여일 실천을 가장 우위에 둔 삶이었다. 그는 『논어』 '자로'편에서 "말을 하게 되면 반드시 실행할 수 있어야 한다(言之必可行也)."라고 하여 지행합일(知行合一)의 실천성을 강조하고 있다.

'내재화된 마음의 양식'으로서의 『논어』

흔히 공자를 딱딱하고 보수적이며 권위적인 인물로 생각하지만, 실제 그는 손아랫사람이나 하층의 사람에게도 인제든 가르침을 받으려는 자세를 가지고 평생 학문에 열중하고 그 실천에 최선을 다했던 겸손하고 성실한 인간이었다. 반면에 권력을 자기 마음대로 휘두르는 위정자에 대해서는 비록 그 면전(面前)이라도 기탄없이 비판하며 옳은 길을 가도록 설파했으며, 탐욕을 추구하여 오로지 자기 이익만을 좇는 자들의 행위는 맹렬히 비난하였다. 그러나 결코 가난하다거나 배우지 못했다는 이유로 사람을 차별하지 않았다.

공자는 일평생 세상에 나아가 어진 정치를 펼쳐 난세를 바로잡고자 하였다. 그러나 그는 어디에서도 결국 온전하게 등용되지 못했다. 공자가 의도했던 것은 일시적인 성패득실이 아니었다. 끊임없는 궁중변란과 전란이 이어지고 백성들은 기근으로 백성들이 도탄에 빠지는 난세 속에서 그가 바라던 것은 사회의 장기적인 안정과 백성들의 행복이었다.

그렇기 때문에 그는 당대 통치자들과 타협하지 않고 일이관지, 끝까지 자신의 주장을 실천해 나갔으며, '이룰 수 없다는 것을 잘 알고 있으면서도 굳이 그렇게 함(知其不可而爲之)'으로써 제세구민(濟世救民)의 삶과 정신을 구현하였다. 그리하여 현실정치에서 그는 실패한 듯 보였지만 결국 위대한 성취를 이뤄냈고, 마침내 그의 사상은 중국을 비롯한 동양 사회에서 주도적인 지위를 점하였다.

공자는 국가 운영에서 민심(民心)이 가장 중요한 관건이라고 강조하였다. 그는 정치란 민중의 신뢰가 없으면 결코 존립할 수 없다고 단언하면서, 군사보다 양식보다 가장 중요한 것은 민중의 신뢰 그리고 민심이라고 강조하였다. 또한 걱정해야 할 것은 '재부의 부족'이 아니라 바로 '재부 분배의 불균형'이라는 '환불균(患不均)'을 역설하였다. 이러한 그의 주장은 오늘날 우리 시대에서도 가장 강력한 기본이며 원칙이 아닐 수 없다.

『논어』는 우리 선조들이 가장 소중하게 여겨온 '마음의 양식(糧食)'이었다. 그리고 필연적으로 오늘을 사는 우리 모두에게도 '내재화된 마음의 양식'임에 분명하다.

(1) "이룰 수 없음을 알지만 굳이 그 길을 간다"

공자가 정리하여 중국의 전 역사 과정에서 심대한 영향력을 미친 유학의 도덕규범은 서양식으로 말하면 중국의 성전(聖典)과 헌법을 종합한 것에 비유될 수 있다.

공자는 세상사에 그야말로 두루 통달한 사람이었다. 그러면서도 동시에 참으로 성실하고 항상 노력하는 사람이었다.

그의 성실한 성격은 위편삼절(韋編三絶)이라는 고사성어에서도 잘 드러난다. 당시에 책은 아직 종이가 없던 시대였기 때문에 대나무 죽간을 가죽으로 엮어 만들어야 했다. 그런데 공자가 얼마나 주역 책을 열심히 봤는지 주역의 죽간을 엮은 가죽끈이 세 번이나 닳아 떨어질 정도였던 것이다.

그는 현실 정치에서 자신이 등용되고자 평생 노력했지만 거의 기용되지 못하였다. 한 마디로 상가(喪家) 집을 유랑하며 먹을 것을 구하는 '상가지구(喪家之狗)' 신세였다. 그렇지만 공자는 끝내 좌절하지 않고 왜곡된 현실을 바꾸려 노력하였다. 그리고 이러한 노력이 성공을 거두지 못하자 말기에 이르러서는 일종의 대학을 설립하여 제자들을 가르쳤다. 이러한 방식은 결국 성공을 거두었고, 그리하여 공자는 비록 단기적으로 현실 정치에서 실패했지만 장기적으로는 중국 역사상 가장 영향력이 강력한 사상과 학파를 형성해냈다.

바로 유가(儒家)였다.

공자는 춘추시대 노나라의 한 가신(家臣) 집안에서 태어났다.

그의 아버지 숙량흘(叔梁紇)은 선비 계층으로서 노나라 귀족 장흘(臧紇)의 가신이었는데 장씨 봉지의 읍재(邑宰)를 맡고 있었다. 이 벼슬은 오늘날 우리나라로 말하면 시골 면(面)의 면장 정도의 벼슬로 볼 수 있다. 일설에 의하면 숙량흘이 공자를 낳을 때 이미 70세였다. 공자의 모친 안(顔)씨는 그때 나이 겨우 17세였다. 이에 대하여 사마천은 "숙량흘은 안씨 여자와 야합(野合)하여 공자를 낳았다.", "공자가 태어나고 숙량흘은 세상을 떠나 방산(防山)에 묻혔다. 방산은 노나라 동쪽에 있었는데, 공자는 아버지의 무덤이 어디 있는지 알지 못했고 어머니는 그 장소를 공자에게 가르쳐 주지 않았다."고 기록하고 있다. 공자의 어머니는 가난한 집안 소녀로서 노예 혹은 평민의 딸이었다.

공자는 "나는 태어나면서 곧 안 사람이 아니라, 옛것을 좋아하고 힘써 알기를 구한 사람이다."(我非生而知之者, 好古, 敏以求之者也)(『논어 · 述而』)라고 말하였다. 그는 자신이 태어나면서부터 이미 모든 것을 알았던 성인이 아님을 명백히 밝히고 있다. 그는 역사와 문화를 좋아하고 성실한 학습을 통하여 지식을 얻었던 것이다.

『사기 · 공자세가』는 "공자는 어린 시절 소꿉놀이를 할 때 곧잘 제사 그릇을 늘어놓고 제사를 모시는 예절 동작을 하였다."고 묘사하고 있다. 이는 공자가 어릴 적에 제사와 예악 활동이 활발한 장면에 자주 접했으며 그로부터 그것을 좋아하고 모방하여 따라했던 사실을 보여주고 있다. 특히 당시 "주나라 예의는 모두 노나라에 있다"는 말이 있을 정도로 문화 중심지였던 노나라에는 하 · 은 · 주 3대의 예악문명이 집대성된 곳으로서 이러한 문화와 전통은 공자에게 커다란 영향을 미쳤다.

공자는 자신의 삶에 대하여 "나는 열다섯 살에 학문에 뜻을 세우고 30살에 스스로 자립하였으며 40세에 어떤 일에 혹하지 않는 경지에 이르렀다. 그리고 50살 때가 되자 천명을 알게 되었고, 60살에 어떤 일을 듣게 되면 곧바로 이해가 되었으며, 70세에 어떻게 행동해도 도에 지나치는 법이 없게 되었다(吾十有五而志迂學, 三十而立, 四十而不惑, 五十而知天命, 六十而耳順, 七十而從心所慾不踰矩)."고 술회하고 있다.

공자는 이렇듯 어릴 적부터 뜻을 세우고 각고의 노력을 하였으며 신중하게 생각하고 정확하게 판단하여 행동함으로써 점차적으로 인품과 학식을 쌓아 탁월한 인물로 성장했던 것이었다.

공자는 법치보다 인치(人治)를 중시했다. 사람을 통하여 그가 꿈꾸는 도덕의 이상 사회를 이루려고 했던 것이다. 그는 '인(仁)'을 실천하는 지도자로 군자를 내세웠다. 원래 군주의 자제라는 고귀한 신분을 뜻하는 '군자'는 공자에 의해 이상적 인격의 소유자로 개념화되었다. 군자는 도(道)를 추구하고 도에 입각하며, 도가 통하는 세상을 만드는 존재이다. 그리하여 이 위대한 정치가 공자는 예(禮)로써 자신을 절제하고 악(樂, 음악)으로 조화를 추구하며, 문(文, 문예)을 열심히 배우고 이를 실천함으로써 훌륭한 군자로 거듭나고, 정치(政治)를 통해 민생(民生)을 안정시키고 도덕의 이상을 실현하고자 했다.

공자의 사상은 한마디로 인(仁)으로서 그 기본 정신은 사람과 사람 관계의 처리를 중시한다는 것이다. 『논어』에는 '인(仁)'을 언급한 장이 58장에 이르고 '인(仁)'이라는 글자가 무려 108곳에 출현하고 있다. '인(仁)'은 구체적인 인간 생활에서 공(恭), 관(寬), 신(信), 민(敏), 지(智), 용(勇), 충(忠), 서(恕), 효(孝), 제(悌) 등의 다양한 내용으로 표현된다. '예(禮)' 역시 공자가 『논어』에서 제기하고 있는 중요한 개념으로서 공자가 평생 학문했던 대상이기도 하였다. 공자는 '예(禮)'가 인간의 내재된 진실된 정감의 외부적 표현이며, 그것의 최고 경지가 곧 '인(仁)'이라고 인식하였다.

공자는 '주례(周禮)'를 회복함으로써 선왕의 '인정(仁政)'의 경지에 이를 수 있기를 희망하였다. 그리하여 공자가 의도했던 것은 일시적인 성패득실이 아니라 사회의 장기적인 안정과 백성들의 행복이었다. 그렇기 때문에 그는 당대 통치자들과 타협하지 않고 끝까지 자신의 주장을 펼쳐 나갔으며 '이룰 수 없다는 것을 잘 알고 있으면서도 굳이 그렇게 함(知其不可

而爲之)'으로써 제세구민(濟世救民)의 삶과 정신을 구현하였다.

공자는 괴이한 일, 폭력, 변란, 귀신에 관한 말은 하지 않았다(子不語怪力亂神). 공자가 일평생 관심을 가지고 몰두했던 대상은 미래의 일이 아니라 어디까지나 현실의 문제였으며, 추상의 세계가 아니라 항상 구체(具體)와 실제(實際)였다. 문자 그대로 철두철미 실용주의였다. 이러한 공자의 실용주의적 태도와 관점은 그의 제자 및 유가에 그대로 전수되었고, 역대 중국 사회의 주류적 사고방식으로 굳건하게 정립되었다.

맹자의 역성혁명 사상

맹자가 살았던 백가쟁명 시대에 맹자는 공자의 정치사상과 교육 사상 등을 계승하는 동시에 다른 측면에서 더욱 발전시켜 자신의 정치 학술사상을 형성하였다. 당시 묵가, 도가, 법가 등 학파와의 격렬한 논쟁과 경쟁에서 맹자는 유학학파의 이론을 옹호하면서 아울러 유학에서의 자신의 지위를 확립함에 따라 공자에 버금가는 정통 대유(大儒)로 되었다.

맹자는 공자의 덕치사상을 계승, 발전시켜 인정학설(仁政學說)을 정립하였다. 그리고 도덕수양이야말로 정치를 잘 하는 근본이라는 점을 강조하였다. 그는 "천하의 근본(本)은 국가에 있고, 국가의 근본은 가족에 있으며, 가족의 근본은 나 자신에 있다"라고 말하였다. 훗날『대학』에서 제기하고 있는 '수신(修身) 제가(齊家) 치국(治國) 평천하(平天下)'는 바로 맹자의 이러한 사상으로부터 발전된 것이었다.

맹자는 민귀군경설(民貴君輕說)과 폭군방벌설(暴君放伐說) 등 혁명적인 개념임에 분명한 민주주의적인 사상을 제기하였다.

맹자는 군주와 민(民)의 관계에서 "민이 가장 귀하고 국가가 다음이며 군주는 그 다음이다"라고 설파하였다. 즉, 천하를 얻으려면 무엇보다도 민심의 향배가 가장 중요하며, 국가는 다음이고 군주는 그 다음이라는 의미이다. 그리하여 그는 "천시(天時)는 지리(地利)보다 못하며, 지리는 인화(人和)보다 못하다"라고 천명하였다.

군신관계에서 공자의 사상은 "신하이되 신하이지 못한 것"을 반대하는 데 초점이 두어지고 있지만, 맹자는 "군주이되 군주이지 못한 것"을 반대하는 데 초점을 두고 있다. 그리고 맹자는 군신관계가 일종의 절대복종 관계인 것이 아니라 일종의 비교적 평등한 관계인 것으로 파악했다. 그에 의하면 "군주가 신하를 수족으로 여기면 신하는 군주를 심복으로 여기고, 군주가 신하를 견마(犬馬)로 여기면 신하는 군주를 일개 백성으로 여기며, 군주가 신하를 하찮은 것으로 여기면 신하는 군주를 원수로 여긴다."

한편 맹자는 한 걸음 더 나아가 대담하게도 '폭군방벌론'을 제창하였다. 그는 군주와 신하는 양자 공히 반드시 인정(仁政)을 베풀어야 한다고 파악한다. 그리고 신하는 단지 '인의'로써 군주를 돕는 것이지 무조건 맹종할 수 없고 더구나 아부하고 떠받들 수 없다. 그는 "군주의 악행에 영합하면 그 죄가 매우 크다."면서 대신(大臣)은 마땅히 군주의 잘못을 비판할 수 있고, 만약 반복해서 간하고 비판해도 듣지 않을 경우에는 '바꿔야' 한다고 주장하였다. 또한 죄가 없는데도 죽이는 군주에 대해서 사대부들은 마음대로 떠나갈 수 있다고 하였다.

나아가 맹자는 백성을 괴롭히는 폭악무도한 군주는 백성을 위해 복수할 수 있고 백성을 위해 제거할 수 있다고 주장하였다. 그에 따르면 주나라 무왕이 포악한 주왕을 토벌한 것은 "도탄에 빠져 있는 백성을 구하기 위함"이었다. 또한 "주왕을 주살했다는 말은 들었지만, 군주를 시해하였다는 말은 듣지 못했다"고 말한다. 그는 하나라 걸왕이나 은나라 주왕과 같은 포악무도한 군주는 방(放), 즉 추방하거나 벌(伐), 즉 정벌하여 뒤집어엎을 수 있다고 주장하였다. 17세기 서양의 저명한 학자 로크는 "인민은 폭군을 몰아낼 모든 권리를 가지고 있다"는 주장을 펼쳤다. 맹자의 주장은 무려 2천 년을 앞선 것이었다.

맹자는 왕도정치와 패도정치를 논한다.

"인(仁) 대신 힘을 사용하는 자는 패(覇)이다. 반면 덕으로 인을 행하는 자는 왕(王)이다. 힘으로 사람을 복종시키는 것은 마음으로 복종하는 것이 아니라 힘이 모자라서 복종하는 것이다. 하지만 덕으로 사람을 복종시키는 것은 마음이 기쁘기 때문이며 이것이야말로 참된 복종이다."

왕도정치란 도덕적인 교화를 통해서 백성들의 행복을 위해 최선을 다하는 정치이다. 맹자는 왕이 자신의 욕망을 인정하듯 백성의 욕망을 이해하고, 그럼으로써 백성들의 욕망을 충족시키는 것이 곧 왕도라고 말한다. 심지어 맹자는 어떤 왕이 성욕에 대하여 묻자 "그것은 좋은 일이다. 그러나 백성들도 함께 그것을 즐기도록 하라"고 대답하였다. 반면 맹자는 군주가 도덕으로 정치를 하지 않고 오로지 힘과 권력만으로 정치를 하는 것을 패도라고 하였다.

맹자의 이러한 주장은 법가의 극단적인 군주 전제주의 사상을 비판하는 것이었으며, 동시에 주나라 시대 이래 이어져온 민본사상을 크게 승화시킨 것이었다. 이러한 맹자의 진보적인 사상은 서양에도 영향을 미쳐 인류 역사를 진전시킨 사상으로서 높이 평가받을 만하다.

(2) '유(儒)'란 무엇인가?

원래 유(儒)란 중국 고대 시대에 일정한 문화지식을 소유하고 예(禮)에 대해 이해하고 있으며, 관혼상제 등의 의식을 돕는 일을 직업으로 하는 사람들을 총칭하는 용어였다.[15] 그런데 공자(孔子)가 그러한 '의식을 직업으로 삼았던' 사람이었고 제자들을 모아 지식을 체계적으로 전수하였기 때문에 그가 창립한 학파를 유가라고 부르게 되었던 것이다.

유가 사상은 수천 년에 걸쳐 중국의 고대 법률을 지배하였고, 사람들의 생활방식과 사유방식에 융화되어 중국 특유의 법률 의식과 법률 심리를 형성시켰다.

유가의 법률사상은 기본적으로 주(周)나라 이래의 '예치(禮治)'와 주공단(周公旦)이 주장한 "덕을 밝히고 형법을 신중히 행한다."는 사상을 계승, 발전시킨 것이다.

주공은 종법제도를 주창한 선구자였다. 종법제도는 혈연을 유대로 하는 가족 전체의 내부 관계를 규율하며 족장과 가장의 통치 지위와 세습 특권을 유지하는 족규(族規)나 가법(家法)으로서 원래 씨족사회 말기의 부계 가부장제로부터 비롯되었다. 주공이 만들었던 '주례(周禮)'는 종법제도를 형식으로 하고 윤리도덕을 내용으로 하고 있었다. 그중에서도 특히 친친(親親)과 존존(尊尊)을 가장 중요한 원칙으로 삼고 있었는데, 여기에서 친친은 아버지를 정점에 위치시킨 가부장제의 종법원칙이고 존존은 군주를 정점에 위치시키는 군주제의 등급원칙이었다. 이로부터 부부관계에 있어서는 남존여비 사상을 강조하고 부자관계에서는 "불효보다 더 큰 죄는 없다"는 말로써 부권을 강조하였으며, 씨족관계에서는 조상을 숭배하고 종친을 공경하는 족권(族權)을 중시하였다. 나아가 국가제도에서는 군주에게 충성하고 사직을 최우선시하는 군권(君權)을 강조하였다.

법률 역시 이러한 종법 등급 윤리를 표준으로 삼았다. 주공이 제정한 이러한 예(禮)는 정치, 경제, 군사, 가정, 혼인, 윤리도덕 등 모든 방면에서 행위규범의 총화였으며, 이는 철저하게 상하 등급의 질서를 강조하고 있었다. 특히 '예불하서인 형불상대부(禮不下庶人 刑不上大夫, 예는 서민들에게 베풀지 않고 형벌이란 대부에 미치지 않는다)'는 원칙은 이른바 예치(禮治)의 기본 특징이었다. 이는 곧 예치 사상을 종법 등급제도의 사상 영역에 있어서 구현시키고 있음을 의미하고 있다.

그런데 이 '예불하서인 형불상대부(禮不下庶人 刑不上大夫)'에서 예(禮)는 '지배층의 명예로운 법률'이며, 법(法)은 '서민이 복종하는 법령'이었다. 법의 강직함에 비하여 예의 유동성은 그 본래의 매우 강력한 사회적 위신을 몇 세기 이상 유지하고 훌륭한 중국 유학의 일반적 경향과 합치되었기 때문에 관료제가 오랜 기간 견고하게 확립된 뒤까지도 예가 법을 압도하였다. 결국 예의 신축자재성과 미묘한 융통성이 항상 특권적인 관료 지배 계급에게 유리하도록 작용했으며, 그리고 후세의 유교는 종종 서민들에게 손해를 끼치는 법의 자의적 성격을 줄이기는커녕 오히려 이것을 강화하였다.[16]

주공을 가장 이상적인 군자상으로 삼아 그의 이념을 존경해 마지 않았던 공자는 주공의 사상을 계승, 발전시켜 유교를 완성시켰다. 왜냐하면 그는 지배층인 군자와 생산을 담당하는 소인으로 나누어져 있는 주(周) 사회질서(周禮)를 완전한 사회질서로 인식하고 있었기 때문이다.[17] 이 과정에서 공자는 백성들에게도 예를 가르쳐야 한다고 주장하였고, 또한 친인척만을 중시하고 혈연관계만으로 관작을 세습하도록 했던 주공에 비해 현인 천거와 현인 정치를 주장하는 등 여러 가지 진일보한 측면을 지니고 있었다. 하지만 공자는 주공으로부터 골간적인 내용과 형식을 그대로 이어받았다.

그리하여 유가는 예치를 견지하고 덕치를 제창하며 인치를 중시하는 법률 개념을 제기하였다. 물론 여기에서 유교사상의 중심 개념인 인(仁)이나 예(禮) 그리고 덕(德)이란 결국 종법 등급 제도를 유지하기 위한 핵심적 개념이었다. 결국 공자는 귀천(貴賤) 및 군신(君臣)과 부자(父子)의 등급 종속 관계를 핵심으로 하는 사회 통합 체제 구축을 기하고자 했던 것이다.

(3) 논어는 어떤 책인가?

『논어(論語)』는 유학에서 가장 중요한 경전으로서 사서오경(四書五經)의 하나이다. 춘추전국 시대에 책으로 만들어졌고, 철학, 정치, 경제, 교육, 문예 등 모든 분야를 언급하고 있으며 그 내용이 대단히 풍부하다.

『논어(論語)』의 '논(論)'은 '논찬(論纂)'의 의미이고, '어(語)'는 '어언(語言)'의 의미이다. 따라서 '논어'란 '공자의 말씀을 듣고' '논찬'했다는 뜻이다. '논어'라는 용어는 당시부터 존재하였고, 후대에 만들어진 말이 아니다.

공자와 그 제자들의 언행이 담긴 어록으로 내용은 공자의 말과 행동, 공자와 제자 사이의 대화, 공자와 당시 사람들과의 대화, 제자들 간의 대화 등으로 구성되어 있다. 저자는 명확히 알려져 있지 않으나, 공자의 제자들과 그 문인들이 공동 편찬한 것으로 추정되고 있다.

『논어』는 한 사람의 저자가 일관적인 구성을 바탕으로 서술한 것이 아니라, 공자의 생애 전체에 걸친 언행을 모아 놓은 것이기 때문에 여타의 경전들과는 달리 격언이나 금언을 모아 놓은 성격을 띤다.

현재 『논어』는 총 20편, 482장, 600여 문장으로 전해 내려오고 있다. 서술 방식과 호칭의 차이 등을 기준으로 앞부분의 10편을 상론(上論), 뒷부분의 10편을 하론(下論)으로 구분하여 앞부분의 10편이 더 이전 시대에 서술된 것으로 보는 견해가 일반적이다. 각 편의 이름은 그 편 내용의 첫 두 글자를 따온 것으로(단, 하나의 단어일 경우에는 세 글자) 특별한 뜻이 있는 것은 아니다.

공자가 세상을 떠난 뒤 그의 제자들은 여기저기 흩어져 대부분 교육에 종사했는데, 여러 곳에서 스승의 가르침을 죽간 등에 기록해 학생들을 가르칠 때 쓰고 이것들을 나중에 모아서 편찬된 것으로 추정할 수 있다. 최종 정리는 공자의 가장 나이 어린 제자였던 증삼의 제자들이 진행하였다는 견해가 유력하다.

초기에는 『논어』라는 명칭 대신 전(傳), 기(記), 논(論), 어(語) 등의 이름으로 불렸고, 지역에 따라 조금씩 다른 판본이 전해지고 있었다. 한나라 시기까지 『노논어(魯論語)』(20편), 『제논어(齊論語)』(22편), 『고문논어(古文論語)』(21편) 등 3종의 『논어』 판본이 존재했으나 전한 말기 정현(鄭玄)이 『노논어(魯論語)』를 원본으로 삼고 『제논어(齊論語)』와 『고문논어(古文論語)』를 참조하여 새로운 한 권의 책으로 묶어 주석을 붙였다. 이후 『제논어(齊論語)』와 『고문논어(古文論語)』는 점차 사라지게 되었다.

오늘날과 같이 『논어』라는 명칭으로 불리게 된 것은 한나라 경제와 무제 연간이라고 하며, 후한에 이르러 현재와 같은 형태로 정리되었다. 결국 『논어』는 어느 한 시기에 편찬되었다기보다 몇 차례에 걸쳐 지어진 것으로 보인다. 첫 번째 작업은 공자 사후에 중궁, 자유, 자하 등의 제자가 주도했고, 두 번째는 증자 사후에 유자 등 제자들이 주도했으며, 그 다음에는 전국시대 맹자 시기 또는 맹자 사후에 누군가 내용을 첨가하고 보충했다는 것이 정설로 되어 있다. 이러한 추론은 당시 영향력이 있는 인물이었던 관중에 대한 평가가 상론의 '팔일'과 하론의 '헌문'에서 다른 서술을 하고 있다는 점에서 추측할 수 있다.

『논어』의 앞부분 10편과 뒷부분 10편은 문체와 호칭 및 술어 면에서 분명히 차이가 있다. 앞부분은 문장이 간략하고 글자 수가 짧은 데 반하여, 뒷부분은 문장이 길고 글자 수가 많다. 또한 앞부분의 마지막 10편 '향당(鄕黨)'편은 공자의 일상생활을 담아 결말을 내고 있어 뒷부분 10편의 사실성에 대한 의문이 제기되기도 한다.

정명(正名)이란 무엇인가?

"이름(名)이 바르지 않으면 말이 순조롭지 않고, 말이 순조롭지 않으면 하는 일이 이뤄지지 않는다(名不正則言不順 言不順則事不成)."

『논어』에 나오는 유명한 구절로서 공자 사상의 핵심적 용어이다.

한마디로 공자가 평생 추구했던 바는 바로 '정명(正名)'이었다고 해도 과언이 아니다.

공자는 이 '정명'으로써 오직 합리적이고 정확하게 개념과 용어를 사용해야 하며 동시에 이러한 이념이 정치와 사회생활에서 관철될 때만이 비로소 공정하고 합리적인 사회질서를 만들 수 있다고 인식하였다. 특히 공자는 실천을 강조하였다. "말을 한 바는 반드시 행해져야 한다(언지필가

행야, 言之必可行也).” 그리고 공자의 이러한 ‘정명론’은 어디까지나 집정자를 향한 개념이었다. “정치란 곧 올바름이다(政者, 正也)”라고 설파한 공자 사상의 기원과 최종 목표는 사실 ‘정명’을 통한 집정자의 언행일치를 촉구하는 것이었다. 만약 말이 논리정연하지 못하고 분명하지 못하면, 행위는 필연적으로 혼란스러워진다는 것이다.

유명한 “군군(君君), 신신(臣臣), 부부(父父), 자자(子子)”라는 말에서 공자가 강조하고자 한 것은 권리로서의 ‘군권(君權)’이 아니라 책임으로서의 ‘군직(君職)’이었고, 따라서 군주로서 맡은 바의 소임과 책임을 다하라는 점이었다.

그리하여 유가의 사명은 단지 사상의 측면만이 아니라 바로 사회의, 정치의 변혁을 이끄는 것이었고 행동과 실천을 의미하였다.

그렇다면 과연 이 ‘정명’이라는 용어는 무슨 의미를 지니고 있는 것일까?

『설문해자(說文解字)』는 ‘명(名)’에 대하여 “名, 從口從夕, 夕者冥也. 冥不相見, 故以口自名.”이라 풀이하고 있다. 그 의미는 “‘명(名)’은 ‘구(口)’와 ‘석(夕)’의 회의문자(會意字)로서 밤에는 서로 볼 수가 없기 때문에 스스로의 입으로 자신을 밝힌다.”는 것이다.

이제까지 ‘명(名)’은 주자(朱子)의 해석에 따라 ‘명분’으로 설명되어 왔다. 그리하여 ‘정명(正名)’이란 ‘올바른 명분’으로 널리 알려져 왔다.

하지만 한(漢)나라의 정현(鄭玄)은 “正名, 謂正書字也. 古者曰名, 今世曰字(정명이란, 올바르게 문자를 쓰는 것이다. 옛날 명이라 하였고, 지금은 문자라 한다).” 라고 하여 이를 ‘자(字)’, 즉 ‘문자’로 해석하였고, 또 『주례(周禮)』 ‘외사(外史)’에는 “古曰名, 今曰字(옛날 명이라 하였고, 지금은 문자라 한다).”이라고 하여 ‘명

(名)'이 '글자(字)'임을 말하고 있다.

이밖에도 『의례(儀禮)』의 '석문(釋文)'에는 "名, 謂文字也", 즉 "名이란 文字를 말한다."라고 설명되어 있다. 중국 현대의 대학자 곽말약(郭沫若) 역시 "'정명(正名)'이란 후세 사람들이 말하는 대의명분을 가리키는 말이 아니고, 일상적으로 사용하는 모든 사물의 이름, 특히 사회관계상의 용어이다"라고 규정하였다.

털끝만큼의 작은 잘못으로 인하여 천리의 착오가 생긴다

"털끝만큼의 작은 잘못이 천리나 되는 엄청난 착오를 나타나게 한다(失之毫厘, 差以千里: 『陳書』)."

공자는 역사를 기술하여 정명의 구체적인 기준을 정하고자 하였다. 이렇게 하여 저술된 것이 바로 『춘추』이다. 그는 『춘추』의 한 글자 한 글자를 기술하면서 어느 용어를 선택할 것인가에 심혈을 기울였다. 오나라와 초나라의 군주는 스스로 왕을 칭했으나 공자는 『춘추』에서 당초 주나라 왕이 책봉했던 등급에 의거하여 그들을 '자'작(子爵)으로 낮춰서 기록하였다. 또 '천토(踐土)의 회맹(會盟)'* 은 실제 진나라 문공이 천자를 부른 것이었으나 그것을 좋지 않게 평가하여 다만 '주나라 천자가 하양(河陽)까지 순수(巡狩)하다.'라고 기록하였다.

이러한 '춘추필법'에 의해 당시 사람들의 행위가 예법에 위배되는가의

* 중국 춘추전국 시대 진(晋)나라 문공이 초나라를 물리친 후 여러 제후국의 제후들과 천토라는 곳에서 회합한 것을 가리킨다. 여기에서 진 문공은 천하의 패자로 인정받았다.

기준을 삼고자 하였다. 공자는 관직에 있을 때 모든 일을 다른 사람과 상의하였으며 결코 독단적으로 혼자서 행한 일이 없었다. 그러나 『춘추』는 끝까지 혼자 집필하고 손수 교정을 보았다. 학식이 많은 제자인 자하에게조차 한 글자의 도움조차도 구하지 않았다.

공자는 세계를 '해석'함으로써 세계를 '변화'시키고자 하였던 것이다.

(4) 유가와 법가 그리고 서양 법사상의 분기점

시민사회는 기본적인 권리를 평등하게 소유하고, 이성의 힘에 의해 추동되는 '절대적인 개인들'을 전제로 한다.

그러나 유교의 전통에는 양도할 수 없는 권리와 의무를 지닌 절대적인 개인의 개념이 존재하지 않는다. 유교의 전통에서는 개인은 타인과의 관계에서만 존재한다. 이렇듯 사람보다 관계를 중시하는 것은 유교문화의 특징이 되어왔다. 그리하여 유교에는 법실증주의의 측면에서 규정된 개인의 권리에 대한 개념이 거의 존재하지 않으며, 동시에 명확한 '법의 지배'의 개념을 찾을 수 없다. 공자와 맹자는 법률과 입법 그리고 법전이나 사법에 대하여 거의 언급하지 않았다.[18]

한편 법가들이 주류인 유가에 대항하여 법치를 주장하였던 것은 사실이었다. 그러나 당시 유가와 법가 간에 전개되었던 정치사상 투쟁은 기실 황제의 총애를 받기 위한 치열한 경쟁으로 말할 수 있다. 구체적으로 한비자(韓非子)를 비롯하여 상앙(商鞅), 이사(李斯) 등의 법가들은 황제의 철저한 통치와 가혹한 형벌의 시행 그리고 엄격한 관료주의를 주장하였다.

중국의 법제사(法制史)에서 특히 백성을 철저히 지배 통치하는 수단으로서의 형법이 특화되어 발달했던 데에는 법가들의 영향이 컸다. 한비자 시대에 이르러서는 군주에 의해 실현된 전제와 법가에 의한 전제 사상이 함께 성숙되었다. 이에 따라 법(法)과 술(術)은 현저하게 전제 통치의 도구로 변해갔고, 마침내 군주의 지위는 신하와 법률 그리고 제도를 초월하여 아무런 제한을 받지 않게 되었다.

'폭군방벌(放伐)설'이나 '역성혁명론' 등 맹자가 펼쳤던 대담한 주장조차도 일면으로는 가혹한 형벌에 의한 군주의 극단적인 전제정치를 주장하는 법가들에 대한 견제라는 의미가 강했다고 볼 수 있다.

더구나 신불해(申不害)와 한비자 등 법가의 주장이 이사에 의해 현실에 적용된 후 법령이나 명실(名實)과 같은 여러 가지 원칙이 점차 실용적인 통치술로 이용되면서 법가의 이론적 발전은 중단되고 말았다.

기본적으로 법치사상의 요체는 인민이 국가의 주체이며 법률은 정치 조직 중 최고의 권위로 간주하는 것이다. 즉, 법권(法權)은 군권(君權)보다 높으며 군주는 다만 법을 집행하는 최고의 공복으로서 당연히 법률의 구속을 받는다는 사상이다. 이에 반해 중국은 시종일관 군주가 국가의 주체이며 법률은 군주 통치의 한 도구라고 파악해왔다.

선진시대 법치사상은 대체로 로마제국의 법가와 유사점을 지닌다. 로마의 사상가인 울피아누스(Ulpianus)는 "군주는 법률의 구속을 받지 않는다."[19]고 주장했다. "법으로써 나라를 다스린다(以法治國)."고 주장한 관자(管子)의 주장도 기실 인치(人治) 사상에 다름 아니다. 청나라 말기의 학자 양계초(梁啓超)는 "군주 입헌국가에 있어서 법치라고 말하는 것은 군권의 제한을 의미하지만, 관자가 말하는 법치는 군권의 확대를 위해 힘씀을 의미한다."[20]고 평가하고 있다.

원래 플라톤은 철인왕(哲人王)에 의한 통치를 이상으로 삼았었지만, 이것이 불가능하다는 사실을 발견하고 법치의 정체를 세우는 것으로 견해를 바꿨다. 이렇듯 서양에서는 기대하기 어려운 명군(明君)이라는 이상 대신 실현 가능한 양법(良法)을 대체(代替)기제로 삼았다.

이러한 사상적 토대 위에서 로크와 루소, 몽테스키외 등의 자연법 사상과 사회계약론 그리고 천부인권 사상과 분권 사상이 발전될 수 있었으며, 민권 및 민주주의 사상이 사회 전반에 걸쳐 주류적인 사상 및 문화로 분명하게 자리매김을 하게 되면서 시민의식이 확고하게 정착되었다. 동시에 이를 기초로 하여 청교도혁명과 명예혁명 그리고 프랑스혁명과 미국 독립전쟁 등 '아래로부터의' 시민혁명을 거치면서 시민사회로 이행했으며, 각국에서 시민사회의 법적 기초로서 국가통치의 규범인 헌법이 마련되면서* 마침내 법치국가로서의 면모를 정립할 수 있었던 것이었다.

이에 비하여 중국의 주류 사상이었던 유가 사상은 근본적으로 화(和)의 세계관을 주창하였고, 가부장제적인 유교 사회는 등급이 분명한 인간관계들에 있어서 조화와 화합의 도모를 1차적 목표로 설정하였다. 즉, 유가 사상은 세계를 천명이 부여한 노동 분업에 따라 군자가 노동하는 소인계층을 통치하는 것으로 파악했으며, 예(禮)란 이러한 사회의 조화로운 운영에 있어 절대적이고 보편타당한 사회질서로 간주되었고 그 세계관에

---

* 흔히 불문헌법국가라 불리는 영국도 엄격한 의미에서는 불문헌법국가라 할 수 없다. 마그나 카르타, 권리청원, 인신보호법, 권리장전, 의회법, 긴급법권, 국방법 등 성문법에 의한 헌법적 규율들을 가지고 있다. "영국에 헌법이 없다"는 말은 통일헌법전(統一憲法典)을 가지고 있지 않다는 점을 강조한 것뿐이다. 권영성, 『헌법학원론』, 법문사, 서울, 1998, 17쪽을 참조할 것.

입각한 정치이론이 바로 덕치였다.

결국 이러한 유가 사상의 전일적인 지배력 하에 있었던 중국 사회는 역사적으로 통치자와 지식인의 도덕적 의무와 결단을 강조했다. 또한 법가의 상앙과 한비자는 인의가 무용하다는 사실은 인식했으나 명군을 얻기 어렵다는 사실을 분명히 깨닫지 못했다. 그러므로 그들로 대표되는 법가들의 군본위(君本位)의 법치사상은 결국 군주와 혹리(酷吏)를 위한 법문(法門)을 제공하는 기능을 수행하였다.

한편 그리스와 로마는 민법이 발전된 반면 중국에서는 형법이 법의 중심을 이루었다고 할 수 있다. 중국은 일찍이 전국시대에 이미 사형(私刑)을 금지하여 국가형벌권을 확립하였다. 예를 들어 상앙은 "사사로이 싸운 자는 모두 경중에 따라 대소의 형을 받는다."라고 규정하였다.[21]

7. "부서진 보석처럼 반짝이며 빛난다" - 노자의 『도덕경』

『도덕경』은 한 글자 한 글자가 그야말로 사상과 직관이 응축된 시어(詩語)라 할 수 있다. 그래서 일찍이 임어당(林語堂)은 "노자의 탁월한 언어는 마치 부서진 보석처럼 꾸밀 필요도 없이 반짝이며 빛난다."고 극찬하였다. 오늘날 『도덕경』은 비단 중국과 동양만이 아니라 서양에서도 비상한 관심을 모으고 있는 애독서로서 『성경』 다음으로 외국문자로 옮긴 번역서 중 발행부수가 가장 많은 명저이다.

노자, 현실 도피가 아니라 삶에 대한 가장 치열한 통찰을 가르치다

『도덕경』은 부드러움이 능히 강한 것을 이기며, 밝음보다 어두움이 더욱 강력하다는 점을 역설한다. 우리에게 승리와 경쟁을 위해 앞에 있기보다는 양보하여 뒤에 있을 것을, 또 위에 '군림'하는 것보다 낮은 곳에 '겸양'할 것을 차분하게 권한다. 가히 '천 년의 사상'이고, '삶의 지혜'다. 그것은 단지 자기과시의 수단으로 변질되어버린 '지식'이 아니라 진정으로 자기 삶의 주인이 되는 참된 '지혜'를 추천한다.

노자나 『도덕경』이라는 말을 듣게 될 때면 대부분의 사람들은 현실 도피 혹은 소극주의나 은둔이라는 이미지를 떠올리게 된다. 하지만 노자의 『도덕경』은 인간과 사회 그리고 우주에 이르기까지의 근본과 원칙을 일관되게 성찰하고, 그리하여 가장 치열한 사유와 통찰의 산물로써 우리들의 삶에 가장 구체적이고 실질적으로 뿌리를 내리면서 동시에 우리로 하여금 가장 주체적이며 적극적인 삶을 영위해야 함을 주창하고 있다.

공자는 땅 위의 인간을 성찰했고, 노자는 자연과 우주 속의 인간을 인식

『논어』를 한 마디로 위정자를 비롯하여 모든 사람에게 성실한 삶을 살아가야 함을 가르치는 명저로 요약할 수 있다면, 『도덕경』은 여유 있게 욕심내지 말며 아무쪼록 느긋하게 살아갈 것을 권하고 있다. 『논어』가 일종의 정치윤리학을 설파한 실용적 저술이라면, 노자의 『도덕경』은 우주와 본질 그리고 변증법을 다룬 철학서였다.

노자는 풀리지 않는 문제가 생기면 그는 고개를 들어 일월성신을 관찰하면서 천상의 우주에 대해 골똘히 숙고하였다. 공자가 우리가 살고 있는 이 땅 위의 인간에 대한 모든 것을 통달한 인물이라면, 노자는 인간을 단지 땅 위에 사는 인간만이 아니라 자연과 우주라는 더 큰 차원의 질서 속에서 인간의 존재를 인식하고 해석한 인물이라고 할 수 있다.

노자의 가르침, "속도 대신 유장함, 인위 대신 소박"

오늘의 심각한 코로나 19를 비롯해 막다른 골목에 이른 기후위기와 갖가지 환경 재앙은 기실 우리 인간들이 뿌린 인위(人爲)와 반(反)자연의 필연적 귀결이다. 도무지 끝을 모르는 성장과 개발 지상주의 속에서 모두가 적나라한 욕망과 이익 추구의 한 방향으로만 치달아온 우리 인간들이 스스로 초래한 업보다.

이러한 위기의 시대, 우리에게 '속도' 대신 '유장(悠長)'을 제안하며 인위(人爲)와 수식(修飾)을 버리고 어디까지나 자연과 소박함으로의 복귀를 권하는 노자의 가르침은 모두가 귀 기울여 경청해야할 보물과도 같은 잠언임에 분명하다.

푸른 소를 타고 떠난, 노자(老子)

노자(老子)는 기원전 580년 진(陳)나라 고현(苦縣) 곡인리(曲仁里), 현재의 허난성 녹읍현(鹿邑縣)에서 태어났다.

본명은 이이(李耳), 자는 백양(伯陽), 시호는 담(聃)이다. 주나라에서 오늘날 도서관 직원에 해당하는 수장실(守藏室) 관리라는 벼슬을 지냈고, 기원전 500년 경 세상을 떠났다. 도가학파의 창시자로서 도교에서 도조(道祖), 태상로군(太上老君)으로 추존되고 있으며, 당나라 왕조에서 이씨의 시조로 추인되었다.

문헌에 의하면, 노자는 홀로 조용히 사색을 즐겨하고 학문을 좋아했으며 지식이 심오하였다. 노자가 스승 상용(商容)에게 사사받을 때 그는 언제나 근본적인 문제를 탐구했으며, 지식에 대한 갈망이 남달랐다. 풀리지 않는 문제가 생기면 그는 고개를 들어 일월성신을 관찰하면서 천상의 하늘이 과연 무엇인가를 숙고하였다. 그러한 생각으로 잠을 이루지 못할 때가 많았다. 스승 상용은 자신의 지식이 이미 가르칠 것이 없다고 생각하여 노자를 주나라에 가서 공부를 더욱 깊이 할 수 있도록 추천하였다.

주나라에서 노자는 박사(博士)를 만나고 태학(太學)에 들어가 천문을 비롯하여 지리, 인륜 등 각 분야의 학문을 두루 섭렵하였고, 모든 분야의 서적을 열람했으며 문물과 전장(典章) 그리고 사서(史書)도 모조리 독파하여 그의 학문은 더욱 깊어졌다. 그러자 박사는 그를 수장실(守藏室)에서 일하도록 추천하였다.

수장실이란 주나라의 각종 전적(典籍)이 모두 갖춰져 있던 곳으로 당시 천하의 모든 문헌과 서적들이 수집되어 있었다. 노자는 그곳에 근무하면서 더욱 풍부한 학식을 쌓을 수 있었고, 그의 이름은 이미 천하에 널리 알려졌다.

주나라 왕실이 갈수록 쇠미해지자 마침내 노자는 그곳을 떠나기로 결심하고 국경인 함곡관에 이르렀다. 당시 함곡관 영윤(令尹)이었던 희(喜)

는 어릴 적부터 천문을 즐겨 관찰하고 고서(古書) 읽기를 좋아했다. 그는 노자에게 "이제 당신께서 세상을 등지고 은둔하려 하시니, 간절히 청하건대 저를 위해 부디 한 권의 책을 써주시오," 하고 부탁하였다.

이에 노자는 자신의 생활 체험과 왕조의 흥망성쇠, 백성의 안위화복을 거울로 삼고 그 기원을 밝혀 상하 양편으로 '도'와 '덕'의 뜻을 논술하는 오천여 자(字)의 책을 저술하니 이것이 바로 『도덕경』이다.

『도덕경』 저술을 마친 노자는 푸른 소(青牛)를 타고서 떠나갔다. 그 뒤 그의 종적은 알 수 없다(최근에 이뤄진 한 연구에 의하면, 노자는 함곡관을 떠나 감숙성으로 들어갔으며, 그곳 농서(隴西) 임조(臨洮), 란주, 주천 등지를 경유하여 다시 농서 임조에 거처를 정했다. 그리고 임조에서 '비승(飛昇)', 세상을 떠났다).

만경지왕(萬經之王), 『도덕경』

『도덕경』은 원래 상하 두 편으로 이뤄져 상편 『덕경(德經)』, 하편 『도경(道經)』으로 장이 나뉘어 있지 않았었다. 그러다가 뒷날 『도경』 37편이 앞으로 나오고, 38편 이후는 『덕경』으로 구성되어 총 81편으로 엮어지기에 이르렀다. '덕(德)'이라는 용어는 '도경' 상편에 두세 차례밖에 나오지 않는다.

『도덕경』이 언제 완성되었는가는 지금까지 계속 논란이 이어져 온 문제였다. 그렇지만 이제까지 남아있는 도덕경 원본 중 가장 이른 시기의 판본(版本)인 '곽점초간(郭店楚簡)' 『도덕경』이 1993년 후베이성에서 출토되면서 비로소 완성 연대가 추론될 수 있었다. 이에 따라 『도덕경』의 완성 연대는 대략 『논어』보다는 늦은 시기인 전국시대 중기 무렵 전으로 보는 견해가 주류로 자리 잡게 되었다.

『도덕경』은 『노자(老子)』로 불리거나 『오천언(五千言)』, 『도덕진경(道德眞經)』, 혹은 『노자오천문(老子五千文)』으로도 칭해지고 있다.

노자, 도와 덕과 성인(聖人)을 말하다

『도덕경』에서 가장 핵심적인 두 가지의 개념은 바로 '도(道)'와 '성인(聖人)'이다.

'도'는 『도덕경』 전편에 걸쳐 무려 76곳에 나온다. 그만큼 '도'는 노자 철학의 중요한 핵심 개념이다.

그렇다면 과연 '도'란 어떠한 역할을 하는가?

'도'의 역할은 바로 부단히 그 자체로 돌아와 복원하는 것이다.

우주만물 중에 오직 '도'만 존재한다. 도는 만물을 잉태하고 양육한다. 만물은 이 '도'로부터 결코 분리될 수 없다.

이것이 곧 '반(返)'이다. '도'란 가장 근본적인 것이다.

그리하여 그것은 비단 '우주의 도', '자연의 도'만이 아니라 동시에 만물 개체의 수도(修道) 방법이기도 하다.

유가와 도가가 말하는 성인(聖人)은 서로 상이한 개념이다.

도가에서 성인(聖人)이란 소리 없는 것을 들으며 보이지 않는 것을 볼 수 있는 사람이다. 능히 지혜를 체득하고 능히 실행하며 '도(道)'로써 입신처세(立身處世)하는 사람이다.

우리가 잘 알고 있는 강태공을 비롯하여, "집 밖을 나가지 않았지만 능히 천하의 모든 일을 꿰뚫어 보았던" 전국시대 초나라 선비였던 첨하(詹何),

전국시대 위나라 문후의 벗이자 도학(道學)으로 천하에 명성이 높았던 전자방(田子方) 그리고 노자 등이 그 대표적인 인물이다. 한 고조 유방을 보좌하여 천하 통일의 공을 세우고도 스스로 물러났던 장량 역시 이 범주에 속한다.

반면 유가에서 말하는 성인이란 천하에 기꺼이 나아가서 천하와 백성의 이익을 위해 헌신하는 인덕이 높은 인물을 가리킨다. 공자가 추앙했던 성인으로는 주 문왕과 주공 그리고 주 무왕을 손꼽을 수 있다.

『도덕경』의 논리 구조는 한 마디로 도(道)는 체(體)이며 덕(德)은 용(用)이라고 말할 수 있다. 즉, 도(道)는 덕(德)의 몸, 체(體)이며, 덕(德)은 도(道)의 쓰임, 용(用)이다.

『도덕경』에서 말하는 덕(德)이란 일반적으로 이해되는 그러한 류의 도덕이나 덕행이 아니다. 또한 유가의 이른바 '인의도덕(仁義道德)'과도 상이하다.

노자가 말하는 덕이란 오히려 '선(善)'과 유사한 개념으로서 도를 익히는 수도자(修道者)가 반드시 지녀야 하는 특유의 세계관이자 방법론이며 사람됨과 처세의 방법이기도 하다.

결국 노자가 『도덕경』을 통하여 말하고자 하는 요체는 사람들에게 수도(修道)의 방법을 제시하는 것이다. 여기에서 덕(德)은 토대이며, 도(道)는 덕의 승화이다. 덕의 토대 없이는 사람됨과 처세, 치가(治家), 치국(治國) 모두 실패할 수밖에 없고, 따라서 수도의 길로 갈 수 없다.

그러므로 '수덕(修德)'은 '수도(修道)'를 위한 외부적인 조건을 창조하는 것이다. 동시에 수도자는 안정된 내면의 정신을 지니고 초탈한 삶을 영위해야 하며, 이 과정은 덕이 결여되어서는 근본적으로 불가능하다.

노자는 상덕(上德), 최상급의 덕이란 도로부터 비롯되며, 모든 것이 자연에 순응하는 것으로서 명백하게 '무위(無爲)'의 특징을 지닌다고 역설하였다. 즉, 자연에 따르는 '도법자연(道法自然)'의 행위 규범으로 이해된다.

이에 반해 하덕(下德), 하급의 덕은 인(仁)과 의(義)와 예(禮)로 구성되어 사람들로 하여금 실제로 실행하고 보급하게 하는 것으로서 명백하게 '유위(有爲)'의 특징을 지니며 인위적인 행위 규범을 중시한다.

노자의 눈에는, 공자가 주장하는 인의예지신이란 기껏해야 인위적인 교화의 결과로서 진정한 무위초탈의 경지에 이를 수 없는 것으로서 그러므로 하덕으로 평가 절하된다.

치세(治世)에는 도교

도교는 황로(黃老)사상이라는 별칭도 존재한다.

이는 도교의 시조로서 황제(黃帝)와 도교의 교조(教祖)로서 노자를 합쳐 칭하는 명칭이다. 이처럼 황제는 중국인의 시조만이 아니라 도교의 시조로서 숭앙된다.

황로사상은 본래 전국시대 제나라 직하(稷下) 학관에서 유행되었다(제나라의 수도 임치에는 13개의 성문이 있었다. 서쪽에 있는 성문이 직문, 稷門이다. 그 문 아래에 커다란 집을 짓고 전국의 선비들을 모아서 학문을 닦도록 하였다. 그곳의 선비들을 직하학사, 稷下學士라고 하였다. 벼슬을 하지 않고 정치에는 관여하지 않았지만 대부 벼슬의 융숭한 대접을 하였다. 맹자와 순자도 직하학사 출신이었다).

본래 강태공의 후예로서 제나라 군주였던 강씨(姜氏)로부터 권력을 쟁탈한 전씨(田氏)는 자신들의 권위를 높이기 위하여 자신들의 조상이 황제이며, 자신들의 조상이 진(陳)나라에서 난을 피해 제나라로 망명했기 때문에 진나라 출신인 노자 학설을 받아들였다. 이렇게 하여 직하 학관에서 황로사상이 압도적으로 유행하게 되었다.

중국 한나라 초기에 황로(黃老) 사상, 즉 무위정치가 성행한 시기가 있었다.

춘추전국 시대의 전란시대를 거쳐 잔인한 진나라의 학정 그리고 유방과 항우의 천하 쟁패를 거치면서 백성들은 도탄에 빠졌다.

그리하여 한나라 초기, 이른바 휴양생식(休養生息), 여민휴식(與民休息)이 이뤄졌다. 즉, 전쟁을 멈추고 세금을 축소하며 농사를 권장하여 백성의 삶을 안정시키는 정책이었다. 승상 조참(曹參)이 전임인 소하의 정책을 아무런 수정 없이 그대로 이어받은 것도 그 대표적인 사례이다. 그러면서 계속된 전란으로 끝없이 소진되었던 국가 경제는 급속하게 소생되었고, 백성들의 삶 역시 빠른 속도로 안정되어 갔다.

한나라 초기 한 문제와 한 경제 시기의 이 번영기는 '문경지치(文景之治)'라 일컬어진다. 그리고 이러한 경제적 안정과 축적을 바탕으로 비로소 한 무제 시기의 흉노에 대한 대대적 정복 사업을 비롯하여 전성기를 구가할 수 있었던 것이었다.

그러나 청정무위를 주장한 도가사상은 이미 비대해질 대로 비대해진 황제 권력과 부합되지 못했다. 그리하여 이제 군주의 절대 권력을 합리화하는 유교가 황제 권력을 뒷받침하는 국가사상으로 요구되었고, 이후 중국 왕조의 역사에서 유교는 흔들리지 않은 굳건한 지위를 구축하였다.

하지만 그렇다고 하여 도가사상이 역사의 전면에서 완전히 자취를 감춘 것은 아니었다. 각 왕조의 전성기를 누렸던 당 태종, 당 현종, 명 태조 주원장 그리고 청나라 강희제는 모두 『도덕경』을 주해(註解)할 정도로 도가사상에 심취했다. 그러한 전성기에 황제는 경제와 문화 분야에 심혈을 기울일 수 있었고, 이는 일종의 무위정치이기도 하였다. 송나라 시기는 그 대표적인 경우였다.

그리하여 중국 민간에서는 "치세(治世)에 도교, 난세에 불교, 치세에서 난세로 넘어갈 때는 유교"라는 말이 있게 되었다.

8. 오늘의 '통일 중국'을 존재하게 만든 진시황

'중국'이라는 말을 듣게 되면, 많은 사람들은 먼저 진시황을 떠올린다. 그 정도로 진시황은 중국에서 가장 유명한 인물 중의 한 명이다.

물론 진시황은 많은 과오를 범한 사람이다. 그러나 그는 오늘의 '중국'을 만들어낸 중요한 인물이다.

진시황은 무엇보다도 550여 년에 걸친 춘추전국 시대의 어지러운 분열 상황에 마침표를 찍고 마침내 중국 대륙에 통일 제국을 이뤄 냄으로써 중국 역사에서 "중화민족은 반드시 하나의 국가로 통합되어야 한다"라는 '통일국가'로서의 확고한 정체성을 세워냈다. 그리고 이는 합즉분, 분즉합(合則分, 分則合)이 반복된 중국 역사 과정에서도 반드시 통일국가를 실현해야 한다는 공동의 목표와 원칙으로 전제되도록 만들었으며, 결국 오늘의 '중국'이 존재하도록 한 중요한 기제로 작동되었다. 진시황의 커다란 과오에도 불구하고 이 점 하나만으로도 그는 중국 역사상 결코 부인할 수 없는 업적을 성취해 낸 것이었다.

비록 진나라가 통일 후 15년 만에 어이없이 붕괴했지만, 통일국가를 수립한 그 전통은 면면히 살아남아 한나라 그리고 당나라로 이어져 중국의 조대(朝代)가 계승 유지되었던 것이다. 특히 진나라가 창조해 냈던 군현제도는 이후 중국 역대 사회 행정제도의 기본이 되었다.

진시황은 또 법률제도와 도량형 표준을 통일시켰고 마차의 바퀴 간 거리를 통일시키도록 규정하였으며, 문서는 통일된 서체를 사용하도록 하였다. 흔히 진시황이 천하를 통일한 뒤 문자도 통일시켰다고 알고 있다. 그러나 이는 사실이 아니다. 『사기·진시황본기』를 보면 "차동궤, 서동문자(車同軌, 書同文字)"라는 구절이 나온다. 여기에 나오는 '서동문자(書同文字)'는 문자를 통일시켰다는 의미가 아니다. 전국시대 각국마다 여러 가지 서체가 사용되고 있었는데, 이렇게 서로 다른 서체를 진시황이 천하 통일 후 진나라가 사용하던 소전(小篆)체로 통일시켰다는 의미이다. 즉, 진나라는 천하 통일 후 정부 문건의 표준 서체를 소전(小篆)체로 통일시킨 것이다. 이후 한나라 시기에는 예서(隸書)로 통일하였다.

그런데 처음에 한낱 변방의 작은 나라에 지나지 않았던 진나라가 강성해진 이유는 과연 무엇이었을까?

무엇보다 진나라가 법을 현실에 맞춰 개혁하면서 체제를 안정시킨 데 있다고 할 것이다. 물론 거기에는 특권적 영주의 권한을 박탈하고 왕권을 강화시킨 정책이 매우 효과적이었다. 맹상군이나 평원군 같은 왕에 비견될 만한 호족들이 유독 진나라에서는 보이지 않음도 그 이유 때문이다. 그렇게 해서 진나라는 국론을 통일시키고 부국강병의 길로 나아갈 수 있었던 것이다.

함곡관이라는 천혜의 요새로 둘러싸여 방어에 대단히 유리한 지리적 이점 외에도 군대의 동원 능력에서 진나라는 다른 나라에 비해 월등하게 뛰어났으며 그것은 바로 왕권 강화에 의한 중앙집권적 단일지배 체제에서 비롯될 수 있었다.

진나라가 강성한 또 다른 이유로는 경제발전을 꼽을 수 있다. 사회가 안정되어 경제가 안정될 수 있었으며 특히 파촉(巴蜀) 지역을 점령한 이후 그 비옥한 땅으로부터 생산력이 급속하게 확대되었다. 그리하여 전국시대 말기에 이르러 진나라 영토는 중국 전역의 1/3에 지나지 않았으나 경제력은 무려 60%를 넘어서고 있었다.

또한 중원에서 멀리 떨어져 있는 관계로 무수히 일어났던 전쟁의 소용돌이에서 상대적으로 벗어나 있던 지리적 여건도 경제발전에 한 몫을 단단히 했다고 볼 수 있다. 그리고 다른 나라는 관념적인 유교가 지배한 데 반해 진나라는 실용주의적인 묵가의 사상이 번성한 점 또한 경제를 융성하게 한 요인으로 들 수 있다. 군사적 우위를 바탕으로 장의의 연횡책이 성공을 거둠으로써 진나라의 강력함은 더욱 빛을 발하게 되었다. 특히 6국의 합종책을 깨뜨린 것은 천하의 패권을 장악하는 원동력이 되었다.

한편 진나라의 개혁적 분위기는 보수적이었던 다른 나라의 현실에 싫증을 내고 있던 많은 인재들을 진나라로 모이게 하였다. 그리하여 진나라는 유능한 인재를 모아 천하 통일을 실현시킬 수 있었던 것이다. 상앙을 비롯하여 장의, 범저, 이사, 여불위 등 진나라를 이끌었던 중신들이 대부분 외국에서 온 이른바 '외인부대'였던 점은 이러한 사실을 입증해 주고 있는 것이다.

진나라는 소진이 펼친 합종책을 분쇄하고 장의가 주도한 연횡책을 관철시킴으로써 6국을 각개 격파하여 영토를 확장해 갔으며, 이어서 범저의 원교근공책은 진나라의 우위를 확고하게 정착시킨 전략이 되었다. 또한 장평의 싸움에서는 명장 백기의 활약으로 천하 통일의 가장 큰 관문을 통과했으며, 왕전과 몽염 장군의 활약 역시 컸다. 그리고 이사의 법가사상과 적국에 대한 이간 및 약화 공작 그리고 군현제도의 정착은 진나라의 천하 통일을 앞당기는 중요한 정책이었다.

그리하여 한나라를 멸망시킨 지 불과 10년 만에 진나라는 천하를 통일시키기에 이른 것이었다.

순자(荀子)는 진나라에 대해 다음과 같이 평가하였다.

"진나라의 산천 계곡은 매우 아름답고 천연 산물이 많다. 백성은 순박하고 음악은 음란하지 않으며 의복은 화려하지 않다. 관공서는 근검절약과 충성 그리고 엄숙한 분위기로 가득 차 있다. 대신들은 사사로움이 없어 죄를 짓지 않고 아침에 집을 나서면 궁궐로 곧장 가며 저녁에는 또한 궁궐에서 즉시 집으로 돌아간다. 또한 당파를 만들지 않으며 업무를 처리함에 항상 공명정대함을 유지한다. 조정은 모든 일을 그때그때 즉시 처리할 뿐 아니라 합리적이며 융통성이 있다."

진시황의 나라는 왜 그리 빨리 멸망했는가?

중국 역사에서 진시황이 누구의 자식인가는 계속 세인의 관심사였다. 사마천은 진시황이 사생아라는 점을 확신한다. 그는 이 점을 『사기』 〈열전〉 '여불위전'에서 분명히 기록하고 있다. 이 '여불위전'에서 소개되는 여불위를 비롯하여, 자초, 진시황의 어머니, 노애 그리고 진시황에 이르기까지 모든 인물에 대하여 사마천이 동정심(同情心)을 가지고 우호적으로 묘사하고 있는 사람은 전혀 존재하지 않는다. 특히 진시황의 어머니에 대해서는 성과 이름도 밝히지 않음으로써 이미 경멸의 뜻을 담고 있으며, 그녀에 대한 묘사의 중점 역시 오로지 그녀의 방탕 음란에 맞춰져 있다. 그리하여 '여불위전'의 전편(全篇)에 흐르고 있는 것은 증오와 경멸로 묘사된 한 편의 집단 스캔들이라 할 만하다.

일찍이 위료자(尉繚子)*는 진시황에 대하여 이렇게 평하였다.

"그는 갸름한 얼굴에 찢어진 눈을 가지고 있다. 가슴은 마치 매의 가슴처럼 생겼으며 목소리는 들개와 같이 스산한 소리를 낸다. 인정도 각박하여 호랑이나 이리와 같이 잔인하다. 어려울 때는 남에게 겸손한 체하면서 도움을 청하지만, 사정이 좋아지면 눈 하나 까딱하지 않고 남을 해칠 사람이다.

용모도 마음도 각박한 사람이다. 이런 인물과 함께 있다가는 사정이 좋을 때는 죽도록 부림만 당하고 사정이 나빠지면 느닷없이 쫓겨날 것임에 분명하다.

만약 그가 천하를 호령하게 된다면 천하는 모두 그의 노예가 될 것이다. 더불어 오래 함께 할 위인이 아니다."

사실 진시황은 대단한 인물이었다.

어린 나이에 왕이 되어 강력한 추진력으로 역사상 가장 거대한 통일 국가를 실현시켰던 것이다. 진시황의 왕성한 의욕은 대단해서 하루에 1석**의 서류를 결재하지 않으면 잠을 자지 않을 정도였다. 전국 시찰만 해도

---

* 전국시대 위나라 사람으로 한때 진시황에게 책략을 내어 채택되었다.

** 한 석은 약 30kg에 달한다.

통일 후 다섯 번이나 강행군했다.

진시황은 스스로를 황제로 칭하기로 하고 "짐은 최초로 황제가 되었기 때문에 시황제(始皇帝)라 부르기로 한다. 짐의 뒤는 차례대로 2세, 3세 등으로 하여 이를 천만 세까지 이어 나가도록 하겠다."고 했지만 결국 진나라는 겨우 2세에 이르러 15년 만에 멸망하고 말았다.

지난 과오를 잊지 않는 것은 훗날의 스승이다

가생(賈生)이 진나라 멸망의 요인을 논하여 한 문제에게 올린 '과진론(過秦論)'은 이렇게 말하고 있다.

> "진시황은 스스로 도취하여 아랫사람에게 묻지 않고, 과실을 계속 범하면서도 이를 고칠 줄 몰랐다. 2세 황제가 계승한 뒤에도 그대로 계속 이어져 고치지 않았고, 잔인하고 흉학하여 오히려 더욱 화환(禍患)이 가중시켰다. 자영은 오직 혼자뿐이고 가까운 친인척도 없었으며, 아무도 보조하지 않았다. 이 세 사람의 군주는 평생 미혹되었으면서도 깨닫지 못했으니 국가의 멸망은 마땅하지 않은가?
>
> 당시 세상에 심려원모하고 권세 변화에 밝은 인물이 없었던 것이 결코 아니었지만, 감히 충성된 마음으로 직간하고 착오를 바로잡지 않은 이유는 바로 진나라의 풍습에 금기가 매우 많아서 충성된 말을 미처 마치기도 전에 이미 살해되는 상황이었기 때문이다. 이 때문에 천하의 선비들이 입을 닫고 말을 하지 않은 것이다. 세 임금이 치국의 원칙을 잃어도 충신은 감히 직언으로 권하지 않았고, 지사(智士)는 감히 계책을 내놓지 않았으

며 천하가 어지러워졌지만 이 간사한 사정은 군주에게 보고되지 않았으니, 이는 너무 슬픈 일이 아니겠는가!

진나라가 강성할 때 법이 번잡하고 치밀하였으며 형벌이 엄혹하여 천하가 두려워하였다. 그러나 그것이 쇠약해졌을 때 백성들은 원한을 가졌으며, 온 천하가 들고 일어나 배반했던 것이다. 주 왕조의 오서(五序)*는 대의에 부합하여 천여 년 동안 나라를 전하며 명맥이 끊이지 않았다. 하지만 진나라는 본말을 모두 잃었기 때문에 결국 멸망한 것이다.

안정과 위란의 실마리는 그 차이가 실로 너무 멀다. 속담에 "지난 과오를 잊지 않는 것은 뒷날 일을 할 때의 스승이다."**라고 하였다. 이 때문에 도덕이 있고 수양을 한 사람이 국가를 다스릴 때, 원고(遠古)의 득실을 관찰하고 당대의 조치를 고찰하며 다시 사람의 요인을 참작하여 성쇠의 이치를 이해하고, 권력과 위세의 타당한 운용을 세심히 살피어 출척(黜陟)***과 상벌에 선후가 있도록 하였으며 변화와 개혁이 시의에 맞게 하였다. 그리하여 오랜 기간에 걸쳐 국가가 안정되었다.

하지만 진시황은 도리어 탐욕스럽고 비열한 마음을 품고 오로지 자기의 작은 꾀만 부려 공신들을 믿지 않고 선비와 백성들을 가까이 하지 않았으며, 인의 치국의 원칙을 폐기하고 개인의 권위를 수립하면서 문서(文書)****를 금하고 형벌을 가혹하게 행사하였다. 권모술수와 폭력을 우선적으로 하면서 인의는 뒤로 함으로써 폭력과 학대를 천하 통치의 출발로

---

* 공(公), 후(侯), 백(伯), 자(子), 남(南)을 말한다.

** 前事不忘, 後事之師.

*** 관직의 강등과 승진.

**** 시서고적(詩書古籍)을 말한다.

삼았다. 천하를 겸병하는 사람은 권모술수와 폭력을 숭상하고 천하를 안정시키는 사람은 민심에 순응하는 것을 중시한다. 이는 곧 공격과 수성이 방법상에 있어 다르다는 사실을 말해주고 있다.

그러나 진나라는 이미 전국 분쟁의 국면을 벗어나 천하를 통일했음에도 불구하고 그 통치 원칙은 바뀌지 않았고 그 정령 역시 변화가 없었다. 즉, 창업과 수성의 방법에 전혀 변화가 없었던 것이다. 진시황은 자제 공신에게 분봉하지 않고 오로지 홀로 천하를 독점하였기 때문에 그토록 빨리 멸망했던 것이다.

만약 진시황이 상고(上古)의 사정과 은나라와 주나라 흥망성쇠의 자취를 능히 고려하여 그의 정책을 제정하고 시행했더라면 설사 훗날 교만하고 음란한 군주가 있었다고 하더라도 나라가 기울고 망하는 위험에 이르지는 않았을 것이다. 그러므로 3대(三代) 군왕이 건립한 천하는 그 이름이 드날리고 완전한 것이며, 그 공업이 대대로 전해지는 것이다."

9. 중국의 조형자, 사마천의 『사기』

(1) 거짓된 아름다움을 추구하지 않는다

원래 사마천이 『사기』를 완성했을 때 책의 제목은 아직 존재하지 않았다. 사마천은 이 책을 완성한 뒤 당시의 대학자인 동방삭에게 보여주었는데, 책을 읽어본 동방삭은 경탄해 마지 않았고 즉시 이 책에 '태사공(太史公)'이라는 세 글자를 붙였다. 그리하여 이 책은 오랫동안 '태사공서'로 불려졌다. 우리가 지금 부르고 있는 『사기』라는 명칭은 본래 고대 사서(史書)의 통칭이었고, 중국의 3국 시대부터 『사기』는 점차 '태사공서'의 고유명사로 되었다.

사마천은 당대 최고 수준의 지식인이었다. 사마천은 열 살 때 이미 경전들을 읽고 암송할 정도였으며(年十歲則誦古文-'태사공자서'), 당시 최고 대학자인 동중서로부터 유학을 배웠다. '태사공자서'에는 음양가, 유가, 묵가, 명가, 법가, 도가 등 이른바 '6가(六家)'에 대한 평론이 자세하게 소개되어 있는데, 이 글은 사마천의 아버지 사마담이 저술한 것이다. 사마천이 이처럼 6가에 통달해 있던 아버지 사마담으로부터 그 학문을 익혔던 것은 두말할 나위도 없다.

사마천이 『사기』를 저술할 때, 결코 누군가의 소문을 듣고 불확실한 야사(野史)를 쓴 것이 아니다. 사마천은 어디까지나 정사(正史)로서의 기록을 지향하였고, 그것은 대대로 사관(史官)을 지냈던 가문으로서 반드시 준수해야 할 자존심이었다.

이러한 사마천의 투철하고도 과학적이며 동시에 체계적인 사고방식은 '태사공자서'에 기록된 "산실(散失)된 문헌들을 최대한 수집하여 제왕 대업의 건립에 대해서 그 시말(始末)의 과정을 고찰하고 그 극성기에 그것이 점차 쇠락해가는 원인을 관찰해야 하며 다시 역사 인물의 실제 행동으로부터 검증하고 고증해야 한다."라는 그의 증언에서도 여실히 증명된다.

특히 궁형이라는 천형을 받고 극도의 불우한 처지를 견뎌야 했던 자신의 경험을 토대로 역사와 인간 존재에 대한 근원적인 성찰이 『사기』의 전편에 걸쳐 그대로 담겨져 있으며, 훌륭한 능력을 지녔으면서도 끝내 그 뜻을 펼칠 수 없었던 비극적인 인물에 대한 동정과 연민의 탄식이 곳곳에서 발견된다.

당시 아직 종이가 발명되지 못했던 시대였다. 그는 대나무를 엮어 만든 죽간(竹簡)에 일일이 한 글자 한 글자 먹을 갈아 붓으로 써야 했다. 그렇다고 해서 글에만 몰두할 수 있는 그런 처지도 못 되었다. 낮에는 자기를 궁형에 처했던 장본인인 한 무제에게 아부하고 봉사하는 환관으로 근무해야 하였으며, 밤이 되어서야 지친 몸을 끌고 집에 돌아와서 다시 『사기』의 저술에 임했다.

그는 볼품없는 허름한 집에 혼자 살면서 밤늦도록 호롱불을 밝히고 눈을 부비며 굳은 손을 매만지면서 글을 써나가야 했다. 특히 사마천은 당시의 황제인 무제의 통치에 대하여 매섭게 비판하였기 때문에 이 작업은 더욱 비밀스럽게 진행되어야 했다. 만약 그 사실이 밝혀지게 되면 당장 능지처참될 운명이었다. 어렵고 고통스러운 이러한 작업을 거쳐 비로소 『사기』라는 대작(大作), 아니 명품(名品)이 나올 수 있었다.

하지만 정작 사마천 생전에 이 대작은 공개될 수 없었다. 마치 위대한 작곡가들이나 미술가들이 세상을 떠난 뒤 100년이 지나서야 비로소 세상 사람들의 높은 평가를 받을 수 있었듯이, 사마천 역시 그가 세상을 떠난 뒤 오랜 시간이 흐른 뒤에야 비로소 이 명품은 세상에 널리 퍼져나갔고 사마천의 명성도 높아졌다.

그러나 사마천과 같은 탁월한 역사가가 있었기에 중국은 정확하고 체계적으로 정리된 역사 기록을 보유하게 되었고, 이로 인하여 중국은 훌륭한 정신적·문화적 토대를 지닐 수 있었다.

(2) 불후의 실록 정신

『사기』의 '항우본기'에는 "항우가 장한과 원수(洹水) 남쪽 은허(殷墟)에서 만나기로 약속하였다"고 기록하고 있다. '송세가'에도 '은허'에 대한 언급이 보인다. 그러나 사람들은 이 '은허'의 존재에 대하여 믿지 않았다. 그러다가 20세기 초에 이르러 은허가 발굴되고서야 비로소 사마천의 '은허' 기록이 사실과 완전히 부합하고 있다는 사실을 알게 되었다.

한편 국내의 많은 책들에서 항우가 진나라 서울을 점령한 뒤 아방궁을 불태웠다고 알려져 있다. 그러나 『사기』 '항우본기'에는 "진나라 궁실을 불태웠는데 석 달 동안을 타고도 꺼지지 않았다", 즉, "소진궁실, 멸삼월불멸(燒秦宮室, 滅三月不滅)"이라고 분명히 기록되어 있다. '아방궁'이 아니라 '진나라 궁실'이라고 명백하게 기록되어 있는 것이다. 실로 『사기』 기록의 정확성과 실록 정신이 여실히 드러나는 대목이 아닐 수 없다.

반고가 저술한 『한서』에서는 항우에 대하여 '항우열전'으로 편찬하였다. 그러나 우선 한고조 원년에 항우는 이미 사망했으므로 항우는 한나라 사람이 아니었다. 그러므로 항우를 한나라 초기 인물로 배열한 것은 잘못이다. 이 점에서 항우를 한 왕조와 다른 범주에서 다룬 사마천의 시각은 올바르다. 무엇보다도 사마천은 항우라는 인물의 크기와 역사에 미친 영향력을 평가하여 '본기' 편에 포함시켰다. 그리고 이 지점에서 사마천은 '서초패왕본기'로 명명하지 않았다. 비록 항우가 진나라가 항복하고 아직 한 왕조가 수립되기 전 5년 동안 활약하면서 서초패왕으로 군림했지만 하나의 왕조를 이루지는 못했다. 그러므로 사마천은 '서초패왕본기'라 하지 않고 이름만을 붙여 '항우본기'라 칭한 것이다. '정명(正名)'을 견지하는 사마천의 주도면밀함이 여기에서도 잘 드러난다.

"거짓의 아름다움을 추구하지 않고 악을 숨기지 않는(不虛美, 不隱惡)"* 실록 정신은 『사기』의 전편에 걸쳐 관통하고 있는 기본 원칙이다.

사마천은 공정한 실록역사의 역사가로서 역사적 지식의 전반에 대한 그의 탁월한 기술은 민중의 사실적인 감정을 한 점 여과 없이 반영해야 했다. 뿐만 아니라 역사적 사실의 충실한 기록이 요구되었으며, 나아가 역사가로서의 객관적 분석도 요구되는 작업이었다. 그것은 일부러 꾸며낸 허구적인 아름다움(美)을 추구하지 않고, 악(惡)을 비판하되 그 공적(功績)까지 부정하지 않음으로써 감정과 사실(事實)의 양자를 통일시키는 것이어야 했다. 그리고 이 점에 있어 사마천의 『사기』는 완전한 성공을 거두고 있다.

즉, 사마천은 감정의 묘사와 표현에 탁월한 솜씨를 보여주면서도 동시에 감정을 적절하게 절제하는 측면에서도 뛰어난 이성적이며 냉정한 역사가였다. 역사 인물에 대한 그의 평론은 도덕을 중시했지만, 그렇다고 해서 결코 도덕을 유일한 기준으로 삼지 않았다. 또한 시비공과(是非功過)의 분석을 중시했지만 동시에 그것의 성공과 실패만으로써 영웅을 판별하는 잣대로 삼지 않았다.

실로 역사상 성공을 거둔 사람은 대단히 적으며, 대부분의 사람은 그저 실패자일 뿐이다. 그러나 사마천의 눈에 영웅이란 결코 성패에 의하여 논할 범주가 아니었다. 스스로의 마음에 부끄러움이 없이 살았던 사람이나 정(情)과 의(義)를 중히 여겨 자신의 목숨을 버린 사람 모두 참된 영

* 『한서(漢書)』의 저자 반고는 『한서』에서 사마천의 문장을 이렇게 평가하였다.

웅이었다. 사마천은 그러한 인물들을 숭앙하고 『사기』에 그들의 행적을 한 글자 한 글자 심혈을 기울여 묘사하고 기술해냈다. 그리하여 그들을 역사에 큰 족적을 남긴 인물로 승화시켜 후세 사람들이 모범으로 삼도록 하였던 것이다.

(3) 평민을 역사의 전면에 세우다

사마천은 평민의 역할을 강조한 최초의 역사가였다.

그는 진승의 입을 빌려 "왕후장상의 씨가 따로 있는가?"라는 과감한 질문을 던진다. 당시까지 역사란 오로지 왕을 비롯한 고관대작 귀족들의 몫이었다. 평민들이야 단지 그 왕후장상들에게 의지하면서 평생을 아무 생각도 없이 순종하며 살아가는 무지렁이에 지나지 않을 뿐이었다. 그러나 사마천은 그러한 평민들을 일약 역사의 전면에 끌어올린다.

이는 당시 시대 상황과도 관련을 맺고 있다.

진나라가 천하를 통일할 때까지 역사라는 장(場)이란 사실 왕후장상과 귀족들에 의하여 독점된 잔치였다. 평민들이 나설 기회는 거의 마련되지 않았다. 그러나 진나라 말기에 접어들면서 커다란 변화가 발생하였다. 일개 평민에 불과했던 진승과 오광이 반란의 불꽃을 들어 올리자 강력했던 진나라는 일순간에 혼란에 빠졌다. 이어서 역시 평민 출신인 유방이 뜻밖에도 명문귀족 가문인 항우를 끝내 물리치고 천하의 패권을 손에 넣었다. 이 '조그맣게 보이지만 사실은 엄청나고 심대한' 변화를 사마천은 날카롭게 잡아냈다.

여기에서 사마천은 과감하게 평민들을 역사의 전면에 세우면서 이들을 위한 열전을 기술한다.

“정의롭게 행동하고 비범하여 풍운의 기회를 놓치지 않고 공업(功業)을 천하에 세워 백세에 이름을 날리니 이에 70열전(列傳)을 짓는다.”

이를테면 ‘유협열전’은 『사기』의 명편(名篇) 중 하나로서 사마천은 다양한 여러 유형의 협객을 사실적으로 생생하게 묘사하고 있으며, 그들의 “말에 신의가 있고 행동에 성과가 있으며 약속은 반드시 지키고 몸을 아끼지 않는” 고귀한 품격을 높이 찬양하고 있다.

사마천은 이들 유협 집단을 천하 백성들의 영웅으로 높이 평가하면서 그들이 살아가면서 당해야 하는 갖가지 불행에 깊은 동정을 표시하였다. 반면에 그들을 박해하는 사람들에 대해서는 분노를 나타내면서 거짓과 불공정으로 가득 찬 한나라 봉건왕조 체제의 본질을 여지없이 폭로하고 있다. 이러한 의미에서 ‘유협열전’은 사마천의 진보적인 역사관과 민중성을 잘 드러내주고 있는 글로 평가될 수 있다.

특히 사마천은 어떠한 개인도 모든 지혜를 독점할 수 없으며, 영웅 혼자서 세상을 창조할 수 없다는 관점을 견지하였다.

즉, 3황 5제 시기 명군의 경우에도 그 명군의 특징이란 현명한 선비를 등용하는 데 있다는 것이다. 그는 “요임금이 비록 현명했으나 천하의 사업을 완성하지 못하고 순임금을 얻고서야 비로소 구주(九州, 천하)를 안정시켰다”고 기술하고 있다. 또 한 고조 유방이 천하를 얻어 문신(文臣)들이 비와 같고, 맹장들은 구름과 같았다. 하지만 강대한 흉노에게 속수무책이었으므로 도읍을 어디에 두어야 할지 아직 정하지 못하고 있었다.

이때 농서(隴西: 지금의 감숙성 일대)의 변경을 지키던 유경(劉敬)이라는 수졸(戍卒: 고대 시대 변경을 지키던 군졸)이 수레를 끄는 막대를 내려놓고 양털

가죽옷을 걸친 채 한 고조 유방을 뵙고는 관중에 도읍하여 흉노와 화친할 것을 건의하였다. 결국 이 건의는 받아들여졌다.

이 대목에서 사마천은 일개 하급 병사의 건의로부터 민중의 지혜를 발견한다. 그리고 특별히 유경(劉敬)을 위한 열전을 짓고 나아가 "지혜가 어찌 독점될 수 있는가!"라는 철리(哲理)의 차원으로 높인다.

"속담에 이런 말이 있다. '천금의 값이 나가는 가죽 옷은 여우 한 마리의 털로 만들 수 없고, 높은 누대의 서까래는 나무 한 그루로 만들 수 없으며, 3대(三代: 하, 은, 주 3대 왕조를 가리키며, 중국 역사에서 모범적인 정치제도의 모델로 존숭을 받았다)의 성대함은 한두 명 선비의 지혜만으로 이루어진 것이 아니다.' 참으로 옳은 말이다!

고조는 미천한 신분으로 몸을 일으켜 천하를 평정했는데, 그것은 여러 사람의 지혜가 합해진 결과이다. 그러나 유경은 수레를 끄는 막대를 내던지고 한 번 도읍을 옮기라고 유세함으로써 만세의 안정을 이루었으니, 지혜라고 하는 것을 어찌 한 개인이 독점할 수 있겠는가!"

또 사마천은 국가의 흥망에 있어 민심의 향방이 그 결정적인 요소라는 인식을 지니고 있었다. 사마천은 이러한 관점에 의하여 역사의 변천을 고찰하고 생동감 있게 대중들의 창조적인 역량을 묘사한 최초의 역사가였다. 사마천은 『사기』의 각 편에서 다음과 같이 기술하고 있다.

"3대의 제왕들은 덕을 베풀고 선(善)을 쌓았기 때문에 백성들에게 떠받들어졌다." 또 "항우는 포악했으나 한나라는 공덕을 행하였으므로" 천하를 얻었다. 한나라 효문제는 "오로지 덕으로 백성들을 교화하였기 때문에 천하는 인구가 많아지고 부유해졌으며 예의가 흥하였다."

한편 무왕이 은나라 주왕을 토벌할 때, "주나라 병사들은 모두 무기를 거꾸로 들어 무왕에게 길을 내줬다." 그리고 "무왕이 상나라의 도성에 이르자, 상나라의 백성들은 모두 교외에서 기다리고 있었다." 진나라의 멸망은 "천하의 사람들이 진나라 통치의 가혹함에 고통받은 것이 오래된" 것에 그 원인이 있었다. 그러므로 진섭이 군사를 일으키자 "마치 바람처럼 일어나고 구름처럼 모여들어 마침내 진나라를 소멸시켰다(風起雲蒸, 卒亡秦族)." 여기에서 '풍기운증(風起雲蒸)'이라는 말은 백성들이 천지를 뒤덮는 힘을 지니고 있다는 점을 표현하고 있다.

또 한신은 초나라를 탈출해 한나라 진영에 가담한 뒤 유방에게 항우가 반드시 패배할 수밖에 없는 이유에 대하여 이렇게 말하였다. "항우의 군대가 지나간 곳은 학살과 파괴가 없는 곳이 없습니다. 천하의 많은 사람들이 그를 원망하고 백성들이 친하게 따라주지 않습니다. 다만 그의 강한 위세에 위협당하고 있을 뿐입니다. 그러므로 항우가 비록 패자라고 불리지만 사실은 천하의 인심을 잃은 것입니다. 그렇기 때문에 그의 강대함을 약화시키기 쉬운 것입니다."

과연 그 뒤에 펼쳐진 역사적 과정은 한신이 예언한 바처럼 정확히 진행되어 초나라가 망하고 한나라가 천하를 얻었다.

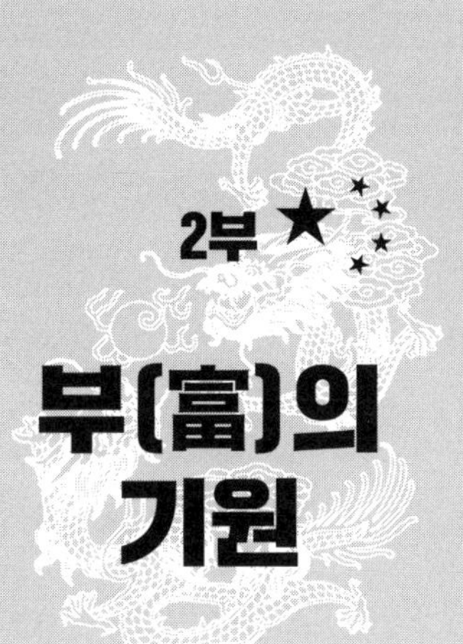

2부

부(富)의 기원

과연 중국 부(富)의 기원은 무엇일까?

우선 세계에서 가장 큰 규모의 단일시장과 엄청난 인구가 그 객관적 조건을 형성한다. 그 토대 위에 모든 사람이 부자가 되고자 하는 의지로 충만되어 있으며, 각자 본능적으로 대단히 활발한 상업 활동을 전개한다.

이 상업 정신은 전체적으로 결합되어 다른 나라에서는 결코 존재할 수 없는 중국이라는 거대한 통일적 시장에서 물처럼 자연스럽게 상업과 경제가 이뤄지고 흘러넘쳐 번영을 구가했다. 또한 여기에 사마천의 「화식열전」, 유가 사상 그리고 『손자병법(孫子兵法)』 등이 훌륭한 지적 자양분으로 기능했다.

중국에서 '상인의 성인', '상성(商聖)' 혹은 '인간 재신(財神)'으로 칭해지는 전국시대 인물 백규(白圭)는 "나는 경영을 할 때는 이윤(伊尹: 상나라 때의 명재상)이 계책을 실행하는 것처럼 하고, 손자가 작전하는 것처럼 한다"고 말했다. 상업의 시장, 상장(商場)은 곧 전쟁터이며, 그 경쟁은 전쟁과 같아 『손자병법』이 현란하게 활용된다.

미국의 저명한 외교가인 키신저(Henry Kissinger)는 『손자병법』을 극찬한다. 그는 손자(孫子)의 이 텍스트가 중국에서 일종의 직접성과 통찰을 담은 것으로 읽혀 그를 세계에서 가장 탁월한 전략 사상가의 반열에 올려놓았다고 평가한다. 그는 특히 손자가 말하는 '세(勢)'의 개념에 매료되었다. 그는 서양에는 '세(勢)'에 상응하는 용어가 부재하며 군사적 맥락에서 전략적 추세를 함의하기도 하고, 어떤 상황의 '잠재적 에너지'를 의미하기도 하며 "요소들이 배치되는 어떤 국면에 내재되어 있는 파워 그리고 그 발전의 경향"을 가리키기도 한다고 분석한다.

키신저는 그러면서 미국이 아시아 지역에서의 전쟁에서 좌절했던 주요한 이유가 바로 손자의 행동 수칙을 무시했다는 논쟁도 가능할 것이라고 주장한다.

제국의 흥망, 부(富)의 성쇠

역사적으로 중국은 전란과 정치적 불안 없이 20~30년 정도만 유지되면 반드시 성세(盛世)를 이뤘다. 그만큼 생산과 교역, 시장 그리고 상업 정신이 이미 준비되고 갖춰진 국가였다. 비록 최근세사에서 중국의 어두운 측면이 돌출되어 드러나게 되었지만, 오늘 중국이 보여주는 '굴기'의 모습은 역사상 축적되어온 저력의 현현(顯現)으로서 필연적 추세이고 그 결과이기도 하다.

다만 앞에 말한 '전란과 정치적 불안 없이'라는 전제가 자못 의미심장하다. 거꾸로 역대 중국은 전란과 정치적 불안이 내내 심각했다는 반증인 셈이다. 결국 여하히 평화와 정치적 안정을 성취해나갈 수 있는지가 중국 발전의 관건이 될 것이다.

중국의 길, 중국의 미래

'중국'과 '중국의 미래'는 늘 세계인의 관심사이자 논란거리가 되어왔다. 중국 경제의 미래에도 항상 여러 가지 의문부호가 붙어 다닌다.

하지만 분명한 사실은 이제까지처럼 중국이 자신의 길을 계속 걸어갈 것이라는 점이다. 물론 나아가야 할 길은 지난(至難)할 것이지만, 중국은 역사상 유례를 찾아볼 수 없는 경로를 밟아온 바로 그 토대 위에서 마치 스펀지처럼 놀라운 수용성을 발휘하며 자신의 노선을 견지해 나갈 것으로 보인다. 그것은 당연히 다시 전 세계에 논란을 불러 일으키겠지만.

1. 시대를 앞서간 탁월한 경제학자, 사마천

애덤 스미스와 사마천

『국부론』의 저자 애덤 스미스에 따르면, 자기 이익을 추구하는 인간들의 열정과 행위는 사회 전체의 이익과 조화를 이루는 방향으로 나아간다. 그는 이러한 방향을 이끄는 것을 이른바 '보이지 않는 손(invisible hand)'이라고 규정하였다. 그리고 이 '보이지 않는 손'에 의해 종국적으로는 공공복지에 기여하게 된다고 주장한다.

그런데 애덤 스미스보다 무려 2천 년 이전에 나온 동양의 고전에는 다음과 같은 내용이 있다.

"사람들은 단지 자기 재능에 따라 역량을 극대화하여 자기의 욕망을 만족시키는 것이다. 따라서 값이 저렴한 물건은 어떤 사람들이 나타나 값이 비싼 곳으로 그 물건을 가져가 팔려고 하고, 어느 한 곳에서 물건 값이 비싸게 되면 곧 어떤 사람들이 나타나 값이 저렴한 곳에서 물건을 들여오게 된다. 이렇게 모든 사람이 각자 자기의 생업에 힘쓰고 자기 일에 즐겁게 종사하여 마치 물이 아래로 흘러가듯이 밤낮으로 정지하지 않으며 물건은 부르지 않아도 스스로 오고 가서 찾지 않아도 백성들이 스스로 가지고 와서 무역을 한다. 이 어찌 '도(道)'와 자연의 효험이 아니라는 말인가?"

바로 사마천이 지은 『사기(史記)』의 「화식열전(貨殖列傳)」 편에 나오는 내용이다. '화식(貨殖)'이란 '재산을 늘림' 혹은 '상공업의 경영'이라는 의미이다. 사마천이 지칭하는 화식에는 이밖에도 각종 수공업과 농어업, 목축업, 광산, 제련 등의 경영을 포함하고 있다.

사마천을 단지 『사기』를 저술한 역사가로만 알고 있지만, 사실 그는 탁월한 경제학자라 할 수 있었다. 이른바 '사농공상(士農工商)', 즉, 신분의 귀천이 선비-농민-공장(工匠)-상인의 순서로 간주되던 사상은 중국을 비롯하여 그 영향을 받은 동북아 사회의 역사에서 오랫동안 주류적 지위를 점해왔다. 이러한 사고방식에 과감하게 도전장을 낸 것이 다름 아닌 사마천의 「화식열전」이었다.

경제 바이블, 「화식열전」

사마천은 국가는 굳이 간섭을 강행할 필요가 없고 상인들로 하여금 적극적으로 생산과 교환을 하도록 인도해야 하며 더구나 국가가 상인들과 이익을 다퉈서는 안 된다고 강조하였다. 그는 사회 발전에 있어서 공업과 상업 활동의 역할을 강조하였고 그것은 사회 발전의 필연이라고 인식하였으며, 상공업자의 이익 추구의 합리성과 합법성을 인정하였다. 그는 특히 물질재부의 점유량(占有量)이 최종적으로 인간 사회에서의 지위를 결정하며 경제의 발전은 국가의 흥망성쇠와 밀접하게 관련을 맺고 있다는 경제사상과 물질관을 가지고 있었다.

그리하여 지금으로부터 2천 년 전에 이미 사마천은 거시 범주만이 아니라 미시 범주에서 풍부하고 심오하며 체계적인 경제정책 주장을 갖추고 있으면서도 동시에 시장과 유통 그리고 분업 등 다양한 분야의 이론을 논증하면서 이를 「화식열전」이라는 하나의 학설체계에 담아냈다.

사마천의 이 「화식열전」이야말로 장기적인 중농억상 정책의 억압 속에서도 인간 본성과 중국이 지니는 지대물박, 천혜의 상업 환경에 부응하여 이를 천재적으로 결합시킴으로써 백성들에게 상업 활동의 정당성을 확인해 주고 누구든지 기회를 잡고 노력을 다해 부를 쌓을 수 있다고 '격려'했던 경제 바이블이었다.

군자가 부유하게 되면 즐겨 덕을 행한다

사마천의 눈에, 사업 현장의 '화식가'들이 전쟁터에서 계책을 내고 천리 밖의 승리를 결정하는 모사(謀士)와 지자(智者)들에 비하여 전혀 뒤지지 않았다. 사마천은 인간이 부를 추구하는 것을 불변의 진리로 보았다. 이로부터 "천하 사람들이 즐겁게 오고 가는 것은 모두 이익 때문이며, 천하 사람들이 어지럽게 오고 가는 것도 모두 이익 때문이다."라는 그의 유명한 결론이 나오게 된다. 비록 현실에서 빈부의 격차가 나타날 수밖에 없지만 "지혜로운 자는 남음이 있고, 졸렬한 자는 부족하게 되며", "수완이 있는 자는 능히 재부를 자신의 것으로 만들 수 있는 반면, 무능한 자는 가지고 있던 재산도 와해된다."는 것이다. 그러나 이러한 상황은 결국 객관적 경제규율의 '자연의 효험' 혹은 '도(道)'에 부합된다고 지적한다. "경제란 흘러가는 물처럼 유통의 과정"이라고 규정하는 대목에서는 마치 그가 우리와 동시대에 살고 있는 것일까 라는 생각까지 들 정도다.

그는 정당한 부의 추구 활동은 마땅히 어떠한 속박도 받지 않아야 하며, 모름지기 국가란 인간의 영리 추구 활동에 있어 사람들로 하여금 "자기 재능에 따라 역량을 극대화하여 자기의 욕망을 만족시킬 수 있도록" 장려해야 한다고 강력하게 역설하였다.

이렇게 함으로써 상품의 물가 변동과 수량 변화는 시장경제 규율에 의하여 조정되고 시장에서의 이러한 '보이지 않는 손'의 조절 하에 모든 사람이 능히 합리적인 재부를 획득함으로써 사회 경제가 가장 적합한 상태가 된다고 강조하였다. 이러한 의미에서 현대 중국에서 문화대혁명과 인민공사라는 인위적 압제에서 벗어나 개혁개방을 주창했던 덩샤오핑은 사마천 사상의 충실한 계승자였다.

사마천이 찬양하는 화식가들은 모두 부유하면서도 덕이 있는 인물들이었다. 그들은 자신의 지혜와 노동으로써 부를 이루었고, 재산을 쌓아

감에 있어 도(道)가 있었으며, 그것을 쓰는 데 도(度)가 있었으므로 "정치에 해를 끼치지 아니하였고, 백성에 방해되지 아니하였다."

그들은 사치와 욕망을 극단적으로 추구하는 무리들이 아니었고, 백성의 고혈을 짜내는 탐관오리도 아니었으며, 인의를 널리 시행하고 이(利)를 중시하면서도 의(義)를 더욱 중시하는 사람들이었다. 범여는 자신이 모은 재산을 "가난한 친구들과 멀리 사는 친척들에게 나누어 주었고," 완(宛) 지역의 공씨(孔氏)는 "제후들과 교류함으로써 통상 무역을 통하여 커다란 이익을 얻었고, 사람들에게 아낌없이 나누어 주어 큰 명성을 얻었다." 공씨의 이러한 우아하고도 대범한 태도는 사람들의 찬양과 존경을 받았고, 사람들마다 그것을 본받으려 하였다.

이야말로 사마천이 말하는 "부자가 세력을 얻게 되면, 그 명성과 지위가 더욱 빛나게 된다."는 것이다. 사마천은 "군자가 부유하게 되면 즐겨 덕을 행한다."면서 극구 찬양하였다.

그러나 사마천은 무조건적 경제 자유주의자는 아니었다

그러나 사마천은 시장 만능주의자는 아니었다. 흔히 애덤 스미스를 시장 만능주의자로 생각하기 쉽지만 그는 오히려 일체의 독점과 특권을 반대하고 특권층에게 돌아가는 혜택을 없애려고 노력한 사람이었다. 독점적 이익과 경제 집중을 반대했으며, 동시에 공공의 복지, 학교, 사회간접자본 등에 있어 국가의 역할을 대단히 중시하였다. 그리하여 그의 이른바 '경제 자유주의', 혹은 '경제 방임'이란 억압받는 사람을 위한 '경제 자유주의'인 것이었을 뿐, 결코 부자만을 위한 '경제 자유주의'가 아니었다.

사마천이 역설하는 바의 '경제 자유주의'가 애덤 스미스의 주장과 흡사하다는 점은 대단히 흥미로운 사실이다. 사마천이 주장하는 '경제 방임'이란 대중의 입장에서 국가가 사적 경제에 대한 억압 및 간섭 그리고 국가 독점을 해서는 안 된다는 점에 대한 강조였다. 즉, 사마천은 국가 경제에 심각한 폐단과 문제점이 나타나게 될 경우, 일정한 교화와 인도를 의미하는 '교회(教誨)' 그리고 개입과 강제를 포함하는 '정제(整齊)'라는 국가의 조정 조치가 필요함을 역설했던 것이었다.

2. 왜 『사기·화식열전』인가?

서양인들이 중국을 알기 위하여 가장 많이 읽는 책은 바로 『사기』라고 한다. 『사기』야말로 중국인들이 자신들의 삶의 가치와 지향점을 제시하는 사서(史書)로서 인식해 왔으며, 이러한 측면에서 『사기』는 중국인들의 정신과 문화를 역사적으로 형성시켜 온 조형자(造形者)였다.

그런데 흔히 일컬어지는 이른바 '사농공상(士農工商)', 즉, 선비-농민-공장(工匠)-상인의 순서로 신분의 귀천을 매기던 사고방식은 중국을 비롯하여 그 영향을 받은 동북아 사회의 역사에서 오랫동안 주류적 지위를 점해왔다. 이러한 사고방식에 과감하게 도전장을 낸 것이 다름 아닌 사마천의 「화식열전」이다.

사마천은 「화식열전」을 통하여 국가는 사적 경제 부문에 굳이 간섭을 강행할 필요가 없으며 상인에 맡겨 자유롭게 발전하도록 해야 한다고 주장한다. 이어서 그는 상인들이 적극적으로 생산과 교환의 역할을 수행하도록 인도해야 하며, 특히 국가가 상인들과 이익을 다퉈서는 안 된다는 점을 강조하였다.

그는 사회 발전에 있어서 공업과 상업 활동의 역할을 강조하였다. 또 그것이 사회 발전의 필연이라고 인식하였으며, 상공업자의 이익 추구의 합리성과 합법성을 인정하였다. 그는 특히 물질적 재부(財富)를 얼마나 점유하고 있는가라는 점이 곧 인간 사회에서의 지위를 최종적으로 결정하게 되며, 경제의 발전은 국가의 흥망성쇠와 밀접하게 관련을 맺고 있다는 경제사상과 물질관을 가지고 있었다.

이렇듯 「화식열전」에는 사마천의 탁월한 사상이 담겨져 있었기 때문에 예로부터 『사기』를 읽으면서 「화식열전」을 읽지 않는다면 『사기』를 읽지 않은 것과 같다고 말했던 것이다.

화식(貨殖)이란 무엇인가?

그렇다면 '화식(貨殖)'이란 무엇인가?

'화식(貨殖)'의 '화(貨)'는 "貨者, 活也"라 하여 '계속 변화하고 있는 것'이라는 뜻이다. 또 『설문해자(說文解字)』에는 "貨, 從貝化"라고 설명되어 있는데, '패(貝)'는 잘 알다시피 고대 시대의 화폐이다. 그러므로 '화(貨)'는 '화폐의 변화', 즉, '사고파는 활동'을 가리킨다. 결국 '화(貨)'는 "변화 과정에 놓여있는 재물(財物)"을 의미한다. 그리고 '식(殖)'은 "殖者, 生也"로서, 즉 이익 혹은 이윤을 추구하는 것을 의미한다.

즉, '화식'이란 자원의 생산과 교환을 이용하여 상공업 활동을 진행함으로써 재물의 이익을 추구하는 것을 말한다.

'화식(貨殖)'이라는 말이 처음 언급되고 있는 곳은 바로 『논어 · 선진(先進)』이다. 공자가 자기의 제자인 안회(顏回)와 단목사(端木賜), 즉 자공을 평가하는 대목이다.

"回也其庶乎, 屢空. 賜不受命而貨殖焉, 億則屢中."

"안회의 학문은 거의 완전한 수준에 이르렀는데, 다만 늘 궁핍하구나. 자공은 숙명을 받아들이지 않고 상업에 종사하였는데, 시장 동향을 잘 예측하여 거의 들어맞았다."

여기에서 '回'는 공자의 제자 안회이고, '賜'는 자공을 가리킨다. 흔히 이 대목을 공자가 안회를 칭찬하고 반면 자공은 비판한 것이라고 해석되어 왔다. 특히 『한서(漢書)』에서 반고(班固)가 이렇게 해석한 이래 이러한 해석이 주류를 점해왔다. 그러나 이는 반고가 철저히 유학의 시각에서 해석한 것으로서 이러한 해석은 바뀌어야 타당하다.

기실 공자는 안회와 자공의 두 제자를 모두 아꼈다. 특히 "자공은 숙명을 받아들이지 않고"라는 대목에 대한 해석을 둘러싸고 그간에는 이것이 공자가 자공을 비판한 증거라는 관점이 지배적이었다.

그러나 공자가 천하를 유력하고 그의 학문이 천하에 떨치게 만든 데에는 공자를 뒤에서 물질적으로 묵묵히 도왔던 자공의 공이 대단히 컸다. 현실주의자인 공자가 학문이 높은 안회를 높이 평가함과 동시에 자공의 탁월한 재능에 대하여 낮게 평가할 리 없었다. 공자는 자공이 세상의 평판에 아랑곳하지 않고 뛰어난 상업적 능력을 발휘하여 자신을 도운 자공의 능력을 높이 평가한 것이다.

「화식열전」에 소개되는 '화식'의 종류에는 비단 상업만 있는 것이 아니다. 그밖에도 각종 수공업과 농어업, 목축업, 광산, 제련 등의 경영을 포함하고 있다. 그리하여 이른바 '화식가(貨殖家)'란, 상품 교환의 활동에 전문적으로 종사하는 사람들을 포함하여 상품의 생산과 교환을 동시에 경영하는 사람들 그리고 서비스업에 종사하거나 혹은 임대업에 종사하는 등 상품과 관련된 네 가지 직업군을 지칭한다. 따라서 「화식열전」을 단순히 상인열전으로 파악하는 것은 분명한 오해이다.

「화식열전」은 천시, 지리, 인물, 풍속을 마치 그것들이 살아있는 듯 생동감 있게 묘사하고 있다. 특히 「화식열전」은 각 지역의 산물과 경제 수준, 경제적 조건 그리고 특성을 자세하게 기록함으로써 당시의 경제적 상황에 대한 극히 우수한 조사통계의 가치를 지닌 신빙성 있는 경제사의 자료를 제공해주고 있다. 사마천은 경제문제를 고찰하고 기술함에 있어 단지 고립적으로 경제 분야를 따로 떼어놓고 연구하지 않고 경제를 정치, 사상, 법률, 도덕 등의 문제와 결합시켜 고찰하고 조사하여 종합적인 분석과 연구를 진행하였다. 다만 그 토대는 다름 아닌 경제였고, 핵심 역시 경제로서 경제를 일체의 사회 문제를 평가하는 기본 척도로 삼았다.

「화식열전」은 52명의 '화식가(貨殖家)' 역사 인물을 다루고 있다. 이 중에서 다섯 명은 역사상 유명한 경제 이론가이자 동시에 사업가이다. 그 외에도 황제의 총신, 봉국(封國)의 현인, 변두리 목장의 주인, 하층 장사꾼, 부녀자 등 각계각층의 인물을 다루고 있다.

이렇게 하여 「화식열전」에는 모두 71개 종류의 사업과 활동이 소개되어 있으며, 모든 등장인물과 활동이 각 역사 시기의 구체적인 조건 속에 배치됨으로써 그 내용에 더욱 구체성과 생동성을 더해주고 있다. 전편이 살아있는 듯한 '입체적인' 역사 무대가 되어 독자들로 하여금 마치 사마천이 살던 그 시대로 역사의 터널을 통하여 되돌아가 사람들의 상업 활동을 두 눈으로 구경하는 느낌을 주게 한다.

그러나 이토록 등장인물이 많고 또 그 활동들도 대단히 번잡해 보이지만, 모든 인물들이 자신만의 독특한 특징을 지니고 있다. 그리고 그들이 전개하는 각각의 활동들 역시 모두 상이하지만 동시에 마치 살아있는 듯이 생생한 모습을 드러내 주고 있다.

「화식열전」은 '열전'의 가장 마지막 부분에 배치되고 있다. 이는 사마천이 얼마나 화식의 측면을 중시하였는가를 반증하는 것이며, 따라서 「화식열전」은 사실상 『사기』의 총결산이라고 할 수 있다.

「화식열전」을 한 구절 한 구절 읽고 있노라면, 경제, 즉 인간의 삶을 보는 사마천의 눈이 얼마나 현실적이면서도 민중에 대한 따뜻한 애정으로 가득하며, 동시에 심오한 철학적 함축성을 지니고 있음을 저절로 알게 된다. 그리고 결국 인간에 대한 그의 혜안과 통찰력에 탄복하지 않을 수 없게 된다.

천하 사람들이 오가는 것은 모두 이익 때문이다

인간의 삶을 꿰뚫어 보는 사마천의 통찰력은 무엇보다도 그가 인간이 부를 추구하는 것을 불변의 진리로 인식했다는 점에 있다.

사마천은 "부란 인간의 타고난 성정(性情)이다. 그러므로 배우지 않아도 모두 바라는 바이다."라고 말한다. 그는 또 "조정에서 모든 힘을 다하여 계책을 내고 입론(立論)하며 건의(建議)하는 현인들과 죽음으로써 신의를 지키면서 동굴 속에 은거하는 선비들의 목적은 도대체 무엇인가? 모두 재부를 위한 것이다."라고 기술하고 있다. 그는 부를 추구하는 욕망을

"귀와 눈에 좋은 소리와 색깔을 모두 즐기려 하고, 입으로는 각종 맛있는 고기를 끝까지 맛보려 하는" 것처럼 인간의 본성에 속하며, 이러한 본성은 어떠한 외부적 힘으로도 결코 없앨 수 없는 것이라고 역설한다.

여기에서 "연못이 깊어야 물고기가 생기고 산이 깊어야 짐승들이 모이듯이, 사람도 부유할 때 비로소 인의가 생겨나는 것이다. 부자가 세력을 얻게 되면, 그 명성과 지위가 더욱 빛나게 되고, 권세를 잃으면 손님이 찾아오지 않게 된다. 천하 사람들이 즐겁게 오고 가는 것은 모두 이익 때문이며, 천하 사람들이 어지럽게 오고 가는 것도 모두 이익 때문이다."라는 그의 유명한 결론이 나오게 된다. 사마천은 나아가 인간의 이러한 천성적 욕망에 대하여 인위적으로 그것의 생장(生長)과 발전을 억제해서는 안 되며, 마땅히 그 세(勢)에 따라 인도함으로써 적극적으로 전진시켜야 한다고 주장한다.

현실주의자로서의 사마천의 냉정함은 여기에서 그치지 않는다. 곧 사마천은 재부를 형성해 나가는 과정에서 사람들의 능력 차이를 인정한다. "긴 소매의 옷을 입어야 춤을 잘 출 수 있고, 돈을 많이 가져야 장사를 잘 할 수 있다"는 속담으로써 설명한다. 소매가 길어야 비로소 우아한 춤을 출 수 있게 되고, 자금이 충분해야 상업을 훌륭하게 경영할 수 있다는 뜻이다. 그리고 이렇게 단언한다. "빈부의 법칙은 어느 누가 빼앗아갈 수도 줄 수도 없으며, 지혜로운 자는 능히 부유해질 수 있고, 어리석은 자는 곧 빈곤해진다."

그리고 여기에서 화룡점정이 나온다.

"집안이 빈곤하고 부모가 늙었으며 처자가 약하고 어리며 매년 제사를 지내면서 제사 음식도 장만하지 못하고, 음식과 의복도 자급하지 못하면서도 아직 부끄러운 줄 모른다면 그것은 언급할 필요조차 없다. 만약 어떤 사람이 세상을 등지고 숨어사는 선비의 청고(淸高)한 품행도 없으면서 시종 가난하고 비천하며 그러면서도 고담준론을 논하기를 좋아하고 무슨 인의도덕을 계속 운위하는 것은 진실로 수치스럽고 부끄러운 일이다!"

탁월한 경제학자, 사마천

사마천은 중국 역사에서 최초로 상품경제의 특징을 체계적으로 고찰하였다. 아울러 그는 경제와 정치, 경제와 도덕 풍속의 관계라는 문제도 고찰하여 생산의 발전, 교환의 확대 그리고 부국의 경제 이론을 정리해 냈다. 물론 사마천이 단지 상업의 경제적 효능만을 본 것은 아니었다. 이 표면적 현상을 통하여 그는 본질을 꿰뚫어 본 것이며, 동시에 그 본질을 가장 중요한 점으로 인식하였다. 그것은 바로 상업의 사회적 역할이었다.

또 사마천은 재부(財富)의 원천에 대하여 처음으로 규명한 인물이었다.

중국은 지대물박(地大物博)하여 각종 물산과 자원들이 전국 각지에 분포되어 있다.

"산서(山西) 지역의 목재, 대나무, 삼류, 소, 옥돌 등과 산동(山東) 지역의 물고기, 소금, 옻, 누에고치 실, 악기, 안료 등, 강남 지역의 녹나무(枏), 가래나무(梓), 생강, 목서(木犀),* 금, 주석, 아연, 단사(丹沙), 무소(犀),** 바다거

---

* 금계(金桂) 나무.

** 코뿔소를 가리킨다.

북, 각종 진주 및 상아(象牙)와 짐승 가죽 등, 용문(龍門)과 갈석(碣石)*** 이북(以北)의 말, 소, 양과 그것들의 털, 가죽, 힘줄, 뿔 등등"

이들 물산 자원들은 "중국 사람들이 좋아하는 것으로서 일상적으로 사용되는 의복, 음식, 양생(養生) 그리고 장례품들이다." 그런데 인간들이 삶을 영위해 나가기 위해서는 이러한 자연 자원을 필요로 하게 된다. 하지만 이러한 자연 자원들이 실제로 그 가치를 다하기 위해서는 "농부의 농사를 기다려 양식을 얻어야 하고, 산택(山澤)을 관리하는 우인(虞人)****이 각종 재료를 개발해 내기를 기다려야 하며, 공인(工人)이 각종 재료를 완성품으로 만들어 내기를 기다려야 하고, 마지막으로 상인(商人)이 각종 물건을 무역하고 유통하기를 기다려야 한다."

이렇게 하여 사마천은 자연 자원과 농우공(農虞工)의 생산노동이 재부(財富)의 두 가지 중요한 원천 혹은 유래라는 점을 분명히 밝히고 있다. 나아가 이 양자의 관계는 자연 자원이 인간에게 이용되기 위한 중요한 경로는 "상업에 의한 유통"이라는 점을 분명하게 밝히고 있다. 즉, 사마천은 재부(財富)의 원천, 즉 재부가 어디에서 기원하고 유래되었는가를 명확하게 규정하고 있는 것이다.

한편 사마천은 상이한 직업이 모두 사회를 위하여 재부를 창조한다는 사실을 주창하였다.

"농부가 자기의 생산품을 내놓지 않으면 사람들은 곧 식량을 얻지 못하고, 공인(工人)이 자기의 생산품을 내놓지 않으면 사람들은 곧 도구를

*** 현재의 하북성 창려(昌黎)현.

**** 산림과 수택(水澤)을 관리하는 사람을 가리킨다.

얻을 수 없게 된다. 또 상인이 무역을 하지 않게 되면 가장 귀중한 삼보(三寶)*의 왕래가 끊어지고, 우인(虞人)이 자기가 생산한 산품을 내놓지 않으면 사람들은 곧 재화 결핍에 직면하게 된다. 재화가 결핍되면 산림과 수택(水澤)은 더 이상 개발될 수 없다."고 하였다. 이 네 가지 측면은 사람들이 먹고 입는 것의 원천이다. 원천이 크면 곧 부유하고 풍족해지며, 원천이 작으면 곧 빈곤하고 결핍된다. 이러한 사실을 깨닫게 되면 위로는 나라가 부유해지고 아래로는 가정이 부유해진다."

상업, 공업 그리고 우(虞)와 농업을 이렇게 함께 논한 것은 중국 경제사상사에 있어 최초의 일이다.

그리고 사마천은 처음으로 경제에 대한 전문적인 항목을 만들어 기술하였다. 중국에서 경제에 대한 이러한 전문적인 저작물은 일찍이 존재한 적이 없었던 것이다. 사마천 이전의 사서(史書)들은 모두 경제사를 중시하지 않았다. 『춘추』에는 오직 '초세무(初稅畝: 춘추시대 노나라에서 논의 면적에 따라 세금을 징수하던 제도로서 토지 사유의 합법화의 시초로 평가된다)'라는 세 글자만이 존재하고 있으며, 더구나 그 의미 역시 매우 불분명할 뿐이다. 『좌전』이나 『국어(國語)』에서 경제에 관련된 내용은 여기저기 분산되어 있고 전혀 체계적이지 못하다.[1]

이렇게 하여 『사기』는 처음으로 「화식열전」과 '평준서' 등 전문적인 경제론을 창조하여 기술해 낸 것이었다.

사마천은 이 '전문적인 경제론'에서 먼저 상품 유통을 고찰하여 재화 증식의 경험을 종합적으로 평가하였다. 그리고 자연지리 경제와 민속을

* 즉, 식食(식량), 사事(도구), 재財(재화)의 세 가지 보물.

고찰하여 상업 활동이 생산과 발전을 추진하는 역할을 종합 정리하였다.

이 두 가지 측면 모두 사마천이 처음으로 창조하여 정리해 냄으로써 탁월한 성취를 이뤄낸 것이었다.

사마천을 알면 중국이 보인다

지금으로부터 2천 년 전 사마천은 실로 풍부하고 심오하며 체계적인 정책 주장을 갖추고 있었다. 그러면서도 동시에 다양한 분야의 이론을 논증하면서, 거시 범주의 '부국론(富國論)'과 '선인론(善因論)' 그리고 미시 범주에 있어서의 '치생론(治生論)'을 「화식열전」이라는 하나의 학설 체계에 담아냈다.

중국의 고대 시기부터 근대에 이르기까지 많은 상점들은 '도주사업(陶朱事業)'이나 '단목생애(端木生涯)'라는 족자를 걸어 놓고 그들을 존숭하면서, 그들을 일종의 신앙처럼 숭배하였다.[2] '도주(陶朱)'란 범여를 가리키며, '단목(端木)'이란 공자의 제자 자공을 말한다. 백규는 중국 상업의 창시자로 모셔지면서 숭배의 대상이 되었다. 범여와 자공 그리고 백규는 바로 「화식열전」에서 사마천이 상업 활동에 있어 마땅히 본받아야 할 모범으로 삼아 높이 칭송하고 평가했던 인물들이다.

「화식열전」은 범여에 대하여 "범여는 19년 동안에 세 차례 천금(千金)의 재산을 모았는데, 두 차례에 걸쳐 가난한 친구들과 멀리 사는 친척들에게 나누어 주었다. 이것이야말로 앞에서 말했던 이른바 '그 재산으로써 은덕을 널리 베푸는 군자'가 아니겠는가!"라고 칭송하고 있다. 한편 자공(子贛)은 공자의 제자로서 유학, 관리 그리고 상인의 삼위일체가 집약

된 인물이었다. 그는 부유해진 뒤 그 부로써 공자의 주유(周遊) 천하를 지원하여 공자의 학문과 정치 주장을 널리 알리고 실현되도록 힘썼다. 사마천은 「화식열전」에서 "공자의 이름이 능히 천하에 떨칠 수 있었던 데에는 자공의 도움이 결정적인 역할을 하였다. 이야말로 부자가 세력을 얻으면 명성과 지위가 더욱 빛난다는 것이 아니겠는가?"라고 기술하고 있다.

이렇듯 사마천의 「화식열전」은 후대의 상인들에게 대단히 심대한 영향을 지속적으로 미쳤던 것이다.

공자에 비견되는 사마천의 힘

『사기』 이전에도 중국에는 『상서(尙書)』, 『춘추(春秋)』, 『좌전(左傳)』, 『국어(國語)』, 『전국책(戰國策)』 등의 사서(史書)가 존재하였다. 하지만 그것들은 기록되어 있는 역사적 사실의 범주가 협소하고 내용이 지나치게 간단하며, 특히 제왕 개인의 활동을 주로 반영하고 있었기 때문에 광범한 사회적 의미를 담아내지 못하고 있었다. 이러한 상황에서 고금(古今)을 관통하고 동시에 전방위적으로 사회의 역사를 반영하여 완성한 『사기』는 사람들의 시야를 넓혀 자신들의 역사를 진정으로 이해하도록 한 것이었다.

사마천의 『사기』는 역사 기술과 그 해석의 분야에 있어서 중국 역사상 절대적 권위를 지녀왔다. 예를 들어, 지금도 어떤 특정한 역사 인물이나 사건에 대하여 학자들이나 신문 논설에서 "『사기』에는 이렇게 기록되어 있다. ……"는 방식으로 설명하는 경우를 자주 보게 된다. 그만큼 『사기』

가 어떤 주장을 논증하는 중요한 근거로서 결정적인 권위를 지니고 있는 것이다. 『사기』 비단 정확성의 측면만이 아니라 그 '해석'이나 '시각'이라는 측면에 있어서도 절대적인 권위를 지니고 있다.

이를테면, 흔히 항우가 진나라의 서울을 점령했을 때 아방궁을 불태운 것으로 알려져 있다. 현재 우리나라에서 이와 관련된 많은 책들은 그렇게 묘사하고 있다. 하지만 『사기 · 항우본기』에는 이 대목에 대하여 "燒秦宮室, 滅三月不滅"이라고 기록되어 있다. 사마천은 분명히 '진나라의 궁실'을 불태운 것으로 기록하고 있지, 아방궁은 언급조차 하지 않는다. 사실 아방궁은 완공되지도 못한 궁궐이었던 것이다. 이처럼 『사기』는 정확성의 측면에서 대단한 권위를 지닌다.

뿐만 아니라 『사기』의 전편에 걸쳐 펼쳐지고 있는 사마천의 예지에 빛나는 철학관과 인생관은 지식인을 포함하여 중국의 모든 민중들에게 지속적으로 강력한 영향을 미쳐왔다. 나아가 문학 분야에 이르기까지 그 영향은 실로 엄청난 것이었다. 예를 들어, 중국에서 전기(傳記) 문학은 지금까지도 사마천의 수준을 뛰어넘지 못했다고 평가된다. 당송팔대가 중 한 명으로서 『신당서(新唐書)』와 『신오대사(新五代史)』를 저술한 구양수(歐陽修)조차도 『사기』의 '신수(神髓: 정수, 정화)'를 배우는 것이 목표라고 말했을 정도이고, 명나라 시기 문학평론가인 애남영(艾南英)은 "천고문장(千古文章) 중 오직 사마천만이 있을 뿐이다"라고 기술하였다.[3]

그리하여 결국 사마천이라는 인물은 그 자체로 하나의 중국 문화와 전통, 중국의 전 역사를 조형(造形)시켜 온 자양분이기도 하였다. 중국인들은 비록 현실 세계에서 『사기』가 묘사하는 다양한 인물군(人物群)들이 보여주는 삶의 궤적과 가치를 스스로 실천할 수 없을지라도 마음속으로는 항상 그러한 가치를 숭앙하면서 지향해 왔다고 할 수 있다.

본래 사마천은 『사기』를 저술한 목적이 공자의 『춘추』를 계승하는 데 있다고 스스로 밝힌 바 있었다. 후세 역사의 실천 과정은 사마천의 그러한 꿈이 충분히 실현되었다는 사실을 알려주고 있다.

공자가 중국에 미친 엄청난 영향력은 이미 충분히 인정되고 있다. 그런데 사마천이 남긴 영향력 또한 매우 심대한 것이라는 사실 역시 평가되어야 한다. 바로 이러한 측면이 필자가 「화식열전」을 경전(經典)의 범주로 끌어올려 '상경(商經)'이라 칭하고 또한 덩샤오핑이 사마천 경제사상의 실천적 계승자라고 평가하는 이유이다.

3. 중국의 상업 전통

최근 200년만 빼놓고 가장 부유한 국가였던 중국

청나라 건륭제 시대에 영국 메카트니 경이 청나라에게 무역을 제안하자 건륭제는 "우리에게 없는 물건이 없다"고 대답했다. 우리는 이 사건을 중국의 지극히 우매한 '우물 안 개구리'의 대표적 사례로 배웠다.

하지만 사실 당시 청나라의 제조업 총생산량은 모든 유럽 국가의 제조업 총생산량보다 5%가 많았고, 영국보다는 여덟 배가 많았다. 당시 청나라의 GDP는 세계 총 GDP의 1/3을 점하는 것이었다. 이는 오늘날 미국이 차지하는 비중보다 오히려 높은 수치이다. 당시까지도 중국은 비록 '세계의 중심'은 아니었지만, '지배적인' 국가였다.

중국은 근현대의 200여 년을 제외하고는 줄곧 세계에서 가장 부유한 국가였다. 지금 우리가 목도하고 있는 중국의 힘과 부는 결코 우연히 이뤄진 것이 아니라 뿌리 깊은 역사적 배경과 기원이 존재한다. 이러한 '대제국'을 내부로부터 지속적으로 유지시키고 재생산시켜 온 주요한 자양분 중의 하나가 바로 중국의 상업주의 전통과 특성이었다.

우리가 중국 IT 산업의 부상을 지켜보면서 사마천의 경제사상과 덩샤오핑의 개혁개방 그리고 급속하게 증대되고 있는 중국의 부(富)를 연결시켜 살펴야 하는 까닭은 바로 이 지점에 존재한다.

(1) 중국 상업의 형성과 발전

오늘날 세계에서 상업에 가장 능한 민족은 바로 중국인들이다.

상업(商業)이라는 용어 자체도 원래 중국에서 비롯되었다. 즉, 상(商) 지역 사람들이 유난하게 장사와 사업에 수완이 있었던 데에서 상업이라는 용어가 만들어진 것이다.

상업과 상업 활동은 상나라 때부터 시작되어 발전하였다. 상나라 시기에 농업과 목축업 그리고 수공업이 크게 발전하였는데, 특히 청동제조, 도자기, 방직, 죽(竹)제품, 옥기(玉器) 그리고 칠기 제조업이 급속하게 발전하면서 상업의 흥기와 발전에 기초를 마련하였다. 그리고 물건을 매매하면서 생산과 소비 양측의 교환을 담당하는 전문적인 사람들로서의 상인이 사회에서 독립되어 상인이 형성되었다.

계약 관련 법제(法制)도 주나라의 고대 시대부터 일찍이 발전되었다. 당나라 법제를 살펴보면 이미 표준 계약문서와 관련 법규가 존재하였고,

국가가 계약 내용을 보증하는 대신 일정 비율(진나라의 경우 4% 정도)을 세금으로 징수하였다. 청나라 시기에 이르러 계약관계가 규범화되어 국가가 보증하는 공식적인 계약문서 첫 장과 말미에 붉은 색 관인이 날인되어 '홍계(紅契)'라 칭해졌다. 관인이 없는 백성 간의 계약은 '백계(白契)'로서 민사법률 효력은 지녔지만, 분쟁이 발생했을 때 '백계'의 입증 효력은 '홍계'에 미치지 못하였다.

진한(秦漢) 시기에 비록 정부가 중농억상 정책을 시행하면서 상업 발전에 장애 요인이 되었지만 객관적인 사회의 제반 조건은 이미 상업 발전에 유리한 상황을 조성하고 있었다.

진시황은 각 지역을 효과적으로 통제하기 위하여 전국에 걸쳐 수로 교통 사업을 전개하고 수레바퀴의 길이를 통일시켰으며, 도로를 수축하여 6국의 교통 장애를 없앰으로써 상품 유통을 편리하게 만들었다. 둘째, 복잡하고 문란했던 기존의 화폐를 통일시켰다. 셋째, 도량형을 통일시켰다. 이러한 조치들은 경제 교류와 상품 교환을 촉진하는 역할을 수행하였다.

한나라 초기, 정치적으로나 경제적으로 '무위'에 의한 통치와 요역을 경감하고 세금을 가볍게 하는 정책을 시행하여 농업과 수공업이 자유롭게 발전하게 되었고, 이에 따라 상업 역시 전례 없는 번영을 구가하였다.

한나라 시기에 매매 활동은 모두 고정된 교역 장소에서 엄격한 관리 하에 진행되었는데, 그 고정된 교역 장소를 '시(市)'라고 칭하였다. '시'는 특수한 구역으로서 이곳에 거주하거나 경영활동을 하려면 반드시 관청에 먼저 등록을 하여 호적을 획득해야 했는데, 이것을 시적(市籍)이라 하였다. 그리고 수당(隋唐) 시기에 이르러 상업도시의 발전이 두드러졌다. 송나라 시대에 들어 상업 발전은 그 절정에 이르는데, 특히 신종은 왕안석의 신법을 채용하여 상업은 크게 융성하게 된다.

명나라 중기 이후, 상인 집단의 규모와 실력이 강력해지면서 상인들은 분산 독립 경영 형태를 벗어나 지역과 종족 혈연 관계 혹은 업종 간 연합의 방향으로 나아가 상호 공제와 대외 합동 경쟁을 목표로 하는 상인 집단을 형성하게 되었는데, 이것이 바로 '상방(商幇)'이다.

상방 중에서 가장 대표적인 상방은 산서(山西)성의 진상(晋商)과 안휘성의 휘상(徽商)을 대표적으로 하는 상인 집단이 전국적으로 활발하게 융성하였다. 특히 명청 시대에는 전국적으로 대략 10개 정도의 큰 상방(商幇)이 나타나는데 그중 가장 세력이 크고, 영향력이 컸던 상방은 세 곳이다. 바로 진상(晋商), 휘상(徽商), 조상(潮商)이 그들이다.

진상(晋商)은 '산서방(山西幇)', '서상(西商)', '산고(山賈)'라는 명칭으로도 불렸다. 산서성은 "토지는 사람들이 살기에도 비좁고, 논밭은 경작하기에 부족하여, 사람들은 상고(商賈)를 중시하였다." 진상은 산서성의 소금, 철, 보리, 면, 피, 모, 목재, 담배 등의 특산물을 활용하여 장거리 무역을 하였으며, 강남의 비단, 차, 쌀을 다시 서북지방, 몽골, 러시아 등에 판매하였다. 이들은 장거리 무역의 필요에 따라 표호(票號)라고 칭해지는 일종의 금융업체를 만들었다.

진상은 인고(忍苦)와 근로정신을 기본으로 하고 신의를 숭상하고 인간 본위를 추구하였다. 이들은 특히 종족과 향족 역량의 연합에 의한 경쟁력 강화를 중시하였고, 상업자본을 금융자본과 결합시켰으며 관청과의 관계에 의한 특권 이익 획득에 주력하였다. 이에 따라 진상은 명청 시기에 강력한 상업 집단으로서 5백 년 동안 상계(商界)를 장악하였다.

휘상(徽商)은 진상과 더불어 이름을 떨쳤는데, 호설암(胡雪巖)이 대표적인 인물이다. 휘상은 '신안상인(新安商人)', 혹은 '휘주상인(徽州商人)'이라고도 부른다. 그들은 구 휘주부에 속하는 상인 집단을 통칭하여 부르는 것이다. 이들은 명나라 때 최고의 성세를 누리다가 청나라가 들어서면서 쇠락하기 시작한다. 휘상들은 소금과 차를 운송하는 무역 노선을 개척하였고, 휘상의 전성기에는 "무휘불성상(無徽不成商, 휘상이 없으면 장사가 되지 않는다)"이라는 말까지 있을 정도였다.

휘상의 특징은 부를 모으는 것은 일종의 수단으로 생각하였고, 관직에 나가는 것을 최종 목표로 삼았다는 점이다. 청나라 건륭제 때부터 가경제(嘉慶帝) 때까지의 70년간 진상과 휘상은 모두 소금 장사를 하였으나, 휘상의 자제들은 265명이 과거를 통과하여 벼슬을 하였다. 반면 과거에 합격하여 벼슬을 한 진상은 단지 22명에 불과하였다.

휘상의 극성기에는 안휘성 남성의 70%가 상업에 종사했다. 특히 이들은 학문과 문화를 중시하는, "선비이면서도 상인이고(士而商), 상인이면서도 선비였던(商而士)" 유상(儒商)이었고, 향리에 많은 서원을 지어 주희와 같은 대유학자를 배출하였으며, 근세사의 이홍장, 후스(胡適), 천두슈(陳獨秀) 등도 이 지역 출신이다.

한편 조상(潮商)은 '조주상방(潮州商幇)'과 '광동상방(廣東商幇)'을 합쳐서 부른 칭호이다. 조상은 원래 진상이나 휘상에 미치지는 못하였다. 조상은 명나라 이후에 나타나서 사적으로 해외무역을 시작하였다. 청나라 이후 홍두선(紅頭船)은 조상의 상징이 되었다. 그래서 조상을 '홍두선상인'이라고도 부른다. 조상이 이름을 떨친 것은 근현대에 이르러서였다. 근대에 서구 세력의 침입으로 진상과 휘상이 몰락한 후, 조상은 해외 이민을 통하여 동남아, 홍콩, 조주, 산터우(汕頭)지구에서 세력을 키웠다. 리카싱(李嘉誠), 천비천(陳弼臣) 등이 대표적인 인물이다.

한편 중국의 유대민족이라 불리는 객가(客家)족 역시 이러한 상업적 전통을 이어받아 '중국'을 지켜 온 대표적인 경우이다. 이들은 전 세계 상권을 장악한 화교(華僑)의 절대적 주류를 이루면서 중국 개혁개방의 과정에서도 조국인 중국 대륙에 아낌없는 투자를 통하여 중국을 부활시켰다. 태평천국의 홍수전(洪秀全), 후야오방(胡耀邦), 싱가포르의 국부 리콴유를 비롯하여 '호랑이 연고(虎牌 萬金油)'로 유명한 후원하오(胡文虎) 등 유명한 화교 거상들이 모두 이 객가족에 속한다.

(2) '새장'에 갇힌 '상업', 중농억상 정책

중국은 역대로 억상(抑商) 정책을 펼쳤다.

억상 정책의 사상적 맹아는 춘추시대부터 형성되기 시작하였다.

제나라 관중은 백성을 사농공상의 네 등급으로 구분하였는데, 그중 상업은 말위(末位)에 위치 지워졌고 이는 상업에 대한 억압의 의미를 지니고 있었다. 하지만 그렇다고 해서 이때 명확한 억상 정책이 시행된 것은 아니다. 전국시대에 이르러서야 비로소 명확한 정책과 사상으로서의 '억상'이 출현하였던 것이다.

진나라의 상앙은 "국지소이흥자, 농전야(國之所以興者, 農戰也)", "국대농전이안, 주대농전이존(國待農戰而安, 主待農戰而尊)"이라고 주장하였다. 그 뜻은 "국가의 부강은 농업생산과 군사력에 달려 있다. 오직 농업이 발전하고 군사력이 강력해야 국가는 비로소 안전할 수 있고, 군주도 비로소 존귀할 수 있다."는 것이다.

그러므로 반드시 농업을 본업으로 해야 한다는 것이었다. 그에 의하면, 상업은 식량을 생산할 수 없고 오히려 식량을 낭비하기 때문에 국가 부강에 아무런 유익함이 없으며 농민들이 농업과 전쟁에 종사하는 적극성을 해치게 된다. 백성들이 '상업으로써 능히 부귀해질 수 있음'을 목격하고 반드시 농업을 회피하게 된다는 것이다. 이러한 인식하에서 상앙은 변법(變法)을 전면적으로 시행할 때 상인들이 번성하지 못하게 하는 중농억상 정책을 강력하게 시행하였다.

그리하여 일체의 비농업 활동을 엄금했으며, 여관 경영도 금지함으로써 이른바 '간사한' 백성들의 기식(寄食) 행위를 금했다. 뿐만 아니라 백성들이 마음대로 이주하는 것을 금지시킴으로써 전심전력 오로지 농업에 종사하도록 하였다. 또 집안에 농업에 종사하지 않는 남자가 있으면 모두 부역 부담을 지우도록 함으로써 농업 이외의 직업에는 종사하지 못하도록 하였다.

상앙의 뒤를 이은 인물은 바로 한비자였다. 그는 더욱 상업을 낮게 평가하여 상업을 사회의 '다섯 가지 독충' 중 하나로 지목하였다.

상앙과 한비자의 이러한 억상 정책은, 물론 사회경제의 발전에 커다란 장애 요인으로 작용하였지만, 한편으로는 봉건 체제의 자급자족 경제를 기본으로 하는 봉건 체제의 요구를 분명하게 반영하는 것이기도 하였다.

(3) 상농제말(上農除末)과 균수평준(均輸平準)

전국시대 진나라 효공은 상앙의 변법을 시행하여 농업 생산에 전력을 기울였다. 그러면서 곡물과 직물의 공납이 많으면 부역을 면제하였고, 상업에 종사하면서 게으르고 가난한 자는 가차 없이 관비로 삼았다. 농업을 중시하고 상업을 철저하게 억압하는 이러한 극단적 조치는 역설적으로 원래 유목민족이었던 진나라 백성들을 농경민족으로 전환시키는 과정에서 효과가 매우 큰 정책이었으며, 이로부터 진나라의 국력은 급속하게 강대해졌다.

진시황은 천하를 통일한 뒤 이러한 중농억상 정책을 더욱 강화하면서 극단화시켰다. 그리하여 "병역이나 노역을 피해서 도망간 사람, 데릴사위로 들어간 사람, 장사하는 사람 등을 징발하여 육량(陸梁) 지역을 공격하고 계림(桂林), 상군(象郡), 남해(南海) 등의 군(郡)을 설치하였으며, 죄를 지어 유배 보내야 할 사람들을 파견하여 지키도록 하였다."

이로써 상인은 심지어 범죄자 취급을 당해야 했던 것이다.

진시황은 진시황 28년 낭야(琅邪)를 순시하면서 그곳에 낭야대를 세우고 거기에 '상농제말(上農除末)'이라는 문구를 새기는데, '제말(除末)'이란 '말(末)', 즉 상업을 억제한다는 뜻으로서 '상농제말'이란 곧 중농억상 정책의 의미이다.

한편 한나라도 진나라의 제도를 계승하여 중농억상의 경제정책을 국책으로 삼았다. 이에 따라 상인은 천민으로 간주되었고, 보통 백성의 호적을 지닐 수 없었으며 별도의 호적을 만들어야 했다. 이것이 이른바 시적(市籍)이었다. 뿐만 아니라 상인들은 여러 측면에서 모욕을 받아야 했다.

『사기·평준서』는 "천하가 평정된 후, 한고조는 상인들에게 비단옷을 입지 못하게 하고 수레를 타지 못하게 금하였으며 아울러 그들에 대하여 중과세를 부과하도록 하였다."고 기술하고 있다. 이로써 상인들의 이익을 감소시키고 지위를 억제하고자 했던 것이다. 효혜제 시기에는 천하가 안정되기 시작하여 상인을 제한하는 법령을 완화시키기도 하였지만, 상인의 자손은 여전히 관청의 공직을 맡을 수 없도록 금지되어 있었다. 경제(京帝) 시기에 조착(晁錯)은 황제에게 글을 올려 '농업을 파탄시키고 나라를 어지럽히는' 상업에 대한 억제를 건의하였다.

"상고(商賈)로서 큰 자는 물자 비축으로써 갑절의 이익을 보고, 작은 자는 길가에서 판매하면서 그 이익을 가지고 날마다 도시를 돌아다니다가 국가의 납세 독촉을 틈타 물건을 갑절로 팝니다. 그러므로 그 남자들은 밭을 갈거나 김매지 않고 여자들은 누에를 치거나 명주를 짜지 않아도 화려한 무늬가 있는 옷을 입고 좋은 곡식과 고기를 먹습니다. 농업에 종사하는 고통이 없어도 천 전, 백 전의 소득이 있습니다. 그 부가 크기 때문에 왕후와 서로 교제하며 힘은 관리를 능가하고 이로써 이익을 서로 다툽니다. 천리를 놀러 다니는 수레가 꼬리를 물고 좋은 수레와 훌륭한 말을 타고 비단신을 신고 비단옷을 입고 있습니다. 이것이 상인이 농민을 겸병하는 까닭이며 농민이 떠돌게 되는 이유입니다.

지금 법률에서는 상인을 천하게 여기나 상인은 이미 귀하고 귀해졌습니다. 법률에서는 농부를 우대하나 농부는 이미 가난하고 천하게 되었습니다. 그리하여 세상에서 귀하게 여기는 것을 국가에서는 천하게 여기고 관리들이 낮게 여기는 것을 법에서는 높게 여깁니다. 위아래가 상반되고 좋고 나쁨이 일그러지고 어긋나서 국가를 부유하게 하고 법률의 위신을 세우고자 하여도 할 수 없으니, 현재의 임무는 백성을 농업에 힘쓰게 하는 것 만한 게 없습니다."

나아가 한 무제 때에는 국가 주도로 균수평준과 염철 전매 등의 제도를 강행하였고, 이어서 또 상인의 재산을 몰수하는 등 수차례에 걸쳐 상인들에게 결정적 타격을 가하여 상업은 사실상 질식 상태에 놓여야 했다.

하지만 이렇듯 사회 전체적으로 상인을 천시하는 압도적 분위기 속에서도 사마천은 오히려 상인이 점하고 있는 중요한 경제적, 사회적 역할을 간파하였다.

『주서(周書)』는 "상인이 무역을 하지 않으면 3보(寶)의 왕래가 끊긴다."고 지적하면서, 상업을 농업, 공업, 임업과 함께 "백성들이 입고 먹는 것의 원천이다."라고 천명한다. 사마천이 「화식열전」의 서두에 이러한 말을 굳이 인용한 것은 상업이 지니고 있는 중요성을 논증하기 위해서였다.

오늘날에도 마찬가지이지만, 사마천이 살던 시기 역시 각지에서 생산되는 상품은 백성들의 생활에 필요한 것이든 아니면 사치품이든 모두 반드시 상업에 의하여 '통(通)'해야 했다. 따라서 이러한 사회에서 상업은 일종의 직업 범주로서 급속한 속도로 발달하게 되었다. 비록 법령에 의하여 상인을 천시하는 정치적 압박이 광범하게 존재했지만, 사실 상인은 이미 부귀해져 있었다.

이러한 시기에 사마천은 용감하게 화식가들을 위한 열전을 기술하였고, 여기에서 상인이라는 존재의 역사성과 합리성을 강조해낸 것이었다.

'새장'에 갇힌 '상품 세계'

그러나 당시의 봉건 왕조가 이른바 중농(重農) 정책을 시행한다고 했지만, 그렇다고 해서 그것이 농민이나 농업 그리고 농촌을 중시한다는 정책은 결코 아니었다. 그것은 오로지 농민, 농업 그리고 농촌에 대한 권력의 절대적인 통제에 대한 추구였을 뿐이었다.

진시황 이래 한 무제를 비롯한 그 후계자들은 경제성장의 가장 활발한 요소인 상품생산, 분업 그리고 교환을 일종의 '새장' 속에 가두었다. 그리하여 '상품 세계'는 권력의 경제적 보충물로서 어느 시기에는 출현했다가 어느 시기에는 돌연 사라졌다. 관료 권력 체제는 결코 그것과 분리될 수 없었다. 권력은 그것을 필요로 할 때 언제든지 그것을 현실 세계로 불러내 다시 장치하였다.

비록 공업과 상업은 당시 시대 상황에서 비록 가장 중요한 조세원(租稅源)이 아니었지만, 언제든지 그 집단의 '작은 금고'가 될 수 있었다. 즉, 봉록 외의 별도로 챙길 수 있는 '딴 주머니'였던 것이다. 예를 들어, 고을 관리가 성문을 한번 돌 때마다 '10만 전'이 자신의 주머니 속에 들어왔다. 바로 그러한 것들이 존재하기 때문에 관료 집단들은 모두 매우 여유롭게 생활을 영위할 수 있었다.

하지만 권력은 결코 그것이 강성해져서 권력과 금력(金力)을 서로 교환하는 이른바 '권력과 금력의 교역(권전교역, 權錢交易)'이나 금력이 '자치(自治)'의 단계까지 성장하는 것까지는 용인하지 않았다.

한나라 효혜제 때 가의(賈誼)는 황제에게 상업 억제에 대하여 이렇게 건의하였다.

"옛사람의 말에 '한 사람의 농부가 밭을 갈지 않으면 누군가가 굶주림을 당하고, 한 사람의 직녀가 길쌈을 하지 않으면 누군가가 추위를 당한다'고 했습니다. 그러나 지금은 농업을 등지고 수공업과 상업만을 좇아서 식량을 소비하는 자가 매우 많으니 이는 천하의 대잔(大殘)이며, 분에 넘치고 사치스러운 풍속이 나날이 자라나고 있으니 이는 천하의 대적(大賊)입니다."(『한서(漢書)·식화지(食貨志)』)

(4) 상업에 대한 유가의 인식

사실 공자는 상업에 대하여 그다지 별다른 반감을 가지고 있지 않았다. 오히려 중상주의자 관중에 대하여 긍정적으로 평가하였다.

그러나 맹자는 극단적으로 이(利)를 반대하면서 상인에 대하여 커다란 반감을 가지고 있었고, 상인을 '(시장의 이익을 독점하는) 비천한 자들(賤丈夫)'로 인식하였다. 그는 대신 농업을 극력 존숭하여 정전제로의 회복을 주창하였다. 맹자의 이러한 사상은 후세에 커다란 영향을 미쳤다. 그리하여 유가 사상은 의(義)와 이(利) 양자가 반드시 배치되는 것으로 파악하였다. 한나라 시대의 대표적인 유학자였던 동중서 역시 맹자를 이어받아 예의로써 인욕(人慾)을 억제해야 한다고 주장하였다.

유학자들은 한 국가가 가장 필요로 하는 것은 바로 안정이며, 생산력 발전의 추구는 불필요하다는 입장이었다. 오직 '예(禮)'를 지키고 중시하게 되면 영원히 안녕할 수 있다는 믿음이었다. 이러한 관점에서는 저소비 사회의 유지가 필요했고, 당연히 상인집단은 사회의 불안정 요소로서 제한을 받아야 했다.

법가 역시 농경과 전쟁을 논하면서 상인 활동에 대해서는 분명하게 반대하였다.

이러한 전통은 한나라 초기의 수십 년 동안 계속 이어져 상인의 사회적 지위는 매우 낮았고, 이는 법률상으로도 규정되고 있었다. 이렇게 하여 숭본억말(崇本抑末) 정책은 전국시대부터 한나라 시대에 이르기까지 전통 사상으로 자리 잡았고, 봉건통치 계급은 상공업을 말업으로 간주하면서 그에 대한 억압을 전면적으로 시행하였다.

한나라 초기의 법률은 상인에 대하여 관직을 얻을 수 없고 전답 소유도 하지 못하도록 규정하고 있었다. 이는 상인의 정치적 진출은 물론이고 나아가 농업 분야로 나아가는 출로조차도 완전히 봉쇄한 것이었다.

4. 군자는 재물을 사랑하지만 취하는 데에 도(道)가 있다, 자공

자공(子贛)의 이름은 단목사(端木賜)이고, 자공은 자(字)이다. 상인 집안에서 출생한 그는 중국 유상(儒商)의 비조로 추앙되고 있다.

『논어·선진(先進)』에서 공자는 뛰어난 제자인 안회와 자공을 비교하여 "안회는 도덕적으로 거의 완전하지만 항상 가난하였다. 그러나 자공은 운명을 받아들이지 않고 재산을 모았으며, 예측을 하면 항상 적중하였다."고 술회하고 있다.

사마천도 「화식열전」에 자공을 자세하게 기술하였다.

"자공은 공자로부터 학문을 익힌 후 위나라에서 벼슬을 하였다. 그는 물건을 비축하여 조(曹)나라와 노나라 일대에서 비싼 물건을 팔고 싼 물건을 사들이는 방법으로 상업을 하여 공자의 우수한 70제자 중에서 그가 가장 부유하다고 할 수 있었다. 원헌(原憲)은 술지게미조차도 배불리 먹지 못하고 궁벽한 동네에 숨어 살았다. 그러나 자공은 수레와 말이 무리를 이루었고 비단 예물을 가지고 각국을 방문하여 제후들의 연회를 받았다. 제후들은 그를 맞아 군신의 예가 아니라 평등한 예로써 대하였다.

공자의 이름이 능히 천하에 떨칠 수 있었던 데에는 자공의 도움이 결정적인 역할을 하였다. 이야말로 부자가 세력을 얻으면 명성과 지위가 더욱 빛난다는 것이 아니겠는가?"

자공은 공자의 제자로서 잘 알다시피 공자의 유가 사상은 전형적으로 의(義)를 중시하고 이(利)를 가벼이 여긴다. 『논어·술이(述而)』에서 공자는 "만약 부가 도에 부합하다면 그것을 추구할 수 있다. 설사 나를 말몰이꾼을 시켜도 할 것이다. 그러나 부(富)가 도(道)와 부합되지 않는다면 그것을 추구할 수 없다. 차라리 내가 좋아하는 것을 하겠다."라고 말하였다. "부귀란 하늘의 뜻"이므로 그는 반복하여 "이(利)에 대해서는 거의 말하지 않는" 사상을 주창하였다.

하지만 자공은 공자의 이러한 숙명론을 받아들이지 않았다. 그는 "물건을 비축하여 조(曹)나라와 노나라 일대에서 비싼 물건을 팔고 싼 물건을 사들이는 방법으로 상업을 경영함"으로써 공자 제자 중 가장 부유한 사람이 되었다.

여기에 나오는 '값이 쌀 때 사들이고 비쌀 때 판다'는 말은 『사기』 '중니제자열전(仲尼弟子列傳)'에 '폐거(廢擧)'로 표현되고 있다. '중니제자열전'은 계속하여 자공이 시장 상황의 변화에 맞춰 물건값이 쌀 때 사들이고 비쌀 때 파는 방법으로 이익을 얻어 거부가 되었음을 기록하였다.

세상 이치에 통달하다

자공은 상업 활동과 뛰어난 언변으로 많은 제후들과 교류했으며 정치적 능력 또한 탁월하였다. 『논어 · 옹야(雍也)』를 보면, 계강자가 공자에게 자로와 자공 그리고 염구의 정치적 재능에 대하여 묻는 장면이 나온다. 이에 공자는 세 사람이 모두 정치를 담당할 수 있지만 세 사람의 장점은 각기 다르다면서 구체적으로 자로는 과감(果)하고 자공은 달(達)했으며, 염구는 예술적(藝)이라고 대답하고 있다.

여기에서 이른바 '달(達)'이란 세상 이치, 즉 사리에 통달하였다는 의미로서 어떤 사안의 처리에 있어 흔들림 없이 전체적으로 전후좌우 살펴 잘 해결한다는 뜻을 지니고 있는 말이다. 한 마디로 정치적 임무 수행에 있어 빠져서는 안 되는 장점이다. 이에 비하여 '과감함'이라든가 '예술적'인 측면은 정치적 임무 수행에 있어서 단지 어떤 한 부분을 구성하는 요소일 뿐으로 통달하고 있다는 '달(達)'에 비해서는 아무래도 한 수 아래일 수밖에 없다. 그리하여 자공은 노나라와 위나라에서 재상을 역임할 수 있었던 것이다. 그가 가는 곳마다 "제후들은 그를 맞아 군신의 예가 아니라 평등한 예로써 대하였다."

한때 공자 일행이 진과 채 두 나라로부터 포위되어 식량이 끊어지고 위기에 빠져있었다. 공자 일행은 먹을 것도 없고 완전히 기력이 쇠하여 속수무책이었다. 이때 자공이 초나라에 사신으로 가서 초나라 왕을 설득, 초나라가 군대를 출동시켜 공자를 영접하자 비로소 공자 일행은 곤경으로부터 벗어날 수 있었다.

공자, 제자 자공을 통하여 세상에 뜻을 펼치다

본래 자공이 처음 공자를 만날 때만 해도 자신이 오히려 공자보다 낫다고 생각했다. 『논어 · 강서(講瑞)』는 "자공이 처음 공자를 스승으로 모신 그해에 스스로 공자보다 낫다고 여겼다. 2년째에 스스로 공자와 같다고 여겼다. 그러나 3년이 되자 공자에 미치지 못함을 알았다. 처음 한두 해 동안에는 공자가 성인임을 알지 못했으나 3년 뒤에는 성인임을 알았다."라고 기록하고 있다. 자공은 공자의 학식이 헤아릴 수조차 없을 정도로 높다고 말했으며 공자를 성인이라 칭하였다.

사실 당시에 자공의 명성은 대단히 높아 그가 오히려 공자보다 현명하다는 평가도 있었다. 노나라 대부인 손무(孫武)는 조정에서 공개적으로 자공이 공자보다 현명하다고 말한 바도 있었다. 이 말을 전해 들은 자공은 "비유하여 말하자면, 내 학문 수준은 낮은 담장으로 둘러친 집이어서 누구든 볼 수 있지만, 공자 스승님의 학문 수준은 몇 길이 넘는 높다란 담장으로 둘러친 종묘와 같아서 들어갈 수도 없고 들어간다고 해도 볼 수가 없다. 더구나 능히 그 문을 찾아갈 수 있는 사람도 극히 적다. 그렇기 때문에 사람들이 정확하지 않은 말을 하게 된다."고 대답하였다. 자공이 이처럼 대답했음에도 불구하고 노나라의 다른 대신 진자금(陳子禽)은 자공에게 고개를 저으며 "스스로 겸손해서 한 말이오. 공자가 당신보다 무엇이 더 현명하다는 것이오?"라고 반문하였다. 자공에 대하여 이렇게 높은 평판이 존재한 것은 우연히 만들어진 것이 아니었고, 당시 자공의 명성과 사회적 지위 그리고 영향력은 그의 스승 공자에 비해서 결코 낮지 않았었다.

하지만 자공은 스승 공자의 성인됨을 알고 그의 사상을 세상에 보급하는 일을 자신의 임무로 삼았다. 그리하여 그는 자신이 얻은 정치적 명예와 부(富)를 토대로 삼아 스승 공자의 사상을 널리 천하에 전파한 것이었다. 역으로 공자는 제자 자공의 이러한 경제적, 정치적 지원을 통하여 세상에 그의 뜻을 펼칠 수 있었다.

공자는 이(利)를 가벼이 여기고 상인을 천시했지만, 그의 이름을 천하에 떨치게 한 사람은 바로 그 부유함이 제후와 어깨를 나란히 했던 단목사, 자공이었다. 이러한 강렬한 대비는 실로 "공자는 안연을 현명하게 여겼고, 자공에 대해서는 비판하였다."는 반고(班固)의 해석에 대한 가장 좋은 풍자였다.

"군자애재, 취지유도(君子愛財, 取之有道)", 즉, "군자는 재물을 사랑하지만 그것을 취하는 데에 도가 있다."는 뜻이다. 이는 바로 자공이 남긴 유상(儒商)의 기풍이었다.

공자는 자공을 아껴 그를 가리켜 '호련지기(瑚璉之器)'라 평했는데, '재능이 매우 뛰어나 큰 임무를 담당할 만한 인물'이라는 의미이다.

당 현종은 자공을 '여후(黎候)'에 봉했으며 뒷날 송 도종은 '여공(黎公)'으로 한 단계 올렸고, 명나라 때에 이르러 그를 기리는 사당도 지어졌다. 그리고 청나라 건륭제는 그를 '선현(先賢)'으로 봉하였다.

5. 재신(財神), 백규

'재물의 신'이라 불린 고대 중국의 부호들

중국은 유사 이래 계속하여 천하가 황제 1인의 재산이었다. 그리고 지속적으로 관료 지배계급이 통치했던 국가였다.

근본적으로 민간인 출신이 거부로 될 기회는 거의 없었다.

하지만 이러한 상황을 뚫고 거부로 성장한 민간인 출신 사람들이 있었다. 그들은 대부분 정당한 방법으로 부를 모았고, 그 재산을 의롭게 사용하였다.

사람들은 그들을 '재물의 신'이라고 불렀다.

백규(白圭)는 전국시대 위나라의 유명한 상인이다.

사람들은 그를 '천하 치생(治生)의 비조(鼻祖)'라면서 속칭 '인간 재신(財神)'이라 부른다. 후대의 송나라 진종은 그를 상성(商聖)으로 추존하였다.

백규는 경제 전략가이자 이재가(理財家)로서 도주공 범여도 그에게 치부(致富)의 방법을 자문했다고 전해지고 있다.

전국시대에 들어서면서 사회는 극심한 변화를 겪게 되었고, 신흥 봉건 지주제도 역시 각국에서 앞서거니 뒤서거니 하면서 확립되었다. 생산력의 신속한 제고에 따라 시장의 상품도 급속하게 증가하였고, 사람들의 소비력도 급속히 확대되었다. 이에 따라 많은 거상들이 출현하게 되었고, 백규도 그 한 사람이었다.

백규는 일찍이 위나라 혜왕의 대신이었다. 당시 위나라 수도인 대량은 황하에 가까이 위치해 있어 항상 홍수의 피해를 받아야 했다. 백규는 뛰어난 치수 능력을 발휘하여 대량의 수환(水患)을 막아냈다.

뒤에 위나라가 갈수록 부패해지자 백규는 위나라를 떠나 중산국과 제나라를 잇달아 방문하였다. 이 두 나라 왕들이 모두 그에게 자기 나라에 남아 치국에 도움을 받고자 했지만 백규는 이를 완곡하게 거절하였다. 그는 제나라를 떠난 뒤 진(秦)나라로 들어갔는데, 당시 진나라는 상앙의 변법을 시행하고 있었다. 백규는 상앙의 중농억상 정책에 대해 강력히 반대하는 입장이었으므로 진나라에서 받아들여지지 않았다. 백규는 천하를 유력하면서 점점 정치에 대하여 혐오감이 강해졌고, 마침내 관직을 버리고 상업에 종사하기로 결심하였다.

본래 낙양(洛陽)은 일찍부터 상업이 발달했던 도시였다. 낙양 출신인 백규는 본래부터 상업에 뛰어난 눈을 지니고 있었는데, 그는 얼마 지나지 않아 전국시대 최고의 대부호가 되었다.

이 무렵 상업이 급속히 발전하여 상인 집단이 대규모로 형성되었고, 그들 대부분은 공평한 매매와 정당한 경영을 실행하였다. 하지만 일부는 희귀한 물건을 대량으로 매점매석하고 시장을 독점하였다. 심지어 어떤 사람들은 고리대를 하여 폭리를 취했다.

그러므로 당시에 상인들을 두 종류로 분류하여 한 쪽을 성고(誠賈)나 염상(廉商) 혹은 양상(良商)이라 하였고, 다른 쪽은 간고(奸賈)나 탐고(貪賈) 혹은 영상(佞商)이라고 지칭하였다.

사람들이 버리면 나는 가지고, 사람들이 가지면 나는 내준다

당시 상인들 대부분은 보석 장사를 특히 좋아하였다. 대상(大商) 여불위의 부친도 일찍이 보석 사업은 백배의 이익을 남긴다고 말한 바 있다. 하지만 백규는 당시 가장 돈을 많이 벌 수 있는 그 직종을 택하지 않고 대신 다른 길을 선택해 농부산품(農副産品)의 무역이라는 새로운 업종을 창조하였다.

백규는 재능과 지혜가 출중하고 안목이 비범하였다. 그는 당시 농업생산이 신속하게 발전하는 것을 목격하고 농부산품 무역이 장차 커다란 이윤을 창출하는 업종이 될 것이라는 점을 이미 예측하고 있었다. 농부산품 경영이 비록 이윤율은 낮지만 교역량이 커서 큰 이윤을 얻을 것이기 때문이었다. 그리하여 백규는 농부산품과 수공업 원료 및 상품 사업을 선택했던 것이었다.

한편 백규는 재산을 움켜줄 시기가 오면 마치 맹수와 맹금(猛禽)이 먹이에게 달려드는 것처럼 민첩하였다. 그래서 그는 언젠가 "나는 경영을 할 때는 이윤(伊尹)이나 강태공이 계책을 실행하는 것처럼 하고 손자와 오기가 작전하는 것처럼 하며, 상앙(商鞅)이 법령을 집행하는 것처럼 한다."라고 말하였다.

백규는 자기만의 독특한 상술을 지니고 있었다. 그는 자신의 경영 원칙을 여덟 글자로 요약하였다.

바로 "인기아취, 인취아여(人棄我取, 人取我予)"였다. 즉, "사람들이 버리면 나는 취하고, 사람들이 취하면 나는 준다."는 뜻이었다. 구체적으로 상품 공급이 수요를 넘어서서 아무도 구하지 않는 그 기회에 사들인 뒤, 수중에 있는 상품의 공급이 수요를 따르지 못하여 가격이 크게 오르는 그 기회에 판매하는 것이었다.

어느 날 많은 상인들이 모두 면화를 팔아넘겼다. 어떤 상인은 면화를 빨리 처분하려고 가격을 헐값으로 팔기도 하였다. 백규는 이 광경을 지켜보고 부하에게 면화를 모두 사들이도록 하였다. 사들인 면화가 너무 많아서 백규는 다른 상인의 창고를 빌려서 보관할 정도였다.

얼마 지나지 않아 면화를 모두 팔아넘긴 상인들은 이제 모피를 사들이느라 혈안이 되었다. 본래 그들은 누구에게서 들은 것인지 알 수 없었지만, 앞으로 모피가 크게 팔리게 될 것이고 겨울에 사람들이 아마도 시장에서 살 수도 없을 것이라는 소문을 들었었다. 그런데 당시 백규의 창고에는 때마침 좋은 모피가 보관되어 있었다. 이 소식을 들은 백규는 모피의 가격이 더 오를 것을 기다리지 않고 모든 모피를 몽땅 팔아 큰돈을 벌었다.

그 뒤 면화가 큰 흉년이 들었다. 그러자 면화를 손에 넣지 못하게 된 상인들이 면화를 찾느라 야단법석이 되었다. 이때 백규는 사들였던 면화를 모두 팔아 다시 큰돈을 벌었다.

백규의 "인기아취, 인취아여(人棄我取, 人取我予)"의 경영 원칙은 일종의 상업경영의 지혜이며, 그것은 맹목적으로 시류에 편승하지 않는 것을 의미한다.

재산을 움켜쥘 때는 마치 맹수가 먹이에 달려들듯

사마천의 시각에서 보자면, 성공한 상인들은 모두 때를 아는(지시, 知時) 사람들이었다. 범여는 "도 지방이 천하의 중심으로서 각국 제후들과 사통팔달하여 화물 교역의 요지라고 판단하였다. 그래서 그곳의 산업을 경영하여 물자를 비축하고, 적절한 때에 맞추어 변화를 도모하였다. 그는 천시(天時)에 맞춰 이익을 내는 데 뛰어났으며, 고용한 사람을 야박하게 대하지 않았다.

그러므로 경영에 뛰어난 자는 반드시 신뢰할 수 있는 사람을 잘 선택하고 좋은 시기를 파악할 줄 아는 법이다." 범여는 장소를 알고(지지, 知地), 때를 알아(지시, 知時) 부를 쌓을 수 있었던 것이다.

백규의 '지시(知時)'는 주로 사물에 내재된 규율을 정확히 파악하는 데 있었다. 이로부터 시장 동향을 예측하고 자신의 정책 결정에 있어 맹목성을 감소시킴으로써 객관적으로 상품을 언제 매입하고 매도하는지를 파악하였다. 백규는 상가(商家)에 있어서의 '지시(知時)'란 곧 "때의 변화를 즐겨 살핀다(낙관시변, 樂觀時變)"라고 인식하였는데, 이는 풍년과 흉년을 예측하는 데 근거하여 경영 방침을 적시에 조정하는 것이었다.

백규는 초절정의 시기 포착 능력을 지니고 있었다. 그는 천문학과 기상학의 지식을 응용하여 농업 풍흉의 규율을 알아냈으며 이러한 규율에 따라 교역을 진행하였다. 풍년이 들어 가격이 저렴할 때 사들여서 흉년이 들어 가격이 등귀할 때 판매함으로써 커다란 이익을 얻었다.

이밖에도 백규는 일단 기회가 오면 곧바로 신속하게 결정하고 과감하게 행동에 옮겨야 한다는 점을 강조하였다.

사마천은 이러한 백규의 모습을 "재산을 움켜쥘 시기가 오면 마치 맹수와 맹금(猛禽)이 먹이에게 달려드는 것처럼 민첩하였다."라고 묘사하고 있다.

눈앞의 작은 이익을 넘어서라

백규는 수입을 늘이고자 하면 곧 낮은 등급의 곡물을 사들였고(욕장천,

취하곡, 欲長錢, 取下穀), 곡물의 비축을 늘리고자 하면 곧 높은 등급의 종자(種子)를 사들였다(장석두, 취상종, 長石斗, 取上種).

백규가 살던 당시에 곡물은 시장에서 가장 근본이 되는 상품이었고, 소비자의 대부분은 평민들이었다. 다만 일상생활에서 평민들의 요구는 그다지 높지 않았고 단지 배만 곯지 않으면 그만이었다. 그러므로 평민들은 돈을 아끼기 위하여 값이 싸고 질이 약간 떨어지는 곡물을 샀다. 이러한 상황에서 상인의 입장에서 말하자면, 비축해야 할 곡물은 하등급의 곡물이었다.

하지만 백규는 그러한 보통 상인들의 좁은 이익관을 과감하게 뛰어넘어 욕장전, 취하곡(欲長錢, 取下穀)의 상업 방침을 취했다. 백규는 판매 대상이 대부분 평민이었기 때문에 그들의 생활을 가혹하게 만들지 않기 위하여 언제나 박리다매의 경영 책략을 채택하고 가격을 높이지 않았다. 대신 상품 유통 속도와 판매 속도를 빨리 하는 방법으로 더욱 많은 이익을 얻었다.

이와 반대로 당시 대부분의 상인들은 커다란 이익을 손에 넣기 위하여 매점매석을 일삼고 일시에 가격을 높였다. 그러나 백규는 식량이 부족할 때 곡물 가격을 올리지 않았다. 그는 박리다매가 장기적으로 부를 쌓는 방법이라는 상인 경영의 기본 원칙을 견지하면서 눈앞의 이익만 추구하는 상인은 결코 큰돈을 벌지 못할 것이라고 지적하였다.

또한 백규는 농민의 생산을 중시하고 그것을 자신의 상품 조달의 원천으로 삼았다. 그는 농민에게 우량 품종을 공급하면서 장석두, 취상종(長石斗, 取上種)의 주장을 제기하였다.

즉, 자신에게 이윤을 얻게 하고 또 농민들의 곡물 생산을 증가할 수 있도록 지원함으로써 자신이 더욱 풍부한 공급처를 확보할 수 있도록 한 것이다. 장석두, 취상종(長石斗, 取上種)의 의미는 농민이 풍년을 바란다면 반드시 상등(上等)의 종자를 사들여야 한다는 것이다. 상등의 고급 종자를 사들여야만 곡물의 생산이 증가하여 더 좋은 가격에 팔 수 있는 것이다.

백규는 자신의 상업경영을 농업생산 발전의 토대 위에서 운용하고 상업을 통하여 농업생산을 촉진하고 농업생산의 발전을 통하여 상업경영을 추진하였다.

'인술(仁術)' 경영

백규는 "곡물이 익어가는 계절에 그는 양곡을 사들이고 비단과 칠(漆)을 팔았으며 누에고치가 생산될 때 비단과 솜을 사들이고 양곡을 내다 팔았다."

백규는 수확의 계절이나 풍년이 되었을 때 농민들이 곡물을 대량으로 내다 팔게 되면 곡물을 사들이고, 이때 비단과 칠기 등을 비교적 부유한 농민들에게 판매하였다. 반대로 경기가 좋지 않을 때는 양곡을 팔고 적체된 수공업 재료와 산품을 사들였다. 백규가 말하는 '준다(予)'는 것은 사람들에게 우대하여 넘긴다는 의미이다.

일부 간상(奸商)들은 물건이 넘칠 때 일부러 더욱 압박을 함으로써 가격을 최저치로 끌어내린 뒤 비로소 사들였다. 하지만 백규는 오히려 다른 사람보다 높은 가격에 사들였다. 시장에 물건이 귀해졌을 때 간상들은 매점매석했지만, 백규는 오히려 다른 사람보다 저렴한 가격에 판매하여 사람들의 수요에 맞췄다.

백규의 이러한 경영방식은 자신의 경영 주도권을 보장시켜 줄 뿐 아니라 이윤도 풍부하게 얻을 수 있게 해주었다. 나아가 객관적으로 상품의 수요공급과 가격을 조정함으로써 일정 정도로 농민과 수공업자의 이익을 보장할 수 있었다. 이러한 방식을 가리켜 백규는 '인술(仁術)'이라고 불렀다.

백규는 일꾼들의 노동 효율과 그들의 정서 혹은 심리 사이에 긴밀한 관련이 있다는 사실을 알고 있었다. 그러므로 그의 용인술(用人術)은 결코 강압과 이익에 의한 유도가 아니라 오히려 일꾼들과 더불어 한 덩어리가 되는 것이었다. 그것은 비단 그들의 적극성을 높일 뿐만 아니라 일꾼들과의 갈등도 해소하여 주인과 일꾼의 관계를 더욱 화합할 수 있도록 만들었다.

그러나 그는 "변화에 시의적절하게 대처하는 지혜가 없거나 과감한 결단을 내릴 용기가 없거나 구매를 포기하는 인덕(仁德)이 없거나 비축을 견지할 강단이 없는 사람은 비록 나의 방법을 배우려 한다고 해도 나는 결코 알려주지 않겠다."라고 단언함으로써 인재에 대한 분명한 기준을 제시하고 있다. 그는 인재란 반드시 충분한 지혜로 임기응변에 능해야 하며, 충분한 용기로써 결단을 해야 하고, 더불어 인덕과 강단이 있어야 한다는 점을 강조하고 있다.

한편 백규는 고난을 견딜 줄 아는 사람이었다. 그가 거부가 되었을 때도 그가 축적한 재부(財富)를 확대재생산 분야에 투자하면서 자신은 "음식을 탐하지 않았고 욕망의 향수를 절제하며, 기호(嗜好)를 억제하고 극히 소박한 옷만 입으면서 일꾼들과 동고동락하였다."

백규의 이러한 상업 사상은 후세에 커다란 영향을 미쳤다.

근대 유명한 중국 민족자본가인 영종경(榮宗敬)은 백규의 '인기아취(人棄我取)'의 경영 원칙을 준수하였으며, 저명한 화교 기업가인 진가경(陳嘉庚)은 '인기아취, 인쟁아피(人棄我取, 人爭我避)'의 경영 방침을 세웠는데, 이는 백규 사상을 계승하여 더욱 발전시킨 것이었다.

6. 명예로운 부자, 범여

범여는 초나라 사람으로 월나라에서 대부의 자리에 있으면서 와신상담의 주인공 월나라 구천을 보좌하여 오나라에 복수를 하고 패업을 이루게 하였다.

그러나 범여는 구천이 어려움은 같이 할 수 있어도 즐거움을 같이 할 수는 없으며 결국 공신을 살육할 인물이라는 것을 알고 있었다. 그리하여 그는 공직을 포기하고 상업을 하기로 결심하여 조용히 자신의 재산을 수습하여 이름을 바꾸고 가족과 노비를 이끌고 배를 타고 떠났다.

처음에 그는 상업이 발달한 제나라에 도착하여 스스로 '치이자피(鴟夷子皮)'* 라고 칭하며 해변가를 경작하며 힘들게 노동을 하여 얼마 지나지 않아

---

* '치이자피'란 소가죽으로 만든 술자루로서 겉보기에는 촌스럽지만 실제로는 신축자재하여 사용하기도 편리하고 그 안으로 많은 양이 들어갈 수도 있다. 치이(鴟夷)는 가죽으로 만든 자루라는 의미로서, 이는 부차가 오자서가 자결한 뒤 치이(鴟夷)에 싸서 강물에 버린 사실에서 범여가 스스로의 죄가 오자서와 똑같다는 뜻으로 치이자피라고 칭한 것이다. 범여는 자신의 이름 대신 치이자피라는 별칭을 사용함으로써 타지에서 사업을 개척하면서 다른 사람들과 쉽게 교류하고 접근할 수 있도록 고려하였던 것이다. 아울러 치이자피는 그 자체로서

그 재산이 10만 금에 이르렀다. 제나라 사람들이 그 현명함을 알아보고 재상으로 삼았다. 하지만 범여는 존귀한 명성을 오래 지니는 것은 상서롭지 못한 일이라고 여겨 재상의 인을 반납하고 모아둔 재산을 모두 나눠주고 두 번째로 관직을 버리고 떠났다.

그는 상업 중심지인 도(陶)라는 곳에 거주하면서 스스로 주공이라 하였고, 사람들은 도주공이라 불렀다. 범여 부자는 농업과 목축 그리고 상업을 결합하여 또 커다란 재산을 모았다.

범여는 진정한 대상인으로서 그는 적절한 시기에 적절한 사업 파트너를 선택하여 상대방을 충분히 신뢰하고 어떤 문제가 생겨도 모든 책임을 떠넘기거나 비난하지 않았다.

이러한 그의 인격적 매력은 그를 도량이 넓을 뿐만 아니라 일찍이 위세 당당한 대정치가가 될 수 있게 해주었고, 그가 정계에서 홀연 사라져 홀로 깨끗했을 때에도 여전히 능히 천하를 구제하고 자신이 모은 재산을 다시 한번 자기와 별로 교류가 없던 어려운 사람들과 나눌 수 있게 해준 것이다. 그는 허명(虛名)을 분토(糞土)처럼 여겼고, 오직 숨어서도 자신의 모습이 보일까 걱정하였으니 이러한 그의 도덕 품격은 일반적인 부자들의 차원을 훨씬 뛰어넘는 것이었다.

다른 사람들을 돕기 좋아하는 행적과 명리(名利)에 담백한 그의 풍모 그리고 관후 인자(寬厚仁慈)한 그의 품격은, 과연 무엇이 지혜로운 것이며 차원이 다른 인생의 비범한 선택인지를 여실히 보여주고 있다.

상표의 의미도 지니고 있었다.

고통은 함께할 수 있으나 기쁨은 함께 나눌 수 없다

범여는 구천을 도와 22년 만에 마침내 와신상담의 숙적 오나라를 멸망시켰다. 그 후 구천은 범여에게 상장군(上將軍)이라는 최고 벼슬을 내렸다. 그러나 범여는 벼슬을 사양했다. '이미 목적을 달성한 군주 곁에 오래 있는 것은 위험하다. 구천은 고생을 함께 나눌 수는 있어도 편안함을 함께 나누지는 못할 인물이다.'

이렇게 판단한 범여는 구천에게 편지를 올렸다.

> 군주께서 괴로워하실 때 몸이 부서지도록 일해야 하며 군주께서 모욕을 당하실 때는 생명을 내던져야 하는 것이 신하의 도리입니다. 회계산에서 대왕께서 치욕을 당하시는 것을 보면서도 생명을 이어온 것은 오직 오나라에 복수하기 위해서였습니다. 그것이 이뤄진 지금, 마땅히 그 죄를 받겠습니다.

그 편지를 받고 깜짝 놀란 구천은 사자를 보내 범여에게 말했다.

"무슨 말을 하는 것인가? 나는 나라를 둘로 나누어 그대와 둘이서 다스리려 하고 있는데 내 말을 듣지 않으면 그대를 죽여서라도 듣게 하겠다."

그러자 범여는 가벼운 가재도구와 보석을 배에 싣고 떠났다. 구천은 회계산 일대에 표지판을 세우고 범여의 땅으로 선포하였다.

범여는 제나라로 간 후 대부 종에게 편지를 했다.

> 하늘을 나는 새가 없어지면 활을 없애고 토끼가 죽으면 사냥개를 잡

혹하게 죽인다고 합니다. 구천은 목이 길며 입이 검습니다. 좋지 못한 관상인 것입니다. 이런 사람은 고생은 같이 해도 기쁨은 함께 할 수 없습니다. 대부께서는 왜 물러나지 않으십니까?

대부 종이 그 편지를 읽고는 마음을 정하지 못하고 머뭇거리다가 병을 핑계로 조정에 나가지 않았다. 어느 날 대부 종이 반란을 꾀하고 있다는 고발이 들어왔다.

구천은 대부 종에게 칼을 하사하고 이렇게 말했다.

"귀공은 과인에게 오나라를 토벌하는 일곱 가지 비결이 있다고 했는데 과인이 그중 세 가지를 사용하여 오나라를 멸망시켰다. 이제 나머지 네 가지는 그대가 가지고 있는데 돌아가신 선왕(先王)을 모시며 시험해보는 것이 어떤가?"

대부 종은 결국 그 칼로 목숨을 끊어야 했다.

제나라로 간 범여는 스스로 '치이자피(鴟夷子皮)'라고 칭하였다. 그는 해변가에서 자식들과 함께 땀 흘리며 밭을 갈아 재산을 모았다. 얼마 지나지 않아 그는 큰 부자가 되었다. 그러자 제나라에서는 재상으로 와달라고 간청했다. 범여는 탄식했다.

"들판에서 천금의 재산을 모으고 관가에서 재상의 벼슬에 올랐으니 그 이상의 명예가 없다. 그러나 명예가 계속되면 도리어 화근으로 된다."

범여는 제나라의 요청을 사양하고 재산을 마을 사람들에게 나눠준 다음, 특히 값나가는 보석만을 지니고 몰래 제나라를 떠나 도(陶)나라로 갔다. 도나라에 이르러 도나라가 천하의 중심이므로 교역을 하면 각지와 통하여서 재산을 모을 수 있을 것으로 판단하였다. 그는 스스로 도주공(陶朱公)이라 칭하고 아들과 함께 농경과 목축에 힘썼으며, 물가의 변동에 따라 시세 차이가 나는 물건을 취급하면서 1할의 이익만을 가졌다.

얼마 지나지 않아 그는 수만 금의 거부가 될 수 있었고, 세상 사람들은 도주공을 칭송하였다.

범여는 19년 동안 천금의 재산을 세 번씩이나 모았으나 그중 두 번은 가난한 벗들과 일가친척에게 나누어주었다. 이른바 '부유하여 그 덕을 행하기 좋아하는 사람'이었다.

그는 늙어서 자손들에게 재산을 나누어 관리했는데 자손들의 재산은 수만금에 이르렀다.

범여는 월나라에서 제나라로, 다시 제나라에서 도나라로 옮기고도 천하에 이름을 떨쳤다. 그가 멈추는 곳에서는 반드시 이름을 떨쳤다. 범여가 마침내 도(陶) 땅에서 늙어 세상을 떠나니, 세상에서는 그를 '도주공(陶朱公)'이라고 부르며 칭송하였다.

『사기』의 저자 사마천은 범여를 극구 칭찬하였다.

"범여는 세 번을 옮겨 살면서 모두 영광스러운 명성을 남겨 그 이름을 후세에 길이 남기었다. 신하와 군주가 능히 이러하니 그들을 드러내지 못하도록 할지라도 그것이 가능하겠는가?"

7. 진시황이 존경했던 중국 최초의 여성부호, 파과부 청

사마천은『사기·화식열전』에서 모두 52명의 화식가들을 선정하여 기술하고 있는 중에 여성 부호는 단 한 명만 소개하고 있다. 바로 파과부(巴寡婦) 청(淸), 즉, 파촉(巴蜀) 지역에 살았던 청(淸)이라는 과부 여성이다.

이 파과부 청이라는 여성이야말로 중국 최초의 여성 부호이다.

단사(丹砂)와 수은, 진시황

파과부 청의 조상은 대대로 야금 광산업, 특히 단사(丹砂) 채굴과 제련업을 하던 집안이었다. 그녀의 집안은 단사의 생산을 장악하고 자원을 독점하였으며, 스스로 가격을 정하여 판매하고 시장을 조종하였다. 그리하여 세금 외의 생산 이윤과 상업 이윤은 모조리 자기의 소득으로 만들 수 있었다.

단사는 주사(朱砂)라고도 하는데, 당시에 매우 중요한 의미를 갖는 귀한 광산물이었다. 그것은 주색(朱色)의 안료나 진정제, 혹은 피부병 치료제 등 광범한 분야에 널리 사용되고 있었다. 더구나 황화수은인 단사를 가열하여 분해하면 수은을 얻을 수 있었다. 이 수은이야말로 고대 시대 사람들이 불로장생할 수 있는 신묘한 약제로 생각하고 있었던 진귀한 물자였다.

5백 년 동안이나 이어졌던 춘추전국시대의 천하대란을 종식시키고 천하를 통일했던 진시황으로서도 어쩔 수 없었던 것은 바로 죽음이었다. 누구보다도 죽음을 두려워했던 그가 평생 추구했던 것은 바로 불로장생이었다. 진시황은 불로장생의 약초를 구하기 위하여 백방으로 사람을 파견하여 불로장생의 약초를 구하기도 했지만, 그가 특별히 중시했던 것은 수은이었다. 지금도 진시황의 갑작스러운 죽음이 수은을 과도하게 복용하여 초래된 수은 중독으로 인한 것이라는 견해가 적지 않다.

어쨌든 전문가들에 의하면, 수은 애호가였던 진시황의 능인 진시황릉에는 총 100톤에 이르는 수은이 투입되었다. 여기에 파과부 청이 공급한 단사와 수은이 많았던 것은 두말할 필요도 없다.

진시황이 존경했던 여성 부호

우리들로 하여금 감탄하지 않을 수 없게 만드는 사실은 파과부 청이 남편을 잃은 불행한 인생 역정을 겪고 난 뒤, 그녀가 연약한 여성의 몸으로 결연하게 가정과 사업이라는 두 가지의 중책을 떠맡아, 온 나라에서 그녀와 부를 겨룰 수 있는 사람이 없을 정도의 여중 호걸이 되었다는 점이다.

그녀는 거상(巨商) 집안으로 시집을 갔지만, 결혼한 뒤 얼마 지나지 않아 시아버지와 남편을 연이어 잃는 비극을 맞아야 했다. 그녀는 재가하지 않은 채 가업을 이어 받았고, 평생을 홀몸으로 살았다. 진시황은 그런 그녀를 절조가 있는 '정부(貞婦)'로 칭하면서 그녀를 존경하였다. 당시의 풍습으로 본다면, 남편이 먼저 세상을 뜬 여성들은 거의 대부분 다시 결혼을 하였다.

사실 진한(秦漢) 시대 그 무렵은 상당히 문란한 시대였다. 이를테면, 유방(劉邦)을 도와 항우(項羽)를 물리치고 한나라 건국에 커다란 공을 세웠던 일등공신 진평(陳平)은 이미 다섯 번이나 결혼했던 여성의 여섯 번째 남편이었다. 한 무제(漢武帝)의 어머니도 두 번 결혼했다. 그리고 진시황이 생모 조희(趙姬)와 여불위(呂不韋) 사이의 '사통(私通)'으로 태어난 사생아였다는 사실은 이미 세상 사람들에게 널리 알려져 있는 '출생의 비밀'이다.

이렇게 문란하기 짝이 없었던 시대에 본인이 일종의 '희생자'이기도 했던 진시황은 결혼을 하지 않은 채 평생 '수절(守節)'한 그녀를 대단히 높이 평가했다. 진시황은 그녀를 빈객(賓客)으로 대우하였으며, 그녀를 위하여 특별히 여회청대(女懷淸臺)를 짓도록 하였다. 당시에 어느 한 개인, 특히 한 여성을 위하여 대(臺)를 쌓고 공덕비를 세웠다는 것은 결코 쉽게 볼 수 있는 조치가 아니었다.

진시황이 한 여성에게 이러한 조치를 취한 것은 그 전에도 이후에도 없었다. 나아가 진시황만이 아니라 중국 역사상 황제가 한 여성에게 이렇게 표창하여 누대(樓臺)까지 설치해 준 사례는 달리 찾아볼 수 없다. 전무후무, 이때가 유일하였다.

거대한 "단사 제국(丹砂帝國)"

그녀는 단지 한 사람의 여성에 불과했지만 조상이 남긴 가업을 능히 지켰고 나아가 더욱 키울 수 있었다. 또한 그렇게 축적한 엄청난 재산으로써 자신을 보호하고, 다른 사람의 모욕이나 침범을 받은 적이 결코 없었다.

하지만 그녀는 단지 자신만을 위하여 부를 추구하지 않았다. 그녀의 집에서 일을 하는 노비와 하인 그리고 각종 일꾼들과 호위 병사들까지

해서 천여 명에 이르렀다. 더구나 그녀의 사업과 직간접적으로 연관되어 있는 사람들은 자그마치 만 명이 넘었다. 그녀는 그런 사람들 모두를 잘 대접하고 그들의 생활을 자상하고 세심하게 보살폈다. 그리하여 그녀는 사람들의 존경을 받았고, 사람들은 그녀를 "살아있는 신선"이라고 불렀다.

당시 파촉(巴蜀) 지방에서 그녀가 살았던 현(縣)의 인구는 5만 명이었는데, 그녀의 사업에 연결되어 있던 사람들만 해도 만 명을 넘을 정도로 그녀의 세력은 강력했다. 이렇게 하여 만들어진 그녀의 왕국은 가히 "단사제국(丹砂帝國)"이라고 불릴 만했다. 진시황이 그녀를 극진하게 대접해 주었던 이유 중에는 그녀의 배후에 존재했던 이러한 강력한 권위와 힘이 작용하고 있었다는 추론은 충분한 설득력을 지닌다.

진시황은 천하 통일을 이룬 뒤 가혹한 전제 정치를 펼쳤는데, 이를 위해 각지의 호족 세력을 약화시키는 조치는 필수적 수순이었다. 이에 따라 각지의 귀족과 호족들은 타지로 강제 이주되었다. 이 중 총 12만 호가 진나라 수도인 함양으로 이주하였다. 파과부 청도 함양으로 이주하였다. 함양으로 이주한 그녀는 그곳에서 여생을 마쳤다.

재산을 모아 영원한 영예를 얻다

사마천은 「화식열전」 편에서 파과부 청에 대하여 다음과 같이 기술하고 있다.

"파과부(巴寡婦) 청(淸)은 그 조상이 단사(丹沙)가 생산되는 광산을 발견하여 몇 대에 걸쳐 그 이익을 독점하여 재산이 너무 많아 계산할 수 없을 정도였다. 청은 단지 한 사람의 과부에 불과했지만 조상이 남긴 가업을 능히 지킬 수 있었고, 재산으로써 자신을 보호하고 다른 사람의 모욕이나 침범을 받지 않았다. 진시황은 그녀를 절조가 있는 정부(貞婦)로 여겨 그를 존경하고 빈객(賓客)으로 대우하였으며, 그녀를 위하여 여회청대(女懷淸臺)를 짓도록 하였다.

청(淸)은 궁벽한 시골의 과부였지만 도리어 천자의 예우를 받아 이름을 천하에 떨쳤으니, 이는 실로 그 부유함에 기인한 것이 아니겠는가?"

파과부 청, 중국 최초의 여성 부호, 아니 어쩌면 세계 최초의 여성 부호일 수도 있는 그녀는 재산을 모으고 그것을 잘 관리함으로써 이렇게 영원한 영예를 얻었던 것이었다. 덧붙이자면, 그녀는 중국 정사(正史)에서 자신의 본명으로 기록된 최초의 여성이었다.

8. 여민쟁리(與民爭利)와 염철회의(鹽鐵會議)

그러나 한 무제 시기에 추진된 대규모 흉노 정벌은 국고를 탕진시켰고 국가에 엄청난 재정적 부담을 가중시켰다. 이에 따라 평준법과 균수법에 의하여 소금과 철의 국가 전매제도, 상업의 국가 관리, 상공업자들에 대한 재산세 부과 등의 정책이 시행되었다. 사마천은 『사기』에서 상홍양 등의 '흥리지신(興利之臣)'에 의하여 강행된 이들 '백성과 이익을 다투는' 정책이야말로 가장 나쁜 정책이며, 동시에 국가 대사로서 거창하게 거행된 봉선(封禪) 의식이 실제로는 한 무제 개인의 불로장생을 기원하는 것에 불과했다는 사실을 신랄하게 비판하였다.

사마천은 『사기』의 「화식열전」에서 "가장 좋은 방법은 자연적인 추세에 순응하는 것이고(선자인지, 善者因之), 그 다음은 이익으로써 인도하는 것이며, 그 다음은 그들을 교화하는 것이다. 그리고 그 다음은 억압적 수단으로써 정돈하여 모든 것을 일치시키는 것이며, 가장 나쁜 방법은 백성과 다투는 것이다(여민쟁리, 與民爭利)."라고 천명한다.

'여민쟁리(與民爭利)'에 대한 이러한 비판은 이후 중국 역대 경제정책 및 개혁 방향에 있어서도 중요한 지침으로 작동한다. 한 무제 사후 소제(昭帝) 6년(기원전 81년)에 이른바 '염철회의(鹽鐵會議)'가 진행되었다. 이 회의는 한 무제 때 장기간에 걸쳐 정책을 장악했던 어사대부 상홍양과 유가 사상에 충실한 현량문학(賢良文學)의 선비 출신 관리들 간에 염철의 국가전매를 비롯하여 평준과 균수 등 경제정책을 둘러싸고 전개되었다. 그리고 결국 이 '염철회의'를 통하여 한 무제의 전쟁 정책은 종식되고 휴양생식(休養生息)과 평화 상태로의 전환이 이뤄졌다. 이는 한나라 초기 유가와 법가의 합류 시대가 종식되고 선진 시대의 공맹 사상의 회복을 알리는 계기였으며 이후 유가 사상은 중국 역대에 걸쳐 독주하게 되었다.

하지만 '염철회의'에서 유생들은 단지 '도덕적인' 이유만으로 국가에 의한 염철 전매 등 '백성과 이익을 다투는' 국가 정책을 지지하지 않았을 뿐이었다. 반대만 존재했을 뿐, 전대미문의 광활한 영토와 엄청난 인구의 제국에 있어 그것을 대체(代替)할 수 있는 유효한 정책을 내놓지 못했던 것이다. 번영을 구가했던 당나라도 이러한 영향을 그대로 계승하여 백성에 대한 세금 경감을 중심으로 하는 '작은 정부(小政府)'를 실행하였고, 이는 통일 대제국에 대한 장기적 관리라는 측면에서 부합되지 못하는 정책이었다. 하지만 이후 중국 역대 왕조에 있어 이러한 경향성은 계속 유지되어 청나라 시기까지 이러한 '작은 정부' 정책은 계속되었다.

9. 백성을 사랑하지 않고 창고를 사랑하다, 수 문제

부유했던 수나라의 급속한 붕괴

수(隋)나라를 건국한 수 문제(文帝) 양견(楊堅)은 588년 대군을 몰아 불과 석달 만에 남조(南朝)의 진(晋)나라를 멸망시켰다.

이로써 장장 300여 년에 걸쳐 지속되었던 남북조(南北朝) 분열시대가 마침내 종언을 고했다. 남북조 시대는 130여 년에 불과하지만, 220년 한나라가 위, 오, 촉 3국으로 나뉘면서 분열한 이래 동진이 잠시 통일한 뒤 곧바로 분열되어 전란에 빠졌기 때문에 실제로 분열된 기간은 3백여 년에 이른다.

진나라가 약했다기보다 수나라가 너무 강했기 때문이었다. 수나라는 이어 서역의 토욕혼도 격파하였고, 북방의 강적 돌궐도 수나라에 스스로 몸을 굽혀 칭신(稱臣)하였다. 실로 수나라의 강대함은 특별하게 두드러졌다. 그러나 이렇듯 그 기세가 하늘을 찌를 듯 했던 수나라도 통일을 이룬 뒤 불과 29년 만에 순식간에 붕괴되고 말았다.

수나라의 강성함은 인구의 측면에서도 그대로 드러난다. 남북조 당시 진나라는 50만 호에 인구 200만 명에 지나지 않았지만, 수나라는 890만

호에 4,600만 명의 인구에 이르렀다. 실로 수나라는 부유한 국가였다.

뒷날 당 태종은 수나라 양견 말년에 식량이 50년 동안 먹을 수 있을 정도로 충분했다고 평한 바 있었다.

도광양회(韜光養晦), 자기의 재능을 깊이 숨기다

수나라 문제의 성은 양, 이름은 견으로 섬서성(陝西省) 홍농(弘農) 사람이었다. 양견이 태어날 때 이상한 일이 있었다. 집 옆에 절이 하나 있었는데, 양견이 태어나자마자 그 절의 여승은 아이를 안고 절에 들어가 길렀다.

어느 날 여승이 외출할 일이 있어 양견을 그 친어머니에게 맡겼다. 그런데 친어머니가 아들을 안자마자 그 아들의 머리에는 뿔이 돋고 피부에는 비늘이 생겨서 용과 같이 되는 것이 아닌가! 깜짝 놀란 어머니는 그만 아이를 땅에 떨어뜨리고 말았다. 이때 외출했던 여승은 갑자기 가슴이 두근거려 이상한 생각이 들어 급히 돌아왔다. 돌아와 보니 아이가 땅에 떨어져 울고 있었다. 이에 여승은 "우리 아이가 놀라서 천하를 손에 넣는 시기가 늦어졌구나."라며 안타까워했다.

양견은 점점 성장하면서 보통 사람과 다른 인상을 지니게 되었다. 주나라 사람이 어느 날 무제에게 말했다.

"저 양씨는 모반할 관상입니다."

양견은 이 말을 전해 듣고 스스로 도광양회(韜光養晦), 빛을 숨기고 새벽을 기다리며 자기의 재능을 깊이 숨기며 은인자중 지냈다.

세월이 흘러 이윽고 양견의 딸이 주나라 선제의 황후가 되었다. 마침내 기다리던 새벽이 찾아오자, 양견은 이제 본격적으로 정치의 전면에 나서 태후의 아버지로서 섭정하였다. 그리고 주나라 제위를 손에 넣어 스스로 황제의 자리에 올랐다.

그는 즉위한 지 불과 9년 만에 압도적인 군사력을 동원하여 진나라를 평정하고, 천하 통일의 역사적 대업을 이루었다.

'개황(開皇)의 치(治)', 모든 창고가 가득 차 더 이상 쌓을 곳이 없다

천하 통일의 대업을 이룬 뒤 문제는 남북조시대의 모든 혼란과 악폐를 과감히 개혁하였다. 과거제를 실시하여 중앙집권제를 강화하고 귀족세력을 억제했으며, 백성에게 균등하게 토지를 지급하는 균전제를 실시하였다. 스스로 매우 근검한 생활을 하면서 백성들의 세금을 감면하고 강제 동원을 완화시키는 등 백성들의 어려운 생활을 펴주려고 노력하였다.

그리하여 수 문제가 수나라를 건국한 지 20여 년 동안 국가는 안정되고 경제는 번영하여 이른바 '개황(開皇: 수 문제 때의 연호)의 치(治)'로 불리는 선정(善政)을 펼쳤다.

이 무렵 재정을 담당하는 관리는 이런 보고서를 올릴 정도였다.

"창고라는 창고는 모조리 꽉 들어차 더 이상 곡식과 가죽을 쌓아 놓을 곳이 없어 복도와 처마 밑에 쌓아 놓을 수밖에 없는 형편입니다."

이에 문제는 조서를 내려 창고를 짓도록 하였다. 그랬더니 얼마 지나지 않아 다시 보고가 올라왔다.

"새로 창고를 지었는데도 곡식과 가죽을 쌓을 곳이 없습니다."

그러자 문제는 이렇게 공표하였다.

"그러면 이제 부를 백성들에게 돌리겠노라. 그리고 금년의 조세는 면제하여 백성들의 생활에 보탬을 주도록 하라."

이 당시 물자가 얼마나 풍부했던지 수나라가 멸망하고 당나라가 들어선 20년 동안에도 이때 쌓아 놓았던 피륙을 계속 사용했을 정도였다.

창고는 넘쳐났지만 백성들에게 내주지 않다

수 문제는 성격이 엄격하고 치국에 힘썼으므로 명령이 떨어지기만 하면 그대로 시행되었고, 금지하면 어기는 자가 없었다. 돈에는 인색했지만 공로가 있는 사람에게 상 주는 것을 아끼지 않았다. 백성들의 노고를 곧잘 어루만져 농업과 양잠을 장려했으며, 부역을 가볍게 하고 세금을 적게 거두었다. 그리고 항상 낡은 옷을 입고 반찬이 하나뿐인 식사를 할 정도로 검소한 생활을 했으며, 궁녀들이 화장을 하거나 비단옷을 입는 것을 금지하였다. 그러므로 천하는 그를 본받아서 모두 검소한 생활을 했다.

문제가 황제의 자리를 물려받았을 때 호수(戶數)가 4백만이 채 안 되었는데, 만년에는 8백만을 넘었다.

그러나 본인이 계략으로써 천하를 빼앗은 문제는 말년에 이르러 모든 일에 의심이 많고 참소하는 말을 쉽게 믿어 공신들이나 친구들의 생명이 온전하지 못했다.

특히 식량 비축은 수 문제 때부터의 전통이었다. 수 문제 14년 큰 가뭄이 들어 수많은 백성들이 굶어죽는 상황이 발생하였다. 그러나 당시 나라의 창고는 넘치도록 비축되어 있었지만, 수 문제는 그것을 백성들에게 내주지 않았다.

훗날 당 태종은 "수 문제는 백성을 사랑하지 않고 창고를 사랑했으며, 수 양제(煬帝)는 이러한 엄청난 재부를 믿고 사치하면서 방탕하여 끝내 멸망하였다."고 평하였다.

결국 수 문제는 국가의 재부를 축적하는 데 탁월한 성공을 거뒀지만, 그와 함께 사회 모순도 동시에 축적시켜 나갔다. 그리고 그의 아들 수 양제는 아버지 수 문제가 남긴 국가 재부를 계승하면서 동시에 사회 모순도 계승하였다. 여기에 그의 유난했던 사치와 방탕은 모순에 기름을 부어 마침내 수나라는 급속히 멸망하게 된 것이었다.

10. 전성기에서 몰락으로, 명군과 혼군이 한 몸에 반영된 당 현종

당나라 여제(女帝) 측천무후 만년, 나라 정세는 어지러웠지만 당 현종 즉위로 혼란 국면은 안정되었다. 장기간에 걸친 궁정 정변으로 중앙집권은 쇠퇴하였고 관리들은 부패했으며 변경에서 이민족과의 충돌도 잦아졌다. 특히 하북과 농서 지방의 반란은 당 왕조의 안전을 심각하게 위협하고 있었다. 토지 겸병도 심해졌고 농민들은 집단적으로 유랑하였다. 이러한 상황에서 즉위한 당 현종은 먼저 자기 자신부터 규율을 지키고 현명한 신하를 등용하였으며, 백성에게 관심을 쏟고 치국에 열정을 바쳤다.

당 현종은 요숭을 비롯하여 송경, 한휴, 장구령 등 현신(賢臣)을 등용하였다. 요숭은 재상이 되기 전 현종에게 언로를 개방하고 상벌을 분명히 하며 변경의 전공을 탐하지 말 것 그리고 황제의 친족 및 공신과 환관의 전횡을 금할 것 등 열 가지 사항의 개선을 요구하였다. 현종은 이를 지키겠다고 약속하였고, 이로부터 개원(開元) 시정의 기본 방침이 다져졌다. 요숭의 뒤를 이은 송경은 강직하고 아부를 멀리하며 반드시 법을 지키는 철골(鐵骨)의 신하였다. 이들 현상(賢相)들은 서로 협력하여 부역을 감소시키고 형벌을 간략화했으며 백성을 풍요롭게 하였다.

현종은 이밖에도 관료 제도를 정예화하고 정돈하여 불필요한 관직을 폐지하고 쓸모없는 관리 수천 명을 파면하였다. 그러면서 평가 제도를 정비하여 업무 성적이 좋지 않은 관리는 도태시켰다. 이렇게 하여 국가 재정도 절약되고 행정 효율도 높아졌다.

경제 분야에서는 수리사업을 크게 발전시켰고, 대규모로 개간 사업을 일으켰으며 황하의 식량운반 방식을 개혁하는 등 농업생산의 발전을 중시하였다. 군사적 측면에서도 모병제를 실시하고 군마를 증가시켰으며 변경의 둔전을 개척하고 변경 정책을 완화하여 변경 상황을 안정시켰다.

현종 스스로도 절약하고 검소하여 궁녀들을 집에 돌려 보냈다.

이렇게 하여 이른바 개원성세(開元盛世)를 열었다. 당 태종 때 360만 호였던 인구도 이 시기에 이르러 900만 호에 이르렀다. 두보는 그의 시 '억석(憶昔)'에서 이러한 개원성세를 "개원의 전성기를 생각하니, 소읍에도 만 호의 사람이 살고, 해마다 풍년이 들어 관공서나 개인 창고가 모두 가득 찼었네(憶昔開元全盛日 小邑猶藏萬家室, 稻米流脂粟米白, 公私倉廩俱豊實)."라고 읊었다.

바야흐로 당 왕조의 극성기였다.

그가 있기 때문에 나는 쇠약해졌지만 천하는 살이 쪘다

양귀비와의 비극적인 사랑으로 유명한 당나라 현종도 원래 초기에는 '개원지치(開元之治)'라고 불리는 선정을 베풀었던 황제였다.

현종 21년에 한휴(韓休)라는 사람이 재상이 되었다. 그런데 이 한휴는 매우 곧은 성격의 인물이었다. 현종은 가끔 지나친 쾌락을 즐길 때면 스스로 마음이 찔려 좌우를 돌아보면서

"지금 이 사실을 한휴가 아느냐, 모르느냐?"

고 물었다. 하지만 언제나 이 말이 끝나기가 무섭게 곧바로 한휴의 상소가 들어오는 것이었다.

어느 날인가는 많은 신하들이

"한휴가 재상이 되고 난 뒤 폐하께서는 옥체가 쇠약해지셨습니다."

라고 말하면서 한휴를 은근히 비방하였다.

그러자 현종은 이렇게 말하는 것이었다.

"비록 짐은 쇠약해졌지만, 천하는 한휴 때문에 살쪘다."

명나라 말기 저명한 사상가인 왕부지(王夫之)는 개원(開元) 시기의 성세를 가리켜 한나라와 송나라가 도저히 미치지 못한 정도라고 평하였다. 하지만 당 현종 말기에 이르러 이미 부패는 심해졌다. 전체 인구 5,291만 명 중 세금을 내지 않는 사람 수가 자그마치 4,470만 명에 이르렀다. 이에 따라 국가 재정은 기울고 사회의 재부(財富)는 대지주와 대귀족에게 독점되는 한편 농민들의 부담은 도리어 갈수록 무거워졌다. 토지 겸병은 극심해지고 농민들은 파산하고 도탄에 빠져 반란은 속출하였고 마침내 당

나라는 무너졌다.

개원 중엽 이후 당 현종은 정치적으로 점차 내리막길을 걸었다. 겸허하고 신중하며 국정에 몰두하던 그가 갈수록 안일을 탐하고 자만하여 향락에 빠지고 국정을 멀리 하였다. 현능한 인물을 멀리하고 친족만 기용했으며 간언을 물리치고 백성들의 고통에는 눈 감았다. 쓸모없는 관리를 없애는 대신 나라에는 무능한 관리들로 가득 찼다. 후궁도 4만여 명이나 두었다. 황제가 투계와 경마에 빠지게 되니 시중에서는 "자식을 낳아 공부시킬 필요가 없다네. 투계 경마가 독서를 이기니."라는 민요가 불려졌다. 매년마다 생일잔치를 크게 열었으며 항상 연회를 베풀고 백관에게 연일 큰 상을 내렸다. 또 토목사업을 크게 벌이고 화청궁(華清宮) 등 궁전을 화려하게 지었다.

허명(虛名)에 대한 집착도 높아져 그에 대한 칭호는 "開元天地大寶聖文神武證道孝德皇帝"로 되어 더 이상 보탤 수 없을 정도가 되었다. 나아가 군사적 분야의 전공도 탐하여 걸핏하면 무력을 사용하여 결국 변경에서 무수한 젊은이들이 목숨을 잃어야 했고, 이민족에게도 엄청난 재난을 안겨 주었다. 필연적으로 국가재정도 궁핍해졌고 농촌의 토지도 황폐화되었다.[4]

두보는 이 시대의 비극적 풍경을 한탄하였다.

"朱門酒肉臭, 路有凍死骨".

(귀족의 집에서는 진수성찬 향기가 끊임없지만,

길가에는 얼어 죽은 시체가 널려 있네)

현종은 특히 만년에 이르러 양귀비를 총애하고 간신 이림보*와 양귀비의 친척 오빠 양국충을 중용했는데, 이는 정치 부패의 큰 요인으로 작용하였다. 양귀비의 가족들은 모두 부귀영화를 누려 세 명의 언니는 국부인(國夫人)이라는 높은 지위를 얻었고, 양국충은 무려 40여 개의 요직을 겸하였다. 수많은 관리들이 양귀비에 접근하여 진귀한 선물을 바치고 고위 관직을 얻었다. 유주 절도사 안록산은 스스로 양귀비의 양자가 되어 당 현종의 두터운 신임을 얻었다. 하지만 그가 통솔하는 정예 병사는 이미 당 왕조 중앙정부의 병력을 능가하고 있었다. 마침내 755년 안록산은 반란을 일으켰다.

당 현종은 양귀비와 함께 궁을 빠져나와 도망쳤지만 행군 도중 사병들이 양국충을 쏘아 죽이고 이어 황제에게 양귀비를 죽이라고 요구하였다. 일찍이 현종은 양귀비의 손을 꼭 잡고 하늘에 맹세한 적이 있었다.

"하늘에서는 비익조(比翼鳥)가 되고, 땅에서는 연리지(連理枝)가 될지어다."

비익조란 암수가 한 몸인 전설적인 새이고, 연리지는 뿌리는 하나이지만 가지가 합쳐 한 나무로 되는 나무를 가리킨다. 살아서도 죽어서도 영

---

* 이림보(李林甫, 683~752)는 당 현종 때의 유명한 간신이다. 그는 환관들이나 비빈들을 매수하고 긴밀한 교류를 맺어 황제의 일거수일투족을 가장 먼저 알았고, 황제의 뜻에 맞추어 총애를 받았다. 겉으로는 온갖 듣기 좋은 말로 치장했지만, 뒤로는 항상 무서운 음모와 모해를 꾸몄다. 당시 사람들은 그를 가리켜 "입에는 꿀이 있지만, 뱃속엔 칼이 있다(구밀복검, 口蜜腹劍)."고 하였다. 그의 이른바 '말먹이론'은 유명하다. 그는 "신하된 자로서 말을 많이 해서는 안 된다. 의장마(儀仗馬)를 보지 못했는가? 소리 한번 내지 않지만 오히려 3품의 말먹이를 받게 되는데, 반대로 소리 한번 내면 곧바로 폐기 처분되니, 그때 가서 후회해도 아무 소용이 없도다."라고 하였다. 이 위협을 들은 사람들은 모두 온순해져 말을 잘 듣게 되었고, 역사서는 "이로부터 간쟁의 길이 막혔다."고 기록하고 있다. 그리고 이 '말먹이론'은 대대로 '관가(官家)의 잠언(箴言)'으로 되었다.

원히 함께 하자는 것이었다.

그러나 현종은 양귀비가 스스로 목을 매 죽어가는 모습을 바라만 보고 있어야 했다. 757년 현종은 황제의 자리에서 물러나 궁에 연금되었고, 그로부터 5년 뒤 아무도 돌보지 않는 가운데 회한과 비분에 쌓이고 병마에 지쳐 마침내 외롭게 세상을 떠났다.

당 현종과 같이 명군(明君)과 혼군(昏君) 그리고 역사상의 현군과 역사의 죄인이라는 두 가지 전형이 한 몸에 집중된 제왕은 중국 역사에 매우 드문 현상이다. 당 현종은 이렇게 사라졌고, 당 왕조 역시 이렇게 쇠락해져서 두 번 다시 재기하지 못하였다.

11. 세계적 경제대국 송나라의 번성

전통적인 중국의 물질문명은 송나라 시대에 이르러 최고 수준에 도달하였다. 송나라 시대에 기술 혁신, 상품 생산, 정치사상, 통치 구조 그리고 지배층 문화 등에서 당시 세계의 어느 나라보다 앞서있었다. 가히 동양의 르네상스 시대라 불릴 만했다. 한나라 시대의 인구는 6천만 명이었고, 당나라 전성기의 인구는 5천만~6천만 명으로 추정되는데, 송나라 초기에 1억 명에 이르렀다. 또 송나라 수도 개봉은 로마보다 세 배나 컸다.

송나라 시대에 야금업과 방직업을 비롯하여 조선업, 군사 무기 제조, 제지와 인쇄업이 특히 발전하였고, 소금 생산과 운수 그리고 대외 무역 역시 전례 없이 번성하였다. 아치형 다리가 건축되었고, 선박 제조에 방수용 벽을 사용하여 선실에 물이 스며들지 않게 했으며, 항해 시에는 나침반과 수력 터빈을 이용하였다. 화약과 점의(占儀), 물시계, 굴착 기술, 성능 좋은 용광로와 수력 방직기 등이 모두 송나라 시대에 출현하였다.

1005년 북송 진종 때 요나라와 맺은 '전연의 맹(澶淵之盟)'은 비록 북송으로서는 매년 요나라에 세폐 10만 냥과 비단 20만 필을 바치는 굴욕적인 맹약이기는 했지만, 국제정치라는 장기적 관점으로 보면 지정학적 산물로서 일종의 세력균형이라 할 수 있었다. 이 조약은 100여 년 동안 전쟁을 피하면서 중국에서 남북 경제 문화의 민간 교류를 촉진시키는 중요한 역할을 담당하였다.

남송 제국이 멸망한지 32년 후에 마르코 폴로는 임안(항주)을 여행한 뒤 "의심할 여지없이 세계에서 가장 아름답고 고귀한 도시이다."라고 묘사하였다. 뿐만 아니라 그는 중국 도시마다 상점이 즐비하고 농촌에도 수많은 시장이 들어선 모습에 감탄하였다. 당시 임안의 인구는 100만 명을 넘었는데, 이는 당시 유럽에서 가장 큰 도시의 인구가 고작 수만 명이었던 사실에 비춰보면 엄청난 수준이었다.

송나라는 넘쳐나는 풍부한 생산력으로써 북방의 요나라와 금나라에 경제적 대가를 지불하고 평화를 유지할 수 있었다. 그러나 만주족의 금나라의 공격에 밀려 남쪽으로 쫓겨 내려갔으며, 끝내 몽골족이 세운 원나라에 의하여 멸망하였다.

이토록 번영했던 송나라가 몰락한 요인으로 역사학자 황런위(黃仁宇)는 시대정신과 부합하지 못했던 관료주의를 지적한다. "관료주의는 일종의 역사적 산물이다. 간단히 말하자면, 일종의 소규모 자작농을 주체로 삼는 정치조직이 적응력이 결여된 채 일종의 다원화되고 지속적으로 성장하고 변화하는 도시 경제를 장악하고 있었던 것이다."[5]

12. 시대를 너무 앞섰기 때문에 실패한 왕안석의 신법

"하늘의 변화를 두려워하지 말고, 과거의 관습에 얽매이지 말며, 사람들의 비난을 두려워 않겠다(天變不足畏, 祖宗不足法, 人言不足恤)."

송나라의 유명한 개혁정치가 왕안석(王安石, 1021~1086)이 한 말이다.

중국 관료주의의 재정과 조세 징수를 오랫동안 연구해온 저명한 역사가 황런위(黃仁宇)는 왕안석의 개혁이란 한 마디로 재정상의 조세 수입을 대규모로 상업화하려는 것이었으며, 그 구체적인 방침은 관용 자본을 이용하여 상품의 생산과 유통을 촉진하자는 것이었다. 즉, 그렇게 경제적 확대가 이뤄지면 세율을 변화시키지 않더라도 국고 수입을 증가시킬 수 있다는 주장이라는 것이다. 이는 현대 국가들이 모두 따르는 원칙으로서 다만 이것이 시대를 무려 천 년이나 앞서나간 개혁 정책이었기 때문에 실패했다는 결론을 내린다.[6]

천년을 앞섰던 개혁

왕안석은 우리에게 '왕안석의 신법(新法)'으로 잘 알려져 있는 인물이다. 그는 강서성 임천(臨川)에서 군 판관인 부모로부터 태어났다. 어려서부터 총명하기로 근동에 소문이 자자했던 그는 스물두 살 때 진사시험에 합격하고 그 뒤 십여 년 동안 지방행정의 직무에 종사하였다. 이 무렵 그는 백성들이 겪는 고통과 사회의 심각한 구조적 모순을 몸소 직시하고 그 개혁 방안을 찾기 위하여 노력하였다. 재상 문언박이 그를 인종 황제에게 그를 천거했지만, 왕안석은 등급을 뛰어넘는 기풍을 만들 수 없다며 고사하였고, 구양수가 간관으로 천거했을 때에는 조모가 연로하다는 이유로 고사하였다. 그러자 구양수는 집에서 봉양할 수 있도록 지방 판관에 임명하였다.

그는 자신의 변법(變法) 사상을 정리하여 인종 때 만 자에 이르는 "상인종황제언사서(上仁宗皇帝言事書)"를 황제에게 제출했으나 받아들여지지 않았다. 이후에도 조정에서 그에게 여러 차례에 걸쳐 벼슬을 내렸지만 그는 모두 거절하였다. 사대부들은 모두 그가 공명(功名)에 뜻이 없고 벼슬을 멀리 한다고 생각하며 그와 잘 알고 교류하지 못함을 아쉽게 여겼다.

풍속을 바꾸고 법도를 세우다

인종이 세상을 떠나고 신종이 즉위했다. 신종은 평소부터 왕안석의 이름을 많이 듣고 그를 숭모하고 있었던 터라 즉위하자마자 왕안석을 청해 한림학사 겸 시강(侍講)으로 모셨다. 왕안석은 얼마 지나지 않아 잇달아 중앙의 참지정사(參知政事)와 재상에 임명되면서 '신학(新學)'을 주장하고 변법을 시행하였다.

송나라는 960년에 건국되어 1069년에 왕안석의 신법이 시행되었다. 당시 고급관료와 대토지소유 지주들이 마음대로 토지를 겸병하는 바람에 이들이 소유한 토지는 인종 시대에 이미 70~80%를 점하게 되었다. 더구나 관리의 수는 갈수록 급증하여 건국 이후 100년도 안되어 두 배로 증가하였다. 이들은 세금과 병역을 면제받고 반면 백성들의 세금은 갈수록 많아졌다. 게다가 북방의 강국인 금나라의 침략을 방어하기 위해 매년 군비는 엄청나게 소요되어 급기야 군비는 무려 전체 재정수입의 6분의 5를 점할 정도가 되었다.

특히 송나라는 병사의 수가 너무 많았다. 80만 명의 금군(禁軍: 정규군)에 다시 60만 명의 상군(廂軍: 지방군)이 더해져 총 140만 명의 군대를 유지해야 했다. 이 규모는 중국 역사상 가장 많은 병력 수로서 이로 인한 재정 부담은 엄청났다. 여기에 송나라는 토지 겸병과 관리들의 상업경영을 금지하지 않고 있었다. 빈부 격차는 갈수록 벌어졌고 재정은 고갈되었다.

이러한 상황에서 왕안석은 황제에게 '풍속을 바꾸고 법도를 세우는' 개혁 정책을 건의해 마침내 부국강병을 기치로 한 변법이 시행되기에 이른 것이다. 변법의 가장 큰 목표는 대관료 지주의 독점과 토지 겸병을 억제하는 데 있었다.

인치와 법치를 모두 중시하다

왕안석은 단지 부국강병의 희망만 가지고 있어서는 안 되며 반드시 법률로써 그 실현을 보장해야 한다고 역설하였다. 중국에서는 역대로 사건 처리를 법률에 의거할 것인가 아니면 개인의 주관적인 의지 혹은 성현의 말씀을 따라 처리할 것인가의 논쟁이 장기적으로 진행되었다. 그러나 한나라 동중서(董仲舒)가 이른바 '춘추 판결'을 제기한 이후 공자가 지은 『춘추』의 어록이 국가의 법률에 우선하는 효력을 발휘해 왔다. 하지만 왕안석은 결코 『춘추』를 최고의 가치로 설정하지 않았다. 그는 판결은 마땅히 국가가 제정한 법률에 의거해야 한다고 주장하였다.

예를 들어, 공자는 부모의 복수를 할 수 있도록 했는데, 왕안석은 새로운 시대에는 새로운 법이 있는 것이며 사사로이 복수하는 것을 허용할 수 없다고 인식하였다. 즉 법률의 해석이나 사건의 판결에 있어 그는 『춘추』에 구애되지 않고 어디까지나 사회의 안정에 그 목표를 두고 있었다.

원래 유가들은 인치(人治)를 중시하고 법치를 경시하였다. 반면 법가들은 법치를 중시하고 인치를 경시하였다. 그런데 왕안석은 인치와 법치를 모두 중시하는 정책을 펼쳤다. 그는 단지 좋은 법률만으로는 국가를 잘 다스리기에 부족하며, 반드시 좋은 관리가 존재하여 법률의 집행을 관철해야 한다고 주장하였다.

한편 왕안석은 당시의 과거제도에 대해 비판적이었다. 무엇보다도 과거시험이 무조건 유교 경전만을 암송하는 것에 그쳐 실제적인 일의 처리에 있어 아무런 효과가 없음을 신랄하게 비판하였다. 그리하여 왕안석은 실제적인 방면에 지식을 배양시키기 위해 과거시험에 법률과 판결 등의 과목을 추가해야 한다고 주장하였다. 이러한 왕안석의 이러한 노력은 후에 성과를 거두어 '명법(明法)'이라는 과목이 과거시험에 새롭게 추가되었다. 나아가 왕안석은 법률학을 제창하고 법률 학교를 설립하여 법률 전문가를 육성하고자 하였다. 그는 공부를 하는 목적은 수단이 아니며 중요한 것은 그것의 응용이라고 주장하였다. 그리하여 그 학교에 율령과 판결 등의 과정을 설치하여 이론과 실제를 동시에 공부하도록 하였다.

천년의 고독

왕안석은 뛰어난 계획 경제학자로서 변법으로 중앙재정 확대를 도모하였다.

그는 중소 상인에 대해서는 시역법(市易法)으로써, 농민에 대해서는 청묘법(青苗法)으로써 국가가 장기 저리로 자금을 공급하였다. 대상인과 지주에게 부가 편중되는 것을 방지하기 위한 조치였다. 또 그는 정부가 지방의 물자를 사들여 다른 지방에 팔아 유통과 가격의 안정을 꾀하는 균수법(均輸法)을 시행하였다. 정부가 시장을 대신하였다.

그런데 결국 왕안석의 신법은 오로지 중앙정부만 이익을 보도록 만든 방안으로서 기타 농민과 상인, 지방정부 누구도 이득을 볼 수 없고 오히려 손해를 보는 개혁안이었다. 그렇기 때문에 그 실패는 필연적이기도 했다.

왕안석의 신법은 고급관료 및 대상인 그리고 대지주의 경제적 특권을 제한했으며, 특히 백성들에 대한 무차별적인 약탈과 착취에 제한을 가했다. 그리하여 이 개혁 정책은 수구파의 완강한 저항과 반대에 부딪혀야 했다. 사실 왕안석의 개혁 정책은 그 기반이 오직 황제의 신임 이외에 다른 보장이 전혀 존재하지 않는 허약한 것이었다. 더욱이 왕안석이 믿고 개혁 정책의 추진을 맡겼던 인물들이 대부분 무능하고 심지어 사리사욕에 빠져 일을 그르치기도 하였다.

결국 끝까지 왕안석의 개혁 정책에 있어서 외롭게 버팀목이 되어주었던 신종이 세상을 떠나자 곧바로 사마광(司馬光)을 위시한 수구파의 재집권으로 이어졌고, 그리하여 신법은 모조리 폐기되기에 이르렀다.

왕안석의 신법은 거의 천년이 지난 최근에 이르러서야 비로소 긍정적인 평가를 받게 되었던 것이다. '천년의 고독', 왕안석 신법의 운명이었다.

13. 무능한 왕조, 명나라의 수명을 연장한 장거정의 개혁

무능했던 명나라

흔히 개혁은 혁명보다 어렵다고 한다. 그만큼 개혁이 어렵다는 말이다. 장구한 중국의 역사를 살펴봐도 성공적인 개혁은 극히 드물었다.

그런 가운데서도 명나라의 명신 장거정(張居正, 1525~1582)이 주도했던 '신정(新政)'의 개혁은 상앙과 진시황 및 수당 시대 이후 근대에 이르기까지 영향력이 가장 크고 가장 성공을 거둔 개혁으로 평가되고 있다. 사실 장거정의 개혁 정책에 힘입어 명나라 왕조는 그 명맥을 조금 연장할 수 있었다.

조선 왕조가 명나라를 하늘같이 떠받들었던 것은 잘 알려진 사실이다. 그 숭명(崇明) 사상은 지금까지도 영향을 미치고 있다. 아직 명나라 마지막 황제의 연호를 사용하는 우리나라 유교 서원도 있으니 말이다.

하지만 사실 중국 역대 왕조에서 명나라는 대표적으로 무능했던 왕조였다. 만력제(萬曆帝)는 그가 황제의 자리에 있은 48년 집권 중 후반기 30여 년간 몸이 아프다며 틀어박혀 조정에 나가지 않았다. 신하들과 만나 국사를 논하지도 않았다. 정사 처리는 주로 유지(諭旨)라는 형식으로 전달되었고, 그것조차도 황제는 거의 결정하지 않았다.

만력제가 죽은 후, 우여곡절 끝에 황제의 자리에 오르게 된 천계제(天啓帝)는 아예 글도 모르는 일자무식이었다. 그는 애초부터 정사를 처리할 능력이 전혀 없었다. 재위 기간 내내 오직 대패와 톱 그리고 끌을 품에 지니고서 언제나 목공(木工)과 칠(漆) 작업에만 열중하여 침대를 만들고 궁궐을 보수했던 '목수 황제'였을 뿐이었다.

어리석었던 천계제가 죽고 나서 10년이 조금 넘어 명나라는 끝내 멸망하고 말았다.

장거정, 그가 있어 나라가 안정되었다

장거정은 위에서 말했던 만력제 신종 때 사람이었다. 그는 내각 수보(首輔: 내각 수석학사)로 있으면서 '만력신정(萬曆新政)' 혹은 '장거정의 개혁'이라 칭해지는 개혁을 이끌었다.

장거정은 다섯 살에 이미 글을 읽을 줄 알았고, 일곱 살에는 6경을 깨우쳤다. 어린 나이에 즉위한 만력제 신종 때 수보의 직책을 맡아 일체의 군정(軍政) 대사를 모두 처리하였다.

이 무렵 남부 해안 지역의 왜구는 이미 소탕되었으나 북방 몽골족의 일파인 달단족이 변경을 자주 침범하여 여전히 명나라의 안전을 위협하고 있었다. 장거정은 왜구를 격퇴하는 데 큰 공을 세웠던 명장 척계광(戚繼光)을 북방으로 불러 계주(薊州)를 지키게 했으며, 요동 지역은 이성량(李成梁)으로 하여금 방비하도록 하였다(이성량은 척계광과 함께 북방 몽골족과 남방 왜구를 진압한 명장으로서 본래 조선 출신이다. 80세가 되도록 요동지역을 관리한 장군으로서 임진왜란 때 조선에 온 명나라 대장 이여송의 아버지이다. 그는 청나라 건국의 토대를 쌓은 누르하치와 미묘한 관계에 있었고, 누르하치는 이 관계를 이용하여 힘을 강화시킬 수 있었다).

이들은 달단의 진격을 막기 위하여 산해관에서 거용관에 이르는 장성 위에 3천여 개의 보루를 쌓았다. 군율이 엄하고 무기가 좋은 척계광 군대는 달단을 여러 차례에 걸쳐 격퇴시켰으며, 달단의 수령 알단 칸은 화의와 통상을 청했다. 장거정은 조정에 주청하여 알단 칸을 순의왕(順義王)으로 봉했다.

그 후 20~30년 동안 명나라와 달단 간에 전쟁이 없었기 때문에 북방 백성들은 오랜만에 안정된 삶을 영위할 수 있었다. 또한 능운익(凌云翼)과 은정무(殷正茂) 두 장수로 하여금 서남 지역의 반란을 진압하도록 하였다.

비록 만 리 밖에서도 아침에 내린 명(命)이 저녁에 시행되다

장거정의 개혁이 시행될 무렵, 명나라 조정은 이미 부패가 너무 만연해 있었다. 대지주들은 백성들의 토지를 마음대로 겸병하고 수탈하였다. 그리하여 지주 호족들은 갈수록 부유해졌지만, 반대로 국고는 날이 갈수록 텅텅 비어갔다.

장거정은 토지를 철저하게 재조사하여 황실의 친인척이나 대지주들이 숨겨놓은 토지를 밝혀냈으며, 지주들의 토지 겸병을 억제하고 나라의 재정 수입을 늘렸다. 그 뒤 그는 잡다한 부세와 노역을 하나로 합쳐 세금을 은으로 납부하도록 하는 법률을 만들었다. 이 법은 '일조편법(一條鞭法)'이라 칭해졌는데, 이러한 일련의 세수(稅收) 제도 개혁에 의하여 관리들의 부정부패는 크게 억제되었다.

한편 관리들에 대한 개혁 조치는 '고성법(考成法)'이라 칭해졌다. 장거정은 이 고성법에 따라 위로는 내각부터 맨 아래의 아전까지 반드시 업무 평가를 받도록 하였다. 또 당시 나라가 어지러운 틈을 타 사방에서 도적이 일어나 백성들을 괴롭히고 심지어 관청까지 습격해 양식과 무기를 탈

취하곤 했다. 하지만 지방 관리들은 그 사실을 은폐한 채 중앙 정부에 아예 보고조차 하지 않았다. 장거정은 보고하지 않은 관리는 고하를 막론하고 무조건 엄벌에 처했다. 그러자 정부 모든 부처에서 업무 효율은 크게 높아졌고 책임이 명확해졌으며, 신상필벌(信賞必罰)로 상과 벌은 추상같이 분명해졌다.

이로 인하여 조정에서 어떤 명령이 아침에 내려지면 비록 만 리 떨어진 먼 곳이라도 저녁에 시행될 정도가 되었다. 이 관료 개혁의 목표는 바로 부국강병이었다.

이렇게 10년 동안 개혁이 진행되자 그 효과는 뚜렷하게 나타났다. 부패하기 짝이 없었던 명나라 정치도 크게 개선되었고, 만성적으로 적자 상태였던 재정은 흑자 400만 냥으로 돌아섰다. 국고에는 10년을 먹고도 남을 양식이 비축되었다.

그러나 이러한 개혁 조치로 인하여 크게 손해를 입게 된 귀족들은 겉으로는 복종하는 척했지만 내심으로는 장거정을 극도로 미워하였다.

장거정이 세상을 뜨니 나라도 쇠퇴했다

1582년, 장거정은 지병으로 세상을 떠났다.

장거정이 죽자 신종은 자신이 직접 정치의 전면에 나섰다. 그러자 그동안 장거정에게 불만을 품고 있었던 대신들이 벌떼처럼 들고 일어났다. 이들은 장거정이 개혁을 한다면서 독단적으로 전횡했고 이러저러한 일들을 모조리 잘못했다며 맹렬히 비난하면서 그에게 엄중한 처벌을 내려야 한다고 목소리를 높였다.

마침내 이듬해에 신종은 장거정의 모든 직위를 삭탈하고 가산도 모조리 몰수하였다. 장거정이 시행했던 개혁 조치 역시 모두 철폐되었다.

이렇게 하여 개선되고 있던 명나라의 정치는 다시 급속하게 쇠락해 갔다. 장거정이 세상을 뜬 뒤 바로 명나라가 멸망하지 않고 그나마 60여 년을 유지할 수 있었던 것도 순전히 장거정의 개혁 덕분이었다.

근대 중국의 저명한 학자인 양계초(梁啓超)는 장거정을 "명대(明代)에서 유일한 대정치가였다"라며 그 업적을 높이 평가하였다.

14. 무협지의 역사적 배경

명나라 시대는 암울한 시기였지만, 반면 민간 사영(私營) 경제의 발전은 특기할 만 했다. 제지를 비롯하여 인쇄, 차, 조선, 도자기, 방직 등 수공업은 명나라 전기만 해도 매우 번성했지만, 중기에 접어들면서 급속하게 쇠락하고 대신 사영(私營) 수공업으로 대체되기 시작하였다.

특히 명나라 중엽 이후에는 각지 상인 집단의 규모와 실력이 강력해졌다. 상인들은 분산 독립의 경영 형태를 벗어나 지역과 종족 혈연 관계 혹은 업종 간 연합의 방향으로 나아가 상호 공제와 대외 합동경쟁을 목표로 하는 상인 집단을 형성하게 되었는데, 이것이 바로 '상방(商幇)'이다. 상방 중에서 가장 대표적인 상방은 산서(山西)성의 진상(晋商)과 안휘성의 휘상(徽商)으로서 이들로 대표되는 상인 집단은 전국적으로 활발하게 융성하였다.

그중에서 진상(晋商)은 '산서방(山西幇)', '서상(西商)', '산고(山賈)'라는 명칭으로도 불렸다. 본래 산서성은 "토지는 사람들이 살기에도 비좁고, 논밭은 경작하기에 부족하여, 사람들은 상고(商賈)를 중시하였다."

진상은 산서성의 소금, 철, 보리, 면, 피, 모, 목재, 담배 등의 특산물을 활용하여 장거리 무역을 하였으며, 강남의 비단, 차, 쌀을 다시 서북지방, 몽골 심지어 러시아 등지까지 판매하였다. 그런데 이와 같은 장거리 무역은 그 자본 규모가 크고 회전속도는 느려 대규모의 자본 수요가 발생하였기 때문에 예금과 대금 업무를 담당하는 전문 기관이 필요했고, 이에 따라 '표호(票號)'라고 불리는 금융업체를 만들었다.

이렇게 산서 상인들의 외지 구매 활동이 활발해짐에 따라 현금 운송 액수도 커지고 횟수도 많아져 신속한 배송과 안전 문제가 중요해졌다. 그리하여 '표호'는 무술이 절륜한 고수들을 고용하였고, '표사부(鏢師傅)'라 칭해지는 이들은 허리에 전대를 매고 날카로운 표창을 품에 지녔으며 긴 창으로 무장하였다. '표사부'가 타고 있는 마차에는 '표사부'의 성씨(姓氏)를 쓴 깃발을 휘날리게 하여 도적이나 강도들은 감히 덤비지 못하였다. 흥미진진한 중국의 무협소설은 이러한 역사를 배경으로 하고 있다.

저명한 역사학자 황런위(黃仁宇)는 그의 저서 『만력 15년(萬曆十五年)』에서 "낙후한 농업 경제를 유지하고 상업 및 금융 발전을 거부했던 명나라의 이러한 방식이야말로 중국이 세계적 차원에서 선진적이었던 한당 시대가 낙후한 명청 시대로 전락해버린 주요한 원인이다."라고 지적하였다.

그는 이어서 "자본주의는 일종의 조직이며 일종의 체계이다. 자본주의의 유통 방식은 상품이 화폐로 교환되고 화폐는 다시 상품으로 교환되는 것이다. 화폐는 일종의 공중(公衆) 제도이지만, 그것은 원래 공중에 속하는 권력을 개인에게 부여한다. 개인 자본 축적이 많아질수록 그것이 공중 생활을 조종하는 권력이 더욱 커진다. 동시에 상업자본은 공업자본의 선구로서 상업이 충분히 발전해야만 비로소 공업의 발전이 동일하게 증진된다. 이것이 서구 자본주의 발전의 특징이다. 중국의 전통 정치는 이러한 조직 능력이 부재했을 뿐만 아니라 왕조의 안전을 위하여 개인의 재부(財富)가 통제될 수 없는 상황에 이르는 것을 결코 원하지 않았다."[7] 고 분석하였다.

15. 18세기 세계 최고의 부호 화신, 그러나 그로 인해 청나라는 기울었다

유능하고 청렴했던 젊은 시절

화신(和珅; 1750~1799)은 청나라의 최전성기를 구가한 건륭제(乾隆帝) 때 최고의 권신(權臣)이었다. 그러나 바로 그로 인해 나라의 운명은 기울었다.

화신은 만주족 출신으로서 어머니는 그가 3세 때 그의 동생을 낳다가 난산(難産)으로 세상을 떠났고 아버지는 그가 9세 때 사망하였다. 그는 과거에 합격하여 관직에 나간 뒤 23세 되던 해에 포목창고의 관리를 맞게 되었는데, 성실하게 직무를 수행하여 포목 비축량을 크게 늘렸다. 이 무렵 그는 뒷날 엄청난 재산을 모을 수 있는 이재술(理財術)을 배울 수 있었다.

그 뒤 화신은 건륭제의 의장대 시위(侍衛)로 자리를 옮겼다. 어느 날 건륭제가 야외로 나가려고 시종관들에게 의장을 준비하도록 했다. 그런데 가마를 덮은 황룡산개(黃龍傘蓋)가 제대로 준비되지 않자 화를 냈다.

"이는 누구의 잘못인가?"

황제가 크게 화를 내자 좌우 신하들이 모두 사색이 되었다. 이때 한 젊은 교위 하나가 나서며 말했다.

"담당자는 자신의 책임을 변명하지 않는 법입니다."

이는 『논어』의 '계씨(季氏)' 편에 나오는 내용을 비유적으로 답한 것이었다.

건륭제는 학식이 깊고 풍류를 즐기던 황제였다. 건륭제는 내심 탄복을 하고는 그 젊은 교위를 불러 이름을 물었다. 바로 화신이었다. 외모도 준수했고 말솜씨 언사 또한 또렷또렷하였다. 건륭제는 다른 문제들도 물어보았는데 답변이 마치 물 흐르듯 유창하였다. 더구나 화신의 용모는 건륭제가 아직 황제가 되기 전에 연모했던 연귀비(年貴妃)와 너무 닮았었다. 그러니 화신은 본래부터 낭만적인 성격이었던 건륭제의 마음에 쏙 들었다.

화신이 처음부터 부정부패한 관리는 아니었다. 오히려 뇌물을 주어도 거절하는 청렴한 관리로 그 명성이 높았다. 그러나 이후 대학사 이시요(李侍堯)의 부패 사건을 조사하는 책임을 맡아 처리하는 과정에서 그 부정재산을 몰래 착복하였다. 그런데 적발되기는커녕 거꾸로 그 사건을 잘 처리했다고 공을 인정받아 황제로부터 상금과 함께 칭찬을 들었다. 그 뒤 큰 아들과 건륭제의 친딸 화효 공주가 결혼을 하게 되자, 그의 권세는 이제 가히 하늘을 찌를 듯 했다.

나라의 모든 뇌물이 화신의 손으로 들어갔다

건륭제는 화신을 총애하여 그를 항상 옆에 있도록 하였다. 화신은 만주어와 중국어에 몽골어와 티베트어 등 4개 언어에 능통했고 사서삼경에도 정통했으며 삼국지연의며 춘추와 홍루몽까지 두루 섭렵하고 있었다. 게다가 주자 철학까지 독파하였다. 또 시인이기도 했던 건륭제와 더불어 시를 지을 수 있었다.

그뿐 아니었다. 하루는 건륭제가 『맹자』를 읽을 때, 날이 어두워서 주(注)가 잘 보이지 않았다. 화신에게 등불을 가져다 비춰 보라고 했는데, 화신이 어느 구절이냐 묻더니 건륭의 대답을 듣고는 그 책의 모든 주를 외워서 건륭에게 말해주었다. 황제가 강남(江南) 지방을 순행할 때 엄청난 자금이 소요되었다. 하지만 이때마다 돈을 만드는 데 귀신인 화신의 능력이 특별히 발휘되어 경향 각지에서 자금을 조달할 수 있었다. 그 때문에 건륭제는 아무 어려움 없이 강남 순행을 다닐 수 있었다. 건륭에게 그만한 신하가 따로 존재할 수 없었다.

어쨌든 황제와 사돈이 된 화신의 권력은 그야말로 최고의 권신이 되었다. 한림원 대학사로서 그리고 군기대신으로서 조정 대권을 한 손에 거머쥔 화신은 특히 자신을 탄핵한 바 있었던 문관들을 증오하여, 많은 문관들이 명나라를 추종하여 청나라를 비방했다는 혐의가 씌워진 채 '문자옥(文字獄)'으로 체포되어 사형을 당했다.

이제 그는 공공연하게 재산을 긁어모으는 데 혈안이 되어 뇌물을 받는 것은 물론이고 드러내놓고 횡령하거나 백주 대낮에 빼앗기도 하였다. 지방 관리들의 상납품은 화신의 손을 거쳐 황제에게 올라갔는데 그는 그중 진귀한 것들을 가로챘다.

그는 전국의 모든 상인들로 하여금 자신에게 굴복하게 만들었고, 만약 말을 듣지 않으면 폭력배들을 동원하여 멸문시켰다. 절강성(浙江省)의 부호 증씨(曾氏)는 화신에게 뇌물 바치기를 거부했다가 집에 강도가 들이닥쳐 하룻밤 사이에 모든 가족이 몰살당하고 전 재산이 강탈당했다. 겉으로는 강도를 당했다고 소문이 났지만 사실은 모두 화신의 손에 들어갔다.

10년 동안 국가가 쓰고도 남을 그의 재산

화신은 18세기 당시 세계 최고의 부자였다. 같은 시대 독일의 저명한 금융가 마이어 암셸 로스차일드(Mayer Amschel Rothschild)보다 재산이 더 많았다. 화신 스스로 대상인이기도 하였다. 수 백 곳에 달하는 전당포와 오늘날의 은행격인 은호(銀號)를 소유하였고, 영국의 동인도회사 및 청나라의 대외 무역 독점 기관인 광동십삼행(廣東十三行)과 거래하기도 했다.

하지만 건륭제는 자기가 신임하는 화신의 부정을 파헤치지 않았다. 사람들은 그러한 화신이 두려워서 고발하지 못했기 때문에 단 한 번도 드러난 적이 없었다. 오히려 화신의 비위를 맞추느라 조정 안팎의 관리들은 백성들에게서 수탈해 온 진귀한 보물들을 앞을 다투어 그에게 갖다 바쳤다.

건륭제는 제위 60년 만에 태자 영염(永琰)에게 황제 자리를 양위했다. 바로 가경제(嘉慶帝)였다. 그러나 건륭은 비록 양위는 했지만 완전히 물러간 것이 아니었다. 그는 화신을 가경제와 자신의 중간에 앉아있도록 하고서 섭정하였다. 이 무렵 노쇠한 건륭제의 말소리는 매우 작고 더듬거려서 오직 화신만이 알아들을 수 있는 정도였다. 이렇게 되니 모든 국정을 화신이 농단하게 되었고, 가경제는 그저 허수아비였을 뿐이었다. 사람들은 화신을 '이황제(二皇帝)'라 불렀다.

가경제도 이러한 사실을 모를 리 없었다. 마침내 건륭제가 세상을 떠나자 가경제는 즉시 20조항에 이르는 화신의 대죄를 선포하고 그의 집을 압수 수색하도록 명했다.

그의 집에서 백은 8억 냥을 압수했는데, 당시 청 왕조 1년 세수는 고작 7, 8천 만 냥에 지나지 않았다. 자그마치 청나라 조정의 10년 세 수입에 해당하는 액수였다. 화신의 재물은 모조리 국고로 옮겨졌다. 시중에서는 "화신이 거꾸러지니 가경(황제)의 배가 부르구나."라는 말이 널리 퍼졌다.

국법을 담당하는 정의(廷議)는 화신의 능지처참을 청했으나 화효 공주의 시아버지이고 선조(先朝)의 대신이었던 점을 감안하여 자진(自盡)할 수 있도록 윤허되었다.

정월 18일, 마침내 흰 노끈이 보내지고 화신은 스스로 목숨을 끊었다. 아들은 화효 공주의 남편이었기 때문에 면죄되었다.

건륭제가 세상을 떠난 뒤, 강력했던 청나라는 급속하게 붕괴하기 시작했다. 이 붕괴에는 화신의 엄청난 부패가 중요한 요인으로 작용하였다. 최강의 제국을 기울게 만든 인물, 그는 바로 최고의 탐관 화신이었다.

16. 중국 근대의 현대적 상업가, 광동십삼행의 오병감

세계의 중심(中心) 국가 중국(中國)과 그 몰락

청나라의 전성기였던 건륭제(乾隆帝) 시기 영국 메카트니 경이 청나라 건륭제에게 무역을 제안했을 때 건륭제가 "우리에게 없는 물건이 없다!"며 한 마디로 거부하였다. 그리고 우리는 중국이 이 때 보여준 이 사건을 지극히 우매한 '우물 안 개구리'의 대표적 사례로 이제껏 배워왔다.

하지만 이러한 '상식'과 '조롱'이 반드시 타당한 것은 아니다. 아니 정확히 말하자면, 그것들은 잘못된 정보에 속한다. 오히려 당시 청나라의 국력은 대단히 강력한 수준이었다. 건륭제 시기 청나라의 제조업 총생산량은 동 시기 모든 유럽 국가의 제조업 총생산량보다 5%가 많았고, 영국보다는 정확히 여덟 배나 많았다.

당시 청나라의 GDP는 세계 총 GDP의 1/3을 점하고 있었다. 이는 오늘날 미국이 세계 경제에서 차지하는 비중보다 오히려 높은 수치이다. 즉, 당시 중국은 '세계의 중심(中心)' 정도까지는 아니었지만 여전히 강력한 '지배적 국가'였던 것이다. 이렇듯 중국(中國)은 오랜 역사기간 동안 줄곧 그야말로 세계의 '중심 국가'로 군림해왔다.

그러나 아편전쟁에 이르렀을 때 이미 중국의 국력은 쇠락의 길로 곤두박질쳐 허장성세, 그야말로 종이호랑이로 전락하고 말았다.

그런데 바로 이러한 국난의 위기에서 크게 활약하여 세계적인 대부호로 부상했던 중국의 대상인이 있었으니 그가 바로 오병감(伍秉鑒; 1769~1843)이라는 인물이었다.

광동십삼행의 전성시대

오병감의 선조는 일찍이 청나라 강희제(康熙帝) 초기 복건성(福建省) 천주(泉州)에서 광동성(廣東省)의 광주(廣州)로 이주하여 무이산(武夷山)에서 차(茶) 사업을 하였다. 이들은 당시 외국인과 비단과 도자기 교역을 허가받은 소수의 중국 상인 중 하나였다.

그의 부친은 1783년 광주에 이화행(怡和行)이라는 상점을 설립하고 상업에 나섰다. 그리고 오병감은 부친의 사업을 이어받아 사업을 크게 키웠다. 그는 청나라의 유일한 대외 무역 창구였던 '광동십삼행(廣東十三行)'의 중심적 인물이었다. 그런데 이 광동십삼행이란 실제로는 하나의 체계이고 이름 그대로 정확히 열세 곳의 상점이 존재한 것은 아니었다. 많을 때는 수십 곳의 가게가 번성했고, 적을 때는 단 네 곳만 있을 적도 있었다.

광동십삼행은 이 무렵 청나라의 대외 무역 특권을 모조리 독점하고 있었다. 그렇기 때문에 모든 외국 상인들이 차와 비단 등의 중국 물건을 구매하거나 혹은 서양 물건을 중국에 판매할 때는 반드시 이들 광동십삼행을 통해야 했다. 이렇게 하여 점차 광동십삼행은 그간 청나라의 양대 상인 조직이었던 안휘성(安徽省)의 소금상인 및 산서성(山西省)의 진상(晋商)을 앞질러 강력한 거대 상업 조직으로 성장하였다.

세계 최고의 갑부, 다국적 재벌 오병감

오병감은 서양 각국의 중요 고객들과 모두 긴밀한 관계를 맺어 이들 서양 상인들을 기반으로 하는 무역으로써 커다란 부를 쌓았다. 1834년 이전에 오병감과 영국 상인 및 미국 상인들 간에 매년 이뤄진 무역액은 이미 백은 수백만 냥[兩: 화폐 단위로서 냥이 원(元)으로 바뀐 것은 최근세사인 1933년이었다]에 이르렀다. 뿐만 아니라 그 자신이 동인도회사의 은행가로서 동시에 최대 채권자이기도 하였다. 그리하여 이 무렵 그의 명성은 서양에도 널리 알려져 '세계 제1의 대부호'로 칭해지기도 하였다.

오병감의 부는 국내에 부동산과 차 농장, 점포 등을 보유하는 것에 그치지 않았다. 그는 바다 건너 멀리 미국의 철도와 증권 교역에 투자하였고, 심지어 보험업무 등의 분야에도 관계하였다. 사실상 이미 세계적 범주의 다국적 재벌이었다.

미국 친구의 차용증서를 찢어버리다

이 무렵 미국 보스턴 출신의 한 미국 상인이 오병감과 동업을 하였다. 그는 일찍이 오병감에게 은 7만 2천 냥의 빚을 졌었다. 하지만 사업이 뜻대로 풀리지 않아 빚을 갚을 능력이 없어졌고 나중에는 미국으로 돌아갈 수도 없게 되었다.

오병감이 이 사실을 알고는 사람을 시켜 차용증서를 가져오라고 하더니 미국 상인에게 "당신은 나의 첫 외국 친구요. 당신은 가장 성실한 사람이고, 단지 운이 나빴을 뿐이오."라고 말하면서 그 증서를 찢어 버렸다. 그러고는 우리들 사이에 이미 차용증서는 없으니 언제든지 미국으로 돌아가도 좋다고 흔쾌하게 선언하였다. 이러한 오병감의 통 큰 행동은 해외까지 그의 명성을 크게 드날리게 만들었다.

사실 그의 재산은 엄청난 규모였다. 1834년에 자신들이 추계한 통계를 보면, 그의 재산은 무려 은 2,600만 냥으로서 당시 세계 최고의 갑부였다. 광주 시내를 관통하는 주강(珠江) 강변에 지어진 그의 호화 저택은 마치 소설 『홍루몽』에 나오는 주인공의 호화롭던 대저택 '대관원(大觀園)'과 능히 비길 만 하였다.

그가 세상을 떠난 뒤

그러나 오병감 개인이 향유했던 이 부귀영화도 국가가 봉착한 대위기와 결코 분리될 수는 없었다. 1840년 아편전쟁이 발발했고, 청나라는 세계의 새로운 패권국가로 부상한 영국의 포함을 앞세운 공격 앞에 속수무책, 백전백패로 궤멸 상태였다. 아니 허약해질 대로 허약해진 청나라 군대는 전쟁을 수행할 능력은 물론 애당초 싸울 의지조차 전혀 없었다.

이러한 국난의 위기에서 할 수 없이 상인들인 광동십삼행이 무력한 국가 대신 팔을 걷어 부치고 중재에 나설 수밖에 없었다. 결국 청나라가 영국군에게 600만 냥의 거금을 배상하기로 했는데, 광동십삼행이 1/3을 지불하기로 했다. 이 중 오병감이 가장 많은 110만 냥을 갹출하였다. 2년 뒤 아편전쟁에서 중국이 참패하고 배상금 300만 냥 중 오병감 혼자서 100만 냥을 기증하였다.

실의에 빠진 이 해에 오병감은 병으로 세상을 떠났다.

그가 세상을 떠난 뒤, 한때 천하를 주름잡고 군림했던 광동십삼행도 급속하게 몰락하기 시작하였다. 수많은 십삼행들이 청나라 정부의 착취로 인하여 도산하였고, 특히 외세의 강압에 밀려 중국의 여러 항구가 개

항함에 따라 그간 광동십삼행이 누려왔던 무역 독점이라는 커다란 권한도 사라졌다.

더구나 제2차 아편전쟁 뒤 큰 화재가 발생하여 한때 세계를 주름잡았던 광동십삼행 거리는 한 순간에 한 줌의 재로 변해 버렸고, 그 뒤로는 두 번 다시 재기하지 못하였다.

3부 ★

중국사 산책

진시황을 비롯하여 공자, 제갈공명과 관운장, 당 태종, 사마천, 한 무제, 소동파와 두보 그리고 춘추전국시대와 남북조 시대, 서유기, 홍루몽……

우리에게도 너무나 익숙한 말들이다.

중국은 지리적으로 우리와 가장 가까운 나라이다. 그래서인지 모두들 스스로 중국을 대단히 잘 알고 있다고 생각하지만, 실상 곰곰이 따져보면 중국에 대하여 확실하게 파악하고 있는 것은 별로 없다. 대부분 장님 코끼리 만지기식으로서 부분과 전체, 주관과 객관 그리고 허구(fiction)와 사실(fact)이 뒤섞여 혼재되어 있다.

중국인의 유일한 종교는 '과거(過去)'라는 말이 있다.

과거 중국 역사의 궤적을 더듬어 살펴보면 오늘의 중국이 지향하는 길을 이해할 수 있다. 역사란 결국 오늘의 현실에도 직간접적으로 긴밀하게 투영되고 있기 때문이다. 그러므로 현대 중국을 이해하기 위해서는 반드시 중국이 걸어온 역사에 대한 인식이 전제되어야 한다.

특히 중국 역사를 일별해 볼 때, 조대(朝代)는 바뀌었지만 기본적으로 그 제도는 바뀌지 않았다. 중국은 그만큼 전통의 뿌리가 깊고 강하다. 중국이라는 국가가 지니는 이러한 특성은 현대 중국에서도 그대로 적용될 수 있다. 커다란 역사의 흐름에서 볼 때, 결국 오늘의 중국은 전통의 중국을 계승하고 있으며, 내일의 중국 역시 이 궤도에서 크게 벗어나지 않을 것이다.

왜 역사를 알아야 하는가?

사람들은 왜 역사를 공부하는가? 그리고 사람들은 어떠한 방법과 태도로써 역사와 현실의 관계를 파악할 것인가? 역사 앞에서 우리에게 항상 제기될 수 있는 문제이다.

사마천은 이에 대한 분명한 대답을 하고 있다.

『사기 · 고조공신후자연표(高祖功臣侯者年表)』의 '서(序)'에 "居今之世, 志古之道, 所以自鏡也, 未必盡同. 帝王者各殊禮而異務, 要以成功爲統紀, 豈可緄乎?"라고 말하고 있다.

그 의미는 다음과 같다.

"지금 시대에 살면서 역사의 도리를 기억하는 것은 그것을 거울로 삼아 자기를 비춰보기 위함이다. 하지만 지금과 이전이 반드시 일치하는 것은 아니다. 제왕들은 각기 상이한 이익에 의하여 상이한 통치 방법을 충분히 제정할 수 있다. 물론 주로 성취해낸 공업(功業)을 원칙으로 삼을 것이지만, 그 역시 어찌 동일할 수 있겠는가?"

우리가 역사를 이해하고 인식해야 하는 까닭은 역사를 현실을 비추는 거울로 삼아 비교하고 참조하기 위함이다. 물론 과거의 역사와 오늘의 현실이 동일할 수는 없으며, 따라서 역사를 그대로 모방할 수도 없다. 과거 역사와 오늘의 현실은 '관련성'을 지니고 있기 때문에 오늘의 거울이 될 수 있는 것이며, 그러나 동시에 '차별성'이 존재하기 때문에 '반드시 일치하는 것'은 아니다.

그리하여 역사의 경험을 부정하는 것은 어리석은 일이며, 그렇다고 무조건 역사 경험을 모방하는 것 역시 현명하지 못한 일이다.

역사를 보는 눈, 복안(複眼)과 일이관지

과연 '중국'이라는 강력한 문화적 동화력 혹은 구심력을 이루는 특성은 어떠한 요인과 과정을 통하여 형성하였고, 발전, 심화되어 왔는가? 그리고 다른 문명 세계에서 그 유례를 찾아보기 어려울 정도의 중앙집권과 관료주의의 그 강력한 전통은 어떠한 과정을 거쳐서 구축되었는가?

중국이라는 나라가 지니는 이러한 성격을 알아보는 것은 매우 흥미로운 주제가 아닐 수 없다. 그리고 이러한 주제에 대한 탐구가 현대 중국의 뿌리이며 자양분인 중국 역사로부터 추적되고 분석해야 함은 두말할 필요도 없다.

역사란 그것을 해석하는 시각에 따라 다양한 분석이 도출될 수 있다. E. H. 카가 말한 것처럼 역사란 현재와 과거의 끊임없는 대화이다. 오늘의 중국을 알기 위해서는 역사의 정확한 기록을 기본적인 토대로 하되 최대한 다양한 각도에서 복합적인 눈으로 탐색해야 할 일이다.

그리하여 역사 사건과 역사 인물을 통하여 중국 역사의 궤적과 전변(轉

變)을 알아보면서 그 일맥상통의 내용과 의미를 다원적이되 명(明)과 암(暗), 정(正)과 부(否)의 양면을 동시에 통찰하는 '복안(複眼)'의 시각이 필요하다. 동시에 그것을 다시 하나로 관통하는 '일이관지(一以貫之)'의 총체적 관점 역시 요긴하다.

갈림길에서, 대체(大體)와 구체(具體)

어느 산책길이든 길은 여러 갈래로 나있다. 아름다운 풍광을 볼 수 있는 호젓한 길도 있고, 호수가 있는 오솔길도 있다. 때로는 산책하기엔 조금 숨이 가쁜 언덕길 그리고 흙탕길도 있다. 그리하여 대체(大體)와 구체(具體)를 놓치지 않고, 본질과 현상 그리고 내재(內在)와 외현(外顯)을 같이 살펴봐야 할 것이다.

1. 진시황의 천하 통일을 만들어낸 상앙

마부(馬夫)의 국가는 어떻게 천하 강국이 되었는가?

춘추전국시대, 진시황은 백가쟁명의 기나긴 분열 상태를 종식시키고 천하 통일을 이뤄냈다. 그런데 사실 진나라는 그 시조가 주나라 황제의 말을 끄는 마부였던, 중국 서북쪽 변방의 미개한 나라에 불과했었다.

그러한 진나라가 어떻게 갑자기 천하의 강국으로 우뚝 설 수 있었을까?

여기에는 여러 요인이 있을 것이다. 하지만 진나라의 강대국화 요인을 설명하기 위해서는 반드시 상앙(商鞅)의 개혁을 먼저 말하지 않으면 안 된다.

흔히 상앙은 잔인한 정책을 추진하였고 끝내 자기가 만든 법에 자기가 걸려 자업자득으로 죽은 인물로 묘사된다. 그러나 상앙은 주나라 왕실이 급속하게 쇠퇴해가고 약육강식의 전국시대에서 역사적 흐름을 정확하게 관찰하여 변법을 제기했다. 그리고 이러한 상앙의 개혁 전략은 진나라 왕의 지지를 받아 개혁 성공의 기초를 다졌다. 중국의 장구한 역사에서도 오직 상앙 변법과 덩샤오핑의 개혁개방의 두 가지 개혁만이 성공을 거두었다는 평가가 내려질 만큼 상앙의 개혁은 그 효과와 영향력이 엄청난 것이었다.

중국 역사상 성공한 개혁은 덩샤오핑 개혁개방과 상앙 개혁뿐

상앙의 개혁은 상앙 변법(變法)으로 표현된다.

특히 상앙은 군사적 공적을 세운 자에게 벼슬을 주는 '20등작(等爵) 제도'를 시행했다. 그 이전에는 오직 귀족들만 벼슬을 할 수 있었다. 귀족에게만 세습적으로 벼슬을 독점하는 권한이 주어져 있었을 뿐 일반 서민들에게 벼슬은 꿈도 꾸지 못할 대상이었다. 하지만 상앙의 개혁은 누구든 신분의 고하를 막론하고 군공(軍功)을 세우면 신분 상승의 기회를 제공하였고, 이런 기회를 쟁취하기 위하여 일반 평민들은 몸을 사리지 않고 전쟁에 앞장서게 되었다. 반면 군주의 친척이라도 군공이 없으면 심사를 거쳐 족보에 올릴 수 없게 했으며, 전공(戰功)이 없는 사람은 비록 부유할지라도 영예를 과시할 수 없었다.

상앙의 이러한 정책은 진나라 군사 체제를 획기적으로 강화시킴으로써 이후 진나라는 급속하게 강대국으로 성장할 수 있었다. 상앙은 정전제를 폐지하고 토지사유제를 실시하는 한편 농작물과 방직물을 많이 생산한 농민에게 각종 노역과 세금을 면제해 줌으로써 농업 생산력을 크게 증대시켰으며, 또한 도량형을 통일하고 군현제(郡縣制)를 시행함으로써 행정제도를 정비하고 중앙집권제를 강화하였다.

이러한 토대 위에 국력은 필연적으로 비약하게 되었고, 마침내 진나라는 초강대국으로 우뚝 섰다. 전국칠웅(戰國七雄), 전국시대 일곱 나라 중 진나라를 제외한 여섯 나라가 합종책(合從策)으로 동맹을 맺어야만 비로소 간신히 진나라에 맞설 수 있을 정도가 되었다. 상앙 변법은 한마디로 전민(全民) 군사동원형 체제로서 고대 그리스의 아테네에 분명한 군사적 우위를 보였던 군사국가 스파르타와도 유사했다. 또한 상앙 변법은 경제개혁에 토대를 둔 것으로서 현대적으로 해석하면, 일종의 명령형 계획경제였다. 자고로 개혁의 성패란 경제에 달려있는 것이었다.

한편 상앙은 한 집이 법을 어기면 아홉 집이 고발하고, 고발하지 않으면 곧 모든 집에 연좌법(連坐法)을 적용하였다. 간사한 자를 고발하지 않는 사람은 허리를 자르는 형벌에 처하고 나쁜 짓을 한 자를 고발하는 사람은 적의 머리를 벤 자와 같은 상을 내렸다. 나쁜 짓을 한 자는 적에게 항복한 사람과 같은 벌을 받도록 하였다. 상앙은 이러한 개혁을 통하여 씨족 제도의 타파를 목적으로 삼았다. 즉, 지배 계급에 대해서는 특권층을 해체하여 왕권을 강화시켰으며 피지배 계급에 대해서는 씨족공동체를 해체하여 소가족을 만들고 이들 개인을 단위로 하는 납세, 군역(軍役), 치안의 조직을 만들어냈던 것이다.

또한 농업을 중시하고 상업을 철저하게 억압하는 상앙의 중농억상 정책은 유목민족이었던 진나라 백성들을 농경민족으로 전환시키는 과정에서 효과적인 정책이었으며, 이로부터 진나라의 국력은 급속하게 강대해졌다. 진나라는 이러한 상앙 변법의 시행을 통하여 천하 통일로 가는 결정적인 토대를 구축할 수 있었다.

자기가 만든 법에 걸려 죽다

상앙을 신임했던 효공이 세상을 떠나자 그간 상앙에게 형벌을 받고 복수의 날만을 기다리던 많은 무리들이 들고 일어나 상앙이 반란을 꾀하고 있다고 고발하였다. 결국 상앙에 대해 체포령이 내려졌다. 상앙은 급히 도망쳐 함곡관에 이르러 여관에 묵고자 했다. 하지만 여관 주인은 "상군(商君)의 법에 증명서가 없는 사람을 재워주면 벌을 받게 되어 있습니다."라면서 방을 줄 수 없다고 했다.

상앙은 크게 탄식하였다.

"법령을 제정한 폐단이 이제 이 정도까지 오다니!"

할 수 없이 그는 밤길을 재촉하여 위나라로 도망쳤다. 그러나 위나라는 진나라를 무서워해 그를 진나라로 추방했다. 마침내 그는 체포되어 목숨을 잃고 말았다.

상앙은 교화(教化)라는 측면을 경시하고 오직 형법에 의한 엄벌 방식을 채택함으로써 많은 사람들을 희생시켰고 결국 자기 자신도 법망에 걸려 몰락해야 했다.

진나라를 흥하게 한 것도 상앙, 망하게 한 것도 상앙

상앙이 권력을 잡고 개혁을 강행할 때 법을 위반하는 사람은 위수(渭水) 강변에서 허리를 잘라 죽이는 요참형(腰斬刑)에 처했기 때문에 위수는 항상 핏빛으로 물들었다고 한다. 이렇듯 가혹한 통치 방식은 진나라를 강력한 군사 국가로 변모시켜냄으로써 천하 통일을 이루도록 만들었지만, 포용 정책은 전혀 부재한 채 오로지 강압에만 의존하는 철권통치의 방식은 진나라가 천하 통일 후 겨우 15년 만에 붕괴하는 커다란 요인이 되었다. 즉, 철권통치는 힘을 결집시키고 발휘시키는 데는 효과적이었지만, 통일을 실현시킨 뒤 민심을 얻고 포용정책이 절실함에도 여전히 관성적으로 강압적인 정책으로 일관한 것은 천하의 인심을 크게 잃게 만들었다. 결국 전국적으로 폭압에 반발하는 반란이 속출하고 진나라가 붕괴되기에 이른 것이었다.

뒷날 송나라의 대시인 소동파(蘇東坡)도 "진나라를 천하의 황제로 만든 자도 상앙이었고, 진나라를 망하게 만든 자도 상앙이었도다!"라고 읊었다.

그가 만든 연좌제 역시 중국 역사에 오점을 만들었고, 농업을 중시하고 상업을 억제하는 억상(抑商) 정책을 추진함으로써 중국 역사 그리고 우리 역사에서도 상업 천시의 전통을 낳게 하였다.

상앙은 '총명(聰明)'했는가?

사실 상앙에게도 미리 물러날 기회가 있었다.

언젠가 조량(趙良)이라는 선비가 찾아와 '총명(聰明)'이라는 말부터 꺼냈다. “밖으로 남의 말을 잘 들을 수 있는 것을 귀가 밝다고 하여 ‘총(聰)’이라 하며, 안으로 자기 자신을 잘 성찰할 수 있는 것을 눈이 밝다고 하여 ‘명(明)’이라 합니다.” 상앙 당신은 과연 총명한가 물은 것이었다. 그러면서 “덕에 의지하는 자는 흥하고 폭력에 의존하는 자는 망한다고 했습니다. 지금 당신은 마치 아침이슬처럼 위태롭습니다.”고 하면서 스스로 물러나 편히 여생을 즐기며 살도록 권했다. 하지만 상앙은 귀를 기울이지 않았다. 상앙의 ‘총명’에는 부족함이 있었던 것이었다.

2. 중앙 제국의 전성시대, 한당송 시대

춘추전국시대의 분열을 종식시키고 중국 역사상 최초로 천하 통일을 성취해냈던 진나라는 비록 순식간에 멸망했지만, 이후 역대 중국은 진나라가 남긴 통일 제국이라는 시스템을 토대로 하여 번영을 구가할 수 있었다.

중국은 영토가 넓고 인구가 많아 통일된 국가로서 지대물박(地大物博), 엄청난 규모의 시장이 존재하기 때문에 개개인들이 장사를 비롯하여 여러 형태의 상업 활동을 쉽게 할 수 있고 동시에 광범위한 상품 교역이 가능하게 된다.

그러므로 역사적으로 살펴볼 때, 중국은 만약 20~30년 동안이라도 전쟁이 없고 혼란 상태가 발생하지 않는 치세가 이어지게 되면 곧 농업과 상공업 등 모든 경제 부문이 번성하였기 때문에 국가의 경제가 쉽게 융성하고 부강해졌다.

오늘날 중국인들이 자랑스럽게 여기면서 자부심을 갖는 역사 시기는 바로 한당 시대이다. 특히 당나라는 정치적으로나 경제적으로 그리고 문화적으로 당시 세계의 명실상부한 중심지였다. 당시 무려 48개국과 교류할 정도로 고도의 개방성과 융합성을 보여주었다.

한나라 시대부터 당나라 그리고 송나라 시대에 이르기까지 중국은 세계에서 가장 번영을 구가하는 국가였다. 한나라의 GDP는 당시 세계의 18%를 점하였고, 당나라는 26%였다. 그리고 송나라 시대에는 무려 60%에 이르렀는데, 당시 유럽의 다섯 배나 되었다. 세계 4대 발명인 종이, 화약, 나침반 그리고 인쇄술이 모두 이 시기 중국에서 발명되었다.

그러나 중상주의 국가 송나라는 경제적으로나 문화적으로 고도의 번영을 누렸지만, 군사적으로는 끊임없이 북방 민족에 굴욕을 당해야 했다.

3. 로마와 한나라

4세기에 지구의 동쪽에는 한나라가 있었고, 서쪽에는 로마가 군림하고 있었다. 천하를 양분하던 두 제국이 몰락하면서 양 대륙은 혼돈으로 빠져 들었다.

그러나 중국은 남북조 시대의 혼란을 극복하고 수나라와 당나라에 의하여 오히려 이전보다 더욱 훌륭하게 복구되었다. 반면 로마는 멸망한 뒤 이후 두 번 다시 재기하지 못하였다. 중국이 옛 제국의 전통을 의연하게 유지 발전시킬 수 있었던 이유는 중국의 문화적 귀속성 그리고 지리적 응집력이 로마보다 훨씬 우월했기 때문이었다. 중국 대륙은 히말라야 산맥, 티베트고원, 중앙아시아의 광대한 사막과 초원, 황량한 시베리아와 만주 벌판 그리고 태평양으로 둘러싸여 있다. 오랫동안 세계의 동서를 이어주던 유일한 통로는 오로지 실크로드 외에 존재하지 않았다. 따라서 중국 대륙은 오랫동안 다른 세계로부터 완벽하게 분리, 격리되었던 것이다.

로마는 끊임없는 정복 전쟁과 정복지로부터의 전리품으로 운용되던 도시국가이기도 했다. 그들은 시민과 여성 그리고 토지를 손에 넣기 위하여 인근 민족과 부단하게 전쟁을 벌였다. 그들은 정복한 민족으로부터 빼앗은 곡물이나 가축 등의 전리품을 갖고 희희낙락하며 도시로 돌아왔다. 개선식은 여기에서 유래되었고, 그 후 로마가 이룬 융성의 주요 요인이 되었다.

로마는 임기 1년의 집정관 제도를 제정했는데, 그 지도자들은 항상 그들의 임기 내에 성취한 업적을 내세워 다시 선출되는 것을 꿈꾸었다. 그들의 야심은 한시도 감퇴하지 않았다. 그들은 원로원을 설득하여 인민들에게 전쟁을 제의하도록 만들고, 원로원에게 날마다 새로운 적을 보여주었다. 로마는 상업 활동도 거의 이뤄지지 않고 공예품도 거의 생산되지 않는 도시로서 약탈이 개인을 부유하게 만드는 유일한 수단이었다. 전쟁은 대부분 인민의 뜻에 들어맞았다. 전리품은 병사들과 가난한 시민들에게도 현명하게 분배되었다.[1]

로마제국은 이러한 이익의 추구에 의하여 수백 년에 걸쳐 대외 정복을 수행하였으며, 이러한 정복은 도시 국가의 경제적 이익 최대화의 요구와 소수 귀족들의 개인적 정치 야심의 실현에 철저히 복속되었다. 또한 로마의 공화 체제는 로마제국의 대외 정복에 합법적 기초를 제공하였다.

이에 반하여 한나라 이후 중국 역대 왕조는 공맹(孔孟)의 도를 신봉하는 유학자 혹은 사대부들이 시종 지배계급의 핵심 역량으로 기능하였고, 정치적 관리와 문화 전파라는 두 가지 임무를 모두 수행하였다. 그들의 가장 큰 정치적 특징은 자신의 정치적 포부를 펼치는 것이었다.

한편 로마제국이 의존했던 것은 통일된 문화가 아니라 엄밀하고 정비된 법률 체계였다. 로마는 당시 가장 선진적인 행성(行省) 제도에 의하여 피정복 지역에 대한 통치를 진행했지만, 각 지역에 파견된 행성 장관은 중국의 사대부와 같이 정치적 관리와 문화 전파라는 이중의 임무를 수행하지 않았다. 그들의 임무는 단지 지역의 안전과 질서 유지 그리고 세금 징수에 그쳤다. 로마제국 후기에 이르러 그들은 정치적 관리 경험 및 사상 문화 분야의 빈약함을 기독교로부터 도움 받고자 하였다. 이렇게 하여 유럽 중세기에 봉건제도를 대표하는 기사와 기독교 정신을 대표하는 사제가 2대 핵심 요소로 등장하기에 이르렀다.

4. 웅재대략(雄才大略)의 황제, 한 무제

(1) 진황한무(秦皇漢武)

한나라 무제(武帝)는 중국 역사상 '진황한무(秦皇漢武)'라고 칭해진 불세출의 두 황제 중 한 사람이다.

'진황한무(秦皇漢武)'란 과감하고도 강력한 정책을 펼쳐 후세에 탁월한 업적을 남긴 한 무제와 중국 최초로 통일국가를 이룩했던 진시황의 두 명을 지칭한다.

한 무제가 즉위했을 때 한나라는 건국한 지 70년을 지나고 있었다. 정치는 안정되고 국고 또한 충실하였다. 한 무제는 이를 토대로 하여 한나라의 전성기를 구가할 수 있었다. 한 무제는 연호(年號)를 사용한 최초의 황제였는데, 하나의 연호는 6년마다 바뀌었다.

무제의 업적 중에도 압권은 흉노 토벌이었다. 흉노족은 중국 북방의 용맹스러운 민족으로서 수백 년 동안 중국을 괴롭혀 왔던 장본인이었다. 진시황조차도 이들을 두려워하여 만리장성을 쌓았고, 한 고조 유방도 흉노 공격에 나섰다가 오히려 완전 포위되어 모욕적으로 도망쳐 나와야 했었다. 그 뒤 한나라는 흉노와 굴욕적 화약을 맺고 오직 회유책으로 일관했다.

그러나 '웅재대략(雄才大略)'의 한 무제는 이를 묵과할 수 없었다. 그는 회유책을 버리고 적극적인 공격에 나섰다. 무제는 흉노의 본거지까지 대군을 파견하여 공격하였다. 흉노 역시 필사적인 반격에 나섰지만 점차 전세가 기울었고, 특히 위청과 곽거병 장군의 공격에 의하여 흉노는 결정적인 타격을 받았다.

한편 무제는 흉노 토벌과 함께 적극적으로 서역(西域) 진출을 기도하였다. 특히 장건을 파견하여 서역 제국에 대한 상세한 정보를 얻게 되었고, 이는 '실크로드'를 열게 된 중요한 계기가 되었다.

한 무제 시기에 이르러 한나라는 창업 이래 취해 오던 '무위(無爲)'의 노장 사상에서 '유위(有爲)'의 유교 사상으로 전환하였다. 특히 동중서의 사상을 받아들여 이후 중국 역사에서 유가 사상이 주류적 지위를 굳히게 만드는 결정적인 역할을 하였다.

(2) 유재시거(惟才是擧), 재능이 있으면 발탁한다

특히 한 무제는 인재 등용의 측면에서 탁월하였다.

그는 무엇보다 능력을 중시하였다. 재상 공손홍은 원래 돼지를 치는 천한 사람에 지나지 않았고, 어사대부 복식은 양치기 출신이었으며, 상홍양은 장사치 출신이었다. 어사대부 아관, 엄조, 주매신 등도 모두 빈한한 평민 출신이었고, 어사대부 장탕, 두주, 정위 조우는 아전에서 선발되었다. 또 흉노 토벌의 명장 위청은 노예 출신이었고, 황후 위자부(衛子夫) 역시 노비 출신이었다. 그리고 한 무제는 흉노족과 월족(越族) 출신의 장군도 발탁하였는데, 예를 들어, 진미디(金日磾)는 궁중에서 말을 기르던 흉노 포로 출신의 노예였지만 한 무제는 죽기 전에 이 진미디와 함께 곽광, 상관걸의 세 사람에게 자신의 제위를 이을 어린 황제를 잘 부탁한다고 유언을 남겼을 정도였다.

이들의 출신은 모두 비천했지만 이들의 능력을 발견하고 능력 발휘의 기회를 제공한 사람은 다름 아닌 한 무제였다. 그의 인재 기용 원칙은 재능이 있는 사람은 발탁한다는 '유재시거(惟才是擧)'였다. 그리하여 한 무제 시기를 가히 '인재 경제(人才經濟)'의 시기라고 칭할 만하였다.

한 무제는 각급 관청에 명을 내려 현량방정(賢良方正)하고 직언과 간언을 잘 하는 선비를 추천하는 '찰선(察選)'* 제도를 시행하였는데, 동중서와

---

* 이를 찰거(察擧)라고도 하였다. 즉, 살펴서 천거한다는 뜻이다.

공손홍은 이러한 '현량(賢良)' 시험**을 거쳐 중용되었다. 또한 한 무제는 '공거상서(公車上書)'라는 제도를 시행하였다. 즉, 관리와 일반 백성을 막론하고 직접 황제에게 국사에 관한 제안을 건의하게 하여 좋은 의견을 낸 자는 특별 관직을 주도록 하였다. 동방삭과 주보언, 주매신은 이러한 경로를 통하여 중신이 될 수 있었다. 그리고 각 군(郡)에 조서를 내려 1년에 한 명의 효자와 청렴한 관리, 즉 렴리(廉吏)를 물색하여 조정에 추천하도록 하였다. 당시 한나라에 100곳이 넘는 군이 있었으므로 매년 200명이 넘는 '효렴(孝廉)'이 조정에 추천되었다.

반고(班固)는 『한서』에서 이를 칭송하여 "한나라의 인재를 얻는 것이, 여기에서 가장 성하였도다!"라고 기록하였다.

독서인(讀書人)의 정부

한 무제 시기에 '효렴(孝廉) 제도'가 보편화된 뒤 이 제도는 점차 관리에 등용되는 유일한 방식이 되었고, 특히 후한 시대에는 유일한 관리 임용 방식으로 자리를 잡았다(다만 이러한 효렴 제도는 대부분 현지의 유지나 성망 있는 인물들의 추천에 의하여 좌우되었다. 이러한 '불공평성'은 이후 시행된 과거제도에서 상당 부분 개선되었다고 볼 수 있다).

그러면서 이 제도는 효자와 청렴한 관리를 뽑는다는 본래의 의미가 사라지고 대신 지역을 나누어 선발하도록 하여 20만 호(戶)에 한 명을 뽑게

** '현량'이 지방에서 천거되어 중앙정부에 도착하면 몇 가지 정치문제를 묻는데 이를 책문(策問)이라 하였다. 책(策)이란 일종의 죽편(竹片)으로서 문제들을 이 죽편에 썼기 때문에 책문이라 부른 것이다. 이 책문에 대하여 각 현량들이 답하는 것을 대책(對策)이라고 하였다.

되었다. 그리하여 결국 어느 한 청년이 교육기관인 태학(太學)에 입학하여 학문을 배우고 졸업 후 지방에 파견되어 근무한 뒤, 성적을 기다려 지방 정부의 '찰거(察擧)'에 의하여 중앙에 보내졌으며, 다시 중앙에서 한 차례의 고시를 거쳐 비로소 정식으로 중앙 관계로 진출할 수 있었다.

정부의 모든 관리가 이러한 길을 걸었으며, 따라서 본질적으로 귀족 출신이 부재한 이러한 정부를 귀족 정부라 할 수는 없고 군인 정부는 더욱 아니었다. 또한 상인 출신도 없었기 때문에 상인 정부도 아니었다. 오로지 독서하는 사람들, 즉 선비(士)들만이 이 과정에 참여하여 관리가 될 수 있었다. 한나라 중엽 이후 역대 재상들은 모두 선비들이었고 모두 지방에서 추천된 후 시험을 통해 관직에 오른 사람들이었다.

따라서 이러한 정부를 '독서인의 정부', 즉 '선비(士人)의 정부'라 부를 수 있을 것이다. '문치(文治)를 숭상하는' 이 정부에서 독서인, 즉 선비들만이 정치 무대에 진입하였고, 정부는 이들로서 조직되고 모든 권력이 이들의 손에 의하여 분배되었다.[2]

5. 삼국지는 '픽션'이다

『삼국지』의 수많은 전쟁 장면 중 가장 박진감 있게 묘사되는 것은 역시 '적벽대전'이다. 그 웅장한 규모에 독자들은 마치 눈앞에 전쟁이 펼쳐지듯 땀을 쥐며 책장을 넘기게 된다.

그러나 우리가 『삼국지』를 통하여 알고 있는 '적벽대전'의 내용은 거의 모두 허구이다. 특히 전쟁에 참여한 병사가 백만 명이라 했지만, 역사상

'적벽대전'이란 근본적으로 존재하지 않는다. 혹시 존재했다고 해도 '적벽소전(小戰)'에 불과했을 가능성이 매우 높다.

고대 시대에 큰 전쟁에서 승리를 거두게 되면 반드시 공적을 세운 사병들에게 상을 내렸다. 하지만 '적벽대전'을 승리한 이후 오나라 군주 손권이 사병에게 상을 내린 기록은 전혀 존재하지 않는다. 따라서 이러한 전쟁이 역사적 대첩을 거둔 대전(大戰)일 리는 없다. 물론 제갈공명의 신출귀몰한 전법도 대부분 허구적인 '희망사항'이다.

또한 유비, 관우, 장비가 '도원결의(桃園結義)'를 했다는 것도 완전히 허구에 불과하다. 『삼국연의』의 작가 나관중은 삼국연의 외에도 수호지 등 적지 않은 저작에 참여한 것으로 알려지고 있는데, 삼국연의를 저술하면서 그 이야기의 시작을 장중하고 드라마틱하게 꾸미기 위하여 소설의 장치로 만들어낸 허구적인 사건이다.

관우는 나관중이 명예로운 영웅으로 만들어낸 인물 중 으뜸이다. 관우와 적토마의 이야기도 역사적 사실이 아니다. 관우는 적토마를 가진 적이 없었다. 정사(正史)인 삼국지에는 오직 여포만이 적토마를 탔다는 기록이 있을 뿐이다. 일반적으로 말의 수명은 30년이고, 말의 가장 전성기에 여포가 탔다고 본다면 당시 적토마의 나이는 약 15세 정도로 추정될 수 있다. 동탁이 적토마를 여포에게 선물로 준 것은 189년으로 기록되어 있는데, 삼국연의에서 관우의 적토마가 죽은 때는 그로부터 30년이 지난 219년이다. 기록상으로 부합되지 않는다.

또 관우의 유명한 '청룡언월도'도 존재하지 않았다. 한나라 말기 기마전투에서 보편적으로 사용되던 칼은 대부분 단도였던 것으로 알려지고 있다. 후세에 관운장이 신격화되면서 그 이미지와 부합되는 '장중한' 청룡언월도가 인위적으로 배치된 것이다. 유명한 '오관참장(五關斬將)'의 고사도 꾸며낸 것이다. 당시 관우는 조조를 떠나 곧장 남하하여 유비를 만났을 뿐이다. 이밖에 관우가 천하의 미인이자 여포의 애인인 초선을 베었다는 것도 애당초 초선이라는 인물이 가공인물이기 때문에 사실일 수가 없고, 천하의 명의(名醫) 화타가 관우의 뼈를 긁어내고 치료를 했다는 것도 당시 이미 화타가 세상을 떠난 지 2년 뒤였다.

한편 삼국지의 또 하나의 영웅 제갈공명의 '공성계(空城計)' 역시 사실에 부합하지 못하다. 제갈량은 당시 오늘날 섬서성 안강현(安康縣)에 있었고, 사마의는 하남성 남양에 있었다. 두 사람이 만난 유일한 것은 제갈량의 마지막 북벌 때 위수에서 제갈량과 사마의가 대치했을 때였다. 서로 만날 수도 없었는데, 어떻게 공성계가 가능하겠는가? 그가 남겼다고 전해지는 출사표(出師表) 역시 그가 쓴 것이 아니고, 후세 사람들이 지어낸 것이다.

또한 조자룡(조운)이 유비의 아들 아두를 품에 안고 조조의 백만 대군을 추풍낙엽 베듯 무인지경으로 달렸다는 장면은 삼국지 명장면 중의 명장면이지만, 대단히 과장된 기술로서 사실은 조자룡이 유비의 가족을 보호하면서 유비를 찾았던 것일 뿐이었다. 사실 조운은 병사를 지휘한 적도 거의 없었다. 또 삼국연의에 묘사된 대로 조운이 그렇게 잘 생긴 미남도 아니었다.

낙봉파(落鳳坡)에서 방통이 사망한 것도 꾸며낸 이야기에 불과하다. 방통은 전투 중 화살에 맞아 사망하였다.

반면 삼국연의에서 조조에 대해서는 일부러 부정적으로 기술하고 희화화시키고 있다. 화용도(華容道)에서 관우가 조조를 풀어주었다든가 동관 전투에서 조조가 수염을 자르고 입고 있던 옷조차 버리고 도망쳤다는 것이 대표적인 사례로서 근본적으로 그러한 사실은 존재하지 않는다. 동관 전투는 사실상 조조가 승리한 전투였다.

마지막으로 삼국지의 3국을 흔히 위, 오, 촉이라고 하는데, '촉'이라는 나라는 근본적으로 존재하지 않았다. 유비가 세운 나라의 국호는 한(漢)이었다. 그러므로 3국이란 위, 오, 한이다. '촉(蜀)'이라는 말은 사람들이 전한, 후한 혹은 동한, 서한과 구분하기 위하여 '촉한(蜀漢)', 혹은 '촉'이라고 부른 데서 비롯되었다.

6. 동이족이란 시대에 따라 의미가 변화된 '역사적 개념'이다 - 과연 동이족은 누구인가?

공자, 치우, 순임금이 우리 선조라고?

'동이족(東夷族)', 누구나 역사책에서 한 번쯤은 읽어본 적이 있고, 또 지금도 우리 주변에서 적지 않게 들어볼 수 있는 말이다.

일부에서는 "우리 민족은 동이족이다. 그런데 중국 고대 시대의 위대한 인물들인 치우, 공자, 순임금 등은 모두 동이족이었다. 그러므로 공자, 순임금, 치우 등은 모두 우리 한민족의 선조이다."라는 주장을 하기도 한다. 그리고 이러한 주장은 더 나아가 중국 본토도 본래 우리 한민족의 영토였다는 논리로 확대되어 양국 간 네티즌의 역사 논쟁으로 번지고, 심지어 외교 문제로까지 비화된 적도 있었다.

이 문제는 우리 한민족의 정체성과 관련되어 대단히 '민감한' 사안이 될 수 있다. 무엇보다도 먼저 '동이족(東夷族)'이라는 개념을 어떻게 규정할 것인가가 중요하다.

역사 시기에 따라 개념이 달라진 '동이족'

그런데 이 동이족이라는 개념은 '고정'된 불변의 개념이 아니라 역사 시기에 따라 변화해 온 '역사적 개념'이었다.

본래 동이(東夷)족은 중국 고대 시대, 특히 상(商) 왕조와 주(周) 왕조 시대 동부 지역 부족에 대한 범칭(汎稱)이었다. 그러다가 이후 중국 역사에서 중국의 영토가 확대되면서 동이족의 개념과 의미도 함께 변화되었다.

즉, 중국 역사 초기에 중국 영토가 황하 유역에 국한되었을 시기에는 산동성(山東省)과 하남성(河南省) 그리고 안휘성(安徽省) 지역에 거주하던 종족을 동이족(혹은 회수, 淮水로부터 비롯된 명칭인 회이족, 淮夷族이라는 명칭도 사용된다)이라 칭했으며, 전국시대(戰國時代)에 이르러서는 이미 이러한 동이족과 회이(淮夷)족의 토지와 주민은 제(齊), 노(魯), 초(楚) 등 국가의 영토와 신민(臣民)으로 되었다. 이어 전국시대 말기에 동이(東夷)와 회이(淮夷)의 주민은 이미 한족(漢族)의 구성원으로 융화되었다.

그리고 진시황이 천하 통일을 이룬 진나라 이후의 진한(秦漢) 시대에 이르러 동이족은 중국이 지배하는 국경 밖의 동쪽에 거주하는 숙신과 조선, 일본 민족을 가리키는, '동쪽에 사는 오랑캐'라는 뜻을 가진 일반 명사의 개념으로 사용되었다. 그리고 이러한 당시의 상황에서 『삼국지 위지 동이전』이 우리 민족을 동이족에 자연스럽게 포함시킨 것이다.

이 문제와 관련하여 중국에서 출판된 『중화문명사(中華文明史)』는 "동이족이란 산동(山東)성과 강소(江蘇)성 및 안휘(安徽)성 북부에 거주했던 고대 종족이다. 그중 강소성과 안휘성 북부의 이족(夷族)은 서주(西周) 시대 이후 각각 '회이(淮夷)'와 '서이(徐夷)'라고 칭해졌다. 갑골문으로 살펴볼 때 '이(夷)'라는 글자는 상(商)나라 시대에 이미 종족 명칭으로 사용되고 있었다."[3] 라고 정의하면서 한(韓)민족을 숙신족(肅愼族)과 함께 북적(北狄)의 범주에 포함시키고 있다.

동이족이 활을 잘 쏘았다?

흔히 동이족은 처음 활을 발명하였고 활쏘기에 능하다고 알려져 있다. 그리하여 '동이'가 '동쪽의 궁수(弓手)'라는 해석이 있게 되었다. 동한 시대 허신(許愼)의 『설문해자(說文解字)』는 '이(夷)'에 대하여 '종대종궁(從大從弓)'이라고 풀이하였다.

본래 '동이(東夷)'라는 용어 자체는 여러 뜻을 가지고 있는데, 주요한 의미는 '평(平)'이다. 상나라 시대의 갑골문이나 금석문에서 '이(夷)' 자는 '시(尸)'나 '인(人)' 자와 유사하여 '궁(弓)' 자와 관련을 가지고 있지 않다. 따라서 '동이'를 '종대종궁(從大從弓)'라 하여 궁수(弓手)라고 한 해석은 한나라 시대 사람들이 억지로 끌어다 붙인 주장으로 추정된다.

지금 일부에서 동이족이 한민족의 선조라고 주장하는 근거는 『삼국지 위지 동이전』이다. 하지만 『삼국지』는 서진(西晋) 시대에 출현한 기록으로서 공자나 치우, 혹은 순임금이 살던 시대가 아니라 그보다 훨씬 뒤의 시대인 진한 시대 이후의 기록이다.

동이족은 불변의 '고정 개념'이 아니다.

7. 통일의 징검다리, 남북조 시대

후한(後漢)은 '십상시(十常侍)의 난'을 거쳐 삼국지의 위, 오, 촉(정확히는 한)으로 분열된 채 치열한 각축전을 전개하였다.

결국 사마씨가 위나라를 전복하고 삼국을 통일하면서 진(晋)나라를 건국하였다. 그러나 불과 10여 년 만에 전국적으로 분열과 반란이 계속되면서 나라가 무너지고 강남 지역으로 옮겨 동진(東晋)으로 다시 재건하였다(동진의 재건에 따라 이전의 진은 西晋이라 칭해진다). 하지만 이 진나라는 중국 역사상 가장 무능했던 왕조로 평가되며, 사실상 진나라의 남겨진 업적은 거의 열거할 수도 없을 정도이다.

그 무능했던 진나라에서도 특히 혜제는 중국 황제 중 가장 무능한 혼군(昏君)으로 손꼽힌다. 그는 가뭄이 들어 백성들이 먹을 것이 없고 굶주려 죽는 사람이 부지기수라는 말을 듣자 "왜 고기로 쑨 죽을 먹지 않는가?"라는 '명언'을 남겼다.

또 개구리 우는 소리를 듣고는 "저 개구리들은 관(官)을 위하여 우는 것이냐, 아니면 백성을 위해 우는 것이냐?"라는 우둔한 질문을 던졌다. 그러자 옆의 신하는 "예. 관(官)에서 우는 개구리는 관을 위해 울고, 민(民)에서 우는 것은 민을 위해 웁니다."라는 우문우답의 극치를 보여 주었다.

절대 여인, 가남풍

혜제의 황후 가남풍(賈南風)은 중국 역사상 측천무후에 비견될 만큼 절대 권력을 행사했던 여성이었다. 그녀는 딸만 셋 있었고 아들이 없었는데 다른 후궁에서 낳은 황태자를 끝내 암살하였고 대신(大臣)을 비롯하여 많은 정적들을 잔혹하게 죽였다. 다른 후궁들이 임신하면 방패로 배를 마구 때리게 하여 유산시켰으며, 또 음란하여 몰래 자기 침실에 들인 미소년들을 비밀이 탄로되지 않도록 수없이 죽이곤 하였다.

"낙남(洛南)에 한 하급관리가 있었다. 용모가 단아하고 준수했다. 하루는 그가 갑자기 좋은 옷을 입고 나타나자 모두들 훔친 것이라 의심했다. 그러자 그가 설명하였다. '어느 날 한 노파가 와서 집에 병이 든 사람이 있다고 했다. 가기 싫어하자 반드시 보답하겠다고 하여 응답했다. 수레를 타고 10여 리를 갔다. 6~7개의 문을 지나 수레의 문이 열렸다. 누각과 좋은 집이 보였다. 어디냐고 묻자 천상(天上)이라고 하였다. 좋은 향이 나는 물에 목욕을 하고 나니 좋은 옷과 맛있는 음식이 들어왔다. 그리고 한 부인이 들어왔다. 나이는 삼십 오륙 세 정도였고, 키는 작았으며 얼굴이 검었다. 눈가에는 흠이 있었다. 며칠을 머물면서 같이 잠을 자고 음식을 같이 하였다. 떠날 때 많은 선물을 주었다.'

이 이야기를 들은 사람들은 모두 그 여인이 가황후인 것을 알아차리고 비웃으며 흩어졌다."

『진서(晋書)』의 기록이다.

중국 남쪽에 동진이 건재하고 있을 때 북부 지역은 5호 16국 시대라 하여 다섯 이민족이 130여 년 동안 흥망을 거듭하며 무려 16개의 왕조를 세웠다. 한때 부견의 전진이 중국 북부를 석권하고 이어 천하 통일을 노렸지만 '비수(淝水)의 결전'에서 동진에게 불의의 일격을 당하면서 오히려 일패도지, 멸망하고 말았다. 이후 여러 나라가 일어나고 또 스러져 마침내 선비족의 척발씨가 세운 북위가 중국 북부를 통일함으로써 5호 16국 시대는 종지부를 찍었다.* 북위 효문제의 개혁은 이민족의 중국 문명으로의 포섭 과정이기도 하였다.

485년 북위는 균전제를 실시하였다. 균전제란 모든 토지를 황제의 소유로 규정하고 개인 경작자는 사용권을 갖는 것으로서 15세 이상의 남성은 전답 40무(畝)를 받았고 여성은 그 반을 받았는데 만 70세가 되면 국가에 반납하도록 하였다. 이 균전제는 이후 당나라 중기인 8세기까지 역대 왕조가 시행하였다. 또한 북위는 조용조(租庸調) 제도**를 처음으로 시행하였고 병농(兵農) 일치의 민병제도인 부병제(府兵制)를 실시하는 등 소규모 자작농 사회를 기본으로 징병과 납세의 단위로 삼는 북위의 통제와 경영 방식은 중국 통일로 가는 밑거름으로 기능하였고, 이는 수나라의 천하 통일의 토대가 되었다.

일반적으로 중국 역사에서 주변 이민족은 언제나 한족의 높은 문화적 세례를 제공받은 것으로 이해되기 쉽다. 그러나 사실 중국 역사를 거시

---

* 북위는 주로 전쟁 포로를 활용하여 농업기반을 강화했는데, 398년에는 같은 선비족인 모용씨와 고구려 백성 10만 명을 평성(平城, 지금의 산시성 다퉁, 大同)으로 강제 이주시킴으로써 인구를 보강하고 농업에 종사하도록 하였다.

** 토지에 대하여 조(租), 사람에 대하여 용(庸), 호(戶)에 대하여 조(調)를 시행하는 세금 부과 제도로서 북위에서 처음 시행되었고, 수당 시대에 정비되어 이후 보편적으로 시행되었다. 당 왕조에서 조(租)는 장정에게 한 해에 곡식 두 섬, 조(調)는 비단 두 장(丈)을 각각 부과하였고, 용(庸)은 한 해에 20일 간 부역(賦役)을 부과하였다.

적으로 보면, 남방의 한족이 북방의 이민족으로부터 커다란 자양분을 얻는 역설적인 과정이기도 하였다. 최초의 통일 왕조인 진나라도 본디 서북방의 변방 민족이었고, 수나라와 당나라도 북방 민족의 혼혈 내지 후예였다. 그 뒤에도 거란족이나 여진족 그리고 몽골족과 만주족 등의 북방 민족이 차례로 발흥하여 상대적으로 노쇠하고 정체된 중국 역사에 새로운 피를 주입하고 새로운 자극과 추진력을 제공했던 것이다.

한편 남쪽의 동진은 전진과의 전쟁에서 승리를 거둔 뒤 무사안일에 빠졌고 결국 수많은 반란이 잇달았다. 당시 덕망이 있던 진나라의 신하 유유(劉裕)는 사람들의 추대로 제위를 물려받고 송나라를 세우니 이것이 곧 남조(南朝)의 시작이었다.

이렇게 하여 중국 북부는 439년 북위가 통일을 이루고, 남쪽은 송나라가 석권하면서 이른바 남북조 시대를 열었다.

남북조 시대는 사회 혼란은 극심했지만 중국 문화의 중심이 황하 유역에서 강남의 양자강(長江) 유역으로 옮겨져 꽃피운 육조(六朝)*** 문화의 화려하고 정교한 문화가 발전하였다. 문학으로는 전원시로 유명한 도연명, 서예로는 서성(書聖) 왕희지, 그림으로는 고개지라는 출중한 인물이 있었다.

150여 년간에 걸친 남북조 시대는 결국 북조의 수나라가 남조의 진나라를 멸망시키고 중국 천하를 통일할 때까지 이어졌다.

*** 삼국시대 오(吳)를 비롯하여 건강(建康: 지금의 남경)에 도읍했던 동진(東晋), 송(宋), 제(齊), 양(梁) 그리고 진(陳)의 여섯 나라를 가리켜 여섯 왕조, 즉 육조(六朝)라 한다.

8. 어찌 전원으로 돌아가지 않으리!, 도연명

도연명(陶淵明)은 동진(東晋) 사람으로서 365년경 태어났으며, 집 앞에 다섯 그루의 버드나무를 심었기 때문에 사람들은 그를 오류(五柳) 선생이라 불렀다.

하지만 그는 한미한 집안 출신으로 차별을 받아 높은 벼슬을 하지 못하였다. 뒷날 팽택(彭澤) 현 현령으로 있을 때 어느 날 우연히 상급기관의 관리인 독우(督郵)를 만났는데, 그 부하는 "의관을 갖추어 공손히 영접해야 한다."고 말하였다. 그러자 그는 "겨우 다섯 말(오두미) 봉급 때문에 어린 아이에게 허리를 굽힐 수는 없다."면서 벼슬을 내놓았다. 현령 자리에 있은 지 불과 80여 일밖에 되지 않을 때였다. 그 뒤로 두 번 다시 관직을 맡지 않았다.

자, 돌아가자(歸去來兮).

전원이 황폐해지려는데 어찌 돌아가지 않겠는가(田園將蕪胡不歸).

이미 내 마음은 형체의 노예로 되었구나(旣自以心爲形役).

어찌 슬퍼하여 서러워만 할 것인가(奚惆悵而獨悲).

지난 잘못은 이미 돌이킬 수 없지만(悟已往之不諫).

내일의 일은 잘 해낼 수 있음을 안다(知來者之可追).

천고은일지종(千古隱逸之宗)으로서 '은일시인(隱逸詩人)'이라 칭해지는 그는 "동쪽 울타리에 있는 국화꽃을 따며, 한가로이 남산을 쳐다보네(采菊東籬下 悠然見南山)"의 시구로 유명하다. 그의 '음주(飮酒)'라는 시가에 나오는 구절이다.

마치 꿈꾸는 듯 아늑하고도 몽롱한 이상향을 그린 그의 '도화원기(桃花源記)'는 기나긴 남북조 시대의 분열과 혼란을 벗어나 무릉도원(武陵桃源)의 이상향을 꿈꾸는 작가의 염원을 담고 있다.

그러나 '귀거래사'와 '도화원기' 등 그의 시에서 보이는 담담하고 질박하며 서정적인 시는 그가 세상을 떠난 지 수십 년 동안 전혀 사람들의 관심을 받지 못하였다. 그러다가 양나라 소명태자 소통(蕭統)이 도연명 시를 애송하면서 손에서 놓지 않았고 『도연명집』을 엮어 직접 편집하고 서문을 썼다.

이 『도연명집』은 중국 문학사상 최초의 문인 전집이다. 이후 도연명의 성가는 높아져 이백, 구양수를 비롯하여 후대의 대시인들이 모두 그의 시를 높이 평가하였다.

오두미(五斗米) 때문에 허리를 굽힐 수는 없다는 그의 정신과 기개는 후대 선비들의 모범이 되었다고 할 것이다.

9. 당나라, 중국인의 영원한 자부심

당나라는 당시 세계의 GDP 중 26%를 점하고 있었다.

통계에 의하면, 당 왕조와 접촉한 국가는 모두 48개국이었다. 그중 조공을 바친 나라는 29개국, 영토를 바친 나라는 6개국, 귀부한 나라는 5개국, 평화와 전쟁의 관계가 일정하지 않거나 배반과 귀부가 분명하지 않은 나라는 4개국이었고, 이밖에도 사신을 초빙하고 문안하는 빙문(聘問)

국가가 2개국, 유학을 온 나라가 1개국, 화친을 한 나라가 1개국이었다. 당나라는 모든 종교를 육성하고 제지하지 않았다. 그리하여 불교를 비롯하여 경교, 조로아스터교 그리고 마니교도 장안에 사원을 세웠고, 당 조정은 이 종교의 정장로(正長老)들에게 차별 없이 관위와 관직을 내렸다.[4]

필자가 잘 알고 지내는 한 중국인 변호사 친구는 스스로 '탕차오런(唐朝人)'이라 칭한다. 자신은 중국의 정신을 중시하는 진정한 중국인이라고 주장하는 그는 중국의 혼과 정신이 당나라 이후 실종되고 말았다고 말한다. 당나라는 많은 중국인들의 자존심이며 동시에 현재 그것이 소실되었다는 점을 매우 애석하게 느끼고 있다는 점에서 일종의 한(恨)이기도 하다.

서양의 대국 동로마 제국이 쇠락하면서 동방의 당나라는 이미 세계 최강의 국가였다. 특히 당 태종의 정관 시기 당나라는 세계에서 문명이 가장 홍성한 제국으로서 한나라 시기보다 더욱 강대하고 융성한 국가였다. 이 시기에 당 왕조는 국경과 세관을 개방하여 완전한 대외개방의 시대를 열었으며, 오늘날의 대사관에 해당하는 유소(流所)를 설치하여 견당사를 비롯하여 유학생들이 줄을 이었다. 일본은 당나라를 모방하여 '대화개신(大化改新)' 운동이 전개되었다.

당나라는 가히 중국 역대 최전성시대로서 북쪽으로는 만리장성까지 서쪽으로는 중앙아시아 내륙까지 영토를 확장하였다. 비단길, 즉 실크로드는 이 시대 번영과 교류의 상징이며, 장안은 사시사철 외국에서 오는 사신과 무역상으로 붐볐다. 당나라의 명성은 세계에 널리 알려져 중국을 상징하는 대표적인 '명칭'으로 되었다. 오늘날 중국인을 '당인(唐人)'이라 부르고 외국에서 중국 화교들이 집단으로 거주하는 거리를 '당인가(唐人街)'라 칭하며 중국 전통복장을 '당장(唐裝)'이라고 하는 사실도 당나라가 얼마나 번성했는가를 잘 알려주고 있는 증거라 할 수 있다.

639년 위대한 승려 현장은 불교 발상지인 인도를 순례하였는데, 그의 이 여행은 이후 명나라 때 『서유기(西遊記)』로 탄생되었고 유명한 손오공이 주인공으로 출현하였다.

우리가 너무도 잘 알고 있는 시선(詩仙) 이백과 시성(詩聖) 두보는 당나라 시대가 낳은 위대한 시인이었다. 그들은 당나라가 가장 극성기에서 몰락하는 모습을 생생하고도 수려한 필치로 그려내 역사에 길이 남을 빼어난 시로 승화시켰다. "천지(天地)란 만물이 잠시 머물러 가는 곳이오, 우리네 인간이란 잠시 들른 과객(過客)일 뿐이니(天地者萬物之逆旅 光陰者百代之過客)"라고 읊었던 이백은 낭만주의의 최고봉에 이르렀으며, 기우는 조국의 현실에 절망하면서 "눈은 기우는 해를 뚫어지게 쳐다보지만, 마음은 이미 죽어 차디찬 재에 붙는다(眼穿當落日, 心死著寒灰)."라고 통곡했던 두보는 비관적 사실주의의 절정을 수놓았다.

또한 당 현종 때 편찬된 '당육전(唐六典)'은 정부 각 부문에 걸쳐 조직 및 인사 분배에 대하여 상세하게 규정한 기록으로 이후 중국 역대 왕조에서 줄곧 행정법규의 전범으로 기능하였다. 그리하여 중국에서 당나라 이후 천여 년 이래 국가의 정무는 대체로 큰 변동 없이 이 '당육전'을 모범으로 삼아 시행되었다.

세계에서 가장 번성한 도시, 장안

장안(長安)은 주나라의 도읍이 된 이래 진나라를 거쳐 한나라, 수나라 그리고 당나라의 도읍이었고, 특히 장안을 중심으로 번성을 구가한 한나라와 당나라 시대에 중국은 역사상 가장 강성한 시기로 평가된다. 회흘족을 비롯하여 토번인, 쿠차국, 남조인(南詔人), 신라, 일본 등 각국에서 온 사신과 상인 그리고 유학생 등 장안을 왕래하고 거주하던 외국인들이 대단히 많았다. 또 당시 신라, 일본, 대식국, 파키스탄, 이란 그리고 아프리카의 여러 나라와 동로마 제국까지도 우호교류 관계를 맺고 있었다.

신라와 일본은 견당사(遣唐使)를 파견하였는데, 한 번 파견할 때마다 그 일행은 수백 명에 이르렀다.

수나라 때 건설된 대운하도 장안의 번성에 기여하였다. 운하 개통으로 남북의 물자가 끊이지 않고 집결되었고, 이렇게 하여 천하의 양식과 각종 물자가 낙양을 거쳐 모두 장안에 모여 들었다. 장안은 실크로드의 기점이기도 하여 서역의 물자도 흘러 들어왔다. 황, 록, 청의 당삼채(唐三彩) 도자기가 화려하게 발달하였고, 상업지역 주변에는 '저(邸)'를 설치하여 상인들이 모여들고 물자를 진열, 보관하였으며 이곳에서 교역과 도소매를 경영하였다.

장안은 당시 세계적인 도회지로서 세계 각국으로부터 온 사신들과 상인들의 왕래가 끊이지 아니하였다. 동서로 6마일, 남북으로 5마일에 이르렀던 장안의 규모는 오늘날 시안의 면적보다 8배가 더 크다. 일본의 나라(奈良)와 헤이안(지금의 교토)은 장안을 모방하여 건축된 도시였지만 그 규모가 훨씬 미치지 못하고 계획대로 완성되지도 못했다. 당시 장안에는 주작문가(朱雀門街)가 있었는데, 나라와 헤이안의 남북을 관통하는 도로 역시 주작대로라 칭해졌다.

당나라 시대에 장안만이 아니라 낙양, 광주, 복주, 양주 등의 도시들도 융성을 자랑하였다. 실크로드를 통한 대외 무역 역시 사상 최고의 번성기를 구가하였다. 중국이 오늘날 보여주고 있는 국제적 개방성과 외향성 그리고 융합성은 당나라 시대로부터 물려받은 자산으로 볼 수 있다.

당나라는 장안에 신라관도 설치하여 신라에서 온 손님들을 묵게 하였다. 이때 당 왕조는 신라의 가무단을 초청하여 수도 장안에 살게 하면서 한민족의 뛰어난 가무를 즐기기도 하였다. 오늘의 '한류(韓流)'는 비단 오늘날 갑자기 생겨난 것이 아니라 당시부터 존재했던 것이다.

10. 천고일제(千古一帝), 당 태종

천고일제(千古一帝), 중국의 수많은 황제 중에서도 가장 명군이라고 일컬어지는 황제는 바로 당나라의 태종 이세민(李世民)이다.

당 태종의 치세 기간에 중국 한족의 역사상 최전성기를 구가하였고, '정관(貞觀)의 치(治)'라 하여 치세에 있어 가장 모범을 보여준 황제로 손꼽히고 있다. 당시 오긍(吳兢)이라는 사관이 당 태종의 행적을 기록한 『정관정요(貞觀政要)』는 오늘날까지 제왕학(帝王學)의 기본서로 널리 알려져 있다.

당 태종이 어릴 때 어떤 선비가 그의 관상을 보고 "이 아이는 어른이 되면 반드시 세상을 구원하고 백성을 편안하게 할(제세안민, 濟世安民) 것이다."라고 말하고는 사라졌다. 아버지 이연(李淵)이 이 말을 듣고 '제세안민(濟世安民)'으로부터 '세민(世民)'을 따서 그의 이름으로 하였다.

어려서부터 매우 명민했던 그는 아버지를 도와 군사를 일으켜 무용을 크게 떨침으로써 실로 당나라가 천하를 손에 넣는 데 그의 공은 으뜸이었다. 또 그는 학문을 가까이 하여 특별한 일이 없는 날에는 학관(學館)에 가서 학문을 익히고 밤늦도록 토론하곤 하였다.

그가 즉위한 뒤 가장 먼저 한 일은 궁녀 3천여 명을 대궐에서 내보낸 것이었다. 대신 그는 곧바로 홍문관을 설치하여 20만여 권의 서적을 모으고 학문에 뛰어난 인물을 선발하여 직책을 주었다. 그는 정사를 들을 때가 되면 학사들을 내전으로 불러 옛날 성인들의 언행을 논의하거나 고금의 정치에 대한 장단점을 비교 검토하여 때로는 밤중이 되어서야 비로소 그만 두곤 하였다.

(1) 창업은 쉽고 수성은 어렵다

올바른 참모는 직언을 서슴지 않는다.

직언이란 몸에는 좋으나 입에는 쓴 양약과 같은 것이다. 대부분의 리더는 그것을 제대로 받아들이지 않는다. 직언을 기꺼이 받아들이고 잘못을 시정한 자는 모두 역사에 길이 남는 업적을 이룰 수 있었다.

하지만 직언이란 비록 그 때문에 화를 입을지라도 두려움 없이 직간할 수 있는 뛰어난 용기를 필요로 한다.

당 태종의 옆에는 참으로 뛰어난 참모가 있었다. 바로 위징(魏徵)이었다.

위징이라는 명 참모가 있음으로써 당 태종은 비로소 천하 명군의 이름을 얻을 수 있었던 것이다.

위징은 자가 현성(玄成)이며 거록현 출신이다. 어려서부터 고아가 되었고, 출가하여 도사가 된 후 줄곧 학문에 정진하였다. 수나라가 기울어가던 무렵 그는 반란을 일으킨 이밀(李密)을 수행하여 도성에 들어갔다가 패한 뒤 당나라에 항복하기를 권하였다. 그 뒤 그는 당나라 고조 이연(李淵)을 섬겼고, 이어서 태자 이건성(李建成)을 보좌하였다.

이후 당 태종을 보좌하게 된 그는 황제에게도 굽힘 없는 직언을 서슴지 않았다. 그리고 당 태종 역시 그의 '공격적이기까지 했던' 직언을 아무런 노여움도 없이 잘 받아들여 자기 수양과 치세에 활용하였던 것이다.

어느 날 당 태종이 신하들을 불러 모은 자리에서 물었다.

"나라를 세우는 창업(創業)과 나라를 온전히 지키는 수성(守成) 중에서 어느 편이 더 어려운 것인가?"

이에 재상으로 있던 방현령이 대답하였다.

"아직 질서가 잡히지 않았을 때는 군웅이 들고 일어나기 때문에 그들과 힘을 겨뤄 이긴 다음에 그들을 신하로 삼아야 합니다. 그러므로 창업이 더 곤란하다고 생각합니다."

하지만 위징은 반대 의견을 폈다.

"예로부터 어느 제왕이나 천하를 간난신고 가운데서 얻었지만, 안일(安逸)에 흘렀을 때에 잃지 않은 자가 없습니다. 그러므로 창업보다 수성이 더 어려운 것입니다."

그러자 당 태종이 이렇게 말하였다.

"방현령은 나와 함께 천하를 얻기 위하여 몇 번이나 죽을 고비를 부딪치고 겨우 살아남았으니 당연히 창업의 어려움을 알고 있는 것이오.

반면 위징은 천하를 얻은 뒤에 나와 함께 천하를 다스려 항상 교만과 사치는 부귀에서 생겨나고 환란은 일을 소홀하게 하는 데서 생겨남을 두려워하고 있었소. 그래서 수성의 어려움을 알고 있는 것이오.

하지만 지금은 창업의 어려움은 이미 지나갔고, 이제 수성의 어려움에 직면하여 있소. 이제부터 경들과 함께 두려워하고 삼가하여 이 수성의 과업을 온전히 이루고자 하오."

(2) 치국의 근본은 오직 인재를 얻는 데 있다

원래 당 태종 이세민은 이른바 '현무문(玄武門)의 변(變)'이라는 정변을 일으켜 형과 동생의 일족을 모조리 죽이고 황제의 자리에 오른 인물이다. 그런데 위징은 바로 태종이 죽인 큰 형 이건성의 참모였다. 이미 이세민에게 큰 야심이 있음을 간파하고 있었던 위징은 태자 이건성에게 몇 번에 걸쳐 먼저 손을 써서 태종을 제거하라고 건의하였었다. 하지만 이건성은 그의 의견을 받아들이지 않고 있다가 선제 공격을 받아 결국 죽임을 당해야 했던 것이다.

형을 죽이고 태자의 자리에 오른 이세민은 즉시 위징을 불러 그가 형제 사이를 이간시키려 했다는 죄목으로 엄하게 국문하였다. 하지만 위징은 얼굴색 하나 변하지 않고 태연자약하게 하나하나 논리정연하게 답변해 나가는 것이었다.

"태자께서 신의 말을 따랐더라면 반드시 오늘의 화는 없었을 것입니다."

이 말을 듣고 있던 이세민은 고개를 끄덕였다.

그러고는 위징의 사람됨에 크게 감탄하여 그를 죽이지 않고 오히려 옆에 두고서 중용하였다.

당 태종은 즉위 후 "치국의 근본은 오직 인재를 얻는 데 있다."라고 말하면서 "국가의 요체는 현자를 임용하고 불초한 자를 물리치는 것이다."

라고 천명하였다.

그는 '임용은 반드시 덕행과 학식을 근본으로 한다'는 용인(用人)의 기준과 '사람은 모두 각자의 장점이 있다'는 용인 원칙을 세웠다. 그는 인재의 중요성을 대단히 중시했으며, 다섯 차례에 걸쳐 '구현령(求賢令)'을 반포하여 각양각색의 뛰어난 인재를 자기 주위에 배치하였다.

당 태종의 용인은 가문족벌과 지역 그리고 친소관계의 제한이 없었다. 그의 대신 중에는 이세민이 당 왕조 건국 후 진왕(秦王)으로 봉해졌던 시기부터 수행하던 방현령, 장손무기, 두여회 등을 비롯하여 농민봉기를 일으킨 서무공, 진숙보, 정교금 등이 있었고, 원래 정적의 부하였던 왕규, 위징 등도 있었다. 또 수나라 말기의 유신(遺臣)이던 이정, 오세남, 봉덕이(封德彝) 등도 많은 업적을 남겼고, 미천한 출신의 주마, 손복가, 장현소도 커다란 활약을 하였다.

당 태종 수하에 가장 믿을 만한 무장이었던 울지경덕(蔚遲敬德) 역시 적으로부터 넘어온 인물이었다. 울지경덕은 원래 유무주(劉武周)의 부하로서 유무주가 당에게 패배하여 항복한 뒤에도 당나라를 배반하고 달아났다.

그러나 이세민 부하가 울지경덕을 체포하여 막 목을 치려는 순간 이세민은 그를 풀어주도록 하였다. 그리고 무릎을 맞대면서 "대장부란 모름지기 의기투합하여 조그만 오해로 인하여 미움만 남길 수 없소. 어떤 자는 보는 눈이 짧고 얕아 장군의 기개를 알아보지 못하오. 나는 장군에 대하여 한 치의 의심도 없이 신뢰하오. 떠나든 남든 장군 편한 대로 하시오."라고 말했다.

그러면서 헤어질 때 여비도 두둑하게 주었다. 이에 울지경덕은 크게 감동하여 그 자리에 꿇어앉으며 절을 하고 "경덕은 떠나갈 뜻이 없습니다. 이렇게 후애(厚愛)를 받았으니 대왕을 평생 따르기로 결심했습니다. 죽어도 변치 않을 것입니다."

(3) 국가 법률은 제왕 일가(一家)의 법이 아니다

당 태종은 법치를 대단히 중시하였다. 그는 "국가 법률은 제왕 일가(一家)의 법이 아니며, 천하가 공동으로 준수해야 할 법률로서 모든 것은 법을 기준으로 삼아야 한다."라고 천명하였다.

법률이 일단 제정되면 당 태종은 이신작칙(以身作則), 먼저 자신부터 법을 지켰다. 왕자들의 범법 행위도 반드시 일반 백성과 똑같이 적용하였다. 법률의 집행에서는 철면무사(鐵面無私)였다. 하지만 양형(量刑) 시에는 거듭 심사숙고하여 신중에 신중을 기했다. 그는 "사람이란 죽으면 다시 살아날 수 없다. 법률 집행은 반드시 관대하고 간략해야 한다."라고 강조하였다.

이렇게 하여 정관 시기 법률을 어기는 사람은 적었고, 사형을 당한 사람은 더욱 적었다. 정관 3년의 기록을 보면 전국적으로 사형을 당한 사람은 겨우 29명이었다. 이는 당시 왕조로서 보기 드문 일이었다.

나아가 당 태종은 권력의 분권화를 추진하여 중서성(中書省)이 명령을 발표하고, 문하성(門下省)은 명령을 심사하며 상서성(尚書省)이 명령을 집행하도록 하였다. 일종의 3권 분립체제가 이미 당시 창출되어 운용되었던 것이다. 하나의 정령(政令)은 재상들이 중서성 정사당에서 회의를 열어 결의를 거친 뒤 황제의 승인을 받고, 다시 중서성은 황제 명의로 조서를 발표하였다. 그런데 조서는 발표 전에 반드시 문하성의 심사를 거치도록 규정하여 만약 문하성이 부적합하다고 간주할 때는 거부의 '부서(副署)'를 할 수 있었다. 즉, 반드시 문하성의 부서가 있는 조서라야만 비로소 정식으로 국가의 공식 법령으로서 효력을 발생시킬 수 있었던 것이었다.

당시 절약과 소박을 숭상하는 사회 분위기가 조성되었는데, 이는 당 태종이 스스로 모범을 보인 외에도 위징을 비롯하여 매우 빈한한 삶을 영위했던 장현소, 대주(戴胄), 온언박(溫彥博), 우지녕 등의 조정 대신의 모범 때문이기도 하였다.

민본 사상, 언로 개방, 직언을 장려하고 받아들이는 자세, 인재 중용, 능력 본위의 임용, 철면무사, 의법집행은 이 시기 정관지치의 특징이었다.

11. 인생은 뜻대로 될 때 마음껏 즐겨야 하리, 이백

이백(李白)의 자는 태백(太白)이고 면주의 청련향에서 자라났다. 그는 부유한 가정에서 태어나 어릴 적부터 뛰어난 문재(文才)를 발휘하였다. 뿐만 아니라 검술을 좋아하고 의협심이 강한 대장부이기도 하였다.

그는 스물다섯 살 때 칼을 차고 천하 유랑을 시작하였다. 이 유랑은 마흔두 살까지 계속되었다. 그동안에 그는 운몽 지방에서 재상 허어사의 딸과 결혼했으며, 병주에서는 당시 병졸로서 위기에 빠진 곽자의를 구해 주기도 하였다. 그러면서 도사들과 어울리며 노장 사상에 심취하였다. 그리하여 마흔두 살 때 도사 오운의 추천으로 장안에서 벼슬을 얻었다.

어느 날 현종은 이백을 궁정에 불러, "평민인 그대를 짐이 알게 된 것은 오직 그대의 사람됨과 글솜씨가 다른 사람들과 비교할 수 없을 만큼 탁월하기 때문이오."라며 이백을 크게 후대하면서 대화를 나누고 함께 식사를 나눴다. 황제가 평민에 대하여 이러한 대우를 해주는 경우는 거의 없었기 때문에 이후 이백의 명성은 천하에 퍼지게 되었다.

환관 고력사를 골려주다

이때 이백은 정치에 대한 자신의 뜻을 펼쳐보려 했지만 끝내 이룰 수 없었다. 현종은 이백이 다만 궁정 시인으로 남아 있기를 원했기 때문이다. 그래서 그는 이렇다 할 일도 없이 시를 짓는 친구들과 어울려 술을 마시고 향수를 달래는 나날을 보내야 했다.

이러한 생활에 염증이 난 이백은 당시 모든 관리들이 두려워하는 환관의 우두머리 고력사 앞에서 보란 듯이 다리를 쭉 뻗고 신을 벗기게 하였으며, 황제에 대해서도 마치 친구를 대하듯이 놀려 대기도 하였다.

어느 날 현종은 양귀비를 데리고 침향정에 나가 모란꽃을 구경하였다. 그때 당시의 명가수 이귀년이 노래를 하려 했으나, 현종은 이렇게 말했다.

"아름다운 꽃과 아름다운 양귀비 앞에서 옛 가사로 노래를 부른 데서야 무슨 운치가 있겠는가?"

현종은 이백을 급히 찾아오도록 하였다. 그러나 그의 모습은 보이지 않았다. 이귀년이 궁정 밖으로 나가 이백을 찾아 헤맸다. 시내의 주점 앞에 이르렀을 때 문득 흥겨운 노랫소리와 함께 취객들의 주정소리도 흘러나왔다. 혹시나 해서 이귀년이 들어가 보니, 아니나 다를까 이백이 흠뻑

술에 취한 채 노래를 부르고 있었다.

이귀년은 이백을 업고 주점을 나와 침향정으로 돌아왔으나 이백은 현종 앞에서도 침을 흘린 채 정신을 차리지 못하였다. 찬물을 끼얹어도 별 무신통이었다. 현종은 술깨는 미음을 가져오도록 하였다.

이윽고 한참 만에 술에서 깨어난 이백은 붓을 들더니 금방 '청평조의 가사'를 지어 올렸다. 이백이 시를 짓자 이귀년은 그 자리에서 곡을 붙여 노래를 불렀다. 현종은 넋을 잃은 채 듣고 있었고, 양귀비도 웃음을 가득 머금고 들었다. 이 '청평조의 노래' 는 이후 세상에 널리 알려져 즐겨 불려졌다.

그런데 환관 고력사는 이백을 매우 못마땅하게 여겨 항상 그를 모함할 기회를 노리고 있었다. 그리하여 '청평조의 가사'를 들어 양귀비에게 이렇게 일러바쳤다.

"이백은 이 시에서 당신을 한나라 성제의 총희였던 조비연에게 비유하며 노래하고 있습니다. 이는 당신을 몹시 비난하는 내용입니다."

사실 '청평조의 가사'는 나라를 기울게 하고 있던 양귀비를 비난하는 내용이 숨겨져 있었다. 이백이 자신을 칭찬하는 시를 지었다고 생각하여 기뻐하고 있던 양귀비는 고력사의 말을 듣고는 완전히 심기가 상했다. 그에 따라 양귀비에 푹 빠져 있는 현종도 당연히 이백을 멀리하게 되었다.

냉대를 이기지 못하는 성격인 이백은 마침내 장안을 떠나 방랑길에 올랐다.

장진주(將進酒)

그대는 보지 못하는가!

황하의 물이 하늘 위로부터 와서

세차게 흐르다가 바다에 이르면 다시 돌아가지 못함을!

그대는 보지 못하는가!

고대광실 맑은 거울 속 슬픈 백발은

아침에 까만 비단실이더니 저녁에 눈발이 날린 것임을!

인생은 뜻대로 될 때 마음껏 즐겨야 하리

황금 단지를 달 아래 그냥 두지 마라

하늘이 내게 주신 재능이니 반드시 쓰일 것이요,

천금을 다 써버리면 다시 돌아올 것이니

양을 삶고 소를 잡아 잠깐 즐거움을 누리세

마신다면 모름지기 3백 잔은 들어야 하리!

얼마 후 이백은 낙양에서 두보를 만났다. 그때 이백은 44세, 두보는 33세였다. 그들은 형제처럼 함께 노닐고 함께 취하고 함께 잤다. 그러면서 하남, 산동 일대를 유람하면서 명승지를 방문하고 사냥을 하였으며, 명산의 전망 좋은 누대에 올라 함께 시를 읊었다. 이렇게 꿈과 같은 시절을 보내고 그들은 각기 다른 여행길로 떠났다.

이백은 벼슬할 생각이 추호도 없었다. 그는 "어찌 허리를 굽히면서 권력에 아부하여 내 마음을 펴지 못할소냐!"라고 노래 부르며 경치 좋은 강남으로 내려가 시와 술로 세월을 보냈다.

추포가(秋浦歌)

백발 삼천장(白髮三千丈),

수심에 겨워서 이처럼 길어졌네

알지 못하리라

거울은 어디에서 가을 서리를 얻었는지를

12. 시절을 슬퍼하니 꽃에 눈물이 흐르고, 두보

두보(杜甫)는 자가 자미(子美)이고 양양 태생이었다. 장안의 두릉에서 가까운 소릉에 산 적이 있기 때문에 '소릉야로(少陵野老)'라고 스스로 불렀으며, 그래서 후에 사람들은 두소릉이라 하였다.

두보의 할아버지 두심언은 유명한 시인으로, 그는 어려서부터 시와 관계가 깊은 환경에서 자라났다. 두보는 이미 일곱 살 때 '봉황시'를 써서 주위 사람들을 크게 놀라게 하였다. 하지만 그의 집안은 매우 가난하였다.

두보는 스무 살에 천하를 유람하면서 많은 걸작을 남겼으나 과거에 낙제하였다. 그 후 낙양에서 이백을 만나고 다시 장안에 돌아왔을 때 그의 나이 35세였다. 그 다음해 현종이 널리 인재를 구하는 조서를 내렸다. 그래서 두보는 이 시험에 응시하여 좋은 답안을 제출했으나, 웬일인지 또 떨어지고 말았다.

그때 시험의 총 책임자는 간신 이림보였는데, 그는 훌륭한 인재가 조정에 들어오면 자신이 위태롭다고 생각하여 응시자 전원을 낙방시켰던 것이다. 그러면서 현종에게는 "폐하의 명령에 따라 신이 열성으로 인재를 구하려 했지만 끝내 인물을 발견할 수 없었습니다. 이제 재야의 어진 인물은 없는 듯합니다."라고 보고하였다

두보의 생활은 점점 어려워만 갔다. 그러는 사이에 두보의 아들이 끝내 굶어죽는 등 이루 말할 수 없는 비참한 처지에 빠졌다.

얼마 지나지 않아 '안록산의 난'이 일어났다. 전국에서 뜻있는 사람들이 반란 진압에 나섰는데, 이때 이백은 남쪽에서 이 대열에 참여하여 현종의 열여섯 번째 황자인 영왕의 막하로 들어갔다. 그런데 후에 영왕은 제위에 오른 형 숙종으로부터 반역자로 몰려 토벌당하고 이백도 체포되어 사형될 위기에 몰렸으나 전에 도와준 바 있던 곽자의 장군의 도움으로 간신히 죽음을 면하고 석방되었다.

마음은 이미 죽어 차디찬 재에 붙다

이백은 그 후 강남 지방을 방랑하다가 62세 때 한 많은 세상을 떠났다.

한편 두보도 이때 커다란 고통을 겪어야 했다. 두보는 난리를 피하여 가족들을 데리고 강촌으로 거처를 옮겼다. 그때 숙종이 영무 지방에서 즉위하였기 때문에 그는 가족들을 떼어놓고 영무로 향했으나 도중에 반란군에 체포되어 장안에 유폐되었다. 그는 아홉 달 후 장안을 탈출하여 숙종이 있는 행재소로 달려갔다.

이때의 참담한 처지를 두보는 이렇게 읊었다.

내 눈은 (조정이 있는) 서쪽으로 기우는 해를 뚫어지듯 바라보지만,

마음은 이미 죽어서 차디찬 재에 붙는다.

두보는 그곳에서 좌습유라는 벼슬을 얻었으나 그의 솔직한 충언은 도리어 황제의 반감만을 불러일으켜 결국 추방되고 말았다.

두보는 이때부터 각지를 방랑하는 신세가 되었다. 그런 가운데 전쟁과 부역에 시달리는 백성들의 크나큰 고통을 직접 목격하였다. 두보 자신도 먹을 것이 없어 초근목피로 연명해야 했다.

만년에 접어든 두보의 생활은 더욱 고통으로 이어질 뿐이었다. 그는 장강 중류 지역을 방랑하다가 마침내 호남성 악양 부근의 강에 떠 있는 낡은 배 안에서 병사하였다. 이때 두보의 나이 59세였다.

13. 이백과 두보의 시는 우리의 한자 독음으로 읽어야

중국 당나라 시대의 대시인 이태백(李太白)과 두보(杜甫)는 우리에게 너무 잘 알려진 인물이다. 시선(詩仙)과 시성(詩聖)으로 지칭되는 그들이 지은 시가 당나라 시대에 우리가 현재 사용하고 있는 한자 독음으로 읽혀지고 있었다고 생각한다면 대단히 흥미로운 일이 아닐 수 없다.

구체적인 사례를 들어 설명해보도록 하자.

중국 고대의 오언시(五言詩)나 칠언시(七言詩)에서 제1, 제2, 제4구(句) 마지막 글자의 음은 압운(押韻) 혹은 각운(脚韻)을 맞추어야 하였다. 그래서 그 발음(韻)이 같아야 했고, 당시 이러한 규칙은 엄격하게 지켜졌다. 다음

은 우리에게도 잘 알려진 이백(李白)의 시 「추포가(秋浦歌)」이다.

白髮三千丈 離愁似箇長
不知明鏡裏 何處得秋霜

위의 시에서 압운은 '장(丈)', '장(長)', '상(霜)'의 세 글자다. 이것을 현대 중국어로 읽으면 각각 'zhang(장)', 'zhang(장)', 'shuang(솽)'이다. 동일한 범주의 발음으로 보기에는 어딘지 좀 어색하다. 그런데 여기에서 우리가 사용하고 있는 한자 독음으로 읽으면 각각 '장', '장', '상'으로서 운이 '-ang'으로 정확히 일치하게 되고 그리하여 압운은 정확하게 맞아떨어지게 된다.

예를 하나 더 들어 보자. 역시 이백이 지은 「산중문답(山中問答)」이다.

問余何意棲碧山 笑而不答心自閑
桃花流水杳然去 別有天地非人間

이 시에서 압운은 '산(山)', '한(閑)', '간(間)'의 세 글자이고, 이것을 현대 중국어로 읽으면 각각 'shan(샨)', 'xian(시엔)', 'jian(지엔)'이다. 동일 범주의 발음으로 간주하기에는 어쩐지 어색하기만 하다. 그러나 우리의 한자 독음으로 읽으면 각각 '산', '한', '간'으로서 운이 '-an'으로 정확히 일치하고 그래서 압운도 정확하게 맞게 된다. 두보의 시를 비롯하여 동시대의 다른 시들도 마찬가지다.

그렇다면 왜 이러한 현상이 나타나는 것일까?

오늘날 우리나라에서 한자를 읽는 독음 방식은 당나라 시대에 전래된 것이다. 특히 당나라와 교류가 잦았던 신라로 전래된 뒤 그 원형이 거의 변함없이 오늘날까지 유지되고 있다. 이에 비하여 정작 중국 본토의 기존 발음은 받침이 없어지고 혀를 말아서 내는 권설음화(捲舌音化)의 경향이 많아지는 등 크게 변화하였다.

물론 한자 독음 중에는 우리가 원천적으로 내지 못하는 발음도 존재하며, 당나라 이후 무려 1200여 년이라는 긴 세월이 흘렀기 때문에 발음의 원형을 완전하게 모두 추적할 수는 없을 것이다.

그럼에도 불구하고 우리의 고문(古文)을 현대 우리나라어로 읽을 경우 전혀 '맛'을 느낄 수 없을 뿐만 아니라 정확하지도 않은 것과 마찬가지로 이백과 두보 등의 중국 당나라 시대의 시가(詩歌)는 당시의 발음(당운, 唐韻), 즉 우리의 독음 방식을 원용할 경우 훨씬 더 원래의 맛과 발음에 일치한다.

우리의 한자 독음이 당나라 시대의 독음 방식이라는 사실은 청나라 강희제 때 편찬된 『강희자전(康熙字典)』을 보면 쉽게 이해될 수 있다.

예를 들어, '학(學)' 자는 현대 중국어 발음으로 '쉐(xue)'이다. 그런데 이 글자를 『강희자전』에서 찾아보면 그 발음에 대하여 '唐韻, 胡覺切'이라고 기록하고 있다. 이 말은 "'學'의 당나라 시대 발음은 '胡'의 첫머리 발음과 '覺'의 발음 중 첫머리 발음을 제외한 부분을 연결시켜 읽는다."는 의미이다. 이를 현대의 중국어 발음으로 이해하려면 불가능하다. 바로 이 지점에서 우리의 독음이 절대적으로 유용하다. 즉 '호(胡)'의 'ㅎ'과 '각(覺)'의 'ㅏㄱ'을 연결시키면 '학'으로 자연스럽게 읽힐 수 있다는 것이다. 최소한 당나라 시대에는 중국인들도 이렇게 발음을 했다는 사실을 유추해 볼 수 있다.

현대 중국어 발음으로 '쑤(su)'인 '속(束)'자의 발음은 『강희자전』에서 '당운(唐韻)의 書玉切'이라고 기록되고 있다. 마찬가지로 "書의 첫머리 발음과 玉의 발음 중 첫머리 발음을 제외한 부분을 연결시켜 읽는다."는 의미이다. 이는 정확히 '속'이라는 발음으로서 현재의 우리 한자 독음과 동일하다. '격(激)' 역시 『강희자전』에서 당운이 '吉歷切'로서 현재의 중국어 발음인 '지(ji)'와 전혀 상이하고 우리의 한자 독음인 '격'의 발음으로 정확하게 규정되고 있는 것이다.

우리가 흔히 듣는 염불소리, "나무아미타불"을 놓고 봐도 이러한 사실은 확연히 나타난다. 나무아미타불은 산스크리트어로서 그 한자어인 '南無阿彌陀佛'은 음역이다. 이것을 오늘의 중국어음으로 읽게 되면 "난우아미퉈포어"이다. 이 중국어음보다 "남무아미타불"이라는 우리 독음이 훨씬 원음에 가깝다. 우리의 한자 독음이 불교가 중국에 전해진 당시 한자 발음과 더욱 접근한다는 사례가 아닐 수 없다.

중국어 발음은 변했고, 우리의 한자 독음은 변하지 않았다

그렇다면 왜 현대 중국어는 당나라 등 고대의 중국어와 달라졌을까?

예를 들어, 중국어 발음에서 많이 출현하고 있는 권설음(捲舌音) 발음은 원래 권설음이 많았던 북방의 몽골족이나 만주족 발음에서 영향을 크게 받은 것이다. 잘 알다시피 몽골족은 원나라를 세우고, 만주족은 청나라를 개국하여 오랜 기간에 걸쳐 중국 대륙을 지배했다. 바로 그 시기에 중국어는 권설음의 발음이 많은 몽골어와 만주어의 영향을 깊이 받게 되었다. 그러므로 현재의 중국어 발음은 원래 중국어 자체의 변화와 함께 북방민족의 영향이 수백 수천 년을 거치면서 만들어진 것으로 볼 수 있다.

이러한 까닭으로 북방에서 멀리 떨어질수록, 즉 남부지역으로 갈수록 북방 민족 언어의 영향을 적게 받아 중국 고대의 원래 발음이 많이 남아 있게 되었다. 실제로 중국 남부의 광둥어(廣東語)에서는 '三'을 '삼'으로 발음하고, '學'을 '각'으로 읽는 등 우리의 한자 독음과 유사한 발음이 많고 받침(입성)도 상당히 많이 남아 있다. 남방어에 해당하는 상하이어에도 이러한 현상은 그대로 나타나고 있다.

예를 들어, '고가도로'를 의미하는 '고가(高架)'는 표준 중국어로 '가오자-gaojia'이지만 상하이어로는 '고가'이다. 우리말과 완전히 동일하다. 상하이 교외에 위치해 있는 '송강(松江)'이라는 지명도 표준 중국어 발음은 '쑹장-songjiang'이지만 상하이어로는 '송강'이다.

광둥어나 상하이어 등 남방어에서는 복모음의 발음이 거의 없이 우리의 경우처럼 단모음의 독음(혹은 발음)으로서 우리의 독음 방식과 매우 유사하다. 또 우리가 식용하는 '가지'가 중국어로는 '체즈-qiezi'이지만 상하이어로는 '가즈'이다. 더욱 놀라운 것은 '우리'의 상하이어가 바로 '우리'라는 점이다.

이민족의 침입으로 인하여 서진(西晋) 시대에서 동진(東晋) 시대로 되면서 상층 귀족들이 남쪽으로 피신하여 상하이, 양저우 등 장강(長江)* 유역

---

* 장강(長江, 창장)을 양쯔강이라고도 부르지만, 이는 현재 중국에서 거의 사용되지 않는 명칭이다. 정확하게 말하자면, 양쯔강은 장강(長江, 창장) 하류, 구체적으로 난징부터 상하이를 거쳐 바다에 이르는 장강 하류 지역을 지칭했던 옛날 명칭이다. 본래 수나라 시대 이후 장강 하류에 위치하고 있는 양저우(揚州) 남쪽으로 20리쯤 떨어진 곳에 양자진(揚子津)이라는 조

에 거주하게 되었고, 그에 따라 해당 지역에 이러한 발음들이 남게 된 것이다. 그리고 기존 중국어 발음에 존속했던 'p', 't', 'k'의 발음은 송나라 시대를 거치면서 사라지게 되었다.

지금도 중국어는 계속 변화하는 과정에 있다. 예를 들어 중국에서는 스웨덴(Sweden)을 'ruidian-瑞典'이라고 표기한다. 그런데 이 '瑞典'의 현대 중국어 발음은 '루이덴'이다. '스웨덴'과는 완전히 동떨어진 발음이다. 오히려 우리나라 사람들은 이 한자음을 그대로 읽어 아직 스웨덴을 '서전'이라고 하는 사람이 있다. '서전 안경' 등의 명칭이 바로 그것이다. 자기들이 100년 전 근대 시기 중국이 서방 세계에 문호를 개방할 무렵 스웨덴이라는 발음에 맞춰 'S' 발음인 '瑞'를 사용하여 스웨덴의 국명을 표기해 놓고는 그 뒤 정작 자신들의 발음이 변화되어 현재와 같은 엉뚱한 발음이 나타나게 된 것이다.

실제 『강희자전』에서 '서(瑞)'의 '당운(唐韻)'을 살펴보면 "是僞切"이고 그밖에 '정운(正韻)'도 "殊僞切"로서 모두 's' 발음임을 확인할 수 있다. 마찬가지로 중국에서는 스위스도 '瑞士'라고 표기하고는 'ruisi-루이스'로 읽는다.

남미의 '페루'를 지칭하는 중국어 국명도 이와 유사하다. 중국에서는 '페루'를 '秘魯'로 표기하고 'bilu-비루'라고 읽는다. 그런데 재미있는 사실

그만 소읍이 있었다. 이 조그만 소읍은 장강을 이용해 배들의 왕래가 많아짐에 따라 날이 갈수록 번성해졌다. 양자진이 크게 번성하면서 양자진 일대의 강을 양자강이라고도 부르게 되었다. 중국 근대시기에 서방에서 중국에 온 선교사가 '양자(양쯔)강'이라는 명칭을 듣고 서방에 그 명칭을 그대로 알렸다. 그래서 이 양쯔강이라는 명칭이 세계에 알려졌고, 지금까지 장강의 영어식 표현이 양쯔강이 된 것이다. 서양 사람들에게 '장강(창장)'이라는 발음보다 '양자(양쯔)'라는 발음이 편했던 것도 한 요인이 되었다. 하지만 현재 이 양쯔강이라는 명칭을 아는 중국인은 거의 없다. '외부자'들만의 용어다.

은 이를 '비루'라고 읽는 것을 제외하고 '秘' 자의 현대 중국어 발음은 모두 'mi-미'로 바뀌었는데, 사전에 따르면 옛날 발음은 'bi-비'였다고 설명되어 있다는 점이다. 우리의 독음과 비슷한 발음이 다른 발음으로 변화하고 있음을 보여주고 있는 증거이다.

결국 결론은 이태백과 두보의 시는 우리 한자 독음으로 읽어야 한다는 것이다.

14. "궁중이 즐거우면 백성은 적막해진다" - 송나라 인종

송나라 시대의 어느 늦은 밤, 굉장히 떠들썩한 음악소리가 궁궐까지 들려오자 황제 인종(仁宗)은 무슨 일인지 궁금하여 곁에 있던 궁인에게 물었다.

"대체 어디에서 들려오는 음악소리냐?"

그러자 궁인이 답했다.

"가까이 있는 민간의 주루(酒樓)에서 나는 소리입니다.

폐하, 들어보십시오. 바깥 민간 세상은 이곳 궁중의 적막함과 달리 이토록 즐겁사옵니다."

이에 인종이 답했다.

"너희는 아느냐? 궁중이 적막하기 때문에 바깥 백성들이 이토록 즐거울 수 있는 것이다. 만약 궁중이 바깥처럼 즐겁다면 백성들이 곧 적막할 수밖에 없다."

판관 포청천이 활약할 수 있었던 것은 바로 어진 인종이 있었기 때문이다.

송 인종은 재위 기간 42년으로 북송과 남송 시대를 통틀어서 가장 오래 황제의 자리에 재위하고 있었던 황제이다.

중국 역사상 인종 이전에 시호에 어질 '인(仁)' 자가 붙여졌던 황제는 일찍이 존재하지 않았다. 그럴 정도로 송나라 인종은 그야말로 '인(仁)'으로써 치국(治國)을 시행한 황제로 역사적 평가가 내려진 황제라 할 수 있다.

인종은 평생 검소한 생활을 했다. 연회를 열 때마다 항상 같은 옷을 빨아서 다시 입고 나왔다.

청백리의 상징인 유명한 감찰어사 포증(包拯), 포청천(包青天)이 인종을 바로 면전에서 비판할 때면 심지어 황제의 얼굴까지 침들이 튀는 '무례하고 무도한' 일도 많았다. 그렇지만 인종은 전혀 불평을 말하지 않았다. 포청천이 이토록 두려움 없이 정책을 수행하고 직언할 수 있었던 것은 바로 인종이라는 어질고 관후한 황제가 존재하여 그 뒤를 세심하게 돌봐줬기 때문이었다.

또 그의 치세 기간에 왕안석(王安石)을 기용하여 개혁을 추진했다. 그 외에도 범중엄(范仲淹)과 소동파(蘇東坡)를 비롯하여, 소순, 부필, 심괄, 구양수(歐陽脩), 사마광(司馬光) 등 많은 명신(名臣)과 명상(名相)들이 줄을 이었다.

다른 왕조의 처음과 끝까지 모든 시기를 합한다고 할지라도 송나라 인종이라는 한 명의 황제시대에 배출된 명신과 명상의 숫자를 도무지 따를 수 없을 정도였다.

그의 치세로 송나라는 세계적 경제 대제국을 이루다

송나라 인종의 치세 기간에 이렇게 정치가 안정되자 상업과 해상무역을 비롯한 경제는 중국 역사상 가장 번영했다고 평가되는 전성기를 구가했다. 역사가들은 이 시기를 가리켜 '인종성치(仁宗盛治)'라 칭했다.

활자 인쇄술과 나침반도 인종 시대에 발명되었다. 중국 최초의, 당연히 세계 최초의 지폐인 '관교자(官交子)'도 이 시기에 만들어졌다.

송나라 인종 때 농업세와 상업세의 비율은 3 : 7이었는데, 이는 중국의 어떤 역대 왕조도 도달하지 못했던 수준이었다.

송나라 인종 시기, 중국은 농업사회에서 상업사회로 분명하게 진입하였다. 이 무렵 송나라는 가히 세계적 대제국(大帝國)이었다. "당시 송나라의 생산량이 무려 전 세계의 80%를 차지하고 있었다."는 추정도 그리 큰 무리는 아니다. 이렇게 나라의 경제가 융성했지만, 인종은 세금을 크게 줄이고 군대도 정예화, 간소화해 백성들의 부담을 크게 감소시킴으로써 모든 사람들이 마음 놓고 생업에 종사할 수 있도록 하였다. 당연히 백성들의 칭찬이 자자했다.

비록 그의 치세 기간에 군사적으로 서하(西夏)와 요(遼)나라에 연전연패하고 수세에 몰렸지만, 풍부한 경제력과 정치적 안정을 바탕으로 평화로운 태평시대를 장기적으로 구가할 수 있었다.

이 시기에 문화 또한 크게 진작되어 당송팔대가(唐宋八大家: 한유, 유종원, 소식, 소순, 소철, 구양수, 왕안석, 증공 등 중국 역사에서도 특별하게 빛나는, 당나라와 송나라 시대에 활약한 여덟 명의 대문호) 중 당나라 시대의 한유와 유종원을 제외한 나머지 대가들이 모두 인종 시기에 활약하였다.

송나라 인종의 약점

이러한 인종에 대하여 모든 역사가들이 칭찬만 한 것은 아니었다.

훗날 명말청초(明末靑初)의 저명한 사상가이자 정치 평론가이기도 한 왕부지(王夫之)는 인종의 과단성 부족을 비판하였다.

"어떤 관리에 대해 말이 나오면 곧 바꾸고 서로 다투면 양측을 모두 바꾸고 하여 재위 기간 중 양부(兩府)에서 모두 40여 명이 바뀌었다. 비록 현명한 인물이 많았지만 안정적으로 직위에 있을 수 없어 그 능력을 발휘할 수가 없었다. 이렇듯 사람이 계속 바뀌고 이랬다저랬다 하는 바람에 모든 일이 조령모개(朝令暮改)식으로 진행되어 아랫사람들은 믿고 따를 수가 없었고, 결국 어느 하나도 이뤄지지 못했다."

인종의 이러한 약점조차도 그의 어질고 신중한 성격에서 비롯된 것이었다.

다른 나라 백성까지 세심히 배려하다

하루는 고려에 사신으로 다녀온 신하가 고려가 갈수록 공물을 적게 바친다면서 고려를 정벌해야 한다고 제안했다.

그러자 인종은 "그것은 단지 고려 국군(國君)의 죄일 뿐이다. 만약 공격을 한다 해도 반드시 그 국군을 벌할 수 없고, 반대로 무고한 많은 백성들만 죽게 된다."라면서 끝내 출병하지 않았다.

자기 나라 백성만이 아니라 다른 나라의 백성을 세심하게 생각하고 배려하는 마음이 이 정도였다.

그가 세상을 뜨자 모든 백성들이 시장 문을 닫고 통곡을 했다

송 인종이 세상을 떠나자 모든 백성이 마치 자기 부모님이 돌아가신 듯 슬퍼하고 비통해 했다.

『송사(宋史)』는 당시의 상황을 이렇게 기록하고 있다.

"황제를 사모하여 경향 각지에서 백성들이 시장 문을 닫고 통곡을 했다. 심지어 거지와 어린애들까지 지폐를 태우면서 그 연기가 하늘을 가려 며칠 동안 태양이 보이지 않을 정도였다."

인종이 세상을 떠났다는 소식을 듣고 이웃나라이자 숙적이었던 요나라 황제도 송나라 사신의 손을 부여잡고 통곡하며 다짐하였다.

"내 42년 동안 전쟁이란 것을 도무지 알지 못했도다! 황제를 위해 의관묘를 모셔 애도하도록 하겠노라!"

이후 요나라 황제들은 인종의 화상(畵像)을 모시면서 자기 나라의 조상, 즉, 조종(祖宗)으로 삼았다.

15. 낭만의 시대, 소동파의 적벽부

역대 중국 왕조 정치제도의 큰 강점은 유능한 고급 관리를 과거제도에 의하여 제도적으로 임용할 수 있었던 것이었다.

이들 관리들은 단순한 관리의 차원을 뛰어넘어 학자이자 시인이며 그리고 정치가였다. 또한 사상가이기도 했고, 화가의 재능도 갖춘 이른바 '전인(全人)'이었다.

소동파(蘇東坡)를 비롯하여 구양수, 왕안석, 사마광 등은 모두 그러한 능력을 갖춘 전인들이었다.

적벽부(赤壁賦)

소동파

그대는 저 물과 달을 아는가.

가는 자는 저와 같으나 아직 한 번도 가지 않았다.

차고 이지러짐이 저와 같되 마침내 줄고 늚이 없으니

무릇 변화하는 관점에서 살펴본다면

천지의 모든 만물이 한 순간이라도 변하지 않고 그대로 있는 것이 없고

변화하지 않는다는 관점에서 본다면,

곧 사람이나 사물은 끝이 없다.

그러니 무엇이 부러우리오!

또 무릇 천지의 사물은 제각기 주인이 있어

진실로 나의 소유가 아니라면 비록 한 터럭일지라도 가지지 말 것이지만,

오직 강 위로 부는 맑은 바람과

산 사이로 떠오르는 밝은 달만은

귀로 들어 소리를 얻고

눈으로 보아 색을 이루어

취함에 금함이 없고

써도 다 쓰지 못할 것이니

이야말로 조물주의 끝없는 은혜가 아니겠는가!

그러니 나와 그대가 함께 누릴 바로다.

蘇子曰

客亦知夫水與月乎?

逝者如斯 而未嘗往也

盈虛者如彼 而卒莫消長也

蓋將自其變者而觀之

則天地會不能以一瞬

自其不變者而觀之

則物與我皆無盡也 而又何羨乎?

且夫天地之間物格有主

苟非吾之所有 雖一毫而莫取

惟江上之淸風 與山間之明月

而得之而爲聲 目遇之而成色

取之無禁 用之不竭

是造物者之無盡藏也!

而吾與者之所共適.

소동파(蘇東坡)는 송나라 인종 3년(1037년)에 사천성 미산(眉山)에서 태어났다.

그가 열아홉 살 되던 해 처음으로 상경하여 과거에 응시했는데, 당시 시험관은 바로 구양수와 매요신이었다. 당시 이 두 사람은 시문(詩文)의 혁신에 매진하던 중이었는데 신선하고도 호방한 소동파의 문장은 단번에 구양수의 마음을 휘어잡고도 남음이 있었다. 그 뒤 소동파의 명성은 날로 높아졌다. 그러나 그는 모친의 사망으로 고향으로 돌아갔고, 상이 끝난 뒤 다시 올라와 판관으로 재직하였다. 당시 왕안석의 신법이 시작되고 있었는데, 그의 은사인 구양수를 비롯하여 많은 주변 사람들이 재상 왕안석에 반대하여 모두 지방으로 좌천되었다. 1071년 소동파는 신법의 폐단을 비판하는 상서를 함으로써 왕안석의 분노를 사게 되었고, 소동파는 스스로 서울을 떠나 지방 좌천을 택하였다.

1079년 그가 43세 되던 해, 황제에게 바친 시가 "조정을 우롱하고 스스로를 망령되이 존귀하게 했다"는 비난을 받으며 커다란 논란을 불러 일으켰다. 이른바 '오대시안(烏臺詩案: 오대란 어사대로서 그 위쪽에 잣나무를 심어 까마귀들이 살았기 때문에 까마귀 烏 자를 붙여 오대라 칭하였다)이었다. 신법파는 일제히 그의 문장이 황제에 대한 불충으로서 마땅히 사형을 받아야 한다고 비난하였다. 그들은 소동파가 그간 지은 시들에서 풍자의 뜻이 담긴 구절들을 인용하면서 탄핵하여 조정은 순식간에 소동파 타도의 물결로 넘쳐났다. 결국 소동파는 체포되었고, 신법파들은 사형을 주청하였다.

이때 그의 구명 운동도 전개되어 그와 정견을 같이 하는 사람만이 아니라 정견이 다른 신법파 중에서도 사형은 부당하다는 주장이 나왔다. 특히 왕안석은 당시 조정에서 물러나 남경에 기거하고 있었는데, "성세(盛世)에 어찌 재사(才士)를 죽인다는 말입니까?"라는 상서를 올렸다. 또 본래 송 태조 조광윤이 사대부를 죽이지 말라는 유훈도 있던 터였다. 마침내 몇 번이나 죽음의 위기에 몰렸던 소동파는 감옥에 갇힌 지 103일째 되던 날 황주(현재 호북성 黃風市)로 강등되어 좌천하는 것으로 일단락되었다. 그의 유명한 '적벽부'는 그곳에 있을 때 적벽산을 유람하면서 지은 시이다.

1085년 드디어 왕안석의 신법파가 몰락하고 사마광 등 구당파가 집권하였다. 소동파도 서울로 돌아왔다. 그러나 자유로운 영혼의 소유자였던 소동파는 구당파가 집권한 뒤 부패한 모습을 보이자 서슴없이 신랄하게 비판하여 보수 세력의 극력 반대와 모함을 받게 되었다. 이렇게 하여 소동파는 신법파에게도 받아들여지지 않았고 동시에 구당파에게도 눈밖에 났다. 그는 다시 외지로 유배되어야 했다.

소동파는 끊임없이 변경 벽지로 유배되었지만, 가는 곳마다 현지 사람들의 열렬한 환영을 받았다. 그가 항주에 있을 때 제방을 만들게 했는데, 사람들은 그 제방을 '소공제(蘇公堤)' 혹은 '소제(蘇堤)'라 불렀다. 그 미려한 풍광은 '소제춘효(蘇堤春曉)'라 하여 오늘날 항주 10경 중의 하나로 꼽히고 있다. 또 그는 미식가로서 이름이 높았는데, 항주에서 그가 즐겼다는 돼지고기 요리인 동파육(東坡肉)은 오늘날에도 유명한 요리이다.

항주뿐만이 아니라 영주, 양주, 혜주, 다시 멀리 가장 먼 섬 해남도까지 그의 삶은 온통 유배로 점철되었지만 낙천적 성격이었던 그는 언제나 여유로운 삶을 영위하였다. 특히 해남도 유배는 당시 멸문(滅門)의 참형 바로 아래 죄에 해당하는 처벌이었다. 그가 그곳에서 학당을 열자 수많은 사람들이 불원천리 모여들었다. 얼마 지나지 않아 송나라 100여 년 동안 진사 급제자도 한 명 없었던 해남도에서 '파천황(破天荒)'으로 합격자가 배출되었다. 해남도 사람들은 그를 한없이 존숭하였고, 지금까지 해남도에는 동파촌, 동파정(井), 동파로, 동파교 등등 그의 호를 빌어 이름을 지은 곳들이 많고, 심지어 소동파의 언어까지 모방하여 계승한 '동파화(東坡話)'까지 있을 정도이다.

휘종 4년, 그는 마침내 대사면을 받고 복직되었다. 하지만 그는 서울로 돌아오는 길에 세상을 떠났다. 그의 나이 65세였다.

소동파와 왕안석

본래 소동파는 왕안석의 신법에 반대하여 좌천당해야 했다. 자유분방한 성격의 그에게는 법률에 의한 속박 그 자체가 맞지 않았던 것이다.

하지만 소동파와 왕안석의 사이는 정적이지만 서로를 존경했다. 왕안석은 15세 연하인 소동파의 글재주를 아꼈다. 소동파는 황주에서의 유배가 풀려 여주로 갈 때 금릉(남경)의 종산에 은거하고 있던 왕안석을 방문하였다. 이때 왕안석은 '북산(北山)'이라는 시를 소동파에게 주었다.

북산 푸른 빛을 떨구고
옆의 연못은 넘치다
곧게 뻗은 개천 둥근 못의 물결 출렁일 때
편안하게 방초(芳草)를 방문해도
돌아감은 늦으리

소동파도 답시를 썼다.

나귀에 올라 일망무제 황폐한 언덕에 들어가다.
선생이 아직 병들지 않을 때 만나보고자 하였다.
내게 3묘(苗)의 집을 한 번 얻으라고 권한다.

그러나 공을 따르기엔 이미 10년이 늦었음을 한탄한다.

이렇게 신법의 창시자와 신법에 반대하는 구법파 인사가 상대방에 대한 미움을 던져 버리고 화기애애하게 서로 시를 주고받았다.

16. 명(明), 그 용렬한 시대, 용렬한 황제

저물어 가는 중국, 명청 시대

왕안석의 개혁이 좌절된 뒤 중국에서는 두 번 다시 근본적인 개혁은 시도되지 않았다. 왕안석 변법의 좌절은 더 이상 법가 전략과 유가 윤리에 토대를 둔 치국 수단의 개혁이 가능하지 않다는 것을 보여 주었다.

이제 중국의 왕조 체제는 변화는 단념하고 오로지 안정을 추구하여 정치 통제와 황권 강화의 방향으로만 매진하였고, 제국을 떠받치는 군현제와 과거제, 유가 사상의 독주 그리고 국가 독점의 경제체제는 더욱 강화되었다. 그리고 그것은 정치, 경제, 사회, 문화 등 모든 분야에서 개방의 부정과 폐쇄성의 강화로 나타났다.

그리하여 정치적으로 권력은 오직 자금성(紫禁城)의 황제에게 집중되었다. 명 태조 주원장은 재상 제도를 폐지하였고, 청나라 옹정제는 대학사 제도를 폐지하고 군기처를 설치하였다.

경제적으로는 쇄국 정책을 시행하였다. 북쪽으로는 장성을 다시 수축하였고, 남쪽으로는 해운(海運)을 금하였다. 송나라 시대까지 중국은 전 세계를 대상으로 하여 무역이 대단히 발달한 국가였고, 원나라 시대에 세계 2대 항구는 이집트의 알렉산더항과 해상 실크로드의 출발지였던 중국 남부의 천주(泉州)항 두 곳이었다. 그러나 명대 이후 한 척의 배도 항해할 수 없고 한 톨의 쌀도 국경을 넘지 못했다.

중국의 도시화 비율은 송나라 시대에 이르러 22%였다. 당시 전 세계에서 인구 백만 명을 넘는 도시는 송나라의 개봉과 임안(항주)이었다. 당시 서양에서 가장 큰 도시는 10만 명 규모였다. 그러나 송나라 시대 이후 중국의 도시화 비율은 지속적으로 하강하여 청나라 말기에 겨우 6.5%였다. 개혁개방이 시작된 1978년에도 18%에 지나지 않아 송나라 시대에 미치지 못했다.

이렇게 하여 중국은 14세기부터 19세기까지 1인당 GDP 성장률이 제로였다. 중국의 4대 발명 중 종이를 제외한 나머지 3대 발명은 모두 송나라 시대에 이뤄졌다.

중국의 저명한 재정경제학 학자인 우샤오보(吳曉波)는 이 시기 중국의 정체를 식량과 마포(麻布)의 두 가지 물자와 연결시켜 설명한다.

그에 따르면, 처음에 곡물로 쌀 이외에는 없었으나 영토가 커지면서 보리나 조 등 기존에 있던 곡물은 물론 고구마와 옥수수까지 중국에 들어오게 되자 백성들의 먹는 문제를 해결할 수 있게 되었다. 또 이전에는 오직 소수의 귀족과 관리들만이 비단옷을 입을 수 있었으나, 명대 이후 면화 혁명이 출현하여 입는 문제도 해결하게 되었다. 이렇게 하여 먹고 입는 문제가 해결되자 제국은 더 이상 확장하려는 욕망을 잃게 되었다는 것이다.

하지만 이러한 중국의 자기만족과 안주 그리고 폐쇄성은 결국 근대에 이르러 코앞에 닥친 서양의 견고한 함선과 맹렬한 대포에 속수무책으로 시달리는 상황을 초래하였다.

명(明), 용렬한 시대, 용렬한 황제

빈농 출신의 주원장은 몸을 일으켜 몽골 이민족이 세운 원나라를 멸망시키고 명나라를 건국하였다. 이어 몽골의 수도인 카라코람을 불태우고 패주하는 몽골군을 추격하여 당시까지 중국의 군대가 도달했던 최북단 야블로노이 산맥까지 이르렀다.

명나라 시대는 삼국지를 비롯하여 서유기, 홍루몽 등 유명한 소설이 창작된 시기로서 인구 4억 명에 세계 GDP의 28%를 점하였다. 영락제 때 수도를 난징에서 베이징으로 천도했는데, 오늘날 우리가 볼 수 있는 베이징의 많은 성곽은 이때 인조적으로 건설된 것이다. 이때부터 베이징은 20세기 현대에 이르기까지 국민당이 지배했던 21년을 제외한 모든 시기에 수도로서의 위상을 지켰다.

명나라는 승상 제도까지도 폐지된 가운데 가히 황제 독재의 시대라 칭할 만했다. 송나라 시대 이전까지 황제와 대신은 의자에 마주 앉아 마주 보면서 정무를 보고하였다. 송나라 때는 황제는 의자에 앉고 대신은 서서 보고하였다. 하지만 명나라 시기에 이르러서는 황제는 앉고 대신들은 무릎을 꿇고 보고해야 했다.

그러나 그렇게 황제의 권위는 높아졌지만 정작 명나라 황제는 전반적으로 용렬하였다. 명나라 건국 후 태조를 거쳐 무장(武將) 출신으로서 정력적으로 대외 원정에 나섰던 영락제(永樂帝)*를 비롯하여 홍희제(재위는 고작 1년에 그쳤다), 선덕제로 이어지는 국운 상승기가 존재한 뒤 200여 년 동안 명군은 오직 효종 홍치제 한 명뿐이라는 말까지 있을 정도이다. 그나마 홍치제의 재위 기간도 20년에 미치지 못하였다. 황제 독재의 시대에 황제가 계속 무능했으니 명대 자체가 특출한 점이 없는 것은 너무나 당연하였다.

특히 영종은 역사상 가장 무모하다고 평가되는 북방 오이라트 몽골족에 대한 친정에 직접 나섰다가 도리어 포로로 잡히는 어이없는 참사가 벌어졌다. 이른바 '토목(土木)의 변(變)'이다. 또 불로장생을 위하여 재단을 쌓고 기원하던 가정제(嘉靖帝)는 방사(方士)가 올린 단약(丹藥)을 마시고 목숨을 잃었다.

만력제(萬曆帝)는 집권 48년 중 후반기 30여 년간 몸이 아프다며 틀어박혀 조정에 나가지 않았고, 신하들과 만나 국사를 논하지도 않았다. 정사 처리는 주로 유지(諭旨)라는 형식으로 전달되었는데 그나마 황제는 거의 결정하지 않았다.

인사의 난맥상도 극에 달했다. 주요 관직에 사람이 임명도 되지 않았지만 후임 인사를 미뤘다. 중앙부처가 텅 빈 상태에서 재상에 임용됐던

---

* 영락제는 당 태종처럼 태조를 도와 전공을 많이 세웠고 정변을 통하여 황제에 즉위하였다. 많은 나라로부터 종주권을 인정받고 싶어 했던 그는 북쪽 몽골족 정벌을 위하여 5차례에 걸쳐 친정에 나섰으며 고분고분하지 않은 베트남을 정복하였다. 특히 정화(鄭和)의 해상원정은 특기할 만한 업적으로서 20여 년에 걸쳐 총 일곱 차례 원정에 나서 아프리카 동부와 홍해 그리고 메카 등지의 30여 개 국을 경유하였다. 1423년 6차 원정 후 돌아오는 배에는 16국의 1200여 명의 사신과 그 가족들이 승선하고 있었다. 이렇게 하여 영락제 말년에 명나라에 조공을 하는 나라는 60여 개국에 이르렀다. 영락제는 기본적으로 명 태조의 정책을 이어받아 황제 권한을 강화했고, 조선 출신 궁녀가 관련된 궁녀들의 내분 및 황제 암살 계획설에 격분하여 두 차례에 걸쳐 모두 3천여 궁녀를 처형하기도 했다.

이정기(李廷機)는 당쟁에 지쳐 5년간 123차례에 걸쳐 사직서를 보냈으나 황제는 끝내 처리해주지 않았다. 그런 와중에도 여색에는 빠져 하루에 무려 여섯 명의 비빈을 맞아들인 적도 있고, 젊고 잘 생긴 남성 태감을 선발해 시중을 들게 하였다. 그중 특히 10명의 젊은 태감이 유명하여 황제를 직접 모시도록 하고 같은 침대에서 자기도 하였는데, 이들을 "십준(十俊)"이라 불렀다.

이렇듯 황제가 정무를 게을리하면서 수많은 당파가 우후죽순 발흥하고 당쟁이 이어졌는데, 이들 당쟁의 요점은 조정 개혁에 있지 않았고 오직 어느 당파의 누구를 어디에 앉힐 것인가의 인사에만 있었다. 태자 책봉도 미루고 미뤄 후임 황제 교육조차 이뤄지지 않았다. 이에 천계제(天啓帝)는 글도 모르는 일자무식 상태로 황제에 올랐으니 제대로 황제의 직위를 수행할 수 없었다.

근본적으로 천계제는 정사를 처리할 능력이 아예 없었고 재위 기간 내내 대패와 톱 그리고 끌을 항상 품에 지니고서 오로지 목공(木工)과 칠(漆) 작업에만 열중하여 침대를 만들고 궁궐을 보수한 '목수 황제'였다. 어리석은 그가 죽은 뒤 10여 년 뒤에 명나라는 멸망하고 말았다.**

명 태조 주원장은 관료를 극도로 혐오하였고, 단지 황제들의 비서들로 간주되었을 뿐인 관료들은 그저 글이나 읽을 줄 알면 그것으로 족하였다. 관료 선발 제도인 과거제도도 이른바 '팔고문'이라 불리는 이미 주어

** 명나라는 중국 역사에서도 무능한 왕조의 대표적인 왕조로 손꼽힌다. 우리로서 참으로 비극적이었던 사실은 조선왕조가 가장 무능했던 명나라에 철두철미 의존하면서 시종일관 숭명(崇明) 사상을 극복하지 못했다는 점이다. 이것이 조선의 발전을 가로막고 끝내 패망에 이르게 만든 주요한 요인 중의 하나였다.

진 형식만 줄줄 외우는 자들이 합격하였다. 특히 이 시대에 관료들의 녹봉도 형편없었다. 조정 최고 관리인 정1품의 연봉이 고작 800석 정도였다. 좋게 보자면, 명대 관료 제도가 청렴한 것으로 평가받을 수 있겠지만, 실제로는 부정부패와 뇌물이 일상화되던 시기였다. 이와 달리 송나라는 송 태조가 "관리의 봉록이 적으면 청렴하지 않다고 책망할 수 없다."면서 관리들의 봉록을 올려 주었다. 그래서 송나라 관리의 녹봉은 다른 시대보다 높았다.

명대에는 오히려 민간 쪽에서 활력이 두드러졌다. '학이우즉사(學而優則仕)'의 전통을 상실한 중국 지식인들은 삶의 목표를 잃고 동시에 호구지책을 마련할 수밖에 없는 처지에 몰리면서 그 재능은 자연스럽게 문학 분야로 돌려졌다. 그리하여 이 시대에 소설이 크게 발전하였다. 특히 『수호지』는 중국 최초로 백화문(白話文)에 의한 소설이었다. 소설이 이렇게 발전한 배경에는 상인층 세력의 존재가 있었고, 이들의 문학에 대한 욕구가 소설 발전을 자극하였다. 인쇄술의 발달도 소설 보급의 원동력이 되었다.

한편 이 시기 서광계(徐光啓)가 쓴 『농정전서(農政全書)』는 중국 고대부터의 농학 이론을 기술하여 원나라와 명나라 두 왕조 농민들의 생산 경험을 총정리하고 동시에 서방의 농전(農田) 수리 기술을 소개하였는데, 이는 중국 고대 시대에서 가장 잘 정리된 농학 저술이었다. 또한 송응성의 『천공개물(天工開物)』은 명말 청초의 생산 신기술을 기록하여 국내외에서 공예 백과사전으로 칭해졌으며, 일본은 이 책을 중시하여 천공학(天工學)이라는 학문 분야를 발전시키기도 하였다.

또 이시진(李時珍)은 '본초(本草)' 계통의 최고봉으로 평가되는 『본초강목(本草綱目)』을 저술하였다. 이 『본초강목』은 약 1천 종의 식물과 1천 종의 동물이 62편으로 분류되어 기술되고 있다. 이시진은 증류와 그 역사, 천연두의 접종 그리고 치료학적인 수은, 고령토 및 기타 물질의 사용에 대해서도 연구한 글을 남겼다.

17. 평생 관료와 '투쟁'한 명 태조 주원장

중국 역사상 통일 제국을 건설한 군주는 대부분 호문세족(豪門世族) 출신이었다. 오직 명 태조 홍무제(洪武帝) 주원장(朱元璋)과 한 고조 유방만이 평민 출신이다.

유방은 주원장의 우상이었다. 훗날 황제를 칭하게 된 주원장이 역대 제왕묘에 제사 지낼 때 그는 오직 유방에게만 술잔을 따르며, "오로지 공(公)과 나만이 포의로 몸을 일으켜 천하를 얻었소!"라고 하였다.

유방과 주원장을 좋게 말하면 평민 출신이지만, 실은 한 마디로 건달 출신이라 할 수 있다. 아무것도 가진 것이 없고, 원래부터 도무지 살길이 보이지 않았던 삶이었다. 이들은 오로지 자신들의 담력 하나에 기대어 '성공하면 황제요, 실패하면 역적'이라는 도박 승부를 건 것이었다.

그나마 유방은 하층 관리의 지위라도 있었지만 주원장은 완전히 빈털터리로서 살아남기 위하여 중이 될 수밖에 없는 절박한 처지였다. 그런데 이렇듯 비슷한 처지에서 시작하여 천하를 손에 넣은 유방과 주원장은 전란에 지친 백성을 위무하면서 휴양생식(休養生息)의 정책을 시행한 점에서도 동일하였고, 자신을 도운 공신을 토사구팽(兎死狗烹)으로 차례로 죽인 것도 역시 같았다.

실로 주원장은 영웅다운 호방한 기개(호기, 豪氣)와 비적(匪賊)의 분위기, 인의(仁義)와 허위와 사기 그리고 교활함까지 절묘하게 함께 어우러져 한 몸에 투영된 인물이었다.

주원장은 1328년 가난한 농부의 아들로 태어났다. 열여섯 살에 부모와 형들이 세상을 모두 떠나 졸지에 고아가 된 그는 굶주림을 피하기 위해 절에 들어가 승려가 되었다. 그는 탁발승이 되어 전국을 돌아다니며 인간 사회의 갖가지 천태만상을 '학습'하였다. 스무 살 때 다시 고향 황각사 절에 돌아온 그는 학문에 뜻을 세우고 학습에 정진하였다. 당시 중국의 중부와 북부 지방에서는 기근과 가뭄으로 700만 명 이상이 굶어죽었고, 반란이 끊임없이 일어나기 시작했다. 주원장은 반란군의 지도자 가운데 한 사람인 곽자흥(郭子興) 밑에 일개 병졸로 들어가 계속 뛰어난 업적을 수행해냈고, 1355년 곽자흥이 죽자 주원장은 반란군의 지도자가 되었다.

그 뒤 그가 이끄는 반란군 진영에 일부 사대부 계급 출신의 지식인들이 가세하게 되었고, 그는 그들로부터 역사와 유교 경전을 공부했다. 그는 유능한 조언자들을 밑에 거느리고 탁월한 능력을 발휘하여 이민족인 몽골의 원나라에 대항하는 가장 강력한 지도자가 되었다.

그리고 1382년 마침내 그는 중국 전 지역을 장악하고 명나라를 건국하였다. 특히 그는 가난한 농민출신으로서 행정의 부패가 백성들에게 끼치는 커다란 고통을 잘 알고 있었으므로 관료들의 비리에 대해서는 가차없이 처벌했다. 특히 백성들에게 법을 위반한 관리를 직접 잡아올 수 있도록 허가하였고 상급 관리에게 고발할 수도 있게 하였다. 이렇게 백성에게 직접 관리를 잡아올 수 있는 권한을 부여한 것은 중국 역사상 최초의 '사건'이었다. 정당한 고발을 받고도 처리하지 않은 상급 관리도 처벌되었다. 이밖에도 궁궐 문에 '신문고(정확히는 명원고, 鳴冤鼓라 하였다)를 설치하여 억울한 백성들이 직접 고발할 수 있는 길을 제공하였다.

그는 상업을 억압하여 농민이 비단, 면, 명주, 무명의 네 가지로 만든 옷을 입을 수 있으나 상인은 오직 명주옷과 무명옷 두 가지만 입을 수 있도록 특별히 규정하였다. 상인은 과거시험과 관리가 되는 데에도 많은 제한을 받았다. 모두 상인을 천시하고 상업을 억제하려는 뜻이었다.

주원장은 특무(特務)기구를 설치한 최초의 황제였다. 그는 '검교(檢校)'라는 특무 조직을 만들어 관리들과 백성들을 몰래 감시하였다. 그는 의심이 많았고 성질이 급했는데 나이가 들수록 더욱 심해졌다. 예를 들어, 1380년 승상 자리에 있던 호유용(胡惟庸)* 의 모반 음모가 적발되자 승상을 참수형에 처했으며, 그의 가족을 비롯하여 연루된 관료 등 모두 3만 명이 처형되는 등 총 10만 명이 희생을 당했다. 그리고 재상이라는 직위는 영원히 없애도록 하였다. 오늘날 대부분의 역사가들은 이 모반 사건이 황제의 권위에 도전하는 재상의 존재를 없애기 위하여 만들어낸 사건으로 평가하고 있다.

재상 제도가 폐지된 뒤에 유일하게 남은 것은 중서사인(中書舍人)으로서 겨우 7품 지위에 불과하였고, 고작해야 문서를 관리하거나 옮겨 쓰는 직책에 그쳤을 뿐이었다.

---

* 호유용이 처형된 뒤 재상이라는 직위는 영원히 중국 역사에서 사라져 결국 그는 중국 역사상 최후의 재상이 되었다.

조정에서 신하들은 공공연하게 곤장을 얻어 맞고 모욕을 당해야 했다. 희생자들은 엎드린 채 발가벗은 엉덩이에 매질을 당했다.

개국 군주로서 주원장은 잔혹한 법률로써 탐관오리를 엄벌하였다. 그의 뜻이 워낙 강했고 정책 역시 강력하고 정확하여 커다란 효과를 거두었다. 그가 즉위 후 타계할 때까지 그의 '탐관 박멸' 운동은 시종일관 강력하게 시행되었다. 하지만 탐관 현상은 시종 뿌리 뽑히지 않았다. 주원장은 만년에 "아침에 다스렸으나 저녁에 다시 범하고, 저녁에 다스렸으나 새벽이면 역시 마찬가지다. 시체가 아직 옮겨지지도 않았는데, 다른 사람이 계속 이어진다. 다스리면 다스릴수록 범죄도 더 많아지는구나!"라고 탄식하였다.

그러나 그는 몽골족을 격퇴하고 난 뒤 문신들이 가장 위험한 계급이라고 느끼면서도 동시에 효과적인 행정을 시행하기 위해서는 학자들이 반드시 필요하다는 사실을 잘 알고 있었다. 그리하여 그는 예현각(禮賢館)을 지어 유기(劉基) 등의 현사를 대우함으로써 명나라가 흥성하는 초석을 닦았으며, 중국 역사상 그 어느 나라보다 더 많은 학교가 이 시기에 설립되었다.

18. 곡학아세의 시대에 홀로 맞서다, 해서파관(海瑞罷官)

'파관(罷官)'의 대명사, 해서

명나라 그 곡학아세의 시대에도 푸르른 소나무처럼 홀로 청백했던 인물은 있는 법이었다. 해서(海瑞)가 바로 그러한 인물이었다.

해서는 1515년 12월 해남도에서 태어났다. 네 살 때 부친이 세상을 뜨고 삯바느질을 하는 어머니와 단 두 사람이 유년 시절을 어렵게 살았다.

해서는 일생 동안 네 황제를 모시면서 수없이 파관(罷官)과 파직(罷職)을 당해야 했다. 그가 파직되어 살았던 시간은 무려 16년이나 되었고 거기에 감옥까지 갔으므로 관직 생활보다 파직 생활이 더 길었다. 그러나 그가 파직된 뒤 항상 다시 복직되어 오히려 이전보다 더 높은 벼슬을 하고, 만년에는 정2품까지 올라갔지만 그의 관직은 대부분 높지 못했다. 하지만 그는 상대방의 지위와 세력에 전혀 개의치 않았으며, 불의함을 보면 시와 때를 가리지 않고 언제나 분연히 일어나 맞섰다.

해서가 순안이라는 지방의 현령을 하고 있던 무렵, 호종헌이라는 사람이 절강성 총독이었다. 총독과 현령은 그 지위에서 하늘과 땅 차이였다. 특히 호종헌은 당시 조정의 실세였던 엄숭의 일파로 모두들 두려워하던 인물이었다. 하지만 해서는 아랑곳하지 않았다. 순안에 오게 된 호종헌의 아들이 위세를 부리며 제멋대로 안하무인 굴자, 해서는 역참에서 베푼 대접을 문제 삼으며 역참의 관리인 역승(驛丞)의 죄를 물어 매를 쳤다. 그러고는 곧바로 호종헌 아들을 체포하도록 하고, 그가 가지고 있던 은자 천 냥도 압수하였다. 엄숭의 일파였던 원순도 절강성을 순시하던 중 해서와 크게 다툰 적이 있었다. 원순은 해서가 "분수를 모르고 오만불손하다."는 이유로 탄핵하여 해서는 면직되었다. 그러나 실권자이자 탐관오리였던 엄숭이 실각하자 해서는 부정한 거대 권력에 당당히 맞서는 인물로 숭앙되어 오히려 일약 영웅으로 부각되었고 바로 복직되어 승진하였다.

관료조직 전체와 홀로 싸운 해서

그 뒤 해서가 소주 순무로 재직하고 있을 때, 그는 관원을 만나고자 하는 모든 사람들에게 관원에게 전할 이야기를 반드시 기록하여 제출하도록 하였다. 만약 기록을 하지 않거나 거짓으로 기록하면 기록자와 그가 만난 관원 모두를 처벌하였다. 관리들이 이동할 경우에는 경비 초과분은 해당 관원의 소속 관아와 이동한 지역 측의 관아 그리고 이동 수단으로 쓰인 운송 수단의 주인이 각각 분담하도록 했다. 관원들은 자신의 모든 일거수일투족을 기록해야 했고, 중앙과 지방 관원들은 해서의 관할지로 갈 때마다 너무나 불편하였다. 그러자 관리들의 불만이 하늘을 찌를 듯했고, 해서가 인정에 어긋나는 정책을 마음대로 시행한다는 탄핵 상주문이 줄을 이었다. 마침 아내도 이 무렵 세상을 떠나자, 해서는 스스로 벼슬을 초개와 같이 던지고 고향으로 내려가 15년을 살았다.

해서에게는 두 가지 준칙이 있었다. 하나는 사서삼경에 기록된 도덕 준칙이었고, 다른 하나는 홍무제가 제정한 정책 법령이었다. 그 두 준칙에는 탐욕이나 부패, 권력을 이용한 이익 추구 같은 것이 없었고, 아부나 뇌물도 없었다.

그는 비록 지위는 높지 않았지만, 언제나 조정의 신하로서 마땅히 조정의 현실에 의견을 표명해야 한다고 생각하였다. 그의 눈에 비친 조정 현실은 한 마디로 위기 상황이었다.

당시 가정제는 불로장생을 위하여 단을 쌓아 기원하는 '재초(齋醮)'에 여념이 없었다. 그의 창끝은 곧장 황제에게 향했다. '지위는 낮으나 강직했던' 선비 해서는 상서를 올려 간언하였다.

"폐하의 잘못은 많습니다. 그 커다란 원인은 재초에 있습니다. ……아직 이른바 장생의 설이 있다는 말을 듣지 못하였습니다. 요, 순, 우, 탕, 문(文), 무(武)는 성스러움이 두터웠으나 능히 장생하지 못하였습니다. ……폐하는 어찌 이를 홀로 바라시는지요!"

상서를 본 가정제는 크게 놀랐다. 이제까지 많은 상서를 봤지만 이렇게 직접적인 표현은 보지 못했던 것이었다. 희한한 상소문에 호기심으로 끝까지 모두 읽기는 했지만, 끝내 분노를 견디지 못하고 해서를 곧바로 체포하도록 명하였다. 해서는 체포되어 사형 판결을 받았다. 그러나 가정제는 사형 집행을 계속 미루었다. 몇 달 뒤 가정제가 죽었고, 새로운 황제가 즉위하고 해서는 석방되었다. 그는 이미 백성들 사이에서 영웅이 되어 있었다. 그는 다시 복직을 하고, 승진에 승진을 거듭했지만 얼마 지나지 않아 다시 탄핵을 받아 사직을 당했다.

그의 관직 생활만 어려운 것이 아니었다. 가정생활 역시 다사다난, 매우 어려웠다. 그는 결혼을 세 번 했지만 두 번은 시어머니와 불화하여 쫓겨났고, 세 번째 부인은 해서가 53세 때 사망하였다. 그러면서 후사도 없었다.

어쩌면 이렇게 고통스러운 가정사를 그는 자신이 맡은 바 직무를 혼신의 힘으로 수행하면서 잊고자 했는지 모른다.

해서는 자식이 없었고, 그가 죽었을 때 초라한 방에 부서진 가구만 남았을 뿐이었다. 그는 벼슬에 있을 때도 관저 뒤뜰에서 직접 기른 채소들을 주로 먹었고 술과 고기는 거의 입에 대지 않았다. 그의 유일한 사치는 노모에게 고기 두 근을 사드리는 것이었다. 어느 날 해서가 고기를 샀다는 소문이 관가에 돌자 그의 상사는 깜짝 놀라며 주변 사람에게 말했다.

"자네는 들었는가? 해서가 고기를 샀다던데. 그것도 두 근이나 말일세. 허허허."

그의 일평생은 사실상 관료사회와의 투쟁으로 점철되었다. 유명한 개혁가인 재상 장거정조차도 그를 받아들이지 않았다. 결국 관료조직에 철저하게 패배한 그는 만년에 일곱 번이나 사직을 청했지만 그것조차 허락되지 않은 채 1587년 일흔네 살의 나이로 부임지에서 쓸쓸히 세상을 떠났다.

그의 장례가 치러진 날 사람들은 가게의 문을 닫아 애도하였고, 장지까지 따라오면서 곡(哭)을 하는 행렬이 무려 백여 리에 이르렀다고 한다.

문화대혁명의 도화선이 된 '해서파관'

훗날 1959년 4월, 마오쩌둥은 간부들이 진실을 말하지 못하는 문제를 비판하면서 해서의 '강직하고 아부하지 않으며 직언하고 간언하는' 정신을 학습하라고 주창하였다. 베이징 부시장이며 저명한 명나라 역사가였던 우한(吳晗)은 9월에 "해서, 황제를 비난하다"라는 글을 발표하였고, 이는 1960년에 '해서파관(海瑞罷官)'이라는 제목의 연극으로 상영되었다.

그러나 1965년 11월 10일 상하이 "문회보(文匯報)" 신문에 야오원위안(姚文元)이 "해서파관을 평하다"는 글을 발표하였다. 이 글은 우한의 '해서파관'이 반당(反黨) 반사회주의의 독초이며, 마오쩌둥을 비판하여 실각한 펑더화이(彭德懷)를 찬미한 글이라면서 맹비난하였다. 이는 장칭(江靑)의 치밀한 계획 하에서 이뤄진 것이었고, 문화대혁명의 도화선으로 되어 곧

바로 비극적인 문화대혁명으로 연결되었다.

우한은 1969년 무자비한 박해 속에서 숨졌고, 그의 유해는 아직까지도 찾지 못한 상태이다. 우한은 1979년 복권되었다.

북로남왜(北虜南倭)

명나라는 건국 초기부터 멸망에 이르기까지 줄곧 북방의 몽골족, 남방의 왜구에 시달려야 했고, 결국 이로 인하여 멸망하였다.

'로(虜)'란 '북방 오랑캐'라는 뜻으로 북방 이민족에 대한 비칭이었다.

특히 중국 남부지역을 약탈하던 왜구들의 잔학함은 극에 달했다. 정약증(鄭若曾)이 쓴 『주해도편(籌海圖編)』에는 왜구들의 만행이 잘 묘사되어 있다.

"곡식 창고를 털고 민가를 불태우며 서민을 살육하니 시체가 쌓이고 피가 흘러 능곡(陵谷)과도 같았다. 어린 영아를 기둥에 묶어 끓는 물을 붓고 그 울부짖는 것을 보면서 웃으며 즐겼다. 임산부를 붙잡으면 곧 뱃속의 아이가 남자인지 여자인지 술내기를 하며 배를 갈랐다."

왜구들이 어찌나 잔학했는지 심지어 명나라 군대조차도 왜구들을 피했다. 사태가 이렇게 되자 왜구들은 무인지경으로 마음껏 유린하고 약탈을 일삼았다. 나중에는 중국인 도적들도 일부러 일본 왜구처럼 머리를 깎고 일본 옷을 입고 일본도를 옆구리에 차고 노략질을 하였다. 이른바 가짜 왜구, 즉 '가왜(假倭)'였다.

19. 근검절약, 위민정치를 실천한 강희제

청나라의 전성시대, 강건성세(康乾盛世)

청나라 역사는 오랫동안 중국 역사에서 과소평가되어 온 분야이다. 한족 중심의 중국에서 만주족의 통치를 받았던 청대 역사는 한족으로서는 지우고 싶은 '치욕의' 역사이기도 했고, 이렇듯 만연된 반만(反滿) 정서는 필연적으로 청대 역사에 대한 평가절하로 이어졌다.

스스로 '소중화(小中華)'로 자처했으며 청나라 만주족의 침입으로 병자호란까지 치러야 했던 우리나라에서는 오히려 중국보다 더 깊은 반만(反滿) 정서가 존재해 왔다고 할 수 있었고, 이러한 현상은 지금까지 계속되고 있다(청나라 및 만주족의 문제를 포함하여 우리 사회에 존재하고 있는 일종의 '중국 비하'의 시각에는 일본의 '식민지사관'이 우리의 역사 해석에 여전히 그 영향력을 온존시키고 있는 것처럼, 일본의 '중국 비하의 역사관'도 중국 역사에 대한 우리의 이미지 형성에 여전히 일정하게 영향을 미치고 있다고 판단된다).

하지만 청나라는 중국 역사상 최대 영토를 자랑했으며, 중국 역사에서 보기 드물게 '강건성세(康乾盛世)'라는 장기적인 정치적 안정기를 구가하였다. 건륭 중기의 하남 순무(巡撫)인 아사합(阿思哈)은 "강희제의 60년 통치는 국가의 토대를 마련하였고, 옹정제는 건전한 기풍을 확립하고 변화를 통해 백성들의 질곡을 제거하였으며, 건륭제는 전대를 계승하여 유종의 미를 화려하게 거두었다."라고 평가하였다.

현재 중국 정부도 청대 역사에 대한 재평가에 적극적으로 나서고 있고, 강희제나 건륭제는 일반 대중들에게 인기가 높은 인물로 부각되고 있다.

'강건성세'의 토대를 다진 인물은 바로 강희 황제이다. 강희제는 평생 최선을 다하고 근면하며 신중한 황제였다.

"한 가지 일에 부지런하지 않으면 온 천하에 근심을 끼치게 되고, 한 순간을 부지런하지 않으면 천대, 백대에 우환을 남기게 된다. 작은 일에 관심을 두지 않으면 마침내는 큰 덕에 누를 끼치게 되므로 짐은 매사를 꼼꼼하게 살펴 왔다.

만일 오늘 한두 가지 일을 처리하지 않고 내버려 두게 되면 내일은 처리해야 할 일이 한두 가지 더 많아진다. 내일도 다시 편안하고 한가롭기만 바란다면 훗날 처리해야 할 일은 더욱 많이 쌓이게 될 뿐이다.

그러므로 짐은 크든 작든 모든 일에 관심을 쏟고 있다. 상주문에 한 자라도 틀린 곳이 있으면 반드시 고쳐서 돌려준다. 모든 일을 소홀히 하지 못하는 것이 짐의 천성이다."

강희제는 스스로 근검절약을 실천하였다.

강희 36년(1697년) 당시 청나라 궁중에서 근무한 적이 있는 프랑스 선교사 보베(Bouvet)는 프랑스 루이 14세에게 쓴 보고서에서 강희제에 대하여 이렇게 서술하고 있다.

"중국의 황제는 세계에서 가장 세력이 강한 군주라 해도 반대할 사람이 아무도 없다. 그러나 그는 참으로 자신의 몸에 사치와 거리가 먼 것을 사용한다. 그는 일반적인 음식에 만족하였고 황제가 기거하는 방도 몇 폭의 서화와 몇 점의 금을 입힌 장식물 및 일부 소박한 주단이 있을 뿐이다. 주단은 중국에서 보편적인 물품으로 사치품이 아니다. 비가 오는 날이면 그가 털로 짠 모직물로 만든 외투를 입고 있는 모습을 볼 수 있다. 이것은 중국에서 흔한 거친 의복이다. 여름에는 보통 마포로 만든 마고자를 입는다. 이 역시 일반 가정에서 흔히 입는 옷이다.

군주의 위신과 진정한 위대함은 겉으로 드러나는 호화스러움이 아니라 도덕의 찬란함에서 비롯된다는 점을 강희 황제는 깊이 믿고 있다."

강희제는 말했다.

"국가의 재부는 백성으로부터 나오지만 민력은 한계가 있다. 명나라 말의 여러 황제를 보면 사치가 한도가 없어 궁중의 복식(服食)과 사관(寺觀)을 건축함에 움직일 때마다 수십만에 이른다. 우리 왕조는 질박함을 숭상하여 당시에 비하여 단지 100분의 1~2에 불과하다."

강희제는 매번 순행할 때마다 수행 관리들에게 농가의 곡식을 밟지 말고 만일 도로가 좁으면 줄지어 가도록 하였다. 또 추수할 때 순행하게 되면 말들이 곡식을 밟지 않도록 하고 이를 지키지 않으면 엄히 다스리고 반드시 보고하도록 하였다. 그는 언제나 근검절약했는데, 이는 그가 항상 안민(安民), 양민(養民), 휼민(恤民)을 우선했기 때문이다.

강희제가 즉위했을 때, 청나라는 아직 전국적으로 효과적인 통치를 하지 못했고 민족 간의 갈등은 여전히 첨예하였다. 강희제 초기에 변란은 오랫동안 이어졌고 전쟁은 끊임이 없었으며 경제는 어렵고 궁핍하였다. 강희제는 안민(安民)이 정치에서 가장 중요한 임무이며, 그것은 백성을 쉬게 하고 편안하게 하며 즐거이 생업에 종사할 수 있도록 하는 것임을 인식하였다. 무엇보다도 명말 이래 토지가 황폐해지고 대규모의 유민이 발생하는 상황이었다. 그는 황무지를 개간하여 민간 소유로 전환시키고 노예를 석방하였으며 부세를 경감하여 농민의 부담을 덜어주었다.

강희제는 전통적인 사농공상의 관념을 벗어나 상공업이 발전하는 것은 자연스러운 이치라고 파악하였고, 상업이 발흥할 수 있는 좋은 사회적 조건을 조성하기 위하여 노력하였다. 그는 관세 징수 칙례를 공포하여 과다하게 세금을 징수할 경우 상인이 고소할 수 있도록 제도화했다. 또 관리가 상인을 겸하거나 시장을 독점하는 행위를 금지하였고, 세금징수가 부족한 경우 해당 관리에게 강등이나 파면의 처분을 내렸던 이전의 정책을 개선하여 실제 정황에 근거하여 처리하도록 함으로써 무리한 징세를 방지하고자 하였다. 또한 도량형을 통일하고 병사들의 상인 약탈 행위를 엄금하였다.

이러한 일련의 정책으로 농업과 상업이 상승 작용을 하며 발전하여 소주(蘇州) 지역의 경우 강희제 초기에 "6문(門)이 닫혀 성안에 죽은 자가 서로 베개를 베고 누울 정도"였는데, 강희제 중기에 이르러 "군성(群城)의 10만여 호가 불을 지폈다. 물자가 산 같이 쌓이고 행인이 물 흐르듯 많았으며 배들이 집결하고 물자와 상인들이 운집하였다."[5]

한편 명나라 말 이후 왜구의 창궐로 인하여 중앙 정부는 오랫동안 바다를 폐쇄하는 정책을 시행해 왔다. 강희제는 만년에 바다의 해금(解禁) 조치를 취하여 무역을 허가하였고 광산업 개발도 허용하였다. 이렇게 상업을 안정시키고 발전시킴으로써 강건성세(康乾盛世)의 국면을 열 수 있었던 것이었다.

내성외왕(內聖外王), 강희제

이른바 '내성외왕(內聖外王)'이란 내적으로는 성인의 재덕을 지니고 외적으로는 왕도를 행한다는 뜻이다. 강희제야말로 내성외왕을 실현하기 위하여 스스로 평생 끊임없이 노력했던 황제였다.

강희제는 재위 기간이 61년으로서 중국 황제 중 재위 기간이 가장 긴 황제이다. 여덟 살의 어린 나이에 등극했으나 영민했던 그는 당시 어린 황제를 경시하면서 권력을 남용하던 권신(權臣) 오배(鰲拜)를 교묘한 꾀로써 제거하였다. 여덟 살에 부친을 잃고 열 살에는 모친을 잃어 천애의 고아가 된 그는 몽골 출신 할머니 효장(孝莊) 황후의 섭정 하에 중국어문, 만주어문 그리고 몽골어문의 3개 국어에 능통하였고, 어릴 적부터 독서를 지극히 좋아하였다.

그는 오삼계(吳三桂) 등 3번(三藩)의 난을 진압하고, 몽골 후예인 준갈국을 평정하였으며 타이완을 복속시켰고, 나아가 러시아의 침략을 격퇴시켰다. 당시 청나라는 이미 서양식 대포를 보유하고 있어 강력한 화력을 자랑했으며, 이로써 전통적으로 기병 부대의 우세를 과시한 몽골 북방 민족과 신흥 강국 러시아도 제압할 수 있었다. 러시아와의 두 차례 조약에 의하여 북방 국경도 확정되었는데, 오늘날보다 훨씬 위쪽에 위치해 있었다.

청나라는 이후 손자인 건륭제의 운남, 신강 공략으로써 중국 역사상 최대 영토로 확장하였다. 당시 유럽에는 러시아의 피터 대제와 프랑스 루이 14세가 있었지만 강희제의 청나라는 세상에서 가장 부유한 경제대국으로서 문화가 가장 번영하였고, 영토가 가장 넓으며 국력이 가장 강성한 국가였다.

열네 살에 친정(親政)을 시작한 강희제는 매일 아침 8시가 되면 어김없이 건청문(乾清門) 앞에서 '어전청정(御前聽政)'을 시행하였다. '어전청정'은 최고 조정회의로서 백관들을 소집하여 국가 정사에 대한 보고와 의논, 결정을 하는 회의를 말한다. 북경의 겨울은 살을 에는 듯한 혹한의 날씨이고 여름은 견디기 어려운 혹서기였지만, 강희제는 세상을 떠날 때까지 단 하루도 거르지 않았다.

강희제는 수십 년을 한결같이 독서와 학습에 열중하여 가히 대학문가(大學問家)가 되어 한족의 어느 학자도 그를 논쟁에서 이길 수 없었다. 그는 손수 수많은 중요 전적(典籍)을 편찬했는데, 『강희자전』, 『고금도서집성』, 『청문감(淸文鑑)』 등 그가 주관하여 편찬한 전적은 60여 종 2만 권에 이른다. 나아가 그는 대수(代數), 기하(幾何)나 물리, 천문, 지리, 의학 등 서방의 근대 자연과학 연구에도 매진하였다. 심지어 곰을 자기가 직접 해부해 보기도 하였다. 그리하여 『강희기가격물편(康熙幾暇格物編)』과 같은 과학 서적을 직접 저술할 정도였다.

그는 한족 스승으로부터 사서오경의 유학 경전을 학습하는 동시에 만주족 스승으로부터 만주어문을 익히고 또 기마와 궁술을 단련하였다. 특히 궁술에 매우 뛰어나 백발백중의 신궁이었고, 토끼 사냥을 나가 하루에 3백 마리의 토끼를 활로 쏘아 잡을 정도였다.

20. 여진족 그리고 만주족의 유래

(1) 女眞族의 '女眞' 발음은 '조선'

우리는 '주신족'이라는 말을 심심치 않게 듣게 된다. 과연 이 '주신족'이라는 용어는 무엇으로부터 기원한 것일까?

원래 만주족은 차례대로 숙신(肅愼)족 - 읍루(邑婁)족 - 물길(勿吉)족 - 말갈(靺鞨)족 - 여진(女眞)족 - 만주(滿洲)족이라는 명칭으로 계승되어져 왔다.

그런데 청나라 건륭제 때 완성된 『만주원류고(滿洲源流考)』라는 역사서에서는 여진족이 숙신에 기원을 두고 있으며, '숙신족'이라는 용어에서의 '숙(肅)'이라는 글자의 발음이 '주'라고 밝히고 있다("北音讀肅爲須, 須朱同韻"). 그리하여 '숙신'은 사실상 '주선'으로 읽혀진다. '신(愼)'의 중국어 발음이 'shen', 즉 '선'이기 때문이다. '숙신'은 '직신(稷愼)'으로도 지칭되고 있는데 '직(稷)'의 중국어 발음은 'ji'로서 우리의 '조' 발음과 근접한 것을 알 수 있다.

사실 우리들이 역사책에서 배웠던 '女眞族'의 '女眞'은 '여진'으로 발음해서는 안 된다. 이 '女眞'이라는 명칭 역시 기실 한자어의 음을 빌려 만든 용어로서 당시 중국에서 '朱先', 혹은 '諸申'(이 두 가지 용어 모두 중국어 발음은 '주선'이다)으로도 발음되었다. 중국의 연구 분석 자료에 의하면(何光岳이 저술한 『여진원류사(女眞源流史)』), 금나라 시대 '여진(女眞)'의 만주어의 발음은 '주선(jusen -만주어로서의 '주선'은 '사람'이라는 의미를 가지고 있었다)'이었다.

또 남송 시대에 서몽신(徐夢莘)이 저술한 『삼조북맹회편(三朝北盟會編)』 3권에 따르면, "女眞古肅愼國也. 本高麗朱蒙之遺", 즉, "여진은 옛 숙신의 나라이고, 원래 고구려 주몽의 후예이다."라고 명기되어 있는 사실을 알 수 있다.

(2) 여진과 말갈 그리고 맥족

'여진족(女眞族)'이라는 명칭은 청나라 시대에 들어서면서 만주족이라는 명칭으로 바뀌게 된다. 병자호란 당시 조선을 쳐들어와 삼전도에서 조선의 왕을 무릎 꿇게 했던 바로 그 청나라 황타이지(皇太極, 청태종)가 '여진(女眞)'의 만주어인 '주신(珠申)'이라는 말이 당시 중국에서 '노예'라는 비칭의 뜻으로 사용되고 있던 현실에 비춰 그 명칭을 만주족(滿洲族)으로 바꾸도록 했던 것이다.

한편 '말갈(靺鞨)족'이라는 용어에서 '말갈'의 현재 중국어 발음은 'mo he', 즉 '모허'이다. 그런데 고구려의 민족 구성원으로 알려지고 있는 '맥족(貊族)'이라는 말에서의 '맥(貊)'의 중국어 발음이 바로 'mo'이다. 그리고 중국 고대 문헌에서 '맥족'과 같은 의미로서 사용되어온("貉, 又作貊, 亦稱獩貉") 학족(貉族)의 '학(貉)'에 대한 중국어 발음이 바로 'he'이다. 이러한 사실에 비추어 추론해보면, '말갈(靺鞨, mohe)'이라는 용어는 정확하게 '맥(貊, mo)'과 '학(貉, he)'이라는 단어로부터 기원되었다는 점을 알 수 있다.

실제로 중국 측의 만주족 관련 문헌을 살펴보면[이를테면, 중국의 '전국 문화정보자원 공향 공정(共享工程)'이라는 중국 정부의 관영 사이트에 소개되어 있는 만주족 관련 문헌], "靺鞨, 是貊族同音詞, 是貊族與貉族融合而成的", 즉, "말갈은 맥족의 동음어이며, 맥족과 학족이 융합하여 형성되었다."라고 분명하게 기록되어 있다.

또한 '물길족'이라는 명칭에 대하여 살펴보면, '물길(勿吉)'의 중국어 발음인 '우지, wuji'는 우리나라의 고대 국가인 '옥저(沃沮)'의 중국어 발음인 '워쥐, woju'와 유사하다. 실제 중국 측 관련 자료를 분석하면 '물길'이라는 명칭이 '옥저'로부터 기원했다고 설명되어 있다("勿吉族, 秦以前的居就, 秦漢之際的沃沮……"). 그리고 읍루족에 대해서도 압록강의 옛 별칭이 읍루강이었던 점에 비추어 보면, 이 역시 우리와 밀접한 관련을 맺고 있다.

이처럼 만주족을 지칭하는 역대의 모든 명칭은 '조선' 및 우리 민족과 매우 깊은 친연성 및 관련성을 지니고 있는 것으로 나타나고 있다. 이와 같은 사실을 종합하여 추론해 볼 때, 만주족은 우리 한민족과 장기적인 융합 과정을 거쳤고 동시에 최소한 유사하거나 동일한 기원을 지니고 있는 것으로 추론될 수 있다.

그리하여 원래 '조선족'이라는 커다란 대(大) 민족 범주로부터 우리 한민족과 만주족이 분리되어 각기 발전되었을 가능성이 매우 높다고 추론할 수 있다.

사실 '조선(朝鮮)'이라는 한자어 자체도 순수한 우리말이 아니고 당시 민족을 지칭하는 명칭의 소리, 음(音)을 한자어를 빌어 표기한 것에 지나지 않기 때문에 '조선'이라는 글자가 정확한 표기라고 보기 어렵다. 오히려 만주족들이 부르는 '주선', 혹은 '태왕사신기'에서 표기한 '주신'이라는 발음이 당시의 원음에 더욱 가까울 가능성이 많다고 추론될 수 있다.

신채호 선생도 자신의 저서 『조선상고사』에서 "조선족(朝鮮族)이 분화하여 조선(朝鮮), 선비(鮮卑), 여진(女眞), 몽고(蒙古), 퉁구스 족이 되고, 흉노족이 천산(遷散)하여 돌궐, 헝가리, 터어키, 핀란드 등 족(族)이 되었나니……"라고 기술함으로써 이러한 관점을 분명히 뒷받침하고 있다.

(3) 금나라 시조는 고려인

중국 금(金)나라의 정사인 『금사(金史)』"에는 "金之始祖諱函普, 初從高麗來(금나라 시조 함보는 처음에 고려로부터 왔다)."라고 기록되어 있다.

우리의 『고려사』에도 이러한 사실이 기록되어 있다.

『고려사』 세가 권13 예종 을미 10년 3월조 편을 보면, "어떤 사람은 말하기를 '옛적에 우리나라 平州의 중 김준이 여진으로 도망하여 아지고촌에 살았는데 이가 금나라의 선조로 되었다'고 하며 어떤 사람은 말하기를 '평주의 중 김행지의 아들 김극수가 처음 여진의 아지고촌에 들어가서 여진인 여자와 결혼하여 아들 古乙太師를 낳았고 고을은 活羅 太師를 낳았다. 活羅에게는 아들이 여러 사람이었다. 맏아들은 핵리발이요 다음은 영가(盈歌)였는데 영가가 가장 뛰어나 인심을 얻었다. 영가가 죽고 핵리발의 맏아들 오아속이 그 뒤를 이었고 오아속이 죽은 뒤 그의 아우 아골타가 位에 올랐다'고 하였다."라고 기록되어 있다.

이를 뒷받침하는 다른 문헌도 있다.

같은 책 『고려사』 예종 기축 4년의 기록에는 "기해일에 동번 사절들인 요불(裏弗), 사현(史顯) 등이 내조하였다. 경자일에 왕이 선정전 남문에 나가서 요불, 사현 등 6명을 접견하고 그들의 온 이유를 물으니 요불 등이 아뢰기를 '지난날 우리의 태사 영가(盈歌)는 우리 조상이 큰 나라(大邦-고려)에서 출생하였으니 의리상 자손의 대에 이르도록 거기에 종속되어야 한다고 말한 적이 있었고, 지금 태사 오아속(烏雅束)도 역시 큰 나라를 부모의 나라로 생각하고 있습니다.'"라는 내용이 기록되어 있다.

한편 『고려사』 예종 정유 12년 편에는, "금나라 임금 아골타가 아지 등 다섯 명의 사신을 시켜 편지를 보내 말하기를 '형의 나라 대여진 금국 황제는 아우 고려 국왕에게 이 편지를 보낸다. 우리 할아버지 때부터 한쪽 지방에 끼어 있으면서 거란을 대국이라 하고 고려를 부모의 나라라 하여 조심스럽게 섬겨 왔는데 거란이 오만하게도 우리 국토를 유린하고 우리 백성을 노예로 생각하였으며 빈번히 까닭 없는 군사 행동을 감행하였다. 우리가 하는 수 없이 그를 항거하여 나서니 다행히 하늘의 도움을 받아 그들을 섬멸하게 되었다. 왕은 우리에게 화친을 허락하고 형제의 의를 맺어 영세무궁한 우호관계를 가지기를 바란다'라고 하면서 좋은 말 한 필을 보내었다."라는 기록이 있다.

21. 옹정제와 건륭제의 치세

강희제를 이은 옹정제 역시 강희제 못지않게 성실한 황제였다. 하루에 4시간 이상 자지 않았고 하루 평균 37건의 상주문에 일일이 주비(朱批: 발간 색 붓으로 가부와 기타 필요한 기록을 덧붙이는 주석)를 달았다. 훗날 건륭제는 옹정제의 주비를 묶어 『주비론지(朱批論旨)』를 간행하였다. 옹정제는 평생 검소하게 살아 평소 간단한 기록은 쓰다 만 헌 종이를 사용하였고, 집무실도 가건물 같은 곳을 사용하였다. 그의 재위 기간은 13년에 불과했는데, 그의 죽음은 과로로 추정되고 있다.

옹정제는 군기처(軍機處)를 설치하여 황권을 강화하였다. 그는 전국 각지의 지방 장관들의 일체 활동을 훤히 알고 있었다. 왜냐하면 각지에 모두 정보원을 파견하였기 때문이다. 보고는 무엇이든 상세히 주비하여 결재하였고, 그는 집안에서 일어나는 사생활까지도 알 수 있었다. 경제적으로는 세금징수를 엄격하게 시행하고 부패와 직권 남용을 강력하게 척결하여 국가 재정을 건전화하였다. 그 결과 옹정 시대에 국가의 은 보유량은 570만 냥에서 4,250만 냥 이상으로 증가하였다.

그는 명나라 영락제를 따르지 않았다는 죄로 천민으로 전락한 산서성의 낙호(樂戶: 관기)를 비롯하여 주원장을 따르지 않은 죄로 천민이 된 절강성 소흥의 '타민(惰民)' 그리고 안휘성의 '세복(世僕)'을 모두 양민으로 전환시켰다.

'강건성세'의 마지막 황제 건륭제는 무려 64년을 황제에 있었던, 세계에서 가장 긴 통치 기간을 기록한 군왕이다(프랑스 루이 14세의 통치기간은 72년이지만, 5세에 즉위하여 22세에 비로소 자신의 직책에 책임을 다하기 시작하여 실제 그의 통치 기간은 50년이다. 이에 비하여 건륭제는 25세에 즉위하여 기나긴 통치 기간 중 단 하루도 타인과 권력을 공유하지 않은 명실상부한 황제였다).

건륭제는 무려 79,337권에 이르는 사고전서(四庫全書)를 완성하는 등 문화를 진흥시켰고, 재임 기간 중 서역의 준가르를 정복하고 신강 지역을 개척하는 등 중국 최대 영토를 개척하였다. 건륭의 통치 기간에 제국의 영토는 무려 1/3이 확대되었다. 열 번의 전쟁을 승리로 이끌었다 하여 스스로 '십전노인(十全老人)'이라 칭했던 그는 훌륭한 서예가이자 시인이었고 예술품 수집가였을 만큼 문무를 겸비하였다. 그는 재임 기간 평균 하루에 한 수 이상의 시를 지었다. 또 사고전서의 편찬으로 유명한 건륭제는 한편으로 한족들의 반청복명(反清復明) 운동을 엄금하여 총 130여 차례의 '문자옥(文字獄)'을 일으키기도 하였다.

또 그는 만년에 총신 화신(和紳)을 총애하여 나라가 기울게 되는 주요한 요인으로 작용하기도 하였다. 화신뿐만 아니라 관료층의 부패는 점차 만연되고 있던 상황이었다. 건륭 말기에는 백련교가 크게 발흥하여 사회 혼란이 조성되기도 하였다. 건륭은 강희의 위민(爲民) 전통을 충실하게 이어받아 세금징수를 최소화했지만, 이러한 세수 제한은 급속하게 증가하는 인구와 영토에 대처하기 위한 국가 재정의 확충을 오히려 축소시키는 역작용을 발생시켰다.

건륭제 이후 청나라는 급속하게 기울었다.

정대광명(正大光明) 편액 뒤에 숨겨진 후계자의 비밀

원래 청나라는 후계 제도를 두지 않고 있었다. 한족의 전통적인 적장자 후계 제도 역시 채택하지 않고 있었다. 그러다가 강희제에 이르러 황태자(皇儲) 제도를 확립하였다.

강희제는 일평생 과단성 있는 웅재대략(雄才大略)의 황제였지만, 유독 후계 문제에 있어서만은 우유부단하고 의심이 많아 죽을 때까지 확정하지 못하였다. 태자를 정해놓고도 폐위시키고 다시 세웠다가 또다시 폐위하였다. 이렇게 하여 결국 총 35명에 이르는 황자들 간에 후계 자리를 놓고 치열한 골육상쟁이 발생하였다. 당시의 아픈 심정을 강희제는 "심신우췌(心身憂悴)", 즉, "몸과 마음이 모두 근심과 우수로 가득하다."라고 표현하였다. 결국 지모가 뛰어났던 넷째 아들 윤진(胤禛)이 후계 자리를 차지하여 황제의 지위에 오르니 바로 옹정제이다.

사실 옹정제가 강희제의 후계로 된 데에는 옹정의 아들 건륭제의 영향이 컸다. 강희는 말년에 원명원(圓明園) 별장에서 만나게 된 옹정의 넷째 아들 홍력(弘歷) 손자를 보자마자 흠뻑 빠졌다. 그러고는 11살 된 이 총명한 손자를 아예 자기 처소 가까이에서 살도록 하였다. 이후 강희가 세상을 떠날 때까지 7개월 동안 강희는 이 어린 손자와 도무지 떨어질 줄 몰랐다.

강희는 평생 승덕(承德)에 있는 산장에서 무예를 단련해 왔는데, 그의 삶에서 마지막 승덕 행차에는 건륭을 데리고 갔다. 그곳에서 건륭은 훌륭한 활쏘기 솜씨를 뽐냈다. 그때 강희는 산탄총으로 곰을 맞춘 다음 건륭에게 화살로 그 곰을 해치우라고 명령했다. 그로써 건륭에게 마무리 공을 돌려주려는 배려였다. 건륭이 말을 타고 곰에 접근했을 때 흥분한 곰이 갑자기 건륭을 향해 돌진하였다. 위험한 순간이었다. 강희는 다급한 나머지 총을 쏘아 곰을 완전히 쓰러뜨렸다. 그런 다음 손자가 다쳤을까봐 너무 걱정이 되어 뒤를 돌아봤다. 그런데 뜻밖에도 어린 손자 건륭은 말안장 위에서 침착하게 고삐를 쥔 채 전혀 당황한 기색이 없었다. 소년의 침착함은 강희에게 너무나 인상적이었다. 강희는 자신을 수행한 비빈에게 "이 아이는 귀중한 운명을 타고 났도다!"라고 말했다.

옹정이 황제의 자리에 즉위했지만, 그의 형제를 비롯하여 친척들은 황제로서의 옹정을 전혀 인정하지 않았다. 형제들은 그를 면전에서 보고도 황제로 인정하기는커녕 인사조차 하지 않았다. 옹정이 강희를 암살했다는 설은 지금까지도 풀리지 않은 수수께끼로 남아있지만 당시부터 널리 퍼져있던 소문이었다. 게다가 어머니를 죽음으로 몰아넣었다는 좋지 못한 소문도 그를 죽을 때까지 따라다니며 괴롭혔다. 옹정은 즉위 후 일체 궁 밖으로 나가지 않았다. 암살을 대단히 두려워했기 때문이었다.

옹정제 제위 계승의 비밀

옹정제가 황제 제위를 물려받은 사실과 관련하여 중국에서는 오랫동안 유조(遺詔) 조작설이니 독살설이 끊이지 않았다.

유조(遺詔) 조작설은 유조인 '傳位于四子'가 본래 '傳位十四子'였는데, '십(十)'을 '우(于)'로 고쳤다는 것이다. 그러나 당시의 '우(于)' 자는 현재와 같은 간체자 '于'가 아니라 번체자인 '우(迂)'로서 고치기 어렵다. 그리고 당시 유조와 같은 중요 문서는 반드시 만주어와 한자 두 가지로 병기하였다. 그러므로 만약 유조를 고치려면 한자로 된 유조뿐만 아니라 만주어로 기록된 유조도 고쳐야 했는데 만주어는 자음과 모음이 결합된 글자이기 때문에 고치기 어렵다. 또한 당시 청조에서 황자를 표기할 때는 '황(皇)' 자를 덧붙여 황사자(皇四子)나 황십사자(皇十四子) 등의 방식으로 표기하였으므로 '傳位于四子'라는 표기는 근본적으로 성립되지 않는다.

한편 독살설은 옹정이 인삼탕에 독을 넣어 강희제를 독살했다는 설이다. 그러나 잘 알려진 바대로 강희제는 모든 분야에 박학다식하였고 의학 분야에도 매우 정통하였다. 그는 평소 인삼탕이 북방인에게 잘 맞지 않는다며 인삼을 좋아하지 않았다. 그리고 만약 인삼탕에 독을 타 넣었다고 해도 항상 먼저 음식의 맛을 보는 시종이 있었기 때문에 독살설은 근본적으로 불가능했던 주장이다.

사실 옹정제는 부친의 마음에 들기 위하여 은인자중 노력하고 노력하였다. 특히 성격이 급하여 부친인 강희제로부터 자주 지적을 받았던 옹정은 항시 그러한 성격을 고쳐 나가도록 주의하였고 부친의 마음에 들기 위하여 형제간의 우애에 특별히 노력하였다.

옹정은 즉위 원년에 골치 아픈 후계 문제를 제도적으로 해결하기 위한 방안을 만들었다. 즉, 황제가 후계를 정하여 쓴 두 장의 비밀 유지(諭旨)를 만들어 하나는 건청궁 정전(正殿)에 걸린 정대광명(正大光明) 편액 뒤에 넣어 놓고 다른 하나는 자신이 비밀 장소에 숨겨 황제가 붕어한 뒤 대신들이 함께 정대광명 편액 뒤의 유지를 보고 황제가 숨겨놓은 유지를 맞춰

보도록 하여 비로소 효력을 발생하게 한 것이었다. 이 제도는 건륭제를 비롯하여 가경제(嘉慶帝) 등 청나라 시대에 계속 시행되었다.

정대광명(正大光明)은 주역에서 비롯된 말로서 국가를 유지하려면 하늘과 땅에 따르고 민심에 순응해야 한다는 뜻이다. 현재 편액에서 볼 수 있는 원래 이 글자는 순치제가 쓴 것을 강희제가 본떠 쓴 것이다. 훗날 가경제 때 소실되어 다시 본떠 썼고, 원래 백색 글자였지만 지금은 황색으로 변색되었다.

22. 건륭제의 세 여인

(1) 건륭이 평생 사랑했던 여인, 효현 황후

건륭제의 첫째 부인 효현(孝賢) 황후는 건륭이 일생에 걸쳐 가장 사랑한 여인으로서 건륭보다 한 살 아래였다.

효현 황후 부찰씨(富察氏)는 청나라에서 가장 공훈이 크고 지위가 높은 양황기(鑲黃旗) 출신이었는데, 옹정제는 옹정 5년 넷째 아들 홍력과 부찰씨를 결혼시켰다. 건륭이 황자일 때 이미 열 명의 여인을 얻고 황제 즉위 후에도 적지 않은 비빈들을 들였지만, 건륭은 효현 황후 외의 다른 여인들에 대해서는 마치 '허공(虛空)'을 대하는 것처럼 아무런 감정도 갖지 않을 정도였다. 건륭은 그의 시에서 효현 황후를 일러 '요조(窈窕)'라 형용하였고, 또 '절륜(絶倫)'이라 표현하기도 했다. 건륭제가 이러한 용어를 다른 여인에게 사용한 적은 전혀 없었다.

효현 황후는 검소하여 진주와 오색찬란한 물총새 깃털로 만든 관을 일체 사용하지 않고 밀짚과 비단으로 만든 조화(造花)를 머리에 꽂고 다녔다. 건륭에게도 만주풍의 평범한 꽃무늬로 직접 수를 놓은 쪽빛 비단주머니를 선물로 주어 건륭은 그것을 평생 애지중지하였다. 한번은 건륭이 심한 종기를 앓아 여러 치료를 받고 차츰 차도가 있었는데, 어의는 백 일을 잘 넘겨야 완전히 나을 수 있다고 하였다. 효현 황후가 이 말을 듣고 건륭 침궁(寢宮)의 바깥 집으로 아예 거처를 옮겨 백여 일 동안 정성껏 간호하였다. 그러고는 건륭이 확실히 나은 것을 두 눈으로 확인한 뒤에야 비로소 자기 침궁으로 돌아갔다. 실로 효현 황후는 황후일 뿐만 아니라 건륭의 진정한 벗, 지음(知音)이었다.

옹정 8년, 효현 황후는 첫째 아들을 낳았다. 옹정제가 직접 이름을 지어주었는데, 영련(永璉)이라 하였다. '련(璉)'이라는 한자어는 종묘제기를 뜻하는 글자로서 건륭은 마음속으로 옹정 황제가 장차 황위를 계승해주려는 뜻이 있음을 알아챘고, 더욱 부찰씨를 중시하게 되었다. 이후 건륭이 즉위한 뒤 영련을 태자로 비밀리에 정하였다. 물론 효현 황후는 이미 그 뜻을 미루어 짐작하고 있었다. 당시 건륭의 나이는 불과 26세였는데, 이미 후계를 정해둔 것은 그 만큼 그 아들과 황후를 애지중지하고 있음을 보여주고 있었다.

그러나 그 2년 뒤 영련은 풍한(風寒)을 앓아 아홉 살에 돌연 세상을 뜨고 말았다. 두 부부의 슬픔과 상처는 이루 말로 표현할 수 없을 만큼 컸다. 건륭은 5일이나 조정 어전회의에 나가지 않았다. 그러면서 영련을 황태자의 예를 갖춰 장례를 치르도록 하였고, 이렇게 하여 청나라 역사상 황자에 대한 능 중 최고의 규격을 갖춘 능에 모시도록 하였다.

건륭 11년, 이미 35세가 된 부찰 씨는 두 부부의 큰 기쁨 속에 둘째 아들 영종(永琮)을 낳았다. 그때까지 비록 건륭이 다른 비빈에게서 낳은 몇 명의 아들은 있었지만, 영련이 죽은 뒤 절대 서자를 후계로 하지 않고 반드시 적자로 계승하겠다고 결심한 터였다. 영종이 아직 강보에 있었지만 건륭은 이미 영종을 후계로 삼았고, 황태후도 많은 황자 가운데 영종을 특별히 가장 예뻐하였다. 하지만 영종은 미처 두 해를 넘기지 못하고 수두를 앓다가 죽고 말았다. 건륭의 비통함은 극에 달했다.

비극은 여기에서 그치지 않았다. 건륭은 효현 황후의 아픔을 달래주기 위하여 산동성 제남으로 여행을 함께 떠났다. 돌아오는 길에 황후를 즐겁게 해주기 위하여 특별히 배를 준비해 돌아오기로 하였다. 그러나 때는 아직 3월이라 추운 계절이었고, 덕주(德州)에 이르렀을 때 불행하게도 황후는 배 안에서 세상을 떠나고 말았다. 이때 황후의 나이 37세였고 건륭은 38세였다. 국가사업의 측면에서 전성기로 접어들었던 건륭이었지만 개인적인 삶에 있어서는 이때 모든 것이 산산이 부서졌다. 아직 40세도 안된 나이였지만 마치 삶의 끝에 이른 것처럼 절망감에 휩싸였다. 그는 세상을 떠난 황후를 기리고 애통해 하면서 그 아픔을 "술비부(述悲賻)"라는 시에 담았다.

> 인생에 대한 환멸,
> 앞날에 대한 절망의 심정.
> 이미 삶의 종착역에 이른 것과 같은 지금,
> 앞으로 수많은 날들을 어떻게 지낼 수 있다는 말인가……

이 시 외에도 효현 황후와 관련된 그의 시는 백여 편에 달한다.

건륭은 황후가 남긴 체온을 가까이에서 느끼고 싶었다. 그리하여 황후와 마지막을 보낸 배를 북경으로 옮기도록 하였다. 천신만고 끝에 배는 궁궐로 옮겨졌다. 청나라 황후의 시호(諡號)는 효장(孝莊), 효의(孝儀)처럼 '효(孝)' 자를 앞에 썼다. 황후는 생전에 자신에게 '현(賢)' 자를 뒤에 붙여주기를 희망했었다. 건륭은 황후에게 '효현(孝賢)'이라는 시호를 내려 그녀의 꿈을 이뤄줬다. 그리고 엄청난 비용을 들여 호화로운 관과 능을 만들도록 하였다.

(2) 역사상 가장 비참한 황후

건륭의 두 번째 황후는 오라나납(烏喇那拉)이었다. 그녀는 건륭보다 일곱 살 어렸고, 옹정제가 넷째 아들 측실로 들였다. 성격이 온순하고 황태후의 귀여움을 받아 건륭 10년에 귀비의 지위에 올랐다. 건륭은 아직 효현 황후에 대한 그리움에 사무쳐 여인에 대한 티끌만한 상념도 없었지만, 본래 효성이 지극했던 그는 황태후의 간절한 바람을 받아들여 오라나납을 효현 황후가 세상을 떠난 지 3년 뒤인 건륭 15년에 황후로 맞아들였다. 건륭 17년에 그녀는 아들 영기(永璂)를 낳았고, 이듬해에는 딸을 낳았으나 세 살 때 죽었다. 그 2년 뒤 아들을 낳았으나 역시 3년을 넘기지 못하고 세상을 떠났다.

건륭에 의하면, 황후의 성격은 갑자기 변하여 발광을 일으키고 황태후에게도 불효하였다. 건륭 30년 강남 남순(南巡)을 권하는 태후의 말에 따라 부부가 함께 태후를 모시고 강남에 여행하였다. 강남에 이른 건륭은 대신 화신(和珅)에게 말했다.

"지난 번 남순 때 총총망망 떠나는 바람에 제대로 구경도 못했으니 이번에 한번 즐겨보자꾸나! 듣자하니 이곳 강에서 뱃놀이가 대단하다던데……"

이튿날 두 사람은 민복으로 갈아입고 뱃놀이를 즐겼는데, 좌우에 미녀를 끼고 술을 크게 마셔 놀이는 그 다음날 해가 중천에 뜰 때까지 계속되었다. 태후의 명을 받은 태감과 십여 명의 시위들이 건륭을 찾아내 비로소 돌아왔다. 이 사실을 알게 된 황후와 건륭 간에 큰 싸움이 벌어졌다. 사실 그간 건륭의 냉대를 받아왔던 그녀였다. 거구나 자식들이 계속 죽어 정신적으로 이미 상처가 큰 상태였다. 감정이 격해진 황후는 급기야 자기 머리를 스스로 모조리 삭발하기에 이르렀다. 여자가 삭발을 한다는 것은 당시 만주의 습속에 의하면 남편이 죽었을 때나 하는 일로서 일종의 저주 행위였다.

분노한 건륭은 그녀를 당장 수로(水路)를 통하여 북경으로 돌려보냈다. 그런 다음 그녀의 관직을 모조리 빼앗아버렸고, 나중에는 냉궁(冷宮)에 가두었다. 얼마 지나지 않아 그녀는 사망하였다. 향년 49세였다. 하지만 건륭은 찾아 가보지도 않았고, 심지어 아들 영기가 그곳에 가자 어명을 내려 즉시 돌아오도록 명했다. 그러면서 황후가 아닌 귀비의 신분으로 격하시켜 관도 일반 평민이 사용하는 관을 사용하도록 하여 장례를 지내도록 하였다. 이에 반대하는 신하들도 모두 유배 보내고 심지어 사형까지 시켰다. 그녀는 가장 비참하게 생을 마친 황후로 기록되고 있다.

(3) 죽어서야 황후로 된 여인

건륭의 세 번째 여인은 바로 효의(孝儀) 황후이다.

효의 황후 위가씨(魏佳氏)는 본래 한족 출신으로서 뒷날 만주족 양황기(鑲黃旗)로 신분을 바꿨다. 신분이 낮은 궁녀로 궁중에 들어갔지만, 용모가 수려하고 성격이 온순 활달하여 일찍부터 건륭의 주목을 받았다. 낮은 신분임에도 불구하고 열아홉 살에 이미 귀비에 오른 그녀는 건륭 24년에 영귀비(令貴妃)의 칭호를 얻었고, 오라나납 황후의 삭발 사건 뒤 넉 달이 지난 건륭 30년에 황귀비의 자리에 올랐다.

그러나 오라나납 황후의 사단 뒤 건륭은 두 번 다시 황후를 세울 뜻이 없어 그녀는 죽을 때까지 황후의 자리에 오르지 못하였다. 건륭 60년 그의 아들 영염(永琰)을 황태자로 세운 뒤 비로소 황후의 칭호를 내렸다. 하지만 그녀는 이미 죽은 뒤였다. 건륭 40년 향년 49세를 일기로 세상을 떠난 그녀는 건륭 21년부터 건륭 31년까지 6남 2녀를 낳아 청나라 후비 중 가장 많은 자식을 낳았다. 그만큼 건륭의 총애를 받은 그녀였지만 끝내 황후의 지위도 누리지 못하였고 아들의 등극도 보지 못한 채 눈을 감았다.

청나라는 강희제를 비롯하여 옹정제를 거쳐 건륭제라는 출중한 황제 뒤에 가경제(嘉慶帝) 영염(永琰)이라는 지극히 평용(平庸)한 황제가 계승하면서 국세도 급속하게 기울었다.

23. 부활하는 대국, 현대 중국

'중국'의 부활

실로 중국 근대사는 거의 일본과의 전쟁으로 점철되어 있다. 그리고 그 과정은 적나라한 치욕의 역사이기도 하다.

바로 청일 전쟁(1894년 갑오년에 발생한 전쟁이므로 중국에서는 갑오 전쟁이라 부른다) 이후 일본에 수십 년 동안 처절하게 침략과 모욕을 당해온 수치스러운 역사이다. 중국인들은 그 수치의 역사의 시발점이 된 갑오 전쟁을 중국 역사상 가장 수치스러운 사건 중 하나로 인식하고 있다.

중국과 류큐(오키나와) 왕국, 중국과 베트남의 종번(宗藩) 관계가 일본과 프랑스에 의하여 단절된 후, 중국과 조선 관계는 중국을 중심으로 하는 동아시아 국제관계 체계에 있어 최후의 일환(一環)으로서 만약 이 일환마저 파괴된다면 그 국제관계 체계는 최종적으로 해체되는 것이었다.

갑오 전쟁 패배에 이은 시모노세키조약 체결은 중국에게는 실로 참혹한 박탈과 절단이었다. 타이완을 일본에 할양해야 했고, 다롄과 뤼순이 포함된 랴오둥반도 역시 일본에 넘겨주어야 했다. 또한 조선의 독립을 인정함으로써 사실상 조선에 대한 영향권을 일본에게 빼앗겼다. 나아가 이때부터 제국주의 열강의 중국에 대한 쟁탈전이 개시되었고, 이는 필연적으로 영토 쟁탈로 이어져 중국은 바야흐로 국토가 찢겨져 지배당할 위기에 처했다. 그리하여 '동양의 폴란드'로 전락될 백척간두의 운명에 놓이게 되었다.

실제로 갑오 전쟁 10년 전에 일본 근대화의 아버지로 칭해지며 '탈아론

(脫亞論)'의 주창자 후쿠자와 유키치(福澤諭吉)는 "광동성 등 5개 성(省)은 프랑스에 귀속되고, 강소성 등 5개 성은 영국에게, 산동성 등 2개 성은 독일에게, 산서성 등 2개 성은 러시아에게 그리고 타이완과 복건성의 반은 일본에게 귀속된다. 베이징은 각국이 공유한다."는 중국에 대한 열강 5개국 분할통치론을 제기하기도 하였다.

이 갑오 전쟁의 패배는 오랜 기간 동아시아의 중심 국가를 자처하면서 조공 체제와 종번 제도를 통하여 동아시아를 실질적으로 지배해왔던 중국의 몰락과 일본의 부상을 상징하는 결정적인 사건으로서 중국은 이후 2차 대전 종전에 이르기까지 일본의 탐욕스럽고 야수적인 침략에 속수무책 수치스러운 굴욕을 당해야 했다. 중국은 역사 기간 내내 '왜구'로 깔보기만 해왔던 일본에게 대패의 수모를 겪으며 갑오 전쟁에서 일패도지, 일본에게 거액의 배상금을 주고 금싸라기 국토도 떼어주면서 반식민지의 나락으로 굴러 떨어졌다. 반면 일본은 일약 강국의 대열에 올라섰다.

특히 당시 청나라가 일본에게 지불했던 배상액은 백은(白銀) 2억 냥(兩)이었는데, 이밖에 전함 등 전리품 가치가 1억여 엔 정도로 총 3억 엔에 이르렀다. 당시 일본의 1년 재정수입이 8천만 엔 정도였으므로 엄청난 규모의 배상액을 받아낸 것으로서, 이 거액의 배상금은 일본이 이후 러일 전쟁을 승리할 수 있도록 만들었고 나아가 본격적으로 중국 대륙을 침략하는 물적 토대로 작용하였다.

갑오 전쟁 이후 중국 전역은 일본의 노골적이고 적나라한 침략에 의하여 철저하게 유린당했다. 수천 년 동안 구가해 왔던 중심 국가로서의 위용과 중국인의 드높았던 자존은 철저히 깔아뭉개졌다. 더구나 난징 대학

살이나 731부대로 상징되는 일본군의 야만스럽고 '특별한 잔인성'은 중국인들의 일본에 대한 극단적인 증오심을 증폭시켰다.

현재 중국과 일본 간 영해 분쟁의 초점이 되고 있는 댜오위다오(釣魚島, 센카쿠열도)의 비극 역시 이 시기에 시작되었다. 즉, 갑오 전쟁이 발발하고 시모노세키조약을 체결하기 세 달 전인 1895년 1월 14일 일본은 내각회의를 거쳐 댜오위다오를 '주인이 없는 땅, 즉 무주지(無主地)'로 칭하면서 오키나와현 이시가키 시에 편입시켰던 것이다.

24. 도광양회(韜光養晦), 중국 '회귀'의 시대

중국 '회귀(Return)'의 시대

청나라 건륭제 시기 영국 메카트니 경이 청나라 건륭제에게 무역을 제안했을 때 건륭제가 "우리에게 없는 물건이 없다."고 회신한 사건은 중국이 지극히 우매한 '우물 안 개구리'였다는 대표적 사례로 손꼽힌다.

하지만 사실 당시 청나라의 제조업 총생산량은 모든 유럽 국가의 제조업 총생산량보다 5%가 많았고, 영국보다는 여덟 배가 많았다. 당시 청나라의 GDP는 세계 총 GDP의 1/3을 점하는 것이었다. 이는 오늘날 미국이 차지하는 비중보다 오히려 높은 수치이다. 즉, 당시까지도 중국은 세계의 중심은 아니었지만 지배적 국가였던 것이다.

이러한 점에서 오늘날 보여주는 강력한 중국의 모습은 사실 '부상(Uprising)'이 아니라 '회귀(Return)'라고 할 것이다.

처음에 중국인들은 장제스(蔣介石)에게 희망을 걸었으나, 장제스가 중국인의 철천지원수인 일본의 침략은 본체만체하면서 오로지 공산당 궤멸에 의한 국내 패권에만 몰두하자 그에 대한 모든 희망을 접었다. 마오쩌둥이 이끄는 중국공산당의 시작은 기껏해야 수만 명의 '농민봉기군'에 지나지 않았다. 근대적 정규군이자 미국의 강력한 지원을 받았던 장제스 군대와 비교하면 그야말로 오합지졸이었고 그 생명력은 금방이라도 끊어질 듯 보였다. 장제스 군대의 대규모 공격에 속수무책으로 패배하면서 1년여에 걸쳐 무려 8,000km를 쫓겨 갔던 이른바 '대장정(大長征)'은 공산당의 고난을 상징적으로 알려주는 사건이었다. 하지만 이들은 장제스의 국민당을 타이완 섬으로 축출하는 데 성공하는 대이변을 연출해 내면서 마침내 중국 '사회주의 혁명'을 성취하였다.

마오쩌둥이야말로 갑오 전쟁 이후 완전히 무너져 산산이 흐트러져버린 중국 민족의 자존심을 다시금 일으켜 세우고 중국의 부흥을 향하여 민족적 에너지를 응집시킬 수 있게 만든 인물이었다. 중국 현대사에 있어 위대한 업적이었다. 특히 마오쩌둥이 성취해낸 중국 대륙의 통일은 2차 대전 패망의 나락으로 떨어진 적대국 일본과 극적으로 대비되었다. 바로 그렇기 때문에 그가 비록 극단주의 노선의 추구로 수천만 명의 희생을 남긴 채 처절한 실패로 귀결된 대약진운동과 문화대혁명을 초래한 장본인이지만, 중국인들이 공칠과삼(功七過三), 즉, 공적이 7할이고 과오가 3할이라면서 여전히 그를 평가하고 버리지 않는 까닭이다.

한편 문화대혁명의 수렁에 빠진 중국을 구해야 하는 막중한 책임이 덩샤오핑의 어깨에 걸려 있었다.

덩샤오핑 앞에 놓인 당면의 문제는 우선 정치적 측면에서 문화대혁명을 극복하고 그 독재체제를 '중국적 사회주의' 방법으로 전환시키는 과제였다. 중국 정치지도부 시스템은 집단지도 체제로 규정된다. 덩샤오핑의 집권 직후인 1980년 11기 5중전회(五中全會)는 마오쩌둥 시대의 개인 전횡을 반성하면서 "당내 정치생활에 관한 준칙"을 통과시키고 집단지도 및 개인 전횡 반대를 명문화하였다. 이어 1987년 중앙정치국은 중앙정치국, 정치국 상위, 중앙서기처 등 세 곳 '당 중앙'의 "공작규칙"을 각각 통과시킴으로써 중앙 집단지도 체제와 민주적 정책결정이 제도화, 규범화되었다.

또한 2002년 16대(十六大) 당대회에서 정기적인 중앙정치국 집체학습 제도가 만들어져 2013년 말까지 총 73회의 집체학습이 이뤄졌다. 이 집체학습은 지도부의 공동인식을 이끌어내는 중요한 역할 외에 중국 최고 지도부 집단지도 제도의 정착에 있어 관건적인 역할을 수행했다고 평가된다. 2007년 17대에 이르러서는 지방 당위(黨委)의 중요 문제의 토론 결정과 중요 간부 임용 시 표결제를 시행하는 동시에 중앙 및 지방 각급 당위 상무위원회는 전체위원회에 대하여 책임을 지며 업무를 보고하도록 명문화하고 반드시 그 감독을 받도록 규정하였다. 그리고 "장쩌민을 핵심으로 한 중앙 영도집체"라는 공식적 용어는 "후진타오를 총서기로 한 당 중앙"으로 바뀌었다.

경제적인 분야에서의 덩샤오핑의 공적은 더욱 탁월하다. 그는 유명한 '흑묘백모론(黑猫白猫論)'을 내세우며 사회주의든 자본주의든 그것이 중국을 부흥시킬 수 있는 길이라면 어느 방식이든 선택하겠다고 선언하였다. 그리고 그 결과가 바로 개혁개방으로 나타났다. 이 개혁개방을 앞세워 중국은 수치스러웠던 근현대의 오랜 암울의 시대를 딛고 마침내 국제적인 대국의 지위로 부활하기에 이르렀다.

하지만 덩샤오핑은 "빛을 감추어 새벽을 키우고, 결코 앞에 나서지 말라"는 '도광양회, 절부당두(韜光養晦, 絶不當頭)'를 강조하였다. 중국 국력이 당대 최고의 위용을 구가하지 못하는 한, 어디까지나 내실을 기할 일이지 결코 허장성세를 부려서는 안 된다는 냉철한 현실 역학관계의 판단이다. 근세기 최고의 외교가로 평가받고 있는 키신저(Henry A. K.)는 국제 문제에 대한 중국식 접근법의 가장 커다란 특징으로 외적인 허세보다 그 아래 깔린 전략적 감각과 끈질긴 생명력을 꼽는다.

"서방의 전략가들이 결정적인 시기에 우세한 역량을 어떻게 결집시키느냐에 심사숙고하는 데 반하여, 손자(孫子)는 정치 심리적 우세로써 충돌의 결과를 개시되기 전에 이미 충분히 알 수 있도록 만들 것을 강조한다. 서방 전략가들이 전쟁의 승리에 의하여 그들의 원칙을 시험하는 데 반하여 손자는 전쟁을 필요 없도록 만드는 데에서 승리를 시험한다.

모 아니면 도라는 식의 충돌의 성과에 운명을 걸었던 중국 지도자는 거의 존재하지 않았다. 장기간에 걸친 전략의 운용이 그들의 방식에 어울렸다. 승부를 가름하는 결정적 승기를 잡은 영웅주의의 공적을 강조한 서방의 전통과 달리, 중국의 사상은 드러나지 않고 간접적이며 인내력 있게 상대적 우세를 축적하는 측면을 강조해왔다."[6]

25. 마오쩌둥, 그 빛과 그림자

헨리 키신저는 마오쩌둥이야말로 중국적 전통에 철저히 토대를 둔 인물로 묘사한다.

"외교정책 어젠다의 추구 과정에서 마오쩌둥이 거둔 성과는 레닌보다 손자(孫子)에 그 공이 돌아가야 한다. 그는 그가 공개적으로 멸시한다고 언급했던 바로 중국의 고전과 전통으로부터 영감을 얻었다.

그가 외교정책을 주창할 때 항상 인용한 것은 마르크스주의가 아니라 유교 경전을 비롯하여 '24사(史)', 자치통감, 손자병법 그리고 삼국지와 수호지, 홍루몽 등 전통적인 중국 고전이었다. 그는 자신의 시와 철학을 붓으로 쓰기 좋아했는데, 그는 자신이 쓰는 초서(楚書)에 커다란 자부심을 느끼고 있었다. 1959년 그가 32년 만에 다시 찾아간 고향에서 그가 쓴 시는 마르크스주의 혹은 유물론이 아니라 낭만주의 정서로 충만된 시구(詩句)였다."[7]

마오쩌둥의 전술과 사상은 사실 중국 농민봉기의 전통을 그대로 이어받은 것이었다.

중국 사회주의 혁명 지도자 마오쩌둥은 유가 철학에서 중요한 주제의 하나인 이론과 실천의 통일이라는 측면에서 혁명 동료들을 뛰어넘는 장점을 지니고 있었다.

그는 프롤레타리아 혁명에 대한 교조적 신념으로 도시 노동자와 도시 폭동에 몰두하고 있었던 동료들과는 달리 농촌과 농민에 착목하고 혁명의 각 단계마다 어떤 계급이 친구이고 적인가에 대하여 대단히 세심하고 실제적으로 구분하였다. 특히 그는 단기적인 목표와 장기적인 목표를 결합시키는 데 대단히 유연했다. "모순의 일부는 적대적이지만, 일부는 비적대적인 것"이라는 그의 주장은 한편으로 양면적이고 모호한 것이었지만 다른 한편으로 보면 매우 유연한 사상구조였다.

마오쩌둥의 유명한 저작인 「실천론」과 「모순론」은 각각 마르크스-레닌주의가 '이론과 실천을 강조한 유교 사상' 그리고 '천지만물 음양의 변화를 밝힌 주역 이론'과 결합, 통일되어 창조된 이론으로 볼 수 있다. 이러한 과정을 통하여 마오쩌둥은 국제 공산주의 운동 이론을 중국적 상황에 '창조적으로' 적응시켰고, 결국 중국 혁명을 성공시켰던 것이다. 만약 당시 프롤레타리아 혁명론만을 기계적으로 답습하여 도시 노동자만을 중시했다면 중국 사회주의 혁명은 성취하기 어려웠을 것이다. 실제의 중국 혁명은 중국 역대의 농민 반란 전통과 마찬가지로 '농촌의 도시 포위' 방식으로 이뤄졌다.

또한 1920년대 중국공산당 당원들은 부르주아-프롤레타리아의 2단계 혁명론을 교조적으로 해석하는 코민테른의 지시에 따라 모든 희생을 감수하면서 국공합작을 유지하였다. 반면에 마오쩌둥은 "중국의 부르주아는 너무 취약하여 혁명을 지도할 수 없고 오직 프롤레타리아(실제로는 농민)만이 혁명을 지도할 수 있다"는 이른바 '신민주주의혁명론'을 주창하였다. 이는 중국의 전통과 상황에 적용시킨 정확한 해석인 동시에 중국적 변용이었다. 1950년대에도 마오쩌둥은 소련식 발전모델에 기초하여 생산력 향상에 초점을 맞춘 류샤오치(劉少奇) 등의 중공업 위주 발전 방식을 반대하면서 그것이 농촌을 수탈하여 도시를 발전시키는 것이라고 비판하였다.

마오쩌둥은 이백을 비롯하여 두보와 백거이의 시로 유명한 동정호(洞

庭湖)와 악양루(岳陽樓)가 위치한 후난성 출신으로서 어릴 적부터 중국문화 전통의 세례를 온몸으로 받았다. 또한 그가 절체절명의 위기로부터 재기를 할 수 있었던 옌안이 위치한 산시성은 바로 중국 고대 주나라의 발상지이며, 이후 진나라와 한나라 그리고 당나라의 전성시대를 구가했던 지역이었다.

존 페어뱅크(John K. Fairbank)는 마오쩌둥이 당시 중국에서 지녔던 신성불가침의 권위를 중국 전통으로부터 구했다.

"마오쩌둥은 두 가지 경력, 즉 반란의 지도자로서의 경력과 부활된 황제와 같은 존재로서의 경력을 지녔다. 중국에서 권위라는 것은 전통적으로 위에서 아래로 내려오는 것이었다. 그러므로 일단 중국공산당이 권력을 장악하자 그 지도자는 다른 사람보다도 뛰어나고, 숭배의 대상으로서뿐만 아니라 또한 모든 조직에게 공인을 받는 상급자로서 신성불가침의 존재가 되었다. 많은 것들이 마오쩌둥에 의하여 이루어졌으므로 중국공산당은 마오쩌둥이 창조한 것으로 간주되었다. 우리는 그를 수많은 황제들을 계승한 한 사람의 군주로서 생각할 때만, 충성을 바치도록 훈련을 받은 중국공산당 지도자들이 마오쩌둥에 의하여 차례로 공격을 받고 마침내 파멸되면서도 왜 그냥 순응했는가 하는 점을 이해할 수 있을 것이다."[8]

천하대란, 대약진운동과 문화대혁명

혁명은 성공했지만 중국 대륙에 남은 것은 온통 폐허밖에 없었다. 물가는 하늘 높이 치솟았고, 화폐가치는 땅에 떨어져 한낱 휴지조각으로 되었다. 이제 남아 있는 철로는 고작 19,200km에 불과했고, 사용 가능한

도로도 겨우 76,800km에 지나지 않았다. 그나마 모두 형편없는 수준이었다. 더구나 일본의 폭격으로 산업 생산은 전쟁 전의 절반 수준에 머물렀고 농업 생산도 바닥에 내려앉았다.

그러나 중화인민공화국은 의욕에 찬 새로운 지도자와 대중들이 새로운 사회 분위기를 만들어내고 있었다. 이윽고 1953년에 이르자 인플레이션은 멈추고 산업 생산은 전쟁 이전의 수준으로 회복되었으며, 소련을 모델로 삼은 5개년 경제개발계획은 성공을 거두어 모든 분야의 생산을 증대시켰다. 그러나 마오쩌둥은 혁명적 열정과 대규모 협동만 있다면 중국을 지상천국으로 만들 수 있다고 생각하였다.

그리하여 이른바 '대약진운동'이 시작되었다. 전국적으로 대규모 인민공사가 설치되었고 모든 사유재산은 폐지되었으며 모든 가정의 뒷마당에 화로를 만들어 강철을 생산하도록 하였다. 농민들은 농기구며 냄비 그리고 문고리 등을 녹여 자신에게 할당된 강철 생산량을 맞춰야 했다. 그러나 이렇게 생산한 강철은 아무 쓸모도 없음이 곧 드러났다. 오히려 농산물 생산이 급감하고 때마침 소련의 원조도 끊어져 전국에 엄청난 기근이 발생하였다. 이때 3,000만 명 내지 5,000만 명이 굶어죽은 것으로 알려졌다.

이후 사태는 더욱 악화되었다. 대약진운동의 실패로 궁지에 몰린 마오쩌둥은 대중들을 동원하여 홍위병을 조직하고 지식인에 대한 대대적인 탄압에 나섰다. 이른바 문화대혁명이었다. 덩샤오핑과 류샤오치 등은 자본주의를 추종하는 자, 즉 '주자파(走資派)'로 몰려 갖은 박해를 받아야 했고, 전국의 대학과 고등학교가 폐쇄되었다. 학자와 예술가 그리고 작가들은 직장에서 쫓겨나고 살해당했으며 지방 수용소에 보내졌다. 과학,

문학, 문화 분야의 정기간행물도 출판 금지되었으며 사찰도 공격을 받아 승려들도 해산되었다. 이 과정에서 류샤오치를 비롯하여 수백만 명이 사망하였다. 실로 전례 없는 생지옥과도 같은 나날이었다.

마오쩌둥이 세상을 떠나면서 이 생지옥과도 같은 사태는 가까스로 진정되어 갔는데, 특히 덩샤오핑이 복권되면서 중국은 새로운 전기를 맞이하게 된다. 덩샤오핑은 기존의 방침을 완전히 수정하여 마침내 1978년 이른바 '개혁개방'을 적극적으로 밀고 나갔다. 덩샤오핑은 "발전이야말로 가장 중요한 원칙이다"라는 유명한 명제를 주창하면서 "부자가 되는 것은 자랑스러운 일"이라고 선포하였다. 동시에 선전, 샤먼 등지에 경제특구를 설치하고 국유기업을 개혁하면서 적극적으로 외국자본을 유치하였다.

26. 한 점 불꽃이 광야를 불태우다!
- 개혁개방

위대한 역사는 평범한 사람들로부터 탄생되었다
- 개혁개방을 이끈 18인의 이름 없는 농민들

중국은 역사적으로 하향식 사회체제를 지속적으로 유지해왔으며, 현대 중국 사회주의 체제에서도 이러한 성격은 재생산되어 왔다. 하지만 중국 사회가 전일적으로 상명하달식의 하향식 명령체계인 것만은 아니었다.

1) '대약진운동', 온 천지를 피폐시키다

1958년부터 사회주의 중국 대륙에서 유명한 '대약진운동(大躍進運動)'이 전개되었다. "7년 안에 영국을 추월하고, 15년 안에 미국을 따라잡는다"는 구호 아래 강행된 이 대약진운동은 농촌의 현실을 무시한 무리한 집단 농장화와 농민 대중에 의한 철강생산 등을 그 주요한 내용으로 삼고 있었다.

하지만 이 대약진운동은 결국 전국에서 무려 3,000만 명 내지 5,000만 명에 이르는 사상 최악의 아사자를 내고 크게 실패하고 말았다. 이 피해자 숫자는 제2차 세계대전의 총 희생자수에 비견되는 엄청난 규모였다.

빈곤국가 중국에서도 가장 빈곤한 지역 중의 하나였던 안후이(安徽)성의 조그만 농촌 마을인 펑양(鳳陽)현 샤오강춘(小崗村)이 예외가 될 리는 없었다. 아니 가난한 오지인지라 피해는 더욱 극심했다. 이곳에서는 대약진운동이 시작된 이듬해인 1959년부터 곧바로 기아로 굶어죽는 사람이 생겨났다. 당시 샤오강춘 마을의 주민은 모두 120여 명이었는데, 3년 동안의 대약진운동 기간에 무려 67명이 굶어죽었고, 이중 6가구는 완전히 대(代)가 끊겼다. 펑양현 전체로는 자그마치 10만 명이 굶어죽어야 했다.

인류 역사상 가장 대규모로 전개된 원시 공산주의 실험이었던 이 대약진운동은 '대약진'이 아니라 '대약퇴(大躍退)'였다.

2) 목숨을 걸고 인민공사를 거부하다

1978년 11월 24일 밤, 샤오강춘의 농민 옌리화(嚴立華)의 집에 생산대장

옌쥔창(嚴俊昌)를 비롯한 18명의 농민들이 비밀리에 모여들었다. 지붕도 낮고 다 헐어져가는 허름하기 짝이 없는 초가집에 18명이 모였으니 당연히 몹시 비좁았다. 그러나 이 보잘것없이 보이는 곳에서 중국의 현대사를 뒤바꾸는 위대한 역사가 탄생하였다.

이들 18인의 농민들은 모두 18개의 손도장을 일일이 찍고 '비밀 계약서'를 작성하였다. 채 100자도 되지 않은 이 비밀 계약서의 내용은 첫째, 추수 후에 먼저 국가에 납부하여 국가의 몫을 보장하고, 농민의 지역 공동체 조직인 집체(集體)에게도 충분히 납부한 뒤 나머지를 자신이 갖는다는 내용이었다.

이는 이른바 '분전도호[分田到戶, 포산도호(包産到戶)라고도 부른다]'로서 인민공사를 거부하고 '생산책임제'를 실천하자는 것이었다. 이는 당연히 명백한 '반혁명(反革命) 행위'로서 당시 살벌하던 '문화대혁명'의 공포 분위기에서 구속은 물론 목숨까지 걸어야 할 절체절명의 큰 모험일 수밖에 없었다. 하지만 이들은 투옥과 생명의 위험을 모두 각오하고 있었다. 모두 "굶어 죽느니 서서 죽겠다"는 결연한 자세였다.

계약서의 두 번째 조목은 더 이상 국가에 돈과 식량을 요구하지 않겠다는 것이었다. 그리고 마지막 세 번째 내용은 만약 누군가 감옥에 가게 되면, 그 사람의 가족을 다른 모든 사람들이 공동으로 먹여 살리고 아이들은 열여덟 살이 될 때까지 키워주기로 서로 굳게 약속한 것이었다. 비밀 계약서를 쓰고 난 뒤, 옌쥔창은 "오늘 우리의 일은 상부는 속이지만 아래로는 속이지 않는 것이다. 어느 누구에게도 발설하지 말라!"고 재차 강조하였다.

이들 농민들은 자기들이 맹세한대로 비밀리에 '분전도호'를 실천했다.

그렇게 비밀스러운 1년이 지나고 마침내 1979년 10월에 샤오강춘 마을은 일찍이 볼 수 없었던 풍작을 거두었다. 이 해의 총 생산량은 66톤이었는데, 이는 1966년부터 1970년까지 5년 동안 샤오강춘 마을의 인민공사 소속 전 생산대대가 거둔 생산량과 맞먹는 생산량이었다. 목숨을 걸고 출발했던 농민들의 자발적인 실천이 엄청난 성공을 거두는 순간이었다.

3) 개혁개방의 물꼬를 튼 18인의 농민들

마오쩌둥이 사망하고 덩샤오핑 시대가 되면서 마침내 중국에 개혁개방의 길이 열렸다. 그런데 개혁개방은 단순히 덩샤오핑이라는 한 개인의 뛰어난 생각에서만 비롯된 것이 아니었다. 그것은 바로 샤오강춘 농민들의 실천을 충실하게 계승하고 발전시킨 것이기도 하였다.

1980년 5월 31일 덩샤오핑은 샤오강춘에서 18인의 농민들이 간난신고의 노력 끝에 이뤄낸 이 '분전도호'가 지닌 의미를 인정하고 농촌 개혁의 모범으로 삼아야 한다는 점을 역설하였다. 그리고 중공(中共) 제11기 3중전회(중국공산당 제11기 제3차 중앙위원회 전체 회의)는 "농업발전을 가속화시키는 약간의 문제에 관한 중공 중앙의 결정"을 통과시켰고, 이어 1982년 1월에는 이러한 '생산책임제'를 공식적으로 허용하였다. 이 해 6월까지 전국 농촌의 86.7%가 생산책임제를 시행하게 되었다.

샤오강춘의 18명의 농민들이 목숨을 걸고 감행했던 '생산책임제'는 전국으로 확대되었다. 그것은 전국적인 토지개혁의 시발점이 되었고, 이는 다시 도시로 확대되면서 전국적인 차원에서 경제개혁, 개혁개방으로 승화, 발전할 수 있었다. 샤오강춘의 열여덟 농민들이 쏘아올린 '분전도호'

운동은 중국 개혁개방 시대를 열어젖히는 빛나는 신호탄이 된 셈이었다. 그날 18인 농민들이 썼던 '비밀 계약서'는 현재 중국국가박물관에 원본이 보관되어 있다.

4) 이름 없는 농민들이 쓴 기적의 역사

최초로 인물 중심의 기전체(紀傳體) 역사를 기술하여 '열전(列傳)'이라는 형식의 '인재론'을 창시한 사마천이 인물을 선정한 기준은 결코 지위의 높고 낮음이라는 일반적인 기준이 아니었다. 그의 인물 선정 기준은 바로 그 인물이 어려운 처지를 어떻게 극복하고 분발하여 역사와 사회에 뚜렷한 공헌을 남겼는가 라는 점이었다.

안후이성의 이름 없는 18인의 농민들. 그러나 이들은 목숨을 건 희생과 과감한 실천으로써 자신들이 처한 곤경에 결코 좌절하지 않고 스스로의 운명을 용감하게 개척했다. 뿐만 아니라 도탄에 빠진 중국을 개혁개방의 큰길로 인도하는 기적을 연출하였다. 그러므로 이들이야말로 현대 중국의 경제인 열전에 포함될 충분한 자격을 지닌 인물들이라 아니할 수 없다.

덩샤오핑은 1985년에 발표한 담화에서 "개혁은 농촌에서 시작되었고, 농촌에서 성과를 냄으로써 우리는 비로소 용기를 내어 도시의 개혁을 진행하였다."고 천명하면서 "농촌 개혁에서 나타난 성과는 대단히 빠른 것이었고, 이는 우리가 원래 예측할 수 없었던 것이다. 우리는 안후이성에서 쌓여진 경험에 근거하여 개혁의 방침과 정책을 제정하였다."며 안후이성 농민들이 세운 공헌을 인정하고 그 실천을 높이 평가하였다(1985년

6월 29일 덩샤오핑이 발표한 "개혁개방은 대단히 커다란 실험이다" 및 1987년 6월 12일의 "개혁을 더욱 가속화하자"의 담화 중에서).

중국 정부는 2018년 12월 28일 개혁개방 40주년을 맞아 샤오강춘의 18인 농민들에게 개혁선봉 훈장을 수여하였다.

27. 중국 개혁개방의 총 설계자, 덩샤오핑

덩샤오핑의 본명은 덩셴성(鄧先聖)으로서 1904년 쓰촨성에서 태어났다. 그는 프랑스에서의 유학기간(1921~1924년) 중 공산주의 운동에 적극 참가했으며, 그 후 소련 모스크바 중산대학에서 유학하고 그 해 말 귀국하여 1927년 중국공산당 중앙비서장에 임명되었다. 1929년 말에는 광시(廣西) 지역에 파견되어 많은 봉기를 조직하고 홍군을 건설하였다. 그는 1934년 중국공산당의 장정(長征)에 참여하였고 다시 중국공산당 중앙비서장에 임명되었으며 1935년 준이(遵義) 회의에 참석하였다. 항일 전쟁시기에는 공산당의 팔로군(八路軍)에서 정치부 부주임과 정치위원 그리고 중앙위원을 담당하였다. 공산당이 중국 대륙을 석권한 뒤에는 중앙 인민정부위원을 역임했으며, 정무원 부총리, 국무원 부총리, 국방위원회 부주석에 임명되었다.

1950년대 중반부터 덩샤오핑은 대외정책과 국내정치에서 모두 중요한 정책결정자였다. 특히 그는 류샤오치(劉少奇) 등 실용주의적 지도자들과 긴밀한 관련을 맺으며 활동하였다. 이들 실용주의적인 지도자들은 중국의 경제발전을 위해서 물질적인 보상 제도를 채택하고 기술 및 경영의 측면에서 숙련된 엘리트를 양성하자고 주장했는데, 점점 마오쩌둥 세력과 갈등을 빚게 되었다. 결국 그는 1960년대 후반 문화대혁명 과정에서 신랄한 비난을 받고 1967~69년 직책을 박탈당했다. 그러나 1973년 저우언라이(周恩來) 총리의 후원으로 복권되어 총리가 되었으며, 1975년에는 당 중앙위원회의 부주석과 정치국 위원 총참모장이 되었다. 저우언라이가 세상을 떠나기 몇 달 전부터 정부를 이끌어간 그는 1976년 1월 저우언라이가 죽자 이른바 4인방(四人幇)에 의해 다시 권좌에서 밀려났다.

1976년 마오쩌둥이 죽고 4인방이 숙청된 후 비로소 그해 9월 마오쩌둥의 후계자인 화궈펑(華國鋒)의 동의를 얻어 복직되었다. 1977년 7월경 덩샤오핑은 이미 고위직을 회복했으며 당과 정부의 지배권을 둘러싸고 화궈펑과 권력투쟁을 벌였다.

그러나 화궈펑에 비해 노련한 정치력과 폭넓은 지지층을 확보하고 있었던 덩샤오핑은 결국 화궈펑의 축출에 성공하였다. 그는 "어떠한 민족과 국가도 모두 다른 민족, 다른 국가의 장점을 학습해야 하고, 다른 사람의 선진과학기술을 학습해야 한다"고 주창하면서 합의와 타협 그리고 설득의 방법으로써 중국의 정치, 경제 등 모든 분야에 걸친 중대한 개혁과 개방정책을 추진시켰다.

그는 경제 운영에 있어서 지방분권적인 방향을 설정했다. 그리고 효과적이고 통제적인 경제성장을 이룩하기 위해 합리적이고 융통성 있는 장기적인 계획을 세웠다. 농민들에게는 자신의 생산물과 이윤에 대해 개인적으로 관리하고 그에 대한 책임을 부담하도록 했는데, 그 결과 1981년 이 정책이 시행된 이래 몇 년이 채 지나지 않아 농업생산은 크게 증가했다.

(1) "인민을 잘 살게 하는 것이 가장 중요하다"

한마디로 덩샤오핑 개혁개방의 핵심은 인간 본성에 대한 인위적인 압제로부터 해방이었다. 이 점에서 그것은 사마천 경제사상의 계승이기도 했다.

그는 경제정책 결정에 있어서 개인의 책임에 비중을 두었고 근면과 창의력에 대한 물질적인 보상을 강조했다. 그리고 고등교육을 받아 중국 경제성장의 선봉에 나설 수 있는 기술자와 경영자들을 양성하는 데 주안점을 두었다.

동시에 많은 기업체들을 중앙 정부의 통제와 감독으로부터 벗어나게 했고, 기업가들에게는 생산량을 결정하고 이윤을 추구할 권한을 부여했다. 대외정책의 측면에서는 과감한 개방정책을 채택하여 서구와의 무역 및 문화적 유대를 강화했고 중국 기업에 대한 외국의 투자를 허용하였다.

덩샤오핑이 아프리카를 방문했을 때, 그곳에서 "사회주의란 무엇인가?"라는 질문을 받은 적이 있었다. 그는 "인민을 잘 살게 해주는 것이라면, 그것이 어떤 체제든 중요하지 않다."고 대답하였다.

1978년 중국이 일본과 중일평화우호조약 체결 당시 덩샤오핑이 양국의 국경분쟁이 있는 댜오위다오(釣魚島) 문제에 대하여 일본의 소노다 외상에게 이렇게 말했다.

"이러한 문제는 지금 자세히 논의할 때가 아니다. 우선 보류해놓고 나중에 차분히 토론하여 상호 받아들일 수 있는 방법을 천천히 모색하면 된다. 우리 세대가 방법을 모색하지 못하면, 다음 세대가, 다음 세대가 방법을 모색하지 못하면 그다음 세대가 방법을 모색하면 된다."

넉넉한 그의 마음과 유장한 사고방식 그리고 그에 따른 탁월한 협상력, 실로 도광양회(韜光養晦), 빛을 숨기고 새벽을 기다리는 현명함을 엿볼 수 있는 대목이다.

정치적으로 그는 당과 정부 내에서의 최고위직을 최대한 사양했지만 강력한 정치국 상임위원회 위원 겸 중국공산당 중앙군사위원회 주석 지위는 유지하면서 군대에 대한 지배권을 장악하고 있었다. 결국 그는 1980년대를 관통하여 일관되게 중국의 주요 정책결정자였다. 1989년 이른바 '톈안먼 사태'의 발생으로 덩샤오핑은 중대한 시련에 직면했는데, 당시 그는 시위에 대한 무력진압을 지지했다.

그는 마지막으로 1992년 10월 12일에 개최된 제14회 전국대표대회 제1차 중앙위원회 전체 회의에서 고위급 지도자들을 퇴진시키고, 개혁파 주룽지(朱鎔基) 부총리 등을 선출하여 개혁개방 정책을 이끌어 나갈 새로운 지도체제를 출범시켰다. 1994년 이후 공식석상에서 모습을 감춘 그는 1997년 2월 베이징에서 지병으로 사망했다.

오늘날 덩샤오핑은 절대다수의 중국인들에게 가장 존경하는 인물로 추앙받고 있으며, 중국 개혁개방과 현대화의 총 설계사로 불리고 있다.

(2) 왜 러시아는 실패하고 중국은 성공하였는가?

구 소련은 위기에 직면하자 마르크스-레닌주의 정치체제가 갖는 자신의 특수성을 포기하고 서구의 정치제도와 시장경제를 일방적으로 수용하였다. 그리고 결국 이 과정에서 스스로 붕괴되고 말았다. 하지만 덩샤오핑의 개혁개방은 정치체제의 변화 없이 '중국적 상업주의 전통에 기초하여' 부분적인 자본주의 요소를 도입함으로써 성공적인 경제발전을 이룰 수 있었다. 소련 고르바초프 방식의 상층 정치개혁을 시도했다면, 중국의 개혁개방은 성공하기 어려웠을 것이다. 뷰러웨이(Burawoy)는 구 소련 해체 이후 러시아가 서구 정치체제와 시장경제를 받아들인 것을 중국과 비교하면서 "러시아의 체제는 변화(transition)는 했으나 개조(transformation)는 발생하지 않았지만, 중국의 경우에는 체제의 변화는 발생하지 않았지만 발전적 개조는 성취했다."고 분석하였다.[9]

러시아는 1990년대 이후 선거, 언론 개방, 다당제를 단계적으로 시행하였고, 선거제도가 공식적인 권력 획득의 수단으로 되었다. 하지만 러시아의 연방제도는 구 소련의 정치적 틀을 그대로 계승한 것으로서 특히 '대통령부'의 소속 기구들은 이전 공산당 중앙위원회와 유사한 역할을 담당하였고, 그 관리들은 기존 중앙위원회 간부들의 행태를 답습하고 있었다. 이러한 상황에서 정당들은 당연히 사회 각 세력들의 이해를 대변하지 못하고 대의를 제대로 반영하지 못하였다. 더구나 시민사회의 형성은 대부분 '위로부터의 주도' 혹은 '외부의 지원'을 통하여 의도적으로 이뤄졌다. 이러한 러시아의 '통제 민주주의'는 외면적으로 민주적 형식을 유지하지만 실질적으로는 집중된 권력을 지향하는 하나의 특수한 정치 통치술의 유형으로 볼 수 있다.[10]

반면 중국은 사회주의 혁명 과정을 거치면서 독특한 사회동원 체제를 구축하였다. 러시아 혁명이 레닌의 볼세비키에 의한 이른바 '혁명 전위'의 하향식 혁명이었던 데 반하여 중국은 농민 대중과 결합한 장기적 항쟁 과정에서 사회주의 혁명을 성취하였다. 이러한 측면에서 러시아가

'명령식 동원' 체제인 데 반하여 중국은 '참여식 동원' 체제의 혁명 전통을 지니고 있었다고 할 수 있다. 문화대혁명과 대약진운동 역시 이러한 맥락에서 이해될 수 있다.

사실 중국의 경제개혁은 대부분 엘리트에 의해서가 아니라 대중의 주도로 이루어졌다. 개혁 초기 성장의 주요 원천은 농촌개혁, 즉 인민공사의 가족농으로의 전환이었다. 그리하여 개혁 시기에 농민이 중국을 바꾸었는데 그것은 국가에 대항하는 시민사회를 통한 집단적 정치적 행동에 의해서가 아니라, 당이 사후에 승인한 개별적인 경제적 발의에 의해서였다. 이렇게 하여 결국 중국의 개혁은 처음부터 이전 시기의 인민공사로부터 해방된 농민들을 혁명 과정에서처럼 강력한 지지 세력으로 확보할 수 있었고, 이는 개혁 성공의 커다란 토대로 기능하였다. 이와 달리 고르바초프의 러시아에 있어서 고르바초프의 개혁은 믿을 만한 개혁 지지 세력을 만들어내지 못한 채 좌초하고 말았다.

실로 중국은 자본주의의 '힘'을 역이용하여 저임금과 저렴한 원자재라는 무기로 선진자본주의 제국으로부터 제조업의 '완전한' 이전과 대규모 투자를 받아들임으로써 '세계의 공장'으로 굳건하게 자리 잡으면서 세계적으로 유례없는 경제발전을 이뤄냈다.

중국은 냉전 시대 가장 커다란 적수였던 소련을 미국과의 연합에 의하여 붕괴시키는 데 성공한 바 있었다. 그러한 중국이 이제 미국을 그 대표로 하는 자본주의의 경제력을 역으로 이용하여 자신의 경제력을 폭발적으로 키우는 데 성공하였다.

결과적으로 보면, 그간 미국은 중국이라는 국가의 경제를 지탱해주고 발전시킨 중요한 동력이었다.

(3) 변법자강 운동을 닮은 개혁개방

덩샤오핑의 개혁개방은 정치체제의 전면적 변화를 꾀함으로써 결국 사회주의 체제 자체 붕괴를 초래했던 고르바초프 방식의 개혁과 달리 이른바 '중국적 특색을 지닌 사회주의'로서 사회주의적 정치체제를 유지하면서도 서구의 과학과 기술 그리고 부분적인 경제적 관행을 도입한 것이다. 이는 유교적 국가와 가치(중체, 中體)를 유지하면서도 서구의 기술과 경제적 방법(서용, 西用)을 받아들이고자 했던 19세기 후반의 변법자강(變法自強) 운동과도 유사하다고 볼 수 있으며, 이러한 점에서 동치중흥(同治中興) 운동과 닮아 있다.

이렇듯 중국은 중국적 전통에 기초한 '자신들의 고유한' 발전방식과 시스템을 선택해가고 있는 것이다.*

마오쩌둥의 사상과 덩샤오핑의 이론에서 나타나는 가장 큰 특징은 중국의 특수성을 강조하는 한편 마르크스-레닌주의가 갖는 보편성 역시 부정하지 않는다는 점이다. 이는 마오쩌둥의 사상과 덩샤오핑의 이론이 중국의 특수성과 마르크스-레닌주의의 보편성을 각각 재구성하려는 특징을 가지고 있기 때문에 가능한 것이었다.[11]

그렇다면 왜 청나라 말기의 동치중흥 운동은 실패한 반면에 덩샤오핑의 개혁개방은 성공할 수 있었는가?

---

* 양계초 역시 중국 역대 왕조체제와 서구제도의 비교에 있어 중국은 일가(一家)가 국가를 소유하고 나머지 인민은 모두 노예인 반면 서구 제국은 군민(君民)이 국가를 공유한다면서 중국 왕조체제를 통렬하게 비판하면서도 그의 '신민론(新民論)'을 통하여 중국적 전통의 토대 위에 서구 문물을 수용하는 통합의 입장을 견지한다.

중국에서 역대 왕조 말기에 나타난 어떠한 개혁운동도 성공하지 못하였다. 왜냐하면 이미 새로운 시대, 새로운 상황을 이끌어갈 지도력이 구체제에는 결여되어 있었기 때문이었다. 이를 생산력과 생산관계로 설명할 수도 있다. 즉, 새로운 생산력의 단계에서 새로운 생산관계가 필요했던 것이었다. 이에 비하여 덩샤오핑의 개혁개방은 아직 국가 수립 초기의 높은 도덕성과 지도력 그리고 희생정신 등이 살아있던 시기였고, 체제의 건강성이 약동하던 시기였다. 이를테면 당나라 2대 황제 태종이나 명나라 3대 황제인 영락제 시기처럼 건국 초기의 비약적 발전기로 볼 수 있다.

이해를 돕기 위하여 태조-태종-세종 식의 순서대로 진행되는 우리나라 왕조 초기 단계에 비유하여 현대 중국의 시대 구분을 해본다면, 태종대에서 세종대로 넘어가는 단계 정도로 볼 수 있다고 할 수 있다. 바야흐로 국운 상승기로 볼 수 있다. 이러한 시각에서 현재 중국 정치체제는 향후 최소한 30~50년에 걸쳐 여전히 활기 있게 상승해가는 시기로 추정해 볼 수 있다.

물론 이 시기에 기술적이고 부분적인 수준의 체제 변화는 존재할 수 있겠지만, 서구식의 다당제 도입이라든가 완전한 대의 민주주의 등의 근본적 체제 변화는 출현하지 않을 것으로 보인다.

4부

'민주주의'와 중국의 길

1. 현대 중국의 법치

시진핑 시기에 이르러 법치는 대단히 강조되고 있다. 즉, 의법치국(依法治國)과 이덕치국(以德治國)을 주창하면서 법치를 내세우고 있는데, 그 구체적인 내용은 부패척결을 비롯하여 중국의 현행 헌법이 제정된 12월 4일을 국가헌법일로 정하고 주요 국가공직자들의 취임식 때 공개적으로 헌법 준수 선서를 하며, 초중학교 과정에 법치 과목을 신설하고 사법개혁을 추진한다는 것 등이다.

중국은 예를 들어, 문화대혁명 시기에서 극명하게 드러났듯 인치(人治)의 전통이 강했고 동시에 공산당의 정치력이 법에 의한 지배력보다 강력하게 작동해 왔다고 볼 수 있었다. 이에 따라 중국 사회에서 법문화의 기반이 매우 취약하다는 이미지를 쉽게 떨쳐내기 어려웠다.

그러나 중국도 '혁명' 시대를 거쳐 국가를 정상화, 안정화해 나가는 과정에서 이제 법치는 시대적 요청으로 부각되었다. 특히 중국이 그간 거둔 경이로운 경제성장의 그늘에서 빈부격차의 심화가 드러났고 동시에 특권 관료들의 부패가 광범해졌으며, 이에 대한 대중의 광범한 불만이 확산되고 있다. 이렇듯 고도성장의 후과로서의 빈부격차 해소와 일체 특권의 금지, 부패의 척결을 바라는 대중들의 요구에 부응하기 위한 조치가 바로 법치로 표현된 것으로 해석될 수 있다.

2014년 10월의 중국공산당 제18기 4중전회에서 통과된 「전면적 의법치국 추진의 약간 문제에 관한 중공중앙의 결정」은 중국 역사상 최초의 법치건설 강화의 결정이다. 이렇듯 치국의 중기(重器)로서 전면적 의법치국을 기치로 내건 것은 중국 법치사의 새로운 장을 열었다는 의미로 풀이될 수 있다. 구체적으로 지도간부의 사법활동 간여와 구체적 안건 처리에 대한 간여 금지 규정부터 최고법원 순회법정의 지방 설치까지 사법개혁은 갈수록 심화되었고, 행정심사허가 항목의 하급기관으로의 이양 취소부터 각 지방정부 업무 부문에서의 의법 행정과 행정투명 제도까지 의법 행정의 추진이 가속화되었으며, 「입법법」의 수정부터 「자선법」의 제정까지 주목을 받는 입법 업무가 계속 이어졌다.[1]

국제적으로 이미 G2로서의 국제 대국의 위상을 지닌 중국이 시진핑 시기에 이르러 법치를 기치로 내세운 정책 배경을 구체적으로 분석하고 향후의 전망에 관해 논의를 전개하는 것은 시진핑 시기와 이후 중국의 미래를 예측하고 나아가 특히 일의대수, 필연적으로 영향을 크게 받을 수밖에 없는 우리로서 매우 중요한 의미를 지니는 문제이며, 지속적으로 주목해야 할 지점이 아닐 수 없다.

(1) 현대 중국의 법치 역사와 지향점

1) 인치 전통의 극복과 법치로의 전환 지향

1996년 중국은 '법치'를 국가가 법률로써 통치하는 기준으로 삼게 되었고, 이후 1997년 제15기 중국공산당의 공식 보고서는 '의법치국(依法治國)'을 치국방략으로 확립함으로써 국가 운영에 있어 법치화의 길을 열었다.

법치(法治)는 형식적 의미의 법치와 실질적 의미의 법치를 포함하며 양자의 통일체이다. 형식적 의미의 법치는 이법치국(以法治國)과 의법판사(依法辦事)의 치국방식, 제도 및 그 운행기제이며, 실질적 의미의 법치는 법률지상(法律至上), 법에 의한 지배, 권력에 대한 통제, 공민 권리의 보장의 가치, 원칙과 정신이다. 형식적 의미의 법치는 마땅히 법치의 가치, 원칙과 정신을 체현해야 하며, 실질적 의미의 법치는 법률의 형식화제도와 운행기제를 통하여 실현된다.[2]

중국 역사에서 봉건적 종법 등급과 가부장제 통치지위를 유지하는 봉건적 법률관은 장기적으로 주도적 영향을 점해왔으며, 지금까지도 그 영향은 대단히 크다. 이러한 법률관은 국가와 가족 본위의 법률관으로서 개인이 국가와 가족의 이익에 복무할 것을 요구하고, 개인권리의 경시, 개인 이익의 경시, 공민의 권력에 대한 복종 강조, 최대한의 의무 강조를 그 특징으로 하며, 시대 발전과 부합하지 않는 구시대적 법률관이다.[3]

특히 중국이 사회주의 혁명에 성공한 직후 이러한 법률관은 강력하게 작동하였다.

마오쩌둥은 신중국 제1대 지도자로서 국가 통치에서도 대량의 전통문화를 흡수하였다. 예를 들어, 그는 '인(人)'의 요인을 중시하여 『논어』의 "사람이 바르면 명령하지 않아도 행해지고, 사람이 바르지 못하면 비록 명령을 해도 따르지 않는다(其身正, 不令而行. 其身不正, 雖令不從)"는 말을 찬미하면서 전적으로 동의하였다. 본래 고대의 예치(禮治)와 덕치(德治) 그리고 인치(人治)의 전통을 지니고 있으며 '왕도(王道)'를 숭상하는 중국 사회는 마오쩌둥의 치국 방식에 대단히 커다란 영향을 미쳤다.[4]

1957년 마오쩌둥이 저술한 「인민 내부모순을 정확하게 처리하는 문제에 관하여」의 강화(講話)는 실제 법률체계 건설의 중단을 초래하였다. 단순히 "적(敵)과 아(我)의 모순"의 시각으로만 행정조치와 형법절차를 시행하고, '인민 내부모순'은 비판과 설득 그리고 교육에 의하여 처리함으로써 법률의 기능은 더욱 제한되었다. 그 뒤 출현한 '반우파' 운동은 진일보한 인신분화(人身分化)로서 이로부터 법률 허무주의가 성행하기 시작하였으며 신중국의 법제 건설은 바닥에 떨어졌다.

이러한 경향은 20세기 60년대의 '문화대혁명' 시기에 이르러 더욱 심화되어 10년 문혁 동란은 법제 건설의 전면 파괴를 초래하였고, 법치 관념과 "공민은 법률 앞에 모두 평등하다"는 헌법 원칙은 착오라는 비판을 받아야 했다. 전국인대의 입법 활동은 기본적으로 정체되었고, 공안과 검찰 그리고 법원의 지위는 크게 약화되어 사법 영역 중의 변호제도와 변호사제도는 기본적으로 폐기됨에 따라 이제 과연 '법에 의한 통치'에 따라야 하는가의 여부가 회의에 빠지게 되었다.[5]

그리하여 공민의 헌법 권리와 자유는 전혀 보장받지 못하게 되었고, 1954년 헌법은 사실상 효력을 상실하였으며 대신 일련의 임시적 정책과 이른바 '최고 지시'가 그 자리를 차지하였다.

본래 법률의 기본 역할 중 하나는 권력에 대한(그것이 사적 권력이든 정부 권력이든 관계없이) 제한과 억제이다. 법률이 지배하는 곳에서 권력의 자유는 규칙에 의하여 저지되며, 이러한 규칙은 권력자가 일정한 행위 방식에 의거하여 행사하도록 강제한다.[6]

1978년 12월, 덩샤오핑은 "인민민주를 보장하기 위하여 반드시 법제(法制)를 강화해야 한다. 반드시 민주를 제도화하고 법률화해야 하며, 이러한 제도와 법률이 지도자가 바뀌었다고 하여 바뀌게 해서는 안 되며, 지도자의 관점과 생각이 변했다고 하여 변하게 해서는 안 된다."고 지적하였다.

이렇듯 '법치'*를 선택하고 '혁명'과 고별한 것은 법률이야말로 마땅히 치국이정(治國理政)과 시비판별의 표준이어야 함을 의미하고 있다.[7] 1998년에 '법치'라는 용어는 헌법에 공식적으로 사용되면서 법치라는 가치의 정당성이 분명하게 확인되었다.

법치란 문자 그대로 '법률의 통치'이며, 헌법법률지상 원칙의 준수에 대한 요구이고 동시에 '선정(善政)'의 중요 내용이며 공평한 정의의 근본적 보증이다.[8] 법치의 구체적 내용은 다음과 같이 설명될 수 있다.

첫째, 모든 사람이 법률의 통치를 받으며 기타 임의적 통치를 받지 아니한다;

---

* 또한 법치의 원칙으로는 다음과 같은 열 가지 항목이 제시되고 있다. (1) 보편적 법률의 존재 (2) 법률 제정 사실을 대중들이 알고 있어야 한다 (3) 법률은 예측될 수 있어야 한다 (4) 법률은 명확해야 한다 (5) 법률 내용에 모순이 없어야 한다 (6) 법률은 준수할 수 있어야 한다 (7) 법률은 안정되어야 한다 (8) 법률은 정부보다 상위여야 한다 (9) 사법은 권위가 있어야 한다 (10) 사법은 공정해야 한다. 夏恿, 「法治是什么-淵源, 規誡與價值」, 『中國社會科學』 1999年 第4期, 127~134쪽 참조.

둘째, 모든 사람이 반드시 보통 법률과 법원의 관할에 평등하게 따르며, 아무도 법률의 상위에 군림할 수 없다;

셋째, 헌법은 특정 안건 중의 개인권리를 재정(裁定)한 사법판결에서 비롯되었으므로 헌법은 법치의 체현 혹은 반영이며, 그러므로 개인권리는 법률의 연원이고 법률의 결과가 아니다.[9]

2) 중국 전통의 법치 경험

중국법계(法系)는 세계 5대 법계 중의 하나로 칭해진다. 특히 당(唐) 왕조 시기의 법전인 '당률소의(唐律疏議)'의 논리는 정교하며 용어는 적확하고 문자는 간단명료하며 개념이 명확하여 중국 고대 법전 입법기술의 최고봉으로 평가되고 있다.

이를테면, 중국의 「공무원법」 제103조는 "기관의 착오로 인한 구체적 인사 처리에 의하여 공무원의 명예가 훼손되었을 경우, 기관은 마땅히 사과를 하고 명예회복을 시켜야 하며, 그로 인해 초래된 악영향을 제거하도록 해야 한다. 경제적 손실이 발생했을 경우에는 법에 의하여 배상해야 한다."라고 규정하고 있다.

'인정(人情)'은 중국 고대 법률의 핵심으로서 동시에 입법과 사법의 근거였다. 법률 규정과 인정이 상호 저촉될 때, 시세와 더불어 변하는 법률은 만세 불변의 인정(人情) 앞에 굴복을 해야 했다. 중국 역사상 명군으로 추앙받는 당 태종이 우려했던 것은 법률을 현실에서 지키기 어렵게 되는 문제가 아니라 관리들이 '규정에만 얽매여 죄를 정함'으로써 인정을 말살하는 상황이었다. 이렇게 하여 중국 고대 이래 현대에 이르기까지의 법제

건설에 대한 인정과 법률의 조화와 충돌은 대단히 깊은 영향을 미쳐왔다.[10]

중국 역사상 대표적인 법전인 당률(唐律)은 모든 것이 예를 기준으로 한다고 명백히 밝히고 있다. 유교 가치관이 형사 사법의 기본으로 기능한 것이다. 즉, 법률의 제정은 어디까지나 인정의 토대 위에 이뤄져야 한다고 이해되었는데, 여기에서 말하는 인정이란 '보편적인 동의를 받는 일종의 행위 준칙'으로서 따라서 일종의 '법제 틀 안의 인정관'이 형성되었다. 이러한 전통에 따라 법률 집행은 최대한 관대해야 하고 가능한 한 비형벌적 조치를 취해야 한다는 일종의 원칙이 강조되었다. 조화와 화목이 국가사회의 지상 목표로 설정되었고, 이에 따라 법 적용에서 교화와 훈계(訓戒)가 두드러지게 되었던 것이었다.

중국 고대 법률에 대한 '인정'의 최대 공헌은 전제통치의 잔혹성을 완화시키는 역할을 했다는 점이다. '인정'의 중국 고대 법률에 대한 영향은 사람들로 하여금 범죄의 사회적 요인 탐구에 주목하게 만들었다. 그리고 이러한 범죄 요인에 대한 탐구는 사회치안의 유지와 범죄 예방에도 도움을 주었다.*

'인정'의 '법치경험'에서 알 수 있듯이, "유구한 역사전통과 문화 축적을 지니고 있는 대국으로서의 중국에 있어 법치 발전 배경의 복잡성과 특수성은 세계의 어느 나라와도 비교할 수 없다. 아울러 상이한 시공(時空)과 지역에서 성장한 서방 각 주요 법치 문명국가가 실제로 중국 법치발전에 현실적인 모델을 제공하기가 쉽지 않다."[11]

* 이러한 경향은 동한(東漢) 시대의 다음과 같은 말에서도 나타나고 있다. "법이란 인정에 의거하여 만들어진 것이며, 결코 죄를 만들어 사람을 함정에 빠뜨리려는 것이 아니다(法者, 緣人情而制, 非設罪以陷人也)." 王利器, 『鹽鐵論校注』, 中華書局, 1992 참조.

오늘날의 중국 현대 법률에서도, 예를 들어 「물권법」은 재산 규제의 사회주의 전통을 계승할 수밖에 없었던 공법적 규정이 담겨있지만, 전체적으로 보면 기본적으로 자본주의 시장경제의 민법 모델과 같은 사법적인 구조를 지니고 있다. 국가소유권을 중국의 사회주의 시장경제를 지배 관리하는 기능이 아니라 그것을 추진하는 기능으로서의 위치설정이라는 새로운 민법 모델이 될 가능성이 있다는 분석도 있다. 사권(私權)으로서의 중국 물권법은 물권법 초안의 위헌논쟁을 거쳐 이제 세계에서 가장 새로운 물권법으로 현대 중국 사회가 비약적으로 성장하는데 큰 기둥이 되고 있는 것이다.[12]

또한 「침권(侵權)책임법」의 단독 제정은 세계 민법 사상 최초의 사례로서 침권의 법적 효과를 손해배상에 한정하지 않고 사죄 등의 다양한 방식을 기술하고 있다. 나아가 악의에 의한 제조물 결함으로 사망 혹은 엄중한 손해를 초래한 침권 행위에 대하여 '가습기 사태'로 우리 사회에서도 도입 필요성이 강력하게 제기되고 있는 징벌적 손해배상을 인정하는 규정(제47조)을 두고 있는데 이는 미국법의 영향을 받은 것으로서 침권 행위의 예방과 제재라는 제정 취지와 부합된다고 평가되고 있다.*

---

* 여기에서 나타나듯 중국의 법제는 비록 늦게 출발했지만 선진적 법률제도를 도입하고 있고, 동시에 침권책임법의 사과 조항에서 알 수 있듯이 중국의 전통적 법률 특징으로 평가되는 '인정(人情)'의 요소가 현대 법률에도 반영되고 있다. 선진적 법률제도의 도입과 전통적 법률 내용의 계승은 현대 중국 법제의 장점으로 볼 수 있다. 이와 관련하여 최근 수년 동안 한중일 3국의 공동 계약법 제정을 위해 중국과 일본 학자들과 교류하고 있는 이영준 원로 변호사는 필자와 만난 자리에서 중국 법학자들이 서구의 최신 이론을 연구하면서 자국의 관련 입법 과정에 참여, 헌신하고 있어서 그 발전 속도와, 특히 보수와 대가를 바라지 않고 연구실에서 불철주야 공부하는 중국 법학자들의 열기가 부러울 정도라고 토로하였다.

또한 「자선법」은 "자선 활동이 사회 공덕(社會公德)에 위배되지 않아야 하며"라고 규정하고 있는바, 여기에서 말하는 사회 공덕이란 자선법 제5조에서는 사회주의 핵심 가치관, 중화민족의 전통 미덕으로 표현하고 있다. 즉, 공감대를 널리 확산시킬 수 있는 가치의 공감대를 전통에서 끌어내면서 사회적 갈등 비용을 줄이는 효과와 사회 통합, 문화적 자긍심을 함께 높이는 효과를 거두고 있는 것이다. 따라서 '자선'이라는 전통적 가치가 사회주의 핵심 가치관, 중화민족의 전통 미덕의 이름으로 재해석되고, 이러한 미풍양속이 법의 정비를 통해서 적극적으로 권장되는 것이며, 그러므로 자선법의 제정은 바로 전통적 가치의 도래로 연결되는 출발점이 될 수도 있다는 점에 유념할 필요가 있다.

3) 법치와 부국강병의 '변법(變法)'

2014년 10월 27일, 중앙개혁전면심화영도소조 제6차 회의에서 시진핑은 "중요 개혁은 법률적 근거가 존재해야 한다(重大改革于法有據)."는 중요 논술을 하였다. 법치에 의해 급속한 성장 과정에서 누적된 제반 '과도기적' 문제를 해결하고 '안정화'시키는 것이 우선적인 정책 목표이다. 주목해야 할 점은 중국 역사상 법치주의가 부국강병과 긴밀하게 결합되어 작동되었다는 사실이다. 상앙의 변법은 가장 두드러진 사례이다.

개혁은 어느 의미에서 말하자면 곧 변법(變法)이며, 개혁의 심화 추진은 합법성의 보장을 필요로 한다. 중국 역사상 저명한 개혁자들은 개혁의 정통성과 합법성을 대단히 중시하면서 모두 개혁을 변법으로 칭하였다. 그리하여 개혁의 진행을 위해서는 모두 먼저 황권을 통해 법률을 반포하고 법률을 이용하여 백성의 신뢰를 획득하고 법률을 이용하여 보수 세력과 투쟁함으로써 개혁의 순리적 진행을 확보하고자 하였다. 예를 들어, 진나라의 개혁가 상앙은 "시대에 맞춰 법을 만들고 상황에 따라 예의를 제정한다(當時而立法, 因事而制禮)."고 주장하면서 기성 귀족세력이 극력 주장한 "옛것을 추종하고(法古)", "예의를 준수하는(循禮)" 논리를 철저히 반박, 두 차례의 대규모 변법을 주도하였고 현제(縣制) 건립의 추진, 군공(軍功)의 장려, 생산 발전 등 일련의 개혁조치를 추진함으로써 진나라 경제와 사회의 발전을 강력하게 진행하여 진시황의 천하 통일로 가는 확고한 토대를 구축하였다.[13]

또 북송 시대 내우외환의 위기 상황에서 왕안석은 균수법을 비롯하여 청묘법, 시역법, 면역법 등 재정 분야의 신법과 보갑법 및 보마법 등 군사 분야의 신법을 추진하고 대규모의 개혁을 진행함으로써 재정 위기와 군사적 위기를 돌파하고자 하였다. 명나라 중기에 토지 겸병이 갈수록 심각해지고 농민대중들의 생활이 도탄에 빠지는 상황에서 대규모 유민이 발생하고 정부 재정 수입은 급감하는 반면 지출은 오히려 폭증하였다. 국가 쇠망의 위기에서 장거정은 고성법(考成法) 시행을 통하여 관료 세력을 억제하고 부패를 일소하면서 일조편법을 추진하고 조세를 개혁하였으며 상품경제의 번영을 촉진하고자 하였다.[14]

역사상의 이러한 경험은 개혁이란 합법성을 그 보장으로 삼아야 하며, 입법은 반드시 개혁에 선행되어 개혁에 근거를 제공하고 법률로써 개혁을 촉진하고 개혁을 보호하며 규범화해야 한다는 점을 보여주고 있다.

중국 역사상의 이러한 부국강병 정책은 현재 '중국몽(中國夢)의 실현'이라는 용어에 집약적으로 표현되고 있다. 중국 정부 또한 법치중국의 목표가 '중국몽'의 실현임을 내세우고 있다. 2014년 10월 23일 시진핑은 제18기 4중전회 제2차 전체 회의에서 "의법치국의 전면적 추진은 중화민족에 의한 중국몽(中國夢)의 위대한 부흥을 실현하고 당과 국가의 장기적인 안정을 실현하는 장기적 고려에서 비롯되었다. 의법치국의 전면적 추진의 시행은 중국의 안정적인 개혁발전의 모순과 문제를 해결하는 현실적 고려인 동시에 장기적인 전략계획에 착안한 것이기도 하다."라고 천명한 바 있다.

이러한 측면에서 현재 중국 정부가 추진하고 있는 법치주의는 장쩌민 시기와 후진타오 시기로 이어지는 '정상국가화 과정'을 거치면서 개혁개방 이후 급속 성장한 중국 사회에서 여전히 만연되어 있는 전근대성을 극복하고 특히 고도성장 과정에서 초래된 양극화 등의 부작용을 치유, 정돈하며, 문화대혁명 등의 과정에서 드러난 인치 전통 관행의 법치로의 대체 그리고 국제 대국으로 자리매김한 자국의 위상에 걸맞게 법적 범주에서 환경, 인권, 복지 등 분야 역시 국제 표준에 부합시키려는 정책의 일환으로 평가될 수 있다.

(2) 시진핑 시기 중국의 법치와 입법

법치국가는 정부가 법에 의하여 업무를 진행할 것을 요구한다. 어떠한 개혁이라도 모두 법률적 근거가 존재해야 한다. 먼저 법률이 존재하고 그런 연후에 정부가 법률에 의하여 업무를 진행하는 것, 이것이 법치의 기본 논리이다.

입법은 법치의 전제이자 조건이며, 과학입법은 법치 중국 건설로 가는 핵심적인 첫걸음으로 이해된다. 그리하여 과학입법을 잘 수행해내고 입법질량을 제고할 수 있을 때만이 비로소 공평하고 투명하며 개방적이고 질서 있는 시장 규칙이 건립될 수 있으며, 법치화의 환경이 만들어지고 최종적으로 개혁의 전면적 심화라는 목표를 완성할 수 있다.[15]

1979~1982년 기간에 중국에서 새로 제정된 법률과 수정 법률은 각각 67.6%와 32.4%였는데, 이후 점차 새로 제정된 법률의 비율은 낮아지고 수정 법률의 비율은 높아져 2003~2015년간 새로 제정된 법률과 수정 법률의 비율은 24.1%와 75.9%였다.[16] 그리하여 입법에 있어 '입주수보(立主修輔)'의 시대에서 '수주입보(修主立輔)'의 시대, 즉 '수법시대(修法時代)'로 전환하였다.

개혁개방 초기에 개혁은 정책적으로 추진되었고 개혁 조치는 대부분 정책의 형식으로 만들어졌다. 대부분의 정책이 원칙적이고 상당 정도의 융통성을 지녔고 또 통일적인 처벌과 제재 조치가 결여되어 있었기 때문에 결국 필연적으로 집행의 불일치와 불평등 현상이 나타났다. 그리하여 이른바 '틈홍등(闖紅燈)'*이라든가 "상유정책 하유대책(上有政策, 下有對策)", 즉 "위에 정책이 있지만, 그 아래로 대책이 있다"는 말이 사회적으로 널리 회자될 정도로 법치에 대한 사회적 인식은 매우 낮은 수준이었다.

제18기 4중전회의 핵심어로 부상한 '법치중국(法治中國)'은 법치국가로서의 중국을 규정한 것이다. 여기에서 법치국가란 국가권력이 법치의 궤도상에서 운용됨을 지칭한다. '법치중국' 건설의 기본 요구는 '과학입법(科學立法), 엄격집법(嚴格執法), 공정사법(公正司法)과 전민수법(全民守法)'이

---

* 신호등을 지키지 않고 빨간불일 때도 아무 거리낌 없이 길을 건넌다는 뜻으로서 법률이나 법규나 도덕 등의 사회 규범을 준수하지 않고 멋대로 행동한다는 비유적인 의미로 사용된다.

며, 이는 시진핑 총서기가 2013년 2월 23일 중공중앙정치국 제4차 집체 학습 시 강조한 '16자(字) 방침'이다. 입법, 집법, 사법, 수법의 이 네 가지 절차 중 입법은 뒤의 세 절차의 전제이자 기초이고 법적 근거 존재의 여부와 의거하는 법이 정의의 법인가의 여부와 인민의 근본적 이익을 대표하는 법인가의 여부라는 중요한 문제를 해결한다.[17]

2015년 3월 20일 현재 중국에서 제정된 법률 수량은 법률 및 법률문제와 관련된 결정 1,456개, 행정법규 및 문건 1,297개, 부문규장 및 문건 6,320개, 지방법규 38,479개, 사법해석 3,590개이다.[18] 중국에서 광의의 법률은 헌법과 법률을 의미한다. 법률은 반드시 헌법에 복종해야 하고, 헌법의 법률 효력은 행정법규, 지방성법규, 자치조례와 단행(單行)조례, 국무원 부문규장, 지방정부 규장보다 높다.**

1) '위민입법(爲民立法)'의 지향

시진핑 시기 중국 입법의 기본 목표는 '위민(爲民)'으로 자리매김 되고 있다(以民爲本, 立法爲民).

중국의 법치와 법제의 실천 과정은 대체적으로 볼 때, 공민들의 권리 보장이라는 방향으로 일정하게 진전되어 왔다고 평가되고 있다. 즉, 2004년 헌법 수정과 2007년 「물권법」 제정에 의하여 사유재산의 소유권

** 개혁개방이 실시된 1978년 이래 2015년 말까지 전국인대 및 그 상위회는 '결정(決定)'을 포함하여 총 582개의 법률을 제정하였는데, 그중 새로 272개의 법률을 제정하였고 310개의 법률을 수정하였다. 매일 약 1.35개의 법률을 제정한 셈이다. 黃彬, 「人大立法三十六年回顧」, 『法制與社會』 2016.2(下), 11~12쪽 참조.

보장을 기하였고, 2010년 선거법 수정으로 선거권의 평등을 지향했으며 또 2012년 「형사소송법」 수정으로 공민의 인권과 권리보장이 일정하게 진전되었다.[19]

그리고 최근 제정된 「취업촉진법」을 비롯하여 「노동계약법」, 「노동쟁의조해(調解)중재법」 등의 입법에 따라 중국의 사회보장법 법률 규범 체계는 더욱 충실화하고 있다. 특히 갈수록 확대되고 있는 파견노동 문제의 해결을 위하여 파견노동자에 대하여 동일노동 동일임금을 규정하고 노무 파견인원을 총 고용인원의 10%로 제한하는 조치는 획기적인 조치로 평가될 수 있다.

개혁개방 이후 1970년대 말부터 1980년대 초까지 중국 법학계는 법치와 인치의 관계에 관한 문제를 둘러싸고 광범위한 토론을 전개하였다. 하지만 사실 1970년대 말에 주창되었던 '법치'는 당시의 시대 상황을 반영하여 시종일관 국가의 안정과 발전이라는 정치 목표에 중점을 두고 있었다. 2000년 이후 중국 정부는 경제성장에서의 효율에 대한 지나친 강조로 인하여 공평이라는 문제가 경시되어 왔다는 인식하에 '조화사회(和諧社會)' 건설을 기치로 내세웠고, 이에 따라 사회 공평과 사회보장 성격의 입법이 점차 증가하게 되었다.[20] 그리하여 노동법과 보험법 등의 법률이 제정되었지만, 여전히 현재 사회보장의 수준은 제한적이고 노동자의 합법권익 역시 전면적 보장의 수준에 이르지 못하고 있어 노동자권익보호의 강화, 사회보장 제공 강화 그리고 사회적 약자에 대한 구제를 내용으로 하는 노동법과 사회보장법 등의 입법 건설은 향후 계속 입법의 초점이 될 수밖에 없다.

이밖에 검찰기관이 민사와 행정 분야의 공익소송을 제기할 수 있게 된 것은 위민(爲民)을 위한 사법 '신창타이(新常態, new normal)'로 칭해지고 있으며,[21] 행정소송법의 수정에 의하여 '인민이 정부를 고발하는', 즉 '민고관(民告官)'이 보다 용이하게 제기될 수 있게 되었다. 소비자 권익 법 및 「소비자권익침해행위처벌판법(侵害消費者權益行爲處罰辦法)」도 제정되어 시행됨으로써 소비자들의 권익 보호라는 측면에서도 '위민(爲民)' 입법의 성격이 반영되고 있다.

한편 중국에서는 오래 전부터 대중들의 참여는 전혀 고려하지 않은 채 정부기관 등의 입법기관이 독점하여 입법 절차가 폐쇄적으로 진행되는 '관문입법(關門立法)' 혹은 '부문입법(部門立法)'* 현상이 빈번하여 그 후유증이 막대하였고 폐단이 많이 발생하였다. 그리하여 대중들의 법률 제정 과정에의 참여와 개입에 대한 요구가 갈수록 강력해졌다. 마침내 중국 정부는 법률초안을 사회에 공표하여 대중들의 의견을 묻는 공모의 절차를 마련했는데, 이는 이른바 개문입법(開門立法)이라고 칭해졌다. 개문입법에 대한 대중들의 참여와 관심은 매우 높았다. 예를 들어, 노동계약법 초안의 토론에 참여한 사람은 8만 명에 이르렀고 접수된 의견은 18만 7,773건이었으며, 사회보험법 초안 토론에 참여한 사람은 1만 명, 접수 의견은 6만 8,608건이었다.[22] 이러한 개문입법은 대중들의 요구와 이익을 법률 제정 과정에 직접 반영하려는 노력으로 평가된다. 18대 이후 개문입법은 더욱 확대되고 있으며 「안전생산법」을 비롯하여 「예산법」, 「식품안전법」 등이 모두 공개적으로 의견 공모와 수렴 절차를 거쳐 전국인

---

* 이제까지 중국에서 관행화되었던 입법방식으로서 업무 관련 기관이 초안을 작성하여 동급 인대 상위회의 심의에 넘기는 방식이며, 이렇듯 "법으로써 사(私)를 도모하는" 방식에 대한 비판이 지속적으로 제기되어 왔다.

대 상위회의 표결에 부쳐졌다.

구체적 통계를 보면, 2014년 법률과 행정법규 초안에 대하여 총 28,900여 명이 92,900여 조항의 의견을 제출하였으며, 부문규장 초안에 대해서는 총 1,400여 명이 4,200여 조항의 의견을 제출하였다.[23]

법치와 덕치의 결합

법치와 관련하여 중국의 사상적인 전통으로서의 '덕치(德治)'의 개념도 제기되고 있다.

예를 들어, 중국 역대 전통적인 법률 사상은 덕주형보(德主刑輔), 즉 덕을 주로 삼고 형벌은 어디까지나 보조 수단으로 해야 한다는 사상에 근거하여 형벌제도의 운용에 있어 '경형신죄(輕刑愼罪)', 즉 형을 가벼이 하고 죄를 정하는 데 신중히 해야 한다는 점을 중시하였다.

본래 '이덕치국(以德治國)'이라는 용어는 2001년 장쩌민에 의하여 처음 제기되었고, 18대 4중전회에서 '의법치국과 이덕치국의 결합 견지'가 법치국가 5대 원칙의 하나로서 다시 한 번 강조되었다.

전통문화의 도덕과 의법치국의 법률은 가치 측면에서 일치한다. 법률은 최저한도의 도덕이다. 법률은 사회질서의 관념, 권리와 의무의 관념을 포괄하며 그것은 사회구성원들이 기꺼이 받아들일 수 있는 것이다. 하나의 법률이 사회의 공평 정의관에 부합되는가의 여부는 군중들의 준수 의식과 시행 효과에 지대한 영향을 미치게 된다. 입법은 마땅히 공평, 정의, 자유, 평등 등 보편적인 인류의 도덕 문명 성과를 표준으로 하는 것에 그치지 않고 나아가 민족 전통문화 정신도 포함해야 한다. 바로 "자주 집을 찾아가 돌보아야 한다(노인권익보장법)."는 법률 규정처럼 좋은 법률은 자녀의 효도를 권장하게 된다.[24]

법치는 한 국가 발전의 중요한 보장이자 치국이정(治國理政)의 기본 방식이며, 덕치는 '조화사회(和諧社會)' 건설의 중요 가치지향으로서 '조화사회'의 건설은 반드시 법치와 덕치가 상호 결합해야 하며, 법치를 토대로 하고 덕치를 근본으로 삼는 쌍중(雙重)의 기제를 견지해야 한다.[25]

2) 관법지법(管法之法), 「입법법」의 수정

중국의 「입법법(立法法)」은 당대의 다른 국가에서는 그 입법례를 거의 찾아볼 수 없는 법률이다.

「입법법」은 입법기관의 입법을 지도하는 절차법이고 기술법으로서 특정 절차규범을 통하여 어떻게 입법을 할 것인가를 인도하며 아울러 입법이 넘어서는 안 되는 원칙적 한계선이고, 심지어 "관법지법(管法之法), 즉 법을 관장하는 법"으로 형상화되어 칭해지고 있으며 입법기관이 입법직책을 이행하는 '헌법'이기도 하다.[26]

「입법법」은 법치중국을 위한 '규칙을 세우는(定規矩)' 법률로 칭해지고 있다. 법치중국의 건설은 각 부문법의 정비를 필요조건으로 하는 바, 입법법은 각 부문법의 입법 업무를 총괄하는 헌법성 기본 법률이며, 그 수정 작업은 법치중국 건설의 요구에 더욱 부합하는 것이다.[27]

기존의 「입법법」 제63조는 "비교적 큰 도시의 인민대표대회 및 그 상무위원회는 본시(本市)의 구체적 정황과 실제 수요에 근거하여 헌법, 법률, 행정법규, 본성과 자치구의 지방성 법규와 서로 상충되지 않는 전제하에 지방성 법규를 제정할 수 있다."고 규정하고 있었다. 그런데 2015년 수정된 「입법법」은 '비교적 큰 도시'를 '구가 설치된(設區) 시(市)'로 대체함으로써 지방 법규를 제정할 수 있는 도시의 범위를 확대시켰다. 그리하여 각지 입법권 분배의 불균형 문제를 해결하고 지방에 주동성과 적극성을 발휘하도록 함과 동시에 지방 입법권 행사에 대한 유효한 감독 실시와 그 범위 및 절차상의 일정한 제한을 두도록 하였다. 이는 평등한 지방 입법권을 부여한 것으로써 법치 이념상 입법 평등을 체현하고 현대 법치의 기본 원칙에 부합되는 것이다.

3) 중국 법률 발전의 경로 모색
-중국의 법치경험, 국제적 규범에의 접속 그리고 국제규칙 제정자로의 위상

중국은 법률 발전의 경로에서도 중국 특색을 지닌 고유의 길을 걷고자 한다. 세계가 결코 서방 역사가 아니고 특히 미국의 역사가 아니며, 단지 지금 그들이 전면에서 걷고 있을 뿐이라는 사고방식이다. 그러나 그렇다고 하여 서구의 경험과 성과를 부정하자는 관점은 아니다.

"중국 법치 건설의 출로는 수구적이고 폐쇄적으로 서방 법치와 단절하고 세계 법치와 거리를 두거나 심지어 대립해서는 안 되며, 마땅히 개방적이고 실천이성의 태도로 참여하고 서방 법치문명의 핵심요소를 받아들이는 토대 위에 세계 법치의 발전을 위해 자신의 지혜, 즉 '중국 법치경험'을 제공하여 공헌한다는 무실(務實)의 태도로 법치를 추진하고 법치를 실현해야 한다."[28]

국제적 규범과 부합되도록 그와 접속(接續)하여 동일한 궤도를 가야 한다는 필요성은 법치의 측면에서도 폭넓은 공감대를 이루고 있다.

"중국은 반드시 세계법치의 공동규율과 보편속성을 존중해야 하며, 마땅히 세계 다른 국가의 법치건설 성공의 경험과 효과적인 방식을 거울삼아야 한다. 법치의 실현은 나아가 중국이 세계 각국과 법치 분야에서의 대화와 교류, 협력을 촉진하고 국제규칙의 제정과 시행에 더욱 효율적으로 참여하며 세계적 차원의 법치 주도권과 영향력을 확대하고 국제관계 민주화와 법치화의 진전을 추동하는 데 도움을 주게 된다."[29]

사실, 생존력과 활력을 지닌 모든 문명체는 다른 문명과의 교류와 경쟁 중에 점차적으로 발육, 형성된 것으로서 수구적이고 폐쇄적인 문명은 필연적으로 쇠망할 수밖에 없다. 본토(本土)에 대한 타자(他者)의 문명은 일종의 도전일 뿐만 아니라 오히려 자신을 풍부하게 만드는 요소일 수 있다. 문제의 관건은 타자의 강세(强勢) 혹은 도전이 아니라 타자에 대한 본토의 태도와 대응방식이다.[30]

예를 들어, 극심한 환경오염으로 인하여 인간의 기본적인 권리를 침해받고 있는 현실에 대해 중국 민간인들이 국가에 책임을 묻기 시작했다. 2014년 극심한 두통과 인후염을 앓던 베이징 시민이 국가를 상대로 손해배상청구 소송을 제기했는데, 이는 중국에서 환경오염을 사유로 개인이 국가에 손해배상을 청구한 최초의 사건이다.

그리고 마침내 1989년 제정되어 시대 변화에 부응하지 못하고 있던 「환경보호법(环境保护法)」을 25년 만에 크게 수정하여 환경오염 유발에 대한 강력한 법적 제재 수단을 마련할 수 있게 되었다. '생태문명(生態文明)'과 '지속가능한 발전'의 이념을 분명하게 정의하고 환경보호를 국책으로 규정한 이 「환경보호법」은 신환경보호법이라 지칭되었으며, 2015년 1월 1일부터 시행되었다.[31] 이와 함께 국내외적으로 커다란 이슈로 부각되고 있는 심각한 스모그 현상의 개선을 위하여 「대기오염방치법(防治法)」도 수정하였다.

한편 내몽골자치구의 후거지러투(胡格吉勒圖)라는 사람이 강압 수사에 의하여 억울한 누명을 쓰고 체포된 지 불과 62일 만에 사형이 집행되었던 사건이 있었는데, 무려 18년만에 재심 절차가 이뤄져 무죄 결정이 내려지고 총 205만 위안의 배상금이 결정되었다. 중국 사회에 커다란 충격을 던진 이 사건은 법치가 주창되면서 법원 권위가 실추될 우려보다 개인의 인권을 중시하겠다는 대표적인 조치로 평가되었다. 이외에도 2014년 독극물 투여에 의한 살인죄 혐의로 8년 동안 구속되어 있던 녠빈(念斌)이 마침내 무죄 판결을 받았다. 이러한 판결은 무죄추정이라는 형사사법의 원칙이 견지되어야 함을 다시금 부각시켰다.

또한 2015년에 이뤄진 제9차 형법수정안은 특히 사형죄 대상을 축소하였다. 중국 형법에서 원래 사형 죄명은 55개였는데, 2015년 수정에서 9개 경제성 비폭력범죄의 사형을 폐지하여 사형 적용되는 죄명은 46개로 줄어들었다. 이미 2011년 형법 개정에서도 75세 이상 노인에 대한 사형을 폐지하고 13개 사형죄목을 없앤 데 이어 2015년에 다시 사형죄명을 감소시킨 것이다. 이는 중국 정부가 국제사회의 사형 비난 여론에 대단히 고심하고 있음을 보여주고 있는 대목으로 볼 수 있다.

특히 기존에 중국의 적지 않은 식품이 '위해(危害)식품'으로 국내외적인 지탄을 받고 있는 상황의 개선을 위하여 「식품안전법」을 수정하였고 이어 「식품생산허가관리판법」과 「식품경영허가관리판법」 등 후속 입법도 제정하여 위법 식품 제조와 판매 행위에 대한 처벌 강화를 규정하였다. 나아가 「약품관리법」과 「안전생산법」을 비롯하여 중국 최초로 「공공장소흡연금지조례(公共場所控烟條例)」를 입법화한 것 역시 법률규범을 국제표준에 부합시키면서 국제사회의 책임을 지는 국가로서의 이미지를 구축하려는 노력으로 볼 수 있다. 그리고 이는 국제규칙에의 적극적 참여가 근본적으로 자국의 발전과 이익에 유리하다는 실리적 시각이 담겨져 있음은 물론 나아가 국력의 신속한 신장과 국제 대국으로서 이제 '국제규칙의 제정자'로서의 위상을 과시하는 자신감이 읽혀지는 지점이기도 하다.

법치중국
- 특권 금지, 반부패 그리고 권력의 공고화

이와 함께 국가안전의 측면에서 2014년 이래 적지 않은 국제적 우려에도 불구하고 「반간첩법」과 「국가안전법」 그리고 「반테러법」이 잇달아 반포되어 강력한 정부로서의 자신감과 지향성을 여과 없이 보여주었으며, 「인터넷안전법」도 제정되었다.

한편 2016년 전국인대 12기 4차회의에서는 「무장경찰법」 수정안도 제출되었다. 이 수정안은 그동안 중앙군사위원회와 국무원이라는 이중적 지휘체계 아래에 있던 무장경찰에 대한 지휘체계를 중앙군사위원회로 단일화하는 것을 핵심으로 하고 있다. 특히 중앙군사위원회 주석 책임제하에서 국가주석의 무장경찰에 대한 지휘권 장악을 입법 목적으로 하고 있어 시진핑 체제의 권력 강화의 일환으로 해석될 수 있다.

2015년 형법 수정안은 특대 부패 사건으로 종신형을 받은 자에 대해서는 감형이나 가석방을 허가할 수 없다고 규정하였다. 또한 국제형사경찰기구와 긴밀한 협력 하에 범죄를 저지르고 해외에 도피한 100명에 대한 '홍색수배령'을 공표하고 잇달아 송환시켰다. 이는 보시라이와 저우융캉의 구속에서 드러나듯 중국 정부의 특권 금지와 함께 부패 척결의 단호한 의지가 분명히 담긴 것이다. 중공 18대 보고서는 특히 특권의 금지성 규정을 강조하고 있는 바,[32] '부득(不得)'과 '절부윤허(絶不允許)'라는 두 종류의 용어를 사용하여 강렬하고 선명한 '금지성 규범'을 제정했으며, 동시에 '어떠한 조직이나 개인'이라는 용어를 사용하여 당과 국가의 강력한 의지를 표명하고 있는데, 이는 법 앞에 모든 사람이 평등하다는 법치의 기본원칙을 실현하는 것이기도 하다. 물론 이러한 일련의 정책에서도 권력의 공고화는 그 분명한 지향점이다.

4) 남겨진 과제

중국의 입법 영역에는 여전히 적지 않은 문제들이 존재하고 있다.

먼저 입법 과정이 통상 위로부터 아래로 향하는 하향방식이 지배적이다. 즉, 당정 조직과 상급기관의 의도가 반영되면서 주권재민의 입법정신이 실현되기가 대단히 어려워진다. 다음으로 입법에 부문 이익과 지방이익이 지나치게 체현되어 지방 이익의 충돌과 지방과 부문 이익의 충돌이 초래된다. 또한 입법에 과학성이 결여되어 있다. 입법 원가가 지나치게 높고 효용을 중시하지 않는다. 어떤 법률은 과학 논증을 거치지 않았고 임의성이 대단히 크다.[33]

법치 사상체계의 논리의 기점은 양법(良法)이다. 이는 법치의 핵심적인 조건이며, 법률지상주의와 인권보장, 사법공정은 법치운용 과정의 기본 정신이다.[34] 즉, 법치의 전제 조건은 보편적으로 준수되는 법률이 마땅히 좋은 양법(良法)이어야 한다는 점이다. 그리고 이 양법의 중요한 기준 중의 하나는 보편적으로 통용되는 가치 관념, 도덕 준칙을 반영하고 있는가의 여부이다. 이러한 점에서 법률은 인류의 가장 기본적인 가치 인식과 도덕 평가를 위배해서는 안 된다.[35]

"법률은 치국(治國)의 중기(重器)이며, 양법(良法)은 선치(善治)의 전제이다."라는 결론은 18대 4중전회에서 도출된 유명한 논단(論斷)이다. 양법과 법치는 불가분의 관계이며, 양법이 없으면 곧 법치는 존재할 수 없다.[36]

다만 중국의 입법 역사를 일별해 볼 때, 적지 않은 경우 정책에 의하여 입법이 추동되었다. 그리고 국가가 입법을 추동하는 본래 목표는 법치가 개혁에 복무하는 것이었다. 이 과정에서 법률도구주의의 색채가 농후할 수밖에 없었다. 개혁개방 이후 그리고 현재에 이르러서도 이러한 추세에는 커다란 변화가 없다.

그러나 기본적으로 행정이 인도하는 법치가 일상적 상태, 즉 상태(常態)로 되어서는 안 된다. 법률 역시 정치의 부속물이 되어서는 안 되며 변혁 실현의 도구여서도 안 된다. 중국이 필요로 하는 것은 개혁을 실현하는 도구로서의 법치가 아니라 그 자체가 목적인 법치이다.[37]

(3) 법치 그 자체가 목적이 되어야

시진핑 시기에 이르러 중국은 주목할 만한 변화의 모습을 보여주고 있으며, 법률 분야 역시 다양한 측면에서 변화의 모습을 목도할 수 있다.

구체적으로 중국 정부는 빈부격차 및 지역 간 격차 해소를 위한 「자선법」 제정을 위시하여 심각해지는 스모그 등 오염 문제 해결을 위한 환경법과 사형제도의 개선을 포함한 형법 수정, 소비자권리보호법, 「식품안전법」, 반테러관련법 그리고 노동관련법에 이르기까지 각 분야 법률 제정과 수정을 획기적으로 진행하고 있다.

현대 중국에서 문화대혁명 등 이른바 '혁명'의 시대는 개혁개방에 의하여 종언을 고하고 이후 장쩌민 · 후진타오 시기의 '국가 정돈기'를 거치면서 이제 법치는 시대적 요구로 부각되었다. 특히 중국이 그간 거둔 경이로운 경제성장의 그늘에서 빈부격차의 심화가 드러났고 동시에 특권 관료들의 부패가 광범해졌으며, 이에 대한 대중의 불만이 확산되고 있다.

이렇듯 고도성장의 후과로서의 빈부격차 해소와 일체 특권의 금지, 부패의 척결을 희구하는 대중들의 요구에 부응하고 나아가 수동적 관점이 아니라 주도적으로 돌파하기 위한 조치가 바로 법치와 '위민(爲民) 입법'으로서 표방된 것으로 해석될 수 있다. 최근 주창되는 법치는 중국 역사상 부국강병의 개혁과 긴밀하게 연결되어 있었던 법치의 전통을 계승하는 것으로서 이러한 조치가 권력의 공고화와 관련을 맺고 있음은 다시 강조할 필요가 없다. 또한 중국은 정치 분야만이 아니라 법률 발전의 경로에서도 단순히 서구의 길을 추수하지 않고 유구한 중국 입법 전통의 토대 위에서 중국만의 독특한 특색을 지닌 발전 경로를 지향하면서도 동시에 국제적 규칙 제정자로서의 자신의 위상을 적극적으로 제고시키고자 하고 있다.

그러나 현대 중국의 입법사는 대체로 정책에 의한 입법 과정으로 평가

될 수 있다. 즉, 국가가 입법을 추동하는 본래 목표란 법치가 개혁에 복무하는 과정이었던 것이다. 이 과정에서 법률도구주의의 색채가 농후했으며, 이러한 추세는 개혁개방 이후 그리고 현재에 이르기까지 지속되고 있다. 기본적으로 행정이 인도하는 법치가 일상적인 현상이 되어서는 안 된다. 법률 역시 정치의 부속물이 되어서는 안 되며 변혁 실현의 도구여서도 안 된다.

중국이 지금 필요로 하는 것은 개혁을 실현하는 도구로서의 법치가 아니라 그 자체가 목적인 법치라는 점이 다시 한번 강조되어야 한다.

2. 미국과 중국 그리고 '반중' 감정

(1) 미국은 왜 이렇게 중국 견제에 나설까?

투키디데스의 함정(Thucydides Trap)

투키디데스의 함정(Thucydides Trap)이란 신흥 강국이 부상하면 기존의 패권국가가 이를 견제하는 과정에서 전쟁이 발생한다는 뜻이다. 이 용어는 역사가 투키디데스의 저서 『펠로폰네소스 전쟁사』에서 주장되었다. 역사가이자 고대 아테네의 장군이었던 투키디데스는 당시의 그리스 상황에서 기존 맹주 국가였던 스파르타가 신흥 강국 아테네에 대해 불안감을 느끼게 되고 결국 두 국가는 지중해의 주도권을 장악하기 위해 전쟁을 벌이게 되었다고 주장하였다. 그리하여 오늘날 '투키디데스의 함정'

은 신흥 강대국이 기존 구도를 흔들면 기존의 패권국가와 신흥 강대국 간에 무력 충돌이 발생한다는 의미로 사용되고 있다.

이 이론은 실제로 제1차 세계대전과 제2차 세계대전 발발에서 증명되었다. 당시 신흥 강국 독일을 견제하려는 기존 패권국 영국 간의 충돌은 결국 두 차례의 세계대전으로 이어졌다.

권위 있는 국제정치학자인 그레이엄 앨리슨 하버드대 교수는 "16세기 이후 국제정치의 중심축이 이동했던 15번 가운데 11번은 전쟁으로 귀결되었다."며 부상하는 중국과 결코 패권을 양보할 생각이 없는 미국이 이른바 '투키디데스 함정'에 빠질 가능성을 경고한 바 있다.

예를 들어, 최근 몇 년 동안 미국은 중국 기업 화웨이에 대한 압박에 전력을 다했다. 사실 유럽에서도 적극 도입을 검토하고 있는 화웨이의 5G 네트워크 장비들은 기존 LTE 기반 기지국과 연동이 가능하다는 점에서 비용 절감 효과가 있을 뿐만 아니라, 장비 자체의 가격도 타사 대비 저렴하기 때문에 저비용으로 넓은 5G 커버리지를 구축하는 데 유리하기 때문에 좋은 평가를 받고 있었다.

미국은 왜 이토록 전심전력, 화웨이의 싹을 잘라내려 하는 것일까? 이 점과 관련하여 독일의 공영방송 ZDF는 미국도 스위스 암호 장비업체를 통해 CIA가 활동하고 있었으며, 해당업체의 장비를 각국 정부에 판매하면서 한편으로는 이 장비를 통해 해당국들의 기밀정보들을 수십 년 동안 수집해 왔다는 사실을 폭로한 바 있다. 화웨이의 전 세계 네트워크 장비 점유율이 높아질수록, 미국의 정보통신망을 이용한 첩보 활동이 어려워지고 더구나 세계 각국 그리고 미국 자신조차도 중국에 의해 정보가 통제될 수 있다는 점이 미국이 화웨이를 사장시키려는 근본 이유인 것으로 분석되고 있다.

미국은 나아가 이른바 하이브리드 전략을 구사하면서 반도체 등 첨단 기술에서 확실한 우위를 확보하기 위해 산업적으로 한국까지 끌어들여 미국 중심의 공급 사슬 네트워크를 구축하고자 한다.

패권국가, 미국이 스스로 느끼는 위기의식의 발로이다.

패권국 미국의 위기의식과 기후위기

2020년 미국 국방비는 7천 380억 달러이다. 천문학적 비용이다. 미국의 국방비는 세계 각국 국방비 2위 국가부터 11위 국가까지 10개국 국방비를 합친 것보다 많다. 그리고 이 국방비가 미국 전체 예산에서 차지하는 비중 또한 매우 높다. 2020년 미국 연방정부 예산 1조 4천억 달러 중 국방비는 무려 52.7%나 점한다. 반면 교육부 예산은 약 600억 달러, 보건복지 예산은 약 900억 달러에 지나지 않는다. 그래서 미국은 '군사국가'이다.

그래서 이 '군사국가'는 항상 전쟁과 '적(敵)'을 필요로 한다. 전쟁과 적이 부재하게 되면 국가가 재생산되지 못하고 스스로 지탱할 동력이 상실되고 만다. 패권국가로서의 위상도 날이 갈수록 왜소해지고 그 존립 근거 역시 취약해진다.

이를테면, 제3국에 무기를 판매하고자 할지라도 만약 눈앞의 적대세력이 부재하다면, 그 판매가 어렵다. 그러할 때 눈앞에 적대세력이 존재하며, 적의 존재 사실을 부각시키고 선동할 수 있게 된다면 무기를 판매할 수 있는 길은 활짝 열리게 된다. 그래서 과거보다 더 많이 판매할 수도 있다. 주지하는 바와 같이, 미국에서 군산복합체의 파워는 대단히 크다.

기왕의 적국이었던 소련이 붕괴된 뒤 모든 사람들은 인류가 이제 평화의 시대에 진입해 전쟁도 무기도 필요 없게 되었다고 쉽게 생각했다. 하지만 이후의 역사가 입증하듯, 오히려 이 세계에는 더 많은 전쟁(비록 국지전의 형태이지만)이 발생하였고, 무기 수출 역시 이전 시기보다 오히려 더욱 활성화되었다.

미국 군산복합체는 여기서 멈추지 않는다. 아예 이번에는 '새로운 적'의 '좌표 찍기'에 나선다. 바로 "중국이란 '음험한' 존재의 급속한 부상"이다. 생경스러운 '굴기'라는 용어를 사용하면 효과는 더욱 강화된다. 그러고는 중국에 '반민주'와 '반인권' 그리고 '일당독재'라는 주홍글씨를 덧씌운다.

우선 그것은 우월감으로 가득 찬 자신들의 신념이다. 그들에게는 중국의 '권위주의적 정치시스템'이 미국이 주도하는, 그리하여 '자유민주주의'가 만개한 이 현대 사회에서 도대체 어떻게 존립할 수 있는지, 심지어 '번성'하는지 도무지 이해하기 어렵다. 그래서 아예 중국 정치체제를 '일당독재', 혹은 '독재체제'라고 한 마디로 규정해 놓아야만 비로소 스스로 위안이 되고 논리가 완성된다.

미국은 여기에 그치지 않고 인권과 민주주의, 반권위주의의 투명성을 내용으로 하는 이른바 '가치 동맹'을 내세우며 세계적 차원의 반중 연합전선 구축을 꾀하고 있다.

인류는 지금 미증유의 기후위기를 맞고 있다. 실로 인류 전체가 멸종할 수 있는 절체절명의 위기에 직면해 있는 것이다. 두말할 필요도 없이, 이 기후위기 문제는 그 어떠한 문제나 이슈보다 중요하고 핵심적인 사안이다. 따라서 평소에 그토록 세계의 리더를 자처하고 인권과 보편적 규범을 내세우는 미국으로서는 당연히 이 중차대한 사안에 집중해야 마땅할 일이다. 그러나 이러한 위기 국면에서 미국은 자신의 패권적 지위를 위협한다는 가능성을 내세우면서 '중국 봉쇄', '중국 억제'에만 골몰하고 있다. 그러는 사이에 기후위기는 인류 멸종을 향하여 시시각각 옥죄어오고 있고, 우리 모두는 절체절명 절벽으로 내몰리고 있다.

'민주주의'는 서구의 독점적 창작물이 아니다

사실 미국이 그토록 주창하는 '민주주의'는 결코 유일무이한 하나의 형태로서만 존재하는 것은 아니다. 민주주의는 결국 '민(民)'의 역할이 강조되는 정치체제로 해석될 수 있다. 그런 의미에서 중국 역사에서 일관되게 중시되어 온 민본사상(民本思想) 역시 민주주의와 깊은 관련성이 있다고 평가할 수 있다. 맹자의 역성혁명론(易姓革命論) 역시 마찬가지다. 하지만 근대 이전의 서양에는 전혀 그러한 사상이 존재하지 않고 있었다. 중국이 서양보다 무려 2천 년을 앞섰던 것이다. 중국의 그러한 사상들이 서양에 영향을 미쳤을 개연성도 높다. 그러한 의미에서 민주주의는 서구가 독점적으로 창조한 것이 아니라 동서양의 교류 속에서 인류 전체의 공동 창조물일 수 있다.

이와 관련하여 오랫동안 서구와 동양 문명의 연관성이라는 주제에 천착해온 김상준 교수는 서구의 '보편적 인식체계' 형성 배경에 '동아시아 임팩트'가 있었다고 말한다. 그는 그의 저서 『붕새의 날개』에서 이렇게 기술하고 있다.

"민본국가, 정당한 혁명, 세습 귀족신분제 부정, 능력주의에 따른 관료 선발제, 종교의 사회지배에 대한 반대는 유럽이 동아시아와 중국을 알게 되면서 받아들인 것이다. 17세기부터 유럽에서 계몽주의가 나오고 세속주의가 나올 때 동아시아의 사상적 영향이 컸다. 예컨대, 계몽주의가 등장하기 전까지 유럽에서는 국가의 목적이 신의 영광을 대리하는 군주의 영광이었다. 종교와 정치가 합체돼 있었다. 여기에 정치의 목적, 국가의 목적은 백성을 편하게 하는 것이라는 민유방본(民惟邦本), 이러한 정치의 목적을 거스르는 군주는 끌어내릴 수 있다는 역성혁명(易姓革命) 같은 동아시아의 생각, 철학이 전해지면서 유럽의 지식인에게 엄청난 충격을 줬다."[38]

(2) 우리 사회의 '반중' 정서, 어떻게 볼 것인가?

국내 보수진영이 전가의 보도처럼 내세워왔던 '반북(反北)'이라는 구호는 어느 틈엔가 '반중(反中)'이라는 기치로 바뀐 양상이다. 북한의 '위협 정도'가 현실적으로 크게 감소되고 동시에 남북 교류와 북미 회담 등으로 실제 '반북'이라는 이슈의 효과가 반감되면서 북한의 위협 이미지가 현저히 감소되자 이제 그 대체재로서 '반중국'이라는 이슈를 내세우게 되었다고 볼 수 있다.

기본적으로 급부상하는 중국의 경제력과 군사력에 대한 미국의 견제가 배경으로 작동되었고, 트럼프의 "중국 때리기(China Bashing)" 그리고 코로나 19의 중국 기원을 둘러싼 논란은 이를 더욱 증폭시켰다.

인권 문제, 미세먼지, 군사주의…… 과대포장된 중국에 대한 반감

중국에 대한 반감은 주로 인권 문제를 비롯하여 미세먼지, 동북공정, 군사주의 팽창 등 불안감으로 표출되고 있다.

먼저 중국의 인권 문제는 물론 존재하고 보는 이의 시각에 따라서는 매우 심각할 수도 있다. 그러나 사실 전 세계적으로도 인권 문제에 자신 있는 나라는 드물다. 예를 들어, 미국에도 흑인 인권 차별을 비롯해 심각한 인권 문제가 존재한다. 경찰의 폭력으로 사망하는 흑인 관련 기사는 끊이지 않고 이어진다. 미국에 거주하는 흑인 중 1/3이 일생 동안 감옥에 가는 것으로 알려지고 있으며, 코로나 19로 인한 사망자도 흑인이 백인보다 두 배 이상 많다. 트럼프주의, 트럼피즘(Trumpism)이 공공연히 내세웠던 인종 차별, 반이민 정책 등은 그 자체로 명백한 인권 탄압이었다.

미국은 과거 베트남전쟁에서의 고엽제 살포를 비롯하여 관타나모 감옥에서 정식 재판절차도 없이 수감자 및 포로들에 대한 무자비한 고문과 학대로 유명하다. 인권을 전가의 보도처럼 내세우는 바이든 행정부이건만 팔레스타인인들에 대한 인권 유린을 거침없이 자행하는 이스라엘에 대해서는 언제나 눈을 감고 결국은 반드시 실질적으로 지지해왔다. 정작 미국은 세계의 주요 인권조약에 거의 비준하지 않고 있다. 또 국제인권단체 프리덤하우스(Freedom House)가 가장 억압적인 세계 50개 정부로 지목한 정부 중 48개 정부에게 미국은 무장, 훈련 또는 자금 지원을 제공하고 있다.

미세먼지 발생의 문제도 당연히 '중국 요인'이 존재한다. 그러나 '상대적으로' 작은 나라인 우리나라가 탄소배출이 무려 세계 6, 7위다. 세계 환경단체로부터 기후악당 국가로 비난받고 있는 나라다. '동북공정' 문제를 비롯해 최근의 "한복이 중국 것이라고 우긴다"는 기사는 우리 국민들의 큰 공분을 일으켰다. 돌이켜보면, 예전에 중국 베이징을 비롯해 상하이 등 본토까지 우리 영토였다는 한국 네티즌의 주장이 중국 네티즌을 크게 분노케 한 사건도 있었다. 극단적 민족주의와 국수주의 경향은 서로 상대방을 크게 자극시키고 선동하는 큰 요인이다. 문제는 이러한 사건을 침소봉대로 부풀리기 하는 언론의 보도 태도에 기인하는 바 크다. 언론은 그런 기사를 활용하여 가장 손쉽게 클릭수를 늘리면서 민족정서를 자극하고 다시 그것을 증폭시킨다.

중국은 우리 수출의 1/4을 점하고 있는 등 현재 우리 경제성장의 중요한 기반으로 작용해왔다는 사실은 움직일 수 없는 객관적인 팩트다. 자타공인 선진국 진입을 공언하고 있는 우리에게 중국은 이렇듯 커다란 실질적인 이익을 제공해주고 있다.

더구나 중국이 가까운 시기 내에 미국을 대체하여 패권국가가 되기는 불가능하다. 경제적으로도 그렇고 군사적으로도 그렇다. 패권국가의 필수적 요소인 소프트 파워(Soft Power)의 측면 역시 마찬가지다. 특히 패권국가가 되기 위해서는 '도덕적 리더십'이 존재해야 하는데, 현재 중국은 그런 요소를 갖추지 못하고 있다. 우리나라에 비유하자면, 이제 경제개발을 시작하여 고도성장을 구가하는 박정희 시대에 진입해있다고 볼 수 있다.

이제 우리가 "책임 있는" 자세로 동북아 질서를 이끌어가야

국제정치 열강의 역학관계가 교차하는 한반도의 지정학적 위치는 이제껏 우리에게 한스러운 비극적 운명으로 간주되어 왔지만, 역설적으로 우리가 스스로 힘을 발휘하게 되면 거꾸로 주변 강대국에게 커다란 영향력을 행사할 수 있는 천혜의 요충지로 전환된다. 더구나 우리 대한민국은 국제무대에서 이미 이전과 같은 약소국이 전혀 아니고, 세계 10위권의 경제대국이자 최소한 '중견국가'이다.

이제 우리가 국제사회의 "책임 있는" 구성원으로서 "책임감 없는" 일본과 아직 "개발도상국"인 중국을 견인해 나가는 자세가 필요하다. 충분히 그럴 때가 됐다.

(3) '김치공정?' '우리나라를 인정하는' 중국의 현명한 정책이 나와야
- 합리적 이해에 토대하는 공존이 모색되어야

이른바 중국의 '김치공정'을 둘러싸고 온라인상에서 상당히 시끄러운 논란이 이어졌다. 중국 정부기관인 정법위(政法委)가 우리나라 네티즌 비판에 나섰다 하여 국내의 내로라 하는 중국 전문가 교수도 TV에 나와 이건 분명히 중국 정부가 나선 것이라 단언한다. 그러나 이는 정법위에 소속한 개인의 의견과 주장이다. 실제 해당 주장이 근거 없는 거짓말일 뿐이라고 질타하는 한 중국인의 주장도 온라인에서 쉽게 볼 수 있다. 중국 주유엔대사가 김치를 담는 영상을 올렸다고 비판도 이어진다. 그런데 자세히 보면 그 영상에는 '파오차이'가 아니라 '김치'라고 분명히 표기되어 있다.

국내의 한 방송 프로그램에서는 김치공정이 사회과학원 연구자로부터 비롯되었다며 사회과학원 관련성도 보도하기도 하였다.

합리적 이해에 기초한 공존의 모색

사실 전에 문제가 되었던 동북공정의 핵심적인 논리는 중국에서 '변강사(邊疆史)'를 전공하는 중국 동북 지방의 일부 역사학자 및 관료 등을 중심으로 하는 중국 국수주의자들의 논리이다. '변강사'는 역사학 분야의 전공에서도 매우 부분적인 범주일 뿐이며, 그것을 전공하는 학자도 소수에 지나지 않는다. 이러한 소수의 학자들이 자신들의 입지를 획득하고 일련의 프로젝트를 확보하기 위하여 권력과 대중의 '국수주의 경향'에 영합하는 포퓰리즘 논리로서 개발한 것이 바로 동북공정으로 연결되었다고 평가된다. 동북공정은 중국 동북지역 학자들의 협애한 시각으로부터 비롯되었고, 중국 전체 역사학자들의 주류 견해도 아니었다. 필자가 아는 한, 대다수 역사학자들은 이 문제에 관심 자체가 별로 없다. 심지어 동북지역 학자들의 '공명심'에 의해 잘못 시작되었다는 비판까지 존재한다. 마찬가지로 현재의 '김치공정'이니 '전파(傳播)공정'이니 하는 '신조어' 공정은 극소수에 의해 시도되는, 의미가 클 수 없는 동향이다.

중국 유학 시절 자주 듣던 말이 있다. 중국에는 14억이 넘는 사람들이 살고 있어서 별 특이한 사람도 많고 별 특이한 주장을 하는 사람도 많다. 그래서 자기들은 누가 뭐라 하든 별로 놀라지 않는다는 것이다. 근거 없는 무시나 선입견 혹은 막연한 두려움, 중국을 향한 우리의 두 가지 감정은 합리적 이해에 기초한 공존(共存)의 모색을 가로막는다.

다민족국가 중국의 고민, 그러나 '우리나라를 인정하는' 현명한 정책이 나와야

중국은 우리와 달리 다민족국가다. 따라서 티베트를 비롯하여 위구르족 등 소수민족 문제가 끊이지 않는다. 중국 정부는 가능한 한, 동북지역 문제 혹은 조선족의 문제도 티베트족이나 신장 위구르족 등 이미 중국 영토로 완전 복속화한 소수민족의 문제와 동일한 차원에서 '관리'하려고 한다. 이 지점에서 중국 정부의 오판이 발생할 수 있다.

그러나 동북지역이나 조선족의 문제는 곧바로 우리나라라는 국가와 관련되어 있는 문제이기 때문에 이로부터 다른 소수민족과는 상이한 문제들이 발생하게 된다. 중국 정부의 입장에서는 동북지역과 조선족의 문제를 예외적으로 처리하는 것이 다른 소수민족에 미치는 영향 때문에 결코 쉬운 문제가 아니다. 하지만 이 또한 엄연한 현실이기 때문에 향후 중국 정부는 중요한 인접국인 한국의 특수성을 인정하는 현명한 정책을 시행해 나가야 할 것으로 생각한다.

3. '민주주의'를 어떻게 이해해야 할 것인가?[39]

우리 시대에서 '민주주의'는 가장 가치 있는 말로 인식되고 있다. 그런데 '민주주의'라는 이 소중한 말이 뜻밖에도 잘못된 용어라는 사실은 잘 알려져 있지 않다. '민주주의'의 원어인 democracy란 인민(demos)이 직접

자기 자신을 통치(kratia)하는 정치체제를 의미하는 용어이다. 이데올로기로서의 '주의(~ism)'가 포함된 용어가 아니다. 따라서 democracy는 '민주제' 혹은 '민주정'으로 불러야 정확하며, '민주주의'는 잘못된 번역어이다.

더구나 'ism'이라는 영어의 번역어로서 일본이 만들어낸 이 '주의(主義)'라는 말도 사실 착오에서 비롯되었다. 이 '주의'라는 용어의 출전은 『사기(史記)·태사공자서』의 〈원앙조착열전(袁盎晁錯列傳)〉 중에 나오는 "敢犯顔色以達主義"라는 문장이다. 일본에서 출판된 『대한화사전(大漢和詞典)』은 〈태사공자서〉 중의 상기한 문장을 '주의(主義)'라는 용어의 한문(漢文) 출전으로 기술하고 있다.

상기한 문장에 대한 정확한 해석은 "감히 올바른 말로 직간하여 군주의 얼굴색이 변하는 것도 개의치 아니함으로써 군주의 언행이 도의(道義)에 부합되게 하였으며"이다. 다시 말해 『사기(史記)·태사공자서』에 나오는 '주(主)'는 주상(主上)을 가리키며, 따라서 여기에서의 '달주의(達主義)'는 "자신의 신념을 실현시킨다."의 뜻이 아니라 "주상(主上)으로 하여금 도의에 부합되게 하다."는 의미인 것이다. 결국 이 '주의(主義)'는 처음부터 하나의 독립된 언어의 구성성분으로 볼 수 없다.

"인민은 의원을 선출한 뒤 노예로 전락한다" - 루소

우리에게 익히 알려진 철학자이자 정치평론가인 장 자크 루소(Jean-Jacques Rousseau)는 정부의 형태를 민주정, 군주정 그리고 귀족정으로 구분했다. 그리고 그는 민주정의 한계에 대하여 다음과 같이 갈파한다.

"민주정이라는 말의 의미를 엄밀하게 해석한다면, 진정한 민주정은 지금까지 존재하지 않았고, 앞으로도 결코 존재하지 않을 것이다. ……만일 신(神)들로 이뤄진 인민이 있다면, 그 인민은 민주정을 택할 것이다. 하지만 이만큼 완전한 정부는 인간에게는 적합하지 않다."

한편 귀족 정치에 대하여 루소는 "가장 현명한 사람들이 그들 자신의 이익을 위해서가 아니라 대중의 이익을 위하여 정치를 한다면, 이러한 (귀족정) 제도는 가장 훌륭하고 가장 자연스러운 제도이다."라고 평가하였다.

흥미롭게도 몽테스키외(Montesquieu)도 그의 저서 『법의 정신』에서 민주정치의 근본을 덕(德)이라고 지적하였다. 그리스의 대철학자 플라톤(Platon)도 철인왕(哲人王)에 의한 아리스토크라티아(우수자 지배제)라는 일종의 귀족정치를 주장했다.

몽테스키외와 플라톤의 이러한 정치 사상은 중국 역사상 오랜 기간 정치의 전범(典範)으로 군림했던 '이덕치국(以德治國)'의 왕도(王道) 정치와 궤를 같이 하는 것이었다.

정치를 한 마디로 설명하자면, 결국 국민들의 대표 혹은 지도자를 어떻게 선출하는가의 문제로 요약될 수 있다. 이 점에서 플라톤은 정치의 목적은 정의의 실현이며 이를 가장 잘 인식하고 있는 철학자가 통치하는 '철인정치'가 실천되는 국가를 이상적인 국가로 간주하였다.

그러나 루소는 대의 제도에 부정적이었으며, 따라서 영국의 의회민주주의 제도에 대해서도 신랄하게 비판했다.

"주권은 양도될 수 없다는 동일한 이유에 의하여 대표될 수도 없다. 따라서 대의원은 국민의 대표가 아니며 대표자가 될 수도 없다. 그들은 국민의 대리인일 뿐이다. 국민이 직접 인준하지 않은 모든 법률은 무효이며 법률이 아니다. 영국인들은 스스로 자유롭다고 생각하지만, 그것은 착각일 뿐이다. 그들은 의회의 의원을 선거할 기간만 자유로울 뿐이다. 의원을 선출하고 나면 곧 그들의 노예로 전락한다."

루소의 유명한 언명이다. 인민의 주권이란 결코 대표될 수도, 양도될 수도 없는 존재라는 천명이었다.

이로써 루소는 결국 인민들의 입법 권한이란 결코 대의제 의회에 위임할 수 없다는 점을 강조하고자 했던 것이다.

(1) 부르주아 민주주의 이데올로기로서의 대의제의 역사 - 영국 대의제의 형성

그렇다면 대의 제도는 어떻게 만들어졌을까?

원래 대의 제도는 영국과 프랑스에서 형성되어 발전하였다. 영국에서 대의 제도는 17세기에 형성되었는데, 당시 대의기관은 곧 의회를 말하고 있었다. 의회, 즉 'Parliament'라는 말은 '의논하다'는 행위를 뜻하였으며, 이는 당시 영국에서 '대자문회의(大諮問會議)'에서의 귀족들의 논의를 의미하였다. 그러나 이 의회는 군주제 하에서 일종의 자문기관에 불과하였고, 군주에 의하여 좌지우지되어 그 선출과 소집은 철저하게 군주의 의사로 결정되었다.

그 뒤 명예혁명과 함께 의회의 발전이 이루어져 소위 의회과두제가 형성되었는데, 당시 의원 1/3 이상이 귀족이거나 이에 준하는 계층이었다. 과거 의원을 배출한 가문에서 나온 의원이 압도적 다수로서 의회는 사실상 상류층의 클럽이었다.

선거권도 일정한 재력을 지닌 남성으로 한정되었고, 귀족과 부호들은 재력으로 그들을 매수하고 사회적인 힘을 행사하여 위협으로 획득한 의원직은 금권 정치의 경향이 강할 수밖에 없었다. 1866년까지 선거권을 지닌 사람은 불과 100만 명으로서 전체 인구의 3% 수준에 불과했다. 이는 당시의 의회가 국민의 대의 기관으로 기능하기보다 귀족과 부호들의 금권 정치를 유지시키는 데 이바지했다는 사실을 잘 보여준다.

우리가 대의제를 부르주아 민주주의의 이데올로기라고 비판하는 논거는 대의제가 지니는 이러한 발생사적 요인에 근거하고 있다. 이렇듯 영국에서의 대의 제도 역사는 군주, 귀족, 부르주아, 하층민 간의 치열한 투쟁 속에서 군주가 축출되고 하층민이 탄압받는 과정에서 형성, 발전된 것이었다.

그리하여 영국에서의 대의 제도는 초기에 군주와의 투쟁으로부터 비롯되어 점차 부르주아 계급에 의하여 발전되었는데, 이것이 대의 원리에 부합하게 된 것은 20세기에 들어 실현된 보통 및 평등선거에 의해서였다.

당시 대의제를 옹호한 것은 의회를 장악하기 시작한 부르주아들이었다. 이들 부르주아들이 의회를 장악하여 국민의 대표자임을 강조했을 때 그들은 국민 전체의 공공 이익을 추구하기보다는 자신들의 이익을 추구하였고, 그러한 이익 추구의 수단으로 공직을 활용하였다. 이렇게 하여 대의제의 실현은 오로지 대표자의 자비심과 양심만에 의존하여 그 기능을 수행할 수 있었지만, 이후의 역사는 그와 정반대로 흘러갔다. 즉, 이들 부르주아 대표자들은 자비심과 양심은 거들떠보지도 않고 오직 자신들의 특수이익 추구에만 골몰했을 뿐이었다.

국민을 혐오하고 귀족의 통치를 지향하다

당시 영국 대의제의 이념을 정립한 인물은 바로 버크(E. Burke)였다. 그리고 버크의 이 '대의이론'은 현대적 대의 제도의 이념적 온상으로 되었다.

18세기 영국에서 맹위를 떨치고 있던 휘그주의(Whiggism)는 귀족적 과두제를 옹호했는데, 명예혁명 후 의회가 강력한 힘을 가지면서 영국에서 지배적인 정치이념으로 자리 잡았다. 이 휘그주의를 철저하게 반영하여 이론화했던 버크에 의하면, 의회란 군주 주권에 반대하여 정부를 창출해 낼 수 있는 다수를 만들어주는 것을 담보하는 존재로서 그 구성원인 의원은 정치적으로 유효한 방법을 찾아내어 전체적인 공공복리를 실현시키는 사람으로 간주되었다.

따라서 의원은 공적인 업무의 수행을 위하여 어디까지나 독자성을 지닌 공인(公人)으로 행동해야 했다. 그는 특수이익을 추구하는 선거민의 대리인이어서는 안 되며 선거민에게 기속(羈束)되어서는 안 되었다. 이렇게 하여 버크는 이른바 '명령적 위임(imperatives Mandat)'을 사실상 포기하고 있다[선거에서 선출된 자가 선거민들의 요구에 따라야 하며 그 행위는 선거민들에게 책임을 져야 한다는 원칙으로서 기속 위임(羈束委任)이라고도 한다. 이 용어의 반대어는 바로 자유 위임(freies Mandat), 혹은 무기속 위임].

그에 따르면, 의원은 전체적인 공공복리의 실현을 위하여 집단적인 선거민의 명령적 위임이나 개인적인 개별적 선거민의 명령적 위임에 기속되어서는 안 되는 존재였다. 즉, 의원은 선거로 선출된 후 자신의 선거구 내지 선거구민의 대리인이 아니라 전체 국민의 대표자로서 선거구민으로부터 독립되어야 한다는 것이었다. 이를 위하여 통치란 이성에 맞게 통치권을 행사할 수 있는 미덕을 갖춘 자가 담당해야 하고, 국민은 이에 직접 개입하면 안 된다고 강조되었다.

이러한 버크의 주장은 결국 군주와 국민을 혐오하고 그로부터 거리를 둔 상태에서 귀족들에 의한 통치를 도모하고자 한 휘그주의의 기본 노선을 충실히 지키는 것이었다. 당시의 의회주권이라는 논리는 귀족들이 의회를 장악함으로써 군주를 견제하려는 의도와 함께 국민을 전혀 중요하지 않은 존재로 간주하려는 의도를 지니고 있던 것이었다.

결론적으로 영국 대의 제도는 17~18세기에 '군주주권'만이 아니라 국민이 주권을 갖는 '국민 주권론'에 대해서도 투쟁적 이데올로기로서의 성격을 지니면서 결국 '의회 주권론'으로 귀결되고 말았다.

국민을 배제시킨 프랑스 대의제의 역사

대의제가 지니는 부르주아적 성격은 프랑스에서 더욱 극적으로 드러나고 있다.

프랑스 혁명 과정의 최초 단계에서 봉건군주 세력과의 투쟁에 대한 광범위한 반대 세력의 형성이 요구되었는데, 이때 출현한 것이 바로 제3신분이라고 불리던 국민세력 연합이었다. 그런데 일단 군주 타도에 성공하자 혁명을 자신들의 헤게모니 안에서 재편성하려 했던 부르주아 세력과 철저한 신분 해방을 요구하는 이른바 제4신분이 서로 분열되어 대립이 발생하였다.

하지만 헌법제정국민회의가 중도좌파인 부르주아 세력에게 완전하게 장악된 뒤, 제4신분의 혁명적 요구는 저지당하였고 그들의 행동은 원천적으로 봉쇄되어 갔다. 1789년 10월 21일의 계엄법, 1790년의 파리자치시조직법, 1791년 7월 17일의 샹 드 마르스학살, 1791년 7월 18일의 선동금지법 등의 일련의 입법과 조치들에 의하여 국민의 집회와 행동은 철저하게 저지되었고 국민의 이익은 처참하게 탄압을 받았다. 이러한 과정에서 대의제는 강력히 주장되었고, 1791년 헌법이 태어났다.

결국 프랑스에서 대의제 형성의 역사는 부르주아 세력에게 헤게모니를 장악하게 하는 과정이었으며, 대의제가 지니는 이러한 특성은 프랑스에서 가장 극명하게 드러났다고 할 수 있다. 실로 프랑스에서 대의제는 부르주아 자유주의의 표상 그 자체였다. 프랑스에서의 대의제 형성 과정이 국민에 대한 부르주아 계급의 우월적 지배를 수립하고 확보하기 위한 것으로 평가되는 것은 이러한 프랑스의 대의제 성격을 잘 표현해주고 있다.

프랑스 대의제의 이러한 성격은 "국민 의사는 대표될 수 없다"는 루소의 사상을 부정하고 쉬에스(Sieyés)의 대의 사상을 받아들인 것이었다. 쉬에스의 대의 사상은 직접 민주주의적인 여러 제도, 그중에서도 특히 의회해산 제도, 의원에 대한 명령적 위임, 국민투표제도, 국민투표 형식을 통한 헌법제정권의 행사 등을 제도적으로 배제하였다. 이렇게 하여 주권자인 국민은 대표자의 선출에 있어서만 주권자일 뿐, 구체적인 국가 의사의 결정 과정에서는 소외되는 극단적인 대의 제도가 확립되었다. 이러한 '대의 전제주의'는 국민투표적 직접 민주주의 원리에 대한 불신으로부터 비롯된 것으로 해석되고 있다.

따라서 대의제가 지니는 일종의 '위장(僞裝) 민주주의적' 성격은 그 출생 과정에서 이미 싹트고 있었던 것이었다.

(2) 대의 제도는 간접 민주주의의 한 형태

'명령 위임'과 '자유 위임'

위에서 설명한 바와 같이 대의 민주주의 제도는 결국 부르주아 민주주의로 고착되었다. 그리고 이 과정은 대의제에 관한 이론이 선행된 것이 아니라 서구에서 역사적으로 실현되었던 하나의 정치적 제도를 설명하는 것이었다.

기본적으로 민주주의란 시민의 정치참여에 의하여 자유, 평등, 정의라는 기본 가치를 실현시키고 시민으로 하여금 자신의 문제에 대하여 스스로 결정하게 하는 시민의 통치 형태라 할 것이다. 따라서 이러한 민주주의 정신을 실현하는 가장 정확한 방법은 직접 민주주의이다.

오늘날 흔히 대의제는 '민주주의'라는 용어와 등치되고 있다. 하지만 근본적으로 말하면 대의제는 하나의 통치기구의 구성 원리, 또는 국가의 의사 결정 원리로서 단지 민주주의의 하위 체계일 뿐이다. 대의제란 권력분립, 선거제도, 정부 형태, 지방자치제도 등과 같은 민주주의의 여러 형식 원리 중 하나의 제도에 지나지 않는다. 따라서 용어법상 직접 민주주의는 직접 결정방식, 간접 민주주의는 간접 결정방식 또는 대의제라고 불러야 비로소 정확하다.

한편 의회민주주의란 의회 중심의 통치 질서에서 파악되는 것으로서 엄밀한 의미에서 정부 형태와 관련된 개념이며, 이는 단지 대의제의 한 형식에 속할 뿐이다.

특히 선거로 선출된 의원은 특정 선거구민이 아니라 전체 국민을 대표하고 전체적인 공공복리를 추구해야 한다는 대의제의 이론은 명령 위임을 부정하고 자유 위임을 주창하고 있는바, 이는 국민 세력을 배제시키면서 그와 유리되어 결국 부르주아 계급의 이익에 봉사하는 이데올로기로 기능해 왔다고 할 것이다. 대의제가 지니는 이러한 성격은 프랑스와 영국 대의제의 역사에서 잘 드러나고 있다.

결국 부르주아 세력은 국민세력을 동원하여 군주를 타도한 뒤 자신들의 정파 간의 무력적 권력 투쟁을 선거를 통한 정당 간의 권력 교대 혹은 경쟁이라는 '대의제'의 평화적이고 합법적인 기제를 창출해낸 것이었다. 그리고 여기에서 선거를 통해 선출된 대표자(의원)는 특정 선거민이 아니라 '추상적으로' 전체 국민을 위한 전체 이익을 추구해야 하며, 국민에 책임을 지는 명령 위임을 배제하는 것이 민주주의라는 이데올로기를 만들어냈다.

그러나 명령 위임을 배제시킨 바로 그 순간 선출된 대표자는 국민에 봉사하는 위치로부터 국민 위에 군림하는 위치로 자리매김을 하게 되었다.

"국민들은 자치 능력이 없다" - 대의 제도의 편견

여기에서 전체 국민이라는 실체가 없는 관념적 존재일 뿐이다.

대의 관계에서 대표되어지는 실체는 없으며 대표하는 행위도 존재하지 않는다. 대의 관계에서 존재하는 것은 오직 국민이 대표자를 선출하는 행위와 대표자가 자기 스스로 결정하고 행동하는 행위뿐이다. 그리고 대표자의 이러한 행위는 '전체 국민이라는 이름'으로 정당화되고 그리하여 국민을 구속하게 되는 것이다.

다시 말해, 대의제에서의 대표자란 더 이상 선거민의 단순한 대변자가 아니며 대리인(Agent)이나 수임자(Kommissar)도 아니다. 그는 '전체 국민'의 대표자이기 때문에 '공명정대'하게 행동해야 하며, 이를 위해서는 그의 결정과 판단에 영향을 주는 어떠한 힘으로부터도 독립되어야 한다고 주장된다. 물론 이러한 논리의 배경에는 탁월한 인물이 무지몽매한 국민의 의사나 명령에 따른다는 극단적 차별 의식이 깔려 있었다. 그들의 이러한 시각에서 보면, 국민들은 오직 자신들을 뽑을 '권리' 혹은 '자유'가 있을 뿐 통치는 자신들처럼 탁월하고 고귀한 사람들만이 담당할 고유 영역이라는 것이다. 마치 일제 식민지 시대 일제가 우리 민족은 자치 능력을 가지고 있지 못하다고 강변하던 것과 너무도 흡사한 논리다.

역사적으로 시민혁명은 부르주아혁명으로 마무리되었고 국민세력은 탄압을 받아 그 힘을 잃게 되었다. 이 과정에서 대의제는 굳건한 통치원리로 정착되기에 이르렀다. 이렇게 하여 국민이 직접적인 결정을 내리는 것이 아니라 대표자를 통하여 간접적으로만 정치적 결정에 참여하며, 따라서 당연히 통치자와 피치자가 별개의 존재로 나누어지게 되었다. 이렇게 통치자와 피치자가 구별된다는 사실은, 결국 대의제가 국민의 자기통치를 통하여 민주주의를 실현함을 부인하는 것이다. 그러므로 대의제는 '국민에 의한(by the people)' 통치를 의미하는 것이 아니고 대의 기관을 통한 통치를 의미한다.

이러한 대의제에서 무엇보다도 대표자의 독립성 보장이 강조된다. 왜냐하면, 대표자는 국가의사 결정에 있어서 항상 피치자(被治者)보다 탁월한 능력이 있으므로 대표자가 피치자로부터 독립성이 보장되지 않으면 대표자의 올바른 결정에 장애가 초래된다는 것이다. 여기에서 국민의 특수 이익보다는 일반 이익 즉, 전체 이익이 존중되며, 무엇이 전체 이익인가에 대해서는 오직 대표자만이 결정할 수 있다는 논리로 연결된다.

물론 이 과정에서 대표자에 대한 국민의 통제는 관심 밖의 문제로 전락된다. 그리하여 대의제는 이른바 '대의 원리'에 근거하여 대표자만이 정책결정의 권한을 가지게 됨으로써 정치적 의사 결정의 과정은 명망가인 대표자에게 독점되었다. 결국 이러한 명망가 중심의, 이른바 '명망가(혹은 명사, 名士) 민주주의'의 통치가 대의제의 근간을 이루고 있다.

명망가에 독점된 이러한 배타적 결정권은 전체 이익에 기초하여 행사되기보다는 대표자 자신들의 시각에서 그리고 자신들과 관련된 이익에 의하여 행사되기 쉽다. 나아가 이들 대표자는 반드시 뛰어난 자질에 의하여 대표자의 지위에 오르는 것이 아니라 경제적 재산과 사회적 영향력 그리고 그를 앞세운 배후 세력의 사회경제적인 힘에 의거하는 경우가 대부분이다.

현대 대의제가 지니는 이러한 성격은 과연 대의제가 전체 이익, 즉 공공복리를 실현시킬 수 있으며 대의제 하에서 특수 기득권의 부분 이익(특수 이익)의 지배로부터 과연 공적(公的) 업무의 공공성 보장이 가능할 수 있는가라는 근본적인 문제 제기를 불러일으키고 있다.

결국 대의제란 대표자의 활동에 따르는 위험성에 대한 담보가 오직 대표자의 양심과 인격에만 맡겨지고 있으며, 대부분의 경우 그 대표자의 양심과 인격은 개인적이고 집단적인 이익 추구로 변질된다. 이것은 대의제가 지니는 근본적인 제도적 허약성이라고 할 것이다. 바로 이 점 때문에 루소는 대의제 하의 국민은 대표자를 선출할 때만 자유로울 뿐 선거가 끝나면 곧바로 노예상태로 전락한다고 신랄하게 비판한 것이었다.

그러므로 대의제 민주주의는 공공선(公共善)이나 일반 의사의 지배가 아니라 정당 또는 정치인의 '부분 의사'가 지배하는 부르주아 민주주의였다. 다시 말하면, 현대 자유민주주의는 특정 집단의 이익과 가치가 특정 정당에 의하여 대표되는, 즉, '부분 의사'가 대표되는 민주주의라는 것이었다. 그리고 이러한 '최소주의적' 대의제 민주주의 개념은 민주주의 가치를 축소시켰으며, 민주주의의 질적 발전을 보장하지 않고 있다.

(3) 부르주아의 이익보장 시스템으로서의 정당

사실 서양에서도 정당의 역사는 그리 오래되지 않았다.

정당정치의 고향으로 칭해지는 영국의 정당사를 살펴봐도 17세기 이후 19세기 중엽에 이르기까지 정당이 거의 사사로운 '그룹'에 불과함을 알 수 있다.

최초의 '그룹'인 원정당(圓頂黨)* 라운드헤즈(Roundheads)와 왕당파인 기사단 캐버리어즈(Cavaliers)는 각기 의회와 왕권을 배경으로 무력 대결을

* 1641년 영국 의회에서 감독제도 폐기법안이 상정되었을 때 국왕군의 병사와 의회파 지지자들 사이에 난투가 벌어지는 소란이 일어났는데, 이때 왕당파는 장발이었으나 의회파 지지자들은 머리를 짧게 깎았기 때문에 경멸의 뜻으로 그렇게 불렀던 데에서 유래되었다.

전개했으며 마침내 청교도혁명에 이어졌다는 점에서 정당이라기보다 정치적 폭력단체라 할 수 있다.

이후 의회에서의 대립은 소집파 대 반대파에 이어 휘그 대 토리로 이어졌고, 보수당인 토리당에서 '보수주의적'이라는 용어도 1830년에야 비로소 만들어졌다. 정당들이 그나마 오늘날과 같은 현대 정당의 모습을 갖춘 것은 20세기에 들어서였다. 그러나 토리당은 영국국교주의와 지주계급을 대표했으며 휘그당은 귀족, 토지 소유 계층, 부유한 중산층의 이익을 대변했던 점에서 알 수 있듯이, 정당제도 역시 고스란히 부르주아 계급의 이익을 보장하는 체제였다.

결국 '민주주의'는 '민(民)'의 역할을 강조하고 '민(民)'이 주인이 되는 광의의 정치체제를 말한다. 지금 미국이 그토록 신성시하면서 내걸고 있는 '민주주의'가 민주주의의 전체는 아니다. 미국이 말하는 '민주주의'란 현재의 정당제도와 선거제도 그리고 대의 제도를 기반으로 하는 '민주주의'의 한 특정한 제도이다. 그리고 그것이 '민주주의'가 본래 지향해야 하는 성격과 배치되는 근본적이고도 치명적인 약점을 지니고 있다는 점 역시 분명한 사실이다.

4. '민주주의' 그리고 중국의 길

인류 역사를 일별해 볼 때 명군으로 꼽히는 어떤 제왕도 재위 기간이 20년을 넘지 않은 경우가 없다.

사실 통치의 효율성과 정책의 일관성 측면만 보자면 단기간의 치세만으로 뛰어난 업적을 내기란 불가능에 가깝다. 이를테면 세종대왕이 전답에 대한 조세 정책 하나를 만드는데 무려 20년이 소요되었다. 관료들의 비리 및 무능과 야합, 농민들의 몰이해 등 모든 문제를 설득하고 여러 차례의 시행착오를 거쳤으며 일종의 '주민투표'까지 시행하면서 여론을 만들어내는 데 엄청난 시간이 필요했기 때문이었다.

현재의 정당제도와 선거제도 역시 인류가 지금까지 고안해낸 최선의 제도 중의 하나로 평가받는 점을 부인하기 어렵다. 그러나 (정당의 역사가 유구한 유럽 국가의 경우, 상대적으로 양호한 측면이 있기는 하지만) 대중과 진정으로 결합하고 대중에 토대를 두는 좋은 정당이 거의 존재하지 않으며, 유능하고 좋은 인물이 선출되기 어렵다는 점 역시 대체로 사실과 부합한다. 이를테면 말수가 매우 적고 항상 엄숙한 자세와 딱딱한 인상을 주는 후진타오가 과연 선거를 통과하여 선출될 수 있었을까? "위정의 요체는 사람에 있다(爲政在人)"라고 강조한 공자의 말을 굳이 인용할 필요도 없이 동서고금을 막론하고 누가 정치를 담당하는가는 정치의 성패를 결정적으로 가름하는 중요한 관건이 아닐 수 없다.

(1) 미국은 아름다운 나라, 美國이 아니다

트럼프의 집권 4년은 세계적으로 '미국식 민주주의'에 대한 회의를 불러일으키기 충분한 시간이었다. 트럼프는 미국식 대의 민주주의의 '완벽한' 절차를 통하여 합법적으로 선출된, 그것도 전통에 빛나는 미국 공화당의 후보로서 대통령에 취임하였다. 하지만 그는 집권 이후 백인우월주의의 인종차별 정책과 극단적 미국 이기주의에 토대한 국제질서 부정으로 일관하면서 전 세계를 경악시켜왔다. 마침내 극우파 시위대의 의회 난입이라는 폭거는 '미국 자유민주주의'의 조종을 울리는 신호탄이었다.

미국, 직접민주주의를 기반으로 세계적 대제국으로 성장했다

처음 미국에 건너간 이주민들은 같이 배를 타고 와 정착한 동료들과 생활의 근거지를 형성하였는데, 이것이 곧 town이었다. 인구가 약 2천 내지 3천 명에 이르렀던 town에서 주민과 밀접한 업무는 자신들의 손에 의하여 마을집회(town-meeting)에서 직접결정 방식으로 처리되었다.

주민들이 직접 처리할 수 없는 업무는 마을에서 선출된 사람들에 의하여 처리되었는데, 그들은 주민들이 위임한 실무적인 일만 처리하였을 뿐, 공적인 일에 대한 판단은 주민들의 직접 투표로 결정하였다. town에는 주요 행정기능을 수행하는 다수의 관리들이 있었는데, 이들 역시 마을 집회에서 직접 선출되었고 그 공적 업무에 충실하지 못하면 책임이 뒤따랐다.

이러한 주민 자치제도는 특히 뉴잉글랜드에서 1650년에 확고하게 정착되었고, town의 독립성 역시 확고부동하게 자리 잡았다.

미국이 세계적 대제국으로 성장할 수 있었던 것은 이렇듯 그 직접민주주의의 힘에 기초하고 있었다.

차별성 없는 미국의 두 정당, 양당제의 역설

세계적인 석학 노엄 촘스키(Noam Chomsky) 매사추세츠 공과대학(MIT) 명예교수는 민주당과 공화당으로 나눠진 미국의 정당 체제에 대하여 "기업의 이익을 대표한다는 측면에서 사실 1당 체제다"라고 날카롭게 지적하였다.

그는 미국을 '국가자본주의(state capitalism)' 체제로 규정하면서 이러한 체제 하에서 일반 대중들은 통제당하고 주변화한다고 분석한다. 그리고 이와 같은 양상은 특히 미국과 같이 기업들의 주도력이 강한 사회에서 더욱 뚜렷하다면서 선거에서 홍보 대행 산업이 활개를 치는 것은 대중을 통제하고 주변화하는 대표적인 사례라고 역설한다.

그에 따르면, 미국의 경제는 1970년대에 극적인 변화가 있었는데, 바로 금융화와 상품 수출이 강화되는 방향이었다. 여기에 부의 집중, 인구의 1%에 부가 몰리는 과격한 악순환을 조장하는 다양한 요소들이 결합되었다. 이에 따라 정치력 집중도 초래되었으며, 경제 집중을 유도하는 국가 정책들이 쏟아졌고, 그러면서 정당들은 자연스럽게 자본의 휘하에 끌려갔다는 것이다.

이 점에서 촘스키 교수는 공화당은 물론 민주당도 별로 다르지 않다면서 미국의 차별성 없는 양당의 성격을 분명히 드러내주고 있다고 분석했다.

또한 사회철학자 존 듀이(John Dewey)도 일찍이 "정치란 대기업들이 사회에 던진 그림자"라고 규정하고 이러한 상황은 "언론 등 정치 선동의 수단을 지휘하면서 은행과 부동산, 산업을 사적으로 통제함으로써 사적인 이윤을 추구하는 기업들"에 권력이 있는 한 계속될 것이라고 예측하였다.

2001년 노벨경제학상 수상자인 석학 조지프 스티글리츠(Joseph Eugene Stiglitz) 컬럼비아대학 교수는 미국 사회가 겉으로는 민주주의가 가장 잘 발전된 국가로서 공정한 사회의 모델로서 자부하고 있지만, 실제로는 '1%의, 1%에 의한, 1%를 위한' 국가일 뿐이라고 신랄하게 비판하였다.

그는 이 글에서 "미국 의회 의원 대부분은 선출되는 순간 상위 1%의 돈으로 유지되는 상위 1%의 멤버들이 되며, 무역과 경제정책의 핵심 고위 관료들은 대체로 상위 1% 출신들이다. 또한 미국의 대법원은 선거비용 지출 제한을 철폐함으로써 기업이 정부를 돈으로 움직일 권리를 인정하는 판결을 내렸다."고 지적하고 있다.

교병필패(驕兵必敗), 교만한 병사는 필패한다

이제까지 미국의 양당 제도는 장기적으로 오랫동안 미국 정치의 장점으로 역할해 왔다.

하지만 지금까지 장점이었던 그것은 다원화되는 사회계층의 이해와 다양화되는 사회문제를 포괄해내는 데 경직성을 노정시키면서 오히려 미국 쇠퇴의 중요한 단점으로 작동하고 있다. 반면 독일과 프랑스의 경우에는 상대적으로 광범한 대중에 토대한 사회(민주)당의 존재에 의하여 대중들의 이해가 보다 강력하게 정당정치에 반영됨으로써 그만큼 정치적·사회적 안정성을 제공하고 있는 것으로 평가되고 있다. 민주주의에서 다수결의 원칙 못지않게 소수 의견에 대한 존중 역시 중요하다. 이 점에서 독일의 정당 명부 비례대표제는 소수 정당의 존립 근거를 마련해줌으로써 사회의 다양성을 인정하고 사회의 소수 그룹을 존중하기 때문에 바람직한 제도로 평가될 수 있을 것이다.

제프리 삭스(Jeffrey Sachs) 미국 컬럼비아대학 교수는 "레이건 정부는 부자들에게 세금을 덜 내게 하고, 군사비 등을 제외한 공공 서비스와 공공 투자를 줄였다."라며 미국 사회는 이러한 신자유주의의 레이거노믹스 시대 이래 상위 1%의 소득은 지속적으로 증가한 반면 나머지의 소득은 계속 정체되고 끔찍한 실업에 시달렸다고 비판한다. 그는 "다가올 시대의 중요한 도전은 99%의 번영을 이룩하고 그들의 힘을 회복하는 것"이라고 주장한다.

미국 정치에 대한 금권의 지배는 이미 구조화되었다. 개방형 경선과 선거를 치르는 과정에서 엄청난 자금이 소요되므로 특혜 정책을 위하여 돈을 제공할 능력이 있는 대기업의 정치자금 기부가 기부 액수만큼의 영향력을 발휘하도록 되어 있다. 미국 정치제도는 기업들의 로비 자금에 의하여 운용되고 있고, 이로 인하여 정작 교육, 의료, 에너지 등 대중들의 삶에 결정적으로 중요한 사회경제 분야는 점점 관심을 받지 못하게 된다. 미국이 현재 세계에서 코로나 19 환자와 사망자가 많은 나라가 된 것은 결코 우연이 아니다.

교병필패(驕兵必敗), 건강한 신대륙의 건국 정신은 사라지고 패권국가로 너무 오래 교만하게 군림해 왔다. 미국은 더 이상 아름다운 나라, 美國이 아니다. 쇠락의 추세는 비단 정치만이 아니라 그간 미국이 자랑하던 외교, 인권, 경제 그리고 팬데믹에 이르기까지 전방위적으로 현시되고 있다.

민주주의란 정치엘리트 간의 경쟁이다?

『자본주의 · 사회주의 · 민주주의 Capitalism, Socialism and Democracy』(1942)의 저자인 조지프 슘페터(Joseph Alois Schumpeter)는 아예 "민주주의란 정치엘리트 간의 경쟁이다."라고 설파하였다. 사실 오늘날 민주주의라고 지칭되는 제도는 슘페터의 지적처럼 그 대표의 선출 방식과 관련 없이 전적으로 정치엘리트 간의 경쟁이다.

이 점을 인정한다면, 민주주의란 결국 정치엘리트들이 상호 간에 어떻게 경쟁하는가의 방식이 중요하게 된다. 이 경쟁 방식에서 현대 정치에서 절대 주류를 이루고 있는 것이 바로 다당제이다. 다당제가 그 의미를 인정받는 것은 바로 독재와 권력독점을 방지하고 상호 견제를 할 수 있다는 점에 있다고 볼 수 있다. 하지만 이렇게 현대의 대의 민주주의는 여야로 나뉘어 이름만 다른 유사한 정치 그룹이 '제한된 정치 시장에서' 독점적으로 경쟁하면서 권력을 배타적으로 행사하고 있다는 비판에서 결코 자유롭지 못하다.

분명한 사실은 미국을 위시하여 그간 백 년 이상 세계를 주도해 온 이 '대의 민주주의'의 정치 시스템이 경제적으로는 오로지 최첨단 금융기법과 극대이윤 창출에만 몰두하는, 이른바 신자유주의의 세계적 대유행과 대격랑 속에서 1% 상류층의 이익에만 봉사하고, 반면 대다수 민중을 절대적 궁핍 상황으로 몰아넣었다는 점이다.

지금부터 150여 년 전에 존 스튜어트 밀(John Stuart Mill)은 자본주의의 병폐에 대하여 "가장 큰 몫은 전혀 일하지 않는 사람들에게로 돌아가고, 그 다음으로 큰 몫은 거의 형식적으로만 일하는 사람들이 차지하며, 일이 힘들고 혐오스러워질수록 분배는 작아져서 육체적으로 가장 고되고 사람을 마모시키는 일을 하는 노동자는 생존유지에 필요한 생필품마저 얻는 것이 불확실하게 된다."라고 갈파하였다.

제프리 프리든(Jeffry Frieden) 하버드대 교수의 2010년 하버드 매거진과 가디언 기고문에 의하면, 2002~2007년 소득 증가율에서 미국 내 상위 1% 부자들의 재산은 60%가 늘어난 반면 나머지 99%는 단지 6%만 증가했다. 이렇게 하여 미국은 그간 미국 사회를 떠받쳐 왔던 건강한 프런티어 정신 혹은 아메리칸 드림이 사라졌다. 사회의 활력이 없어지고 대신 냉소적 시각이 확대되었다. 그리고 이는 총체적으로 국민적 사기를 저하시키면서 미국 민주주의의 근간을 뿌리째 흔들고 있다. 이른바 '트럼프 현상'은 그 위기의 명백한 징표이다. 미국만이 위기에 직면하고 있는 것은 결코 아니다. 영국의 브렉시트에서 보이듯 바야흐로 유럽 제국에서도 위기는 전면화되고 있다.

(2) 중국 정치를 어떻게 볼 것인가?
- 권위주의 정치체제와 '수직적 민주주의'

존 나이스비츠(John Naisbitt)는 중국 정치에서 나타나는 정부의 하향식 통치와 대중의 상향식 정치 참여가 결합되어 '수직적 민주주의(Vertical Democracy)'를 형성하며, 이렇듯 위계질서의 위아래로 계속 흐르는 수직적 구조가 중국의 역사와 사고방식에 적합한 정치 모델이라는 점을 강조하고 있다. 그는 이러한 수직적 민주화 과정에 약점이 존재하는 것은 분명한 사실이지만 정치인으로 하여금 선거 지향적 사고방식에서 벗어나 장기적인 전략적 계획을 수립할 수 있게 한다는 강점이 있다고 지적한다.

"4~5년마다 되풀이되는 선거 때문에 일의 진행이 중단될 필요가 없다. 또한 서로 상반되는 정치 견해와 목표, 해결책으로 고민할 필요가 없다. 국가를 운영할 자격은 선거가 아닌 목표의 달성 여부에 따라 주어진다. 중국의 수직적 민주주의는 대중을 상향식 의사 결정과정에 서서히 통합시키면서 발전해 나가고 있다."[40]

한편 이른바 중국 방식의 정치제도 모델에 대하여 미국의 사회학자 다니엘 벨(Daniel Bell)은 그의 저서 『China's New Confucianism: Politics and Everyday Life in a Changing Society』에서 향촌 자치와 촌민 선거 등 기층의 민주주의, 경제특구 등 중간의 혁신주의, 선발과 추천 등 상층의 실력주의라는 세 범주에서 다원적으로 작동하는 독특한 기제를 제시하고 있다.

중국의 정치체제는 비록 대중의 참여 확대와 일정한 제도적 장치를 통한 민주적 과정의 도입의 측면은 인정될 만하지만 그것이 근본적 권력 교체에 연결되지 않는다는 점에서 권위주의적 시스템에 속한다. 뿐만 아니라 일당독재, 빈부격차, 중화주의, 환경오염, 군사주의, 거품론 등 많은 사람들이 중국의 미래에 대하여 여러 의문 부호를 붙이면서 갖가지 진단을 내놓고 있다.

첩첩산중(疊疊山中), 일모도원(日暮途遠). 날은 저물어 가는데 해결해야 할 과제는 산더미처럼 쌓여있고 중국이 나아가야 할 길은 아직 멀지만, 동시에 중국이 무실(務實)의 태도로써 전진하고 있다는 것도 사실이다. 최소한 이제까지는 수많은 인민을 비극적인 기근으로부터 구원해야만 했던 시대적 상황을 극복하고 '기적에 가까운' 성장과 발전을 성취해냈다는 점에서 긍정적 평가를 받을 수 있었다.

세계의 역사는 결코 서방 역사만이 아니고 특히 미국의 역사가 아니며, 단지 지금 그들이 전면에서 걷고 있을 뿐이다. 결코 서구 각국이 걸어온 정치 시스템을 그대로 답습하지는 않을 것이라고 중국 정부가 공언하고 있는 지금, 과연 그들이 향후 어떠한 경로를 밟아갈 것인가는 세계인의 주목거리이다.

10년으로 규정되어 있던 중국의 국가주석 임기제가 폐지되면서 시진핑의 '계속 집권'이 가시화되었다. 이는 당 태종이나 명나라 영락제 등 중국 역대왕조 건국 초기의 역사를 상기시킨다. 당 태종과 영락제는 '정변'이라는 정상 궤도를 이탈하는 과정을 거쳐 제위에 올랐지만, 결과적으로 왕조의 최전성기를 구가했다. 이 대목에서 현대 중국은 중국의 모든 역대 왕조가 그랬듯, 어김없이 자신들의 역사적 전통으로 '귀환'한다. 물론 국제적으로 이미지가 좋지 못하다. '권력의 대전환'을 추진하는 중국의 상황에서 초강대국 미국의 '중국 포위전략'에 온건하게 대응할 수는 없다. 그 명분을 위해서도 최대한 강력히 맞설 수밖에 없고, 그럴수록 대외적 이미지는 악화된다. 역으로 세계적 차원에서 증대되어가는 국제적 압박은 중국 내 권력 집중을 더욱 강화시킨다.

결국 중국은 시종일관 '중국 전통의 길'을 걷는다. '중국의 길'이다.

에필로그

중국, 인류 보편적 규범의 소프트 파워를 지녀야 한다

'중국위협론'이란 개혁개방 이래 중국이 급속한 경제성장과 군사력 증강을 거듭하고 중국이 위협적인 존재로 부상할 가능성을 경계하고 중국을 포위, 봉쇄(containment)함으로써 이러한 위험성을 사전에 예방해야 한다는 주장이다. 이러한 중국위협론은 1991년 12월 13일 레슬리 갤브(Leslie H. Gelb)가 "뉴욕타임즈"에 'Breaking China Apart'라는 기고문을 게재하면서 촉발되었고, 남중국해에서 중국 군함의 무력시위와 중국의 타이완 해협에서의 미사일 시험 발사로 증폭되었다.

에반 메데이로스(Evan S. Medeiros)와 테일러 프라벨(M. Taylor Fravel)은 "중국은 이미 2000년대에 들어서 과거 150여 년 동안 당했던 치욕 속에서 지녀왔던 '피해자 심리(victim mentality)'를 벗어던지고 '대국 심리(great-power mentality)'를 채택하고 있다."고 분석한다.[1]

1980년대에 중국의 개혁적 지식인들이 전통적인 중국 문명에 대한 비판과 서구 문명의 전면적 수용을 강조하는 개혁개방론이 중국 사회 여론을 주도했다고 본다면, 1990년대 이후 중국은 급속한 경제성장에 의한 자신감을 바탕으로 하여 오히려 자신들의 전통적 문화와 가치를 재발견하고 민족자존을 강조하면서 미국에 대해서도 "NO"라고 말할 수 있는 중국이 되어야 한다는 중화 민족주의적 정서가 확산되고 전통적인 부국강병론이 강조되는 경향성을 보였다.

대국 외교를 주장하고 그것을 적극적으로 모색하려는 것은 그에 상응하는 역량을 지닌 국가로서 당연한 과제라고 할 수 있다. 그러나 그것을 주장하고 실행하기 위해서는 중국이 스스로 주장하는 '책임 있는 대국(responsible great power)'으로서의 모범을 보이고 실제적인 행동으로써 그것을 증명해야 한다.

주지하는 바와 같이, 중국은 아편전쟁 이래 서구 세력에게 줄줄이 무릎을 꿇어야 하는 커다란 수모를 당해야 했다. 더구나 유사 이래 언제나 얕보았던 일본에게 청일 전쟁(중국에서는 이를 갑오 전쟁[甲午戰爭]으로 칭한다)에서 참패하고 이후 1930년대 이래 중일 전쟁으로 거의 모든 국토가 일본군에게 유린되었던 경험은 중국인들에게 더욱 큰 치욕을 안겨 주었다. 그리고 이는 중국인들에게 깊은 피해자 의식을 심어주었다. 하지만 중국은 이미 더 이상 피해국일 수만은 없다. 경제 규모가 이미 일본을 추월하여 당당히 세계 2위에 도달한 수준이고, 군사예산이 세계 2위이며 스스로 대국 외교를 주장하는 중국이 여전히 약소국이나 제3세계로 간주될 수는 없다. 중국은 이미 누구도 부인할 수 없을 만큼 강대국의 지위에 성큼 올라선 것이다.

과거 당나라가 중국 역사상 최고의 전성기를 누릴 수 있었던 것은 당나라가 당시 세계에서 각 민족의 다양성을 인정했던 데에서 비롯되었다. 역사적으로 중국은 세계 최강국으로서의 지위도 오랜 기간에 걸쳐 충분히 누렸고, 그러한 토대 위에서 충분한 외교 정책이 축적되어 있다. 그러한 중심 국가로서의 경험을 지금 바로 발휘해야 한다.

하지만 강대국이란 하드 파워(hard power)만 가지고 있다고 해서 성취되는 것이 아니다. 문화적 소프트 파워(soft power)가 필요하다. 하드 파워와 소프트 파워 이론은 저명한 국제정치학자인 하버드 대학의 조셉 나이(Joseph Nye) 교수가 만들어낸 개념으로서 소프트 파워란 군사력이나 경제제재 등 물리적으로 표현되는 힘인 하드 파워에 대응하는 개념으로서 강제력보다는 매력을 통하여 명령이 아닌 자발적 동의에 의해 얻어지는 능력을 말한다.

21세기로 들어서면서 세계는 부국강병을 토대로 하는 하드 파워, 즉, 경성(硬性)국가의 시대로부터 문화를 토대로 한 소프트 파워, 즉, 연성(軟性)국가의 시대로 접어들었다. 여기에서 문화는 교육, 학문, 예술, 과학, 기술 등 인간의 이성적 및 감성적 능력의 창조적 산물과 연관된 모든 분야를 포함하고 있다.

실제 중국이 오랫동안 동아시아의 유일한 패권국가로 군림할 수 있었던 것은 바로 중국이 지니고 있었던 압도적인 문화적 패권이 강력한 그 토대로 기능했다. 사실 하드 파워의 측면에서 중국은 대단히 취약하였다. 최초로 중국 대륙을 통일시켰던 강력한 진시황도 북방의 흉노족을 너무도 두려워하여 만리장성을 쌓았다. 이후에도 중국의 한족은 만주족과 몽골족 등 북방민족에게 항상 시달려야 했고 번번이 중원을 송두리째 빼앗기면서 멸망당해야 했다. 남쪽 방면으로도 일본 왜구에게 계속 침탈을 당하였고 근세에 이르러서는 연전연패를 당하며 온갖 수모를 겪었다. 그럼에도 불구하고 중국은 끝내 강대한 이민족들을 포용하고 흡수하여 결국 그들을 동화시켰다. 이는 두말할 필요 없이 중국이 가진 압도적인 문화적 역량, 즉, 소프트 파워에 기반을 둔 결과였다.

그간 미국이 세계의 유일한 패권국가로 군림할 수 있었던 이유는 단순히 경제력과 군사력의 우위만이 아니라 민주주의, 자유, 인권 등의 보편적 가치와 규범을 정립하고 이를 확산하려는 소명을 가졌기 때문이었다. 중국이 진정한 강대국 그리고 패권국으로 성장하고자 한다면 미국에 버금가는, 아니 그것을 뛰어넘는 대응적 가치와 규범을 창출하고 그러한 노력의 과정에서 중국적 소프트 파워를 지닐 수 있는가의 여부가 관건이 될 것이다.

신의와 명분을 얻는 것이 중요하다

춘추시대 제나라 환공은 노나라를 공격하여 대승을 거두게 되었는데 노나라 왕은 자기 나라 수읍(遂邑) 땅을 바치면서 휴전을 청하였다. 환공은 이를 승낙하고 서로 만나 조약을 맺고자 했다.

노나라 왕이 환공에게 수읍 땅을 바치고, 조약을 맺으려 할 때였다. 느닷없이 한 사나이가 단상에 뛰어올라 환공의 목에 비수를 들이댔다. 그 사나이는 다름 아닌 노나라 장군 조말(曹沫)이었다. 그는 무예에 뛰어나고 용감한 장군이었으나, 제나라와 세 차례나 싸워 모두 패했다. 그런데 노나라 왕은 계속 패전을 거듭한 조말을 아껴 문책하지 않고 장군의 지위에 있게 하였던 것이다.

"지금 그대는 무슨 짓을 하려는 것인가?" 환공이 호통을 쳤다.

그러자 조말이 차분한 목소리로 말했다.

"제나라가 강하고 노나라는 약한데 강대국인 제나라가 노나라를 자주 침범하는 것이 도가 지나치오. 이제 제나라의 국경은 노나라에 깊이 들어와 서울에 육박하고 있소. 그러니 빼앗은 땅을 모두 내놓으시오."

환공은 할 수 없이 조말의 요구를 들어주었다. 그러자 조말이 비수를 던지고 다시 신하의 자리로 돌아가 앉았는데 안색이 조금도 변하지 않고 목소리도 변함이 없었다. 환공은 급한 나머지 땅을 돌려준다고 말했으나 다시 생각해 보니 분통이 터져 견딜 수 없었다. 그래서 조말을 죽여 버리고 약속도 없던 것으로 하고자 했다. 그러나 관중이 정색하면서 말했다.

"강압을 당해 허락했으면서 다시 그 약속을 어기고 그를 죽이게 되면 그것은 다만 일시적으로는 마음에 들 수 있습니다. 하지만 제후들 앞에서 신용을 배신하게 되면 천하의 지지를 잃게 될 것이므로 그렇게 하실 수 없습니다."

결국 환공은 관중의 말에 따라 세 번 싸워 얻은 땅을 모두 노나라에게 되돌려 주었다.

그러나 이러한 제나라 환공의 행동은 제후들에게 높이 평가되었다. 그들은 환공의 신의에 감탄했고 그리하여 제나라와 손잡으려는 나라가 줄을 이었다.

드디어 제후들은 환공을 맹주로 추대하여 회맹의식(會盟儀式)을 가졌고, 환공은 마침내 천하의 패자(霸者)가 되었다.

도덕적인 모범을 보여주는 것은 강대국으로서 자리매김하는 데 있어 매우 중요한 측면이다. 이제까지 중국이 세계의 적지 않은 나라들로부터 적극적인 혹은 묵시적인 동조를 받을 수 있었던 것은 미국의 '일방주의'를 견제하고 '평화 공존'을 주창해온 중국의 역할 때문이었다.

후발주자 중국은 미국을 비롯해 국제적으로 커다란 견제를 받고 있다. 바야흐로 '반중국 캠페인'은 가히 지구적 차원에서 증폭되고 있다. 이러한 조건에서 매사에 진위를 가리고 시시비비를 다투는 것보다 오히려 때로는 춘추시대 제나라 환공의 경우처럼 신의를 중시하고 명분을 얻는 길을 모색하고 고려해야 할 것이다. 그것이 책임 있는 대국으로서 중국을 돋보이게 만들 수 있고, 이웃나라와 우호적으로 잘 지내고 이웃나라를 우방으로 삼는다(以隣爲善, 與隣爲伴)는 중국 외교의 방침을 명실상부하게 실천하는 유력한 방안일 수 있다고 믿는다.

나아가 중국이 현재 인류의 최대 과제인 기후위기와 환경오염 그리고 감염병 분야에서 중요한 역할을 수행할 수 있다면, 그것은 사람들이 중국을 평가하고 인정할 수 있는 계기로 작동할 것이다.

주(註)

프롤로그

1 Ezra F. Vogel, *Deng Xiaoping and the Transfomation of China*, Havard University Press, 2011, pp.699~703.

2 Ibid., p.701.

3 장윤미, 「중국식 민주로 구축되는 신국가권위주의 체제」, 『세계지역연구논총』 제27집 1호, 162쪽.

4 Kelliher, Daniel, *Peasant power in China: The era of rural reform, 1979~1989*, Yale University Press.

1부. 중국의 기원

1 Henry Alfred Kissinger, *On China*, The Penguin Press, 2011, p.5.

2 程念祺, 「科擧制度廢除一百年之回眸」, 『學術月刊』, 2005年 11月, 63쪽.

3 齊惠, 「中國傳統政治的特質-對中央集權的一種詮釋」, 『理論視野』, 2012年 8月, 52쪽.

4 趙河清, 「中國古代統一王朝三百年週期論」, 『遵義師範學院學報』, 2004年 第6卷 第1期, 10~11쪽.

5 John King Fairbank and Merle Goldman, 김형종, 신성곤 역, 『신중국사』, 도서출판 까치, 2005, 50쪽.

6 John King Fairbank and Edwin O. Reischauer, 전해종, 민두기 역, *A History of East Asian Civilization*, 을유문화사, 92쪽.

7 邸建平, 「'中國歷代王朝盛衰興亡週期律'的思考」, 『中共山西省委黨校學報』, 2003年 10月, 74~75쪽.

8 黃仁宇, 『赫遜河畔談中國』, 三聯書店, 1992, 157~158쪽.

9 錢穆, 『中國歷代政治得失』, 九州出版社, 2012, 168~170쪽.

10 程念祺, 위의 논문, 62쪽.

11 程念祺, 위의 논문, 63쪽.

12 錢穆, 위의 책, 122~128쪽.

13 程念祺, 「科擧制度廢除一百年之回眸」, 『學術月刊』, 2005年 11月, 63쪽.

14 Henry Alfred Kissinger, Ibid., p.91.

15 王漢卿, 『中國法律思想史』, 大學出版社, 1993, 42쪽.

16 Joseph Needham, 이석호 외 역, 『중국의 과학과 문명 Ⅲ』, 을유문화사, 1988, 249~250쪽.

17 송영배, 『중국사회사상사』, 사회평론, 1998, 123쪽.

18 임혁백, 『세계화시대의 민주주의』, 나남출판, 2002, 30~301쪽.

19 蕭公權 著, 최명 · 손문호 옮김, 『중국정치사상사』, 서울대학교출판부, 1998, 367쪽.
20 蕭公權, 위의 책, 367쪽.
21 『史記』 권68, 상군열전, 2230쪽.

제2부. 부(富)의 기원

1 加曉昕, 「從'平準書'和'貨殖列傳'看司馬遷的自由經濟思想」, 『達縣師範高等專科學校學報』, 2001年 9月, 31쪽.
2 朱宗宙, 「商道中'勢'的認知, '述'的運用和'責'的歸宿」, 『揚州大學學報』, 2008年 11月, 30쪽.
3 兪樟華, 「論後代傳記文學無法超越〈史記〉的原因」, 『荊門職業技術學院報』, 2003年 1月, 44쪽.
4 李志娟, 「唐玄宗如何從'開元盛世'到'天寶危機'」, 『史教資料』, 2011年 2月, 104쪽.
5 黃仁宇, 『赫遜河畔談中國』, 三聯書店, 1992, 168쪽.
6 黃仁宇, 위의 책, 157쪽.
7 黃仁宇, 『萬曆十五年』, 中華書局, 2008, 2~3쪽.

제3부. 중국사 산책

1 몽테스키외 지음, 박광순 옮김, 『로마인의 흥망성쇠 원인론』, 범우, 2007, 17~21쪽.
2 錢穆, 『中國歷代政治得失』, 九州出版社, 2012, 19~21쪽.
3 呂濤 외, 『中華文明史』, 河北教育出版社, 1992, 679쪽.
4 黃仁宇, 『赫遜河畔談中國』, 三聯書店, 1992, 87~88쪽.
5 蔣兆成, 王日根, 『康熙傳』, 人民出版社, 2003, 302쪽.
6 Henry Alfred Kissinger, Ibid., pp.23~26.
7 Ibid., p.102.
8 John King Fairbank and Merle Goldman, 김형종 역, 위의 책, p.456.
9 Michael Burawoy, "The State and Economic Involution: Russia Through a China Lens", *World Development*, Vol. 24, 1996, pp.1105~1117.
10 장윤미, 「중국식 민주로 구축되는 신국가권위주의 체제」, 『세계지역연구논총』 27집 1호, 171~172쪽.
11 신봉수, 「서양정치사상 중심의 정치발전론에 관한 비판적 고찰」, 『국제정치논총』, 2008, 305쪽.

제4부. '민주주의'와 중국의 길

1 「让法治为中国梦护航」, 『人民日報』, 2016년 4월 11일, http://politics.people.com.cn/n1/ 2016/0411/c1001-28264428.html/

2 歐黎明,「國家治理現代化的必由之路」,『時事報告』 2014年 第11期, 42쪽.

3 陳俊,「立法先行與社會主義法治體系構建」,『哈爾濱工業大學學報』 第17卷 第1期, 34쪽.

4 馬小紅,「法治的歷史考察與思考」,『法學研究』 1999年 第2期, 26~27쪽.

5 李棟,「十八屆 四中全會'決定'在中國法治歷史進程中的定位」,『法學評論』, 2016年 第1期, 19쪽.

6 何遠健,「論法治新常態下黨的領導」,『韶關學院學報』 2015年 7月, 第36卷 第7期, 69쪽.

7 李棟, 위의 논문, 21쪽.

8 馮勇,「在立法工作中堅定不移走中國特色社會主義法治道路」,『中國工商管理研究』 2015年 1月, 25쪽.

9 夏恿,「法治是什么-淵源, 規誡與價值」,『中國社會科學』 1999, 第4期.

10 馬小紅,『中國古代法律思想史』, 法律出版社, 2004, 341쪽.

11 李棟, 위의 논문, 24쪽.

12 소재선,「중국물권법의 제정과정에서의 물권법과 헌법의 갈등과 조화」,『경희법학』 제45권 제3호(2010), 470쪽.

13 胡健,「習近平'重大改革于法有據'思想探析」,『雲南社會科學』, 2015年 3月, 5쪽.

14 胡健, 위의 논문, 5쪽.

15 黃瑤,「科學立法是實現法治中國夢的必由之路」,『人民之聲』 2014年 3月, 16쪽.

16 黃彬,「人大立法三十六年回顧」,『法制與社會』 2016.2(下), 11~12쪽.

17 黃瑤, 위의 논문, 15쪽.

18 中國人大網法律法規庫(http://law.npc.gov.cn) 2015년 3월 20일. 참고로 우리나라의 법률은 2014년 6월 현재 1,337개이다.

19 소준섭,『중국 법의 이해 - 이론과 실제 그리고 역사』, 서해문집, 2015, 50쪽.

20 李棟, 위의 논문, 21쪽.

21 劉武俊,「2015年中國法治進程回眸」,『中國黨政幹部論壇』 2016年 1月, 55~56쪽.

22 朱景文,『中國法律發展報告 2010』, 中國人民大學出版社, 2011, 50~51쪽.

23 湯磊,「2014~2015年的中國法治政府建設」,『行政法學研究』 2016年 第2期, 103쪽.

24 伊鵬程,「治國理政新常態: 法治聯動德治」,『中國領導科學』 2015年 第12期, 20쪽.

25 袁明,「法治與德治: 構建和諧社會的雙重機制」,『黨史文苑』 2015年 第24期, 63쪽.

26 胡利明,「論立法法修法中的法治理念」,『新疆社科論壇』 2015(6), 51쪽.

27 曹賢信, 何遠健,「法治中國下的立法法修正與再修正」,『贛南師範學院學報』 2015年 第2期, 86쪽.

28 李棟, 위의 논문, 24~25쪽.

29 黃文藝,「法治中國的內涵分析」,『社會科學戰線』 2015年 第1期, 229쪽.

30 李棟, 위의 논문, 24쪽.

31 戴燕玲,「中國特色社會主義法治體系視野下的環境保護立法建設」,『法制與經濟』 2015年 2月(總第403期), 85쪽.

32 呂廷君,「建設中國特色社會主義法治體系」,『新視野』 2013年 1月, 96쪽.

33 王洪葉,「論習近平法治思想體系中的幾大關係」,『遵義師範學院學報』 第17卷 第4期, 35쪽.

34 王洪葉, 위의 논문, 35쪽.

35 徐燕斌,「在法律與人情之間」,『太原理工大學學報』, 第27卷(2007), 28쪽.

36 夏聖平,「'法治'必然是'良法之治'」,『法制博覽』 2015.2(下), 163쪽,

37 黃彬, 위의 논문, 13쪽.

38 김상준, 『붕새의 날개 문명의 진로』, 아카넷, 2021.
39 이 글은 다음과 같은 문헌을 참고하였다. 최장집, 『민주화 이후의 민주주의』, 후마니타스, 2010; 허영, 『헌법이론과 헌법』, 박영사, 2010; J. J. Rousseau, 방곤 역, 『사회계약론』, 신원문화사, 2006; 조일문, 『새 정당론』, 삼화출판사, 1972; 정종섭, 「대의제에 대한 비판적 연구」, 박사학위논문, 1989; 이준일, 「의원의 자유위임과 명령적위임」, 석사학위논문, 1990; 박병섭, 「민주적 대표제에 대한 연구」, 『민주법학』 제21호, 2002; 주성수, 「풀뿌리 민주주의 이론적 기초」, 『시민사회와 NGO』 제3권 제2호, 2005; 임혁백, 「대의제 민주주의는 무엇을 대의하는가?」, 『한국정치학회보』 제43집 제4호. Gross, A. "The design of Direct Democracy" Kaufmann, B. and Waters, M. eds, *Direct Democracy in Europe*, Carolina Academic Press, 2004; Joseph E. Stiglitz, "Of the 1%, by the 1%, for the 1%", *Vanity Fair*, may 2011; Noam Chomsky, "Anti-Democratic Nature of US Capitalism is Being Exposed", 2008년 10월 10일자 "*The Irish Times*"; 에이프럴 카터, 『직접행동』, 조효제 역, 교양인출판사, 2006.
40 존 나이스비츠, 안기순 옮김, 『메가트렌드 차이나』, 비즈니스북스, 2010, 381쪽.

에필로그

1 Evan S. Medeiros and M. Taylor Fravel, "China's New Diplomacy", *Foreign Affairs*, November/December 2003.